오스왈드 챔버스의 순종

Oswald Chambers : Abandoned to God :
Life Story of the Author of My Utmost for His Highest
by David McCasland

This edition copyright ©1993 by Oswald Chambers Publications Association, Ltd.
All rights reserved.

Published by special arrangement with Discovery House Publishers,
3000 Kraft Avenue SE, Grand Rapids, Michigan 49512 USA.

Korean translation copyright ⓒ 2010 by Togijangi Publishing House
2F, 71-1 Donggyo-ro. Mapogu, Seoul 04018, Korea

This Korean edition is published by arrangement with Discovery House Publishers
(3000 Kraft Avenue SE, Grand Rapids, Michigan 49512 USA.)

본 저작물의 한국어판 저작권은 Discovery House Publishers 와의 독점 계약으로 한국어 판권을 '도서출판 토기장이'가 소유합니다. 저작권법에 의하여 한국 내에서 보호를 받는 저작물이므로 무단 전재와 무단 복제를 금합니다.

특별한 표기가 없는 모든 성경 구절은 개역개정성경을 인용한 것입니다.

오스왈드 챔버스의 순종

데이비드 맥캐스랜드 지음 • 스데반 황 옮김

토기장이

차례

1. 밀알 … 007
2. 더 위대한 것들의 씨앗 … 016

1부 • • •

3. 스코틀랜드에서의 소년 시절 (1874-1889) … 027
4. 런던 (1889-1895) … 040

2부 • • •

5. 에딘버러 (1895-1897) … 067
6. 더 눈 (1897) … 096
7. 영혼의 어둔 밤 (1897-1901) … 108
8. 더 넓어진 범위 (1902-1906) … 129

3부 • • •

9. 미국에서 방랑하는 선지자 (1906-1907) … 149
10. 일본 (1907) … 181

4부 • • •

11. 기도 동맹 (1907–1908) ⋯ 207
12. 배 위에서 만난 젊은 여인 (1908) ⋯ 216
13. 기도 동맹에서의 리더십 (1908–1909) ⋯ 235
14. 주를 위해 함께하다 (1909–1910) ⋯ 257
15. 성경훈련대학 (1911–1915) ⋯ 280
16. 주님께 모든 것을 걸다 (1914–1915) ⋯ 306

5부 • • •

17. 이집트 YMCA에서 (1915) ⋯ 339
18. 전쟁 사역 (1916) ⋯ 358
19. 찢겨진 빵과 부어진 포도주가 되다 (1916) ⋯ 377
20. 주님 품으로 (1917) ⋯ 400
21. 그의 사역이 이어지다 (1917–1919) ⋯ 432

6부 • • •

22. 나의 최고봉 (1919–1926) ⋯ 459
23. 세상으로 향하는 말씀들 (1927–1966) ⋯ 472

참고 문헌
역자 후기

01

밀알

이집트, 카이로 – 1917년 11월 16일

비디 챔버스는 일렬로 늘어선 나무 십자가들 너머로 구 카이로의 영국군 묘지의 높은 철문을 넌지시 보았다. 그녀는 장례 행렬이 거의 다 온 것을 알고 있었다. 그러나 그녀의 마음이 멀어서인지 그녀가 서 있는 묘지를 둘러싼 높은 돌담은 매우 가까운 거리의 소리마저 차단하고 있었다.

비디 곁에는 아무것도 모르는 네 살 된 딸 캐슬린이 조용히 서 있었다. 캐슬린은 아빠가 예수님 곁에 있다는 사실을 알고는 대단하다고 생각하고 있었다. 사실 아빠는 이전에도 알렉산드리아, 파윰, 이스마일리아, 수에즈 등 여러 곳으로 떠났었다. 캐슬린은 조금도 의심 없이 이번에도 아빠가 곧 집에 돌아오실 것이라고 생각했다.

비디는 남편 챔버스와 함께 '하나님의 꽃'이라고 부르던 어린 딸을 물끄러미 바라보았다. 서로 눈이 마주치자 캐슬린은 엄마에게 웃음을 선사했다. 비디는 어린 딸이 무슨 생각을 하고 있는지 궁금했다. 어쩌면 딸은 아빠가 지금 하늘에서 군인들을 위해 일하고 있기 때문에 다시는 돌아오지 못한다는 사실을 알고 있을지도 모른다. 하나님에 대한 어린아이 같은 믿음 때문에 아이는 주변 어른들보다 더 쉽게 혹독한 아빠의 죽음을 받아들일지도 모른다. 아이는 엄마가 뭔지 모르지만 매우 슬퍼하고 있다는 사실을 알고 있었다. 그 전날 엄마는 자기를 꺼안고 울면서 "아빠가 하늘나라에 가셨단다"라고 말했다. 사실 엄마가 우는 모습을 어제 처음 보았다.

1917년 11월 16일. 오스왈드 챔버스의 장례 행렬.

장례 행렬의 말들이 거리에 나타나자 비디의 시선은 다시 공동묘지의 철문을 향했다. 그녀는 남편을 위해 마련된 군 장례식의 규모에 부담을 느꼈다. 하지만 남편이 섬기고 사랑하던 군인들이 장례를 치러준다고 하니 동의했던 것이다. 장례 행렬은 남편에게 존경을 표현하고 그와 영원히 작별하는 그들의 방식이었다.

장례 행렬은 오후 4시에 나일 강의 서쪽 언덕에서 2킬로미터 정도 떨어진 기자Gizeh 적십자 병원에서 출발했다. 영국 국기로 덮인 관은 하얀 국화로 장식되어 있었고 네 마리의 검은 말이 끄는 포차가 그 관을 실었다. 관 옆에는 장교 여섯 명이 행진하고 수백 명의 병사들이 전우에게 보내는 애도의 전통에 따라 소총을 거꾸로 메고 뒤따르고 있었다.

하늘에는 구름 한 점 없었고 장례 행렬은 깊고 푸른 나일 강 다리를 넘어 동쪽으로 향하고 있었다. 군인들과 포차가 먼지를 내며 천천히 지나가자 당나귀가 끄는 수레 상인들과 야채 행상인들이 조용히 서서 기다렸다. 맨발로 뛰어놀던 어린이들은 이 광경을 신기한듯 바라보았다.

서쪽 하늘에서는 고대 이집트인들이 신으로 경배했던 붉은 태양이 스핑크스와 기자의 높은 피라미드를 향해 기울고 있었다. 그 너머로 대 서부 사막지대the Great Western Desert가 가물거리는 지평선까지 평온하게 펼쳐져 있었다.

1917년 11월, 벌써 제1차 세계대전은 4년째 접어들고 있었고 이집트의 병원과 회복실은 전사자와 환자로 가득했다. 군 장례식은 카이로에서 흔한 일이었다. 하지만 이날의 장례식은 최고급 장교나 정부 고위 관료들만을 위해 마련되는 특별 순서로 치러지고 있었다. 이 특별한 장례식의 주인공은 군대의 장교나 정부 관료도 아닌 자이툰 지구의 YMCA 사관 오스왈드 챔버스 목사였다.

이집트인들을 포함한 거대한 군중이 공동묘지에서 장례 행렬이 도착하기를 기다리고 있었다. 자이툰의 주민들도 비통한 마음을 안고 장례식을 찾아왔다. 훗날 장례식에 참여했던 한 사람은 "카이로에서 챔버스가 알게 된 거의 모든 사람들이 그곳을 조용히 찾았던 것 같다"라고 회상했다.

군대에서 'O.C'the Officer in Charge, 담당 장교라는 애칭으로 불렸던 챔버스는 그 전날 맹장 파열 수술로 인한 합병증으로 세상을 떠났다. 그의 사망 소식이 카이로에서 팔레스타인까지 퍼지자, 그 소식을 접한 수많은 사람들이 믿을 수 없다는 듯이 아연실색했다. 뭔가 실수가 있든지 잘못된 소식이거나 오해라고 여겼다. 왜 하나님께서 챔버스와 같이 귀한 사람을 데려가신다는 말인가? 그것도 불과 43세라는 젊은 나이에?

많은 군인들이 챔버스의 죽음을 알고는 혼자 조용한 곳으로 가서 애도했고 이제 생을 마감한 젊고 열정적이던 하나님의 사람으로 인하여 감사 기도를 드리기도 했다. 생전에 챔버스는 그들에게 얼마나 자주 "그 어떠한 일도 하나님을 놀라게 하거나 실체 되시는 구속의 전능자를 흔들 수 없다"는 말을 했던가!

베르셰바성경의 브엘세바 - 역주 인근의 최전방에 있었던 피터 케이는 챔버스의 소천 소식을 듣자 마치 가슴에 총알을 맞은 듯 고통스러워했다. 그의 마음은 당장 자이툰에서 함께하던 어린 친구 캐슬린과 그녀의 아버지 챔버스와 함께하던 과거의 나날들로 날아갔다. 그들은 종교적인 사람을 멀리하는 케이에게 얼마나 쉽게 사랑스러운 대상이 되었던지! 케이에게 챔버스는 순수한 우정과 진실한 관심을 가지고 그의 거친 성품을 뚫고 들어온 첫 번째 군목이었다. 챔버스를 만나 예수 그리스도와 주의 속죄에 대하여 들을 때까지, 케이가 가지고 있던 유일한 종교는 술과 노래였다. 케이는 예배 막사 밖에 서서 예수 그리스도를 자신의 구세주와 주님으로 영접하던 그날 밤을 회상했다. 그런데 지금 챔버스가 죽고 없다! 이 소식을 들은 케이는 머리를 숙이더니 눈물을 주체하지 못하면서 울었다. 오스트레일리아의 오지에서 온 동료들은 전쟁으로 강해진 친구가 많은 눈물을 흘리는 모습에서 친구의 슬픔이 얼마나 큰지를 짐작했다.

비디는 장교들이 남편의 관을 조용한 묘지로 운반하는 모습을 보았다. 병원에서 오랫동안 남편과 함께 보내면서 비디는 남편이 회복될 것이라고 확신했다. 그 기간 동안 그녀의 마음에 임한 성경 말씀은 매우 분명한 확신을 주는 듯했다. "이 병은 죽을 병이 아니라 하나님의 영광을 위함이요" 요 11:4.

챔버스의 동역자들인 글래디스 잉그램과 에바 스핑크는 천국에서 자신들을 보며 미소 짓고 있을 챔버스 생각에 눈물을 참느라 서로 손을 꼭 붙들었다. 런던의 성경훈련대학에서 챔버스는 "사랑의 하나님은 결코 실수한 적이 없으시다"고 매우 자신 있게 말하곤 했다. 전쟁이 발발하자 하나님께서는 그들 모두 이집트에서 하나님을 섬기도록 인도하지 않으셨던가? 주께서는 그들을 지키시고 주의 품 안에서 보호하겠다고 약속하지 않으셨던가? 그런데 어찌하여!

미국 선교사 사무엘 즈웸머 목사가 스코틀랜드 군목 윌리엄 왓슨과 함께 간단한 말씀을 전했다. 그들의 메시지는 예수 그리스도에 대한 것, 주께서 주의 종 오스왈드 챔버스를 통해 이루신 일, 그리고 모든 그리스도인들은 주님께 영원한 소망을 가져야 한다는 내용이었다.

다음 순서로 그 자리에 모인 조객들은 스코틀랜드 찬송가 중 시편 121편의 찬송을 불렀다.

내가 산을 향하여 눈을 들리라
나의 도움이 어디서 올까
나의 도움은 천지를 지으신
여호와에게서로다
여호와께서 너를 실족하지 아니하게 하시며
너를 지키시는 이가 졸지 아니하시리로다
이스라엘을 지키시는 이는
졸지도 아니하시고 주무시지도 아니하시리로다
여호와는 너를 지키시는 이시라
여호와께서 네 오른쪽에서 네 그늘이 되시나니
낮의 해가 너를 상하게 하지 아니하며
밤의 달도 너를 해치지 아니하리로다
여호와께서 너를 지켜 모든 환난을 면하게 하시며
또 네 영혼을 지키시리로다
여호와께서 너의 출입을 지금부터 영원까지 지키시리로다

그 후 감사 기도를 드리고 매장한 후에 그 자리의 조객들은 마지막으로 '고생 끝에 누리는 모든 성도의 안식'For All the Saints Who from Their Labours Rest을 찬양했다. 특히 YMCA의 멤버인 스탠리 발링, 윌리엄 제숍, 로드 라드스탁은 죽음에 직면한 그리스도인이 느끼는 상실과 소망의 뒤섞인 감정을 가지고 찬양했다. 감정이 북받친 그들의 목소리는 떨렸지만 그들은 챔버스가 지녔던 낙천적 사고와 하나님을 향한 넘치는 확신을 기억했다. 찬양의 마지막 절을 부를 때 그들의 목소리는 다른 사람들의 목소리와 함께 저 멀리 떨어진 모카탐 힐스를 넘어 저녁노을을 향해 울려 퍼졌다.

보라! 더 영광스러운 날이 다가온다.
승리의 성도들이 밝은 빛 가운데 일어선다.
영광의 왕이 그의 길로 오신다.
알렐루야, 알렐루야!
땅끝 사방으로부터, 가장 먼 바다의 해변으로부터
셀 수 없이 많은 주의 백성들이 진주문을 지나
물밀듯이 들어오며 아버지와 아들과 성령께 찬양한다.
알렐루야, 알렐루야!

노섬버랜드 수발총병대에서 보낸 조총 발사부대가 저녁 하늘을 향해 세 차례에 걸쳐 소총 사격을 실시했다. 그 총성은 마치 나팔수가 '취침 예비 나팔'을 분 것처럼 저 멀리 울려 퍼졌다.

스탠리 발링은 무덤 옆에 세워진 꽃다발에서 흰 국화 한 송이를 뽑아 무릎을 구부리고 미소를 지으며 캐슬린에게 그 꽃을 건네주었다. 아이가 그 꽃의 향기를 맡고 미소를 짓자 그는 목이 잠겨 하려던 말을 하지 못했다. 그는 두 손으로 아이의 두 손을 잡은 후 살짝 힘을 준 다음 다시 일어섰다. 캐슬린은 자기가 앞으로 얼마나 아빠를 그리워하게 될지 알기나 할까?

장례식이 끝나자 무리를 이루었던 조객들은 서로 인사하고 각기 제 길로 떠나갔다. 몇몇 사람들에게는 여전히 깊은 상실감이 남아 있었다. 하지만 챔버스와 구세주를 아는 사람들은 가장 큰 고통을 제압하는 그리스도의 승리를 느꼈다. 비디는 캐슬린의 손을 부드럽게 꼭 붙들고 기다리고 있는 차를 향해 걸어갔다. 카이로 중심 지역에 있는 즈웸머의 집을 향해 운전해가는 동안, 그녀는 눈을 감고서 바로 몇 달 전 자이툰의 방갈로에서 구두를 닦던 챔버스의 모습을 떠올렸다. 그 장면은 그들이 장티푸스에 걸려 병원에서 거의 사경을 헤매는 친구 거트루드 볼링거를 방문하고 돌아왔던 때였다. 비디가 "하나님께서 어떻게 역사하실지 궁금해요"라고 말하자, 구두를 닦던 챔버스는 "나는 하나님이 무엇을 하실지보다 그분이 어떤 분이냐 하는 것에 더 관심을 갖게 돼"라고 답변했다.

비디는 그 말에 미소 지었다. 그녀는 담담한 남편의 말 속에서 사랑과 염려를 느낄 수 있었다. 실제로 남편은 볼링거 자매에게 발생한 일 때문에 많이 염려했다. 그러나 그는 확신했다. '하나님이 하시는 일은 매우 혼란스럽게 보일 수 있어도, 그분은 절대로 의심스러운 분이 아니다'라고.

비디와 챔버스는 7년 전 결혼하여 잘 지내왔다. 그런데 인간적으로 볼 때, 지금 최악의 불행한 사건이 발생했다. 비디는 34세의 나이로 과부가 되었고 아무런 경제적 대책이나 도움도 없는 가운데 어린 딸을 키우게 되었다. 그 정도의 불행에 그치지 않고 그녀는 지금 전쟁의 상황, 고향과 가족으로부터 멀리 떨어진 황폐한 타지의 사막 지대에서 살고 있었다.

이미 많은 사람들이 그녀가 대답할 수 없는 질문들을 던지고 있었다. "영국에 돌아가실 겁니까? 이제 캐슬린은 어떻게 되는 거지요? 챔버스 없이 어떻게 살아가실 생각인가요?"

비디는 눈을 감고 캐슬린을 가까이 끌어당겨 안더니 평소에 잘 부르던 찬송을 조용히 부르기 시작했다. "내 영혼아 하늘의 왕께 찬양하라. 주의 발 앞에 영광을 돌리라."

모든 것을 다 잃은 것 같아도 그녀의 유일한 소망이 오직 전능하신 하나님의 은혜에 있는 한, 그녀가 이 찬송을 부르게 되는 것은 결코 마지막이 되지 않을 것이다.

02

더 위대한 것들의 씨앗

오순절 기도 동맹the Pentecostal League of Prayer의 대표인 리더 해리스 부인의 대저택에 정오 즈음에 카이로에서 온 전보가 도착했다. 해리스 부인은 반가운 소식을 기대하면서 전보 봉투의 끝부분을 뜯어 안에 들어 있는 얇은 종이를 서둘러 끄집어냈다. 그러나 전보의 내용은 그녀에게 충격을 주었다. "오스왈드 챔버스, 주님 품으로 가다."

그녀는 전보를 읽고 당장 무슨 뜻인지를 알았다. '챔버스가 세상을 떠났다고? 언제, 왜, 어떻게 떠난 것일까?' 해리스 부인과 그곳 사람들은 정황을 더 자세히 알고 싶었다. 그러나 그때는 전쟁 중이었기 때문에 이집트에서 부친 편지가 영국에 도착하려면 호송선이 독일 잠수함을 피한다고 해도 3주나 걸렸다. 만일 더 자세한 내용을 알기 원한다면 YMCA에 전보를 칠 수는 있었다.

해리스 부인은 창문 너머 클래펌 커먼의 안개 덮인 앙상한 나무들을 주시했다. 사실 그녀가 서 있는 그 자리에서 50미터 앞에 한때 성경훈련대학이 있었다. 그 대학의 교장이었던 챔버스는 학생들과 함께 숲이 우거진 공원을 산책하기를 좋아했다. 그런데 지금 해리스 부인은 그의 죽음의 소식을 기도 동맹 회원들에게 알려야 한다.

클래펌 커먼에서 7킬로미터 떨어진 이스트 덜위치East Dulwich의 틴타겔 크레센트 11가에 위치한 챔버스의 집에는 누이 거트루드가 살고 있었다. 그녀는 전보를 전하는 집배원에게 답변했다. "전보요? 네, 감사합니다."

거트루드는 조그만 부엌으로 들어가 챔버스의 부모님인 클래런스와 한나가 앉아 있는 식탁으로 가서 연로한 아버지에게 전보 봉투를 건넸다. 아버지 클래런스는 이제 3주 후면 80세를 맞이하게 된다. 클래런스는 전보의 내용을 꺼내들고 크게 읽었다. "오스왈드 챔버스, 주님 품으로 가다."

아무런 상세한 내용이 없었다. 왜 그들의 막내아들이 죽었는지에 대한 설명도 없었다. 그 당시의 전쟁 중에는 이런 식으로 소식이 전달되었다. 어떻게 된 일인지 자세히 알지 못한 채, 세 사람은 가족들과 친구들에게 편지를 쓰기 시작했다. "카이로에서 방금 전보가 왔습니다. 챔버스가 주님 곁으로 갔다고 합니다. 더 알게 되는 대로 바로 알려드리겠습니다." 이 편지가 아침 편에 우송되어도 영국과 스코틀랜드에 있는 사람들에게 도착하려면 다음날 아침이 될 것이다.

챔버스가 세상을 떠날 당시, 미국 군사들이 유럽에 머문 것은 5개월 정도였다. 미국 내에서는 여전히 전쟁 열기가 뜨거웠기 때문에 사람들은 "나는 양키 두들 댄디"I'm a Yangkee Doodle Dandy를 불렀으며 "우리는 그곳에서 끝나지 않으면 돌아가지 않으련다"라고 노래했다. 찰리 채플린, 메리 픽포드 등의 영화 스타들은 자유 공채Liberty bonds를 후원했다. 가족들은 전쟁이 빨리 끝날 것을 기도했다.

1917년 말, 영국 내 거의 모든 가구마다 전쟁으로 인해 남편이나 아버지 또는 아들을 잃었다. 1916년 7월에 있던 솜Somme 전투 기간에는 60만 명의 연합군 남자들이 사망했다. 독일은 50만 명을 잃었다. 세계적인 규모의 비극에 동화할 수 없는 사람들마저 계속되는 개인적인 불행으로 인해 그 마음이 갈가리 찢겼다. 영국은 배급 식품, 경제적인 난관, 부서진 삶에 신물을 느껴왔지만 여전히 끝까지 싸우겠다고 다짐했다. 몇 개월이면 끝나기로 예상되었던 전쟁은 '땅에 평화, 사람들에게는 안녕'의 기미가 전혀 보이지 않은 채 벌써 네 번째 성탄을 맞이하고 있었다. 알렌비 장군이 팔레스타인으로 진격한 상황에서, 챔버스는 바로 그 당시 팔레스타인 전선으로 파견될 것을 기대하고 있었는데, 그때 그는 '더 높은 섬김'으로 하늘로 부름 받았던 것이다.

챔버스의 사망 소식은 11월 17일 토요일에 선더랜드에 살던 데이빗 람베르트 목사에게 전해졌다. 그는 프랑스에 있는 아들에게 보내는 편지에 자신의 심정을 적었다.

"오스왈드 챔버스 목사가 이집트에서 소천했다는 망연자실하게 만드는 소식을 받았단다. 나는 그 사실을 받아들이기 힘들구나. 전성기가 되기 전에 죽다니! 내가 아는 모든 사람들 중에서 내게 챔버스보다 더 많은 영향을 준 사람은 없다. 나는 내 영혼처럼 그를 사랑했다. 그의 죽음은 1908년에 막내아들 노르만이 죽었을 때의 충격만큼 크구나. 가망이 없을 만큼 슬프거나 분이 나는 차원이 아니라 참으로 혼동스럽다."

람베르트와 아내 엠마는 9년 전에 막내아들을 잃었는데 그 후 바로 챔버스를 만났다. 아들을 묘지에 묻는 날은 뱅크 홀리데이a bank holiday였는데 밝은 햇볕과 행복하게 보이는 인파는 그들의 슬픔을 조롱하는 것 같았다. 한 달 후, 비탄에 잠긴 이 젊은 부부가 하나님으로부터 오는 말씀과 치유의 손길을 갈급해 하고 있을 때, 챔버스가 기도 동맹 집회를 위해 선더랜드에 왔다. 람베르트는 호기심으로 그 집회 중 오후 집회 하나를 들여다보게 되었다. 그때 그는 "스코틀랜드 악센트로 힘찬 메시지를 전하는 박력 있는 젊은 목사에게 사로잡혔다." 챔버스의 설교 주제는 '중생'이었고 그의 메시지는 "마치 그 당시 종교의 인본주의적인 많은 활동과 인위적인 모습에 벼락을 치는 듯" 했다.

챔버스는 람베르트의 집에 손님으로 머물게 되면서 그들의 자녀들에게 인기 있는 친구가 되었고, 그 가정의 지속적인 영적 위로자가 되었다.

람베르트는 아들에게 쓰던 편지를 잠깐 멈추고 책상 서랍에서 노란 봉투를 꺼냈다. 그 봉투 속에는 1909년에 챔버스가 쓴 간결한 답신이 들어 있었다.

친애하는 람베르트 형제님께

마귀가 당신에게 관심을 갖고 있다니 하나님을 찬양합니다. 마귀가 우리에게 불을 토하는 한, 그것은 우리가 마귀에게 주목 받을 만한 가치가 있음을 드러내는 것입니다. 당신 아내와 자녀들에게 마음 깊은 안부를 전합니다.

'파리떼 재앙'은 특별히 이집트에만 있는 것이 아니었습니다. 당신은 당신의 영혼의 창문을 넘어들어와 당신의 시야를 망쳐놓는 바쁘고 졸렬하며 짜증나는 사람들의 모습 속에서 파리떼를 발견하게 될 것입니다.

오스왈드 챔버스로부터

챔버스가 죽었다는 소식을 들은 그 다음날인 1917년 11월 18일, 람베르트의 일기는 다음과 같이 적혀 있다.

"내 마음은 온통 오스왈드 챔버스가 떠났다는 사실에 가 있다. 그가 처음으로 웨슬리 홀에 왔을 때의 여러 일들이 기억난다. 그가 성경을 읽어줄 때 얼마나 놀랐는지! 나는 바울과 루터와 스펄전과 무디와 리더 해리스 및 위대한 성도들이 살아 있음을 느낀다. 그렇다. 그들은 살아 있다. 마찬가지로 오스왈드 챔버스도 주님의 광명한 빛 가운데 살아 있다."

1917년 12월 5일, 웨스트민스터 캑스턴 홀에서 열린 기도 동맹의 수요 저녁 모임은 챔버스를 위한 추모 예배로 따로 드렸다. 기도 동맹의 회원들과 친구들이 애도를 마친 후에 챔버스의 큰형인 아서가 단상에 섰다. 그는 챔버스를 '십자가의 젊은 영웅'이라고 묘사하면서 바나바에 비유했다. "착한 사람이요 성령과 믿음이 충만한 사람이라" 행 11:24.

"챔버스는 에너지와 영감이 넘치는 성품을 지녔습니다. 어느 분야에서든 한번 시작하면 신속하게 자신의 선생을 따라잡았지요. 저는 어떤 기도 모임에서 그의 첫 번째 기도를 격려한 적이 있습니다. 그러나 그는 어느새 저를 능가하여 중보기도의 전문가가 되었습니다.

그는 성령이 충만했으며 그것이 즐거운 봉사의 비결이었습니다. 그는 자신이 말한 대로 '쉼 없이 평안한 삶'을 살아가면서 염려에서는 완벽하게 자유했습니다. 그는 단지 돈이나 개인적 이득을 추구하는 데 전혀 가치를 두지 않은 선한 사람이었습니다. 그는 부탁하는 모든 자들에게 거저 주고자 했습니다. 그가 전하는 메시지 외에 다른 뭔가를 얻으려는 사람들에게 그는 아무런 도움이 되지 않았습니다.

그는 믿음으로 가득 찼습니다. 저는 그가 하나님의 부름을 느끼며 떠났던 세계 일주 여행으로부터 1907년에 돌아온 때를 잘 기억합니다. 그는 반 크라운의 돈을 바닥에 던지며 말했습니다. '이것 좀

봐. 세계를 다 돌아보았는데도 한 주에 한 푼도 쓰지 않고 이렇게 반 크라운이 그대로 남았잖아.' 그 항해의 첫째 구간에서 대양 여객선 'SS 발틱호'를 타게 되었을 때 챔버스는 그 배를 탄 1,300명 모두에게, 즉 선장으로부터 기관실 소년에게까지 영적인 것들에 대하여 말했습니다.

'큰 무리가 주께 더하여지더라'행 11:24는 표현은 그의 삶을 요약합니다. 그의 한 가지 목표는 주인을 위해 '찢겨진 빵과 부어진 포도주가 되는 것'이었습니다. 그는 평생 이른 아침에 일어나 다른 사람을 위해 중보기도를 했고, 매일 아침마다 성령의 기름부음을 받음으로써, 이곳 영국뿐 아니라 마지막에는 이집트에서도 만나는 모든 영혼들을 능숙하게 대할 수 있었습니다."

추모 예배는 챔버스가 즐겨 부르던 찬송 중 하나인 '나를 놓지 않는 주의 사랑'O Love That Wilt Not Let Me Go을 부름으로써 마쳤다. 그 후 10일 후에는 맨체스터에서 또 다른 추모 예배가 있었는데, 데이빗 람베르트 목사가 챔버스를 애도하며 "내가 알기에 산상수훈을 가장 멋지게 설교하는 사람"이라고 평가하면서 그의 가르침을 약술했다. 그 자리에서 챔버스를 추모하던 수백 명의 사람들은 챔버스의 잊을 수 없는 메시지와 함께 그들의 기억 속에 각인된 그의 친절한 모습을 회상했을 것이다. 람베르트는 주님을 위해 온전히 살았던 그의 삶의 강한 영향을 다음과 같이 요약했다.

"하나님의 사랑하시는 종 오스왈드 챔버스의 메시지를 통해 우리 모두에게 다가온 귀한 교훈은 가장 천한 자에게도, 가망 없는 자에게도, 멸시받는 자에게도 '위대한 생명'이 가능하다는 사실입니다. 우리 주 예수 그리스도 안에서, 또한 그분을 통해 가장 위대한 것들이 평범한 사람들에게 허용되었습니다. 하나님께서는 챔버스가 그리스도를 따른 것처럼, 우리로 하여금 그를 따르도록 도우십니다."

이것으로 챔버스에 대한 사람들의 기억이 끝나는 것은 어쩌면 당연했을 것이다. 어떻게 보면 오스왈드 챔버스는 1차 세계대전 중에 사망한 수십 수백만의 영국 사람들 중 한 사람이었다. 따라서 우리는 그 시대 사람들이 몇 달 동안 또는 심지어 몇 년 동안 챔버스에 대해 가끔 말할 것을 기대할 수는 있겠지만, 시간이 지나 그 세대가 사라지면 챔버스에 관한 모든 언급도 사라질 것으로 예상할 것이다. 하지만 그 예상은 정확하게 빗나갔다. 오늘날, 그가 살아 있을 당시보다 더 많은 사람들이 그의 이름과 글에 대해 알고 있다.

챔버스가 소천한 후 먼 훗날에도 그의 말씀은 전 세계적으로 사람들의 마음과 입술에 여전히 있다. 그의 책들이 문자 그대로 수십여 나라의 언어로 수백만의 사람들에 의해 매일 읽히고 있다. 그의 메시지는 책과 오디오 테이프, 달력, 책갈피, 심지어 냉장고 부착용 자석에도 담겨 있다.

왜 사람들은 자동차, 전화, 전기가 있기 전에 태어난 사람의 메시지에 아직까지 계속적인 관심을 가지고 있는 것일까? 왜 그가 언급한 메시지는 마치 오늘 신문을 읽는 것처럼 생생하게 들리는 것일까?

더 위대한 것들의 씨앗

그 대답은 챔버스의 메시지와 성품 두 가지에 있다. 이 둘은 뗄 수 없다. 이 책은 이 둘이 어떻게 한 개인 안에서 합쳐지면서 챔버스가 세상이 망각하기를 거부하는 독특한 존재가 되었는지에 대한 이야기이다. 또한 구 카이로의 챔버스의 묘지 곁에 서서 앞으로 남편 없이 어떻게 살아가야 하는지를 고민하던 한 여인의 이야기이다. 그녀의 원래 이름은 거트루드였지만 챔버스는 그녀에게 애정 어린 별명인 '비디'B.D. Beloved Disciple의 머리글자라는 이름을 붙여주고는 언제나 그녀를 '비디'라고 불렀다. 챔버스가 죽은 후 그녀는 남편의 메시지를 온 세상에 알리는 데 자신의 남은 삶을 온전히 헌신했다. 매우 어려운 상황 가운데 자신을 희생하는 그녀의 사역의 결과로, 챔버스의 이름으로 50여 권의 책이 나올 수 있었다. 그녀는 그 사역의 과정 속에서 자기 이름을 한 번도 언급한 적이 없다.

챔버스는 "하나님이 무엇을 원하시는지 우리의 마음이 보게 될 때, 우리의 몸은 그 목표를 향해 기꺼이 헌신되어 쓰임 받아야 한다"라고 말하곤 했다. 챔버스와 비디는 둘 다 기꺼이 주님께 헌신했고 그들의 삶은 주님께 온전히 쓰임 받았다. 앞으로 전개될 내용은 최상의 하나님께 그들의 최선을 드리는 이야기이다.

1부

•

"어린아이의 삶은 특별히 기록할 만한 일이 없다.
그 시기의 삶은 자유롭고 조용하며 날짜로 기록할 필요가 없다.
어린아이의 삶은 단순함으로 가득 찬 어린아이다운 삶이어야 한다."
– 「많은 자녀들을 이끌어 영광으로」

03

스코틀랜드에서의 소년 시절(1874-1889)

스코틀랜드 애버딘 - 1874년 6월 14일 주일

아침 7시 30분에 많은 하인들이 오전 9시에 있는 드와이트 무디 집회에 들어가기 위해 애버딘 음악 홀에 모였다. 입장권이 있어야만 들어갈 수 있지만 하인들이 한 시간 이상 길거리에서 찬양을 하자 결국 안으로 들어갈 수 있었다. 무디는 "내가 여기 있나이다. 나를 보내소서"사 6:8를 본문으로 강력한 복음의 메시지를 증거했다.

같은 날 오후, 2만 명 정도의 무리가 야외 집회로 정해진 풀로 덮인 애버딘 브로드힐의 경사를 가득 채웠다. 애버딘에서 유명한 화강암 채석장의 노동자들, 청어잡이 어부들, 은행 직원들, 그리고 대학 교수들이 함께 앉았다. 주부와 어린이들도 점점 늘어가는 군중 틈에 자리를 잡고 앉았다. 분위기는 기대감으로 한껏 고조되어 있었다.

이들 모두 제대로 교육을 받지 못한 드와이트 무디라는 미국 사람이 하나님에 대해 말하는 것을 듣기 위해 왔다. 몇몇 사람들은 무디의 속사포같이 빠른 말투 때문에 그의 말을 이해하기 어렵다고 불평했지만, 애버딘의 집회는 글래스고나 에딘버러 같은 대도시의 집회들처럼 군중으로 가득 찼다. 성경과 삶의 이야기들을 특이하게 조화시키는 그의 놀라운 설교 방법은 청중의 관심을 붙들었다.

당시 36세였던 클래런스 챔버스 목사는 브로드힐에 모인 어마어마한 군중을 둘러보았다. 그가 담임하던 크라운 테라스 침례교회는 건강하며 성장하는 교회로 인정받았지만, 주일 아침 예배 때 회중이 다 찬다고 해도 300명을 넘지 못했다. 무디와 같은 해에 태어난 클래런스에게는 그 집회의 광경이 놀라울 뿐이었다.

오후 3시가 되자 무디와 동역자인 아이라 생키가 언덕 밑 둔산 위에 세워진 단상으로 올랐다. 생키는 재능 있는 독창자이며 작사가로서 자신의 대중 찬송으로 미국과 영국의 교회 음악의 흐름을 바꾸어내고 있었다. 생키는 풍금을 치면서 구릉의 중턱을 가로지르는 강한 바리톤 목소리로 최근에 신문에서 발견했다는 시를 음악으로 만든 노래를 불렀다. "양 우리에 아흔 아홉 마리 양이 안전하게 누워 있네." 많은 청중이 그의 노래를 들으면서 남이 보든 말든 눈물을 훔쳤다.

생키는 여러 독창을 부른 후 찬양대와 청중을 지휘하여 그가 편곡한 찬송 '요새를 지켜라' Hold the Fort를 힘차게 부르게 했다. 그 후 무

부모님과 형제자매들(오스왈드 챔버스는 맨 아래 오른쪽)

디가 20분 동안 '죄의 삯은 사망이라'는 설교를 했고, 모든 집회는 한 시간 안에 마쳤다.

같은 오후 시간에 본 어코드 테라스Bon Accord Terrace 위에 있는 어느 작은 집 안에서는 한나 챔버스가 여섯 자녀들을 돌보는 데 열중하고 있었다. 아서13세, 버사11세, 어니스트7세, 에디스5세, 프랭클린3세, 거트루드2세, 이들은 주일 오후에 조용한 시간을 즐기고 있었다.

한나는 뱃속의 아기가 갑작스러운 발차기를 하자 살짝 움츠렸다. 사내인지 딸인지 아직 모르지만 씩씩한 아기임에 틀림없었다. 한 달만 더 지나면 하나님의 은혜로 일곱 자녀가 된다. 그녀는 '여덟 자녀가 있었더라면!' 하고 한숨을 쉬며 아쉬워했다. 곧이어 그녀는 결혼 5주년이 되던 1865년 7월 16일에 태어난 갓난아기 에바 메리를 떠올렸다. 만일 그 딸이 살아 있었다면 지금 9살이 되었을 것이다. 에바는 태어난 지 일곱 달 만에 세상을 떠났다. 한나의 마음속에는 그 딸을 잃은 고통이 여전히 남아 있었다.

회상에서 현실로 돌아온 한나는 지금 만족스러운 미소를 지으며 무디 집회에 대한 모든 이야기들을 반갑게 듣고 있었다. 20년 전, 그녀는 위대한 런던 침례교 목사인 찰스 해돈 스펄전의 설교를 통해 그리스도를 영접했다. 클래런스와 한나 모두 스펄전에게 세례를 받았으며 그것을 계기로 그들은 함께 그리스도를 철저하게 섬기자는 결단을 내리게 되었다. 클래런스는 미용사가 되려는 계획을 포기하고 런던의 메트로폴리탄 테버너클에 위치한 스펄전의 목사 대학Pastor's College의 첫 번째 수강생이 되었다. 안수를 받은 후 클래런스는 롬세이에 있는 교회에서 2년을 섬겼고, 그 후 1866년 애버딘으로 와서 크라운 테라스 침례교회의 담임 목사가 되었다.

클래런스 챔버스는 목표 의식이 강하고 엄숙한 사람이었다. 키가 컸으며 짙은 눈썹과 긴 구레나룻을 가지고 있었다. 그의 앞머리는 머리카락이 거의 없었고 갈색 머리카락은 중간 머리선부터 뒤로 똑바로 제쳐 있었다. 그의 작은 눈은 둥근 철로 된 안경테 사이로 힐끗 보였고, 그의 얇은 입술은 거의 미소를 띠지 않았다.

반면 한나는 따스함이 흘러넘쳤으며 온화하고 유쾌한 성격을 지니고 있었다. 한나는 1840년에 런던 교외의 호머튼에서 태어났다. 그곳에서 날마다 스코틀랜드의 하이랜드 초원을 통해 잔잔히 흐르는 시내를 바라보며 하루를 맞이했다.

클래런스와 한나는 다른 많은 빅토리아 시대풍의 부부들처럼, 한쪽은 엄격했고 다른 한쪽은 그 엄격함을 따스한 애정으로 완화했다.

브로드힐 집회에서 돌아온 클래런스 챔버스는 무디의 저녁 집회가 오후 8시에 뮤직홀에서 계획되어 있었기 때문에 차를 마실 충분한 시간이 있었다. 오후 7시가 되자 이미 뮤직홀은 꽉 찼다. 어쩔 수 없이 수천 명의 사람들은 안으로 들어가지 못했다. 집회는 원래 계획보다 30분 전에 시작되었다. 무디는 '탕자'에 대해 설교했고 대단히 많은 사람들이 그의 초청을 받고 '영혼에 대한 개인 상담'을 위해 자리에 남았다. 크라운 테라스 교회를 포함한 인근 교회들은 복음 전도 및 개인 상담을 위해 자리를 마련해 주었다. 며칠 후 무디와 생키는 애버딘을 떠났지만, 그들이 남긴 부흥의 불길은 계속 그 자리에 타오르고 있었다.

무디와 생키의 복음 운동은 애버딘 사람들에게 큰 영적 갱신을 가져온 동시에 클래런스 챔버스와 마을의 다른 목사들에게도 도전을 주었다. 1874년 6월 24일 날짜의 「애버딘 저널」은 "이 운동의 영적인 면과 도덕적인 면을 제쳐둔다면 무디와 생키의 방문에 의해 이루어진 주요 결과는 우리의 예배가 더욱 생명력을 얻게 되었다는 점이다. 이 집회로 인해 찬양의 신령한 은사가 예배 가운데 더욱 귀히 여겨지게 되었고 예배의 강론 부분은 줄게 되었다. 이번 미국인들의 집회에는 여러 교단의 목사들이 참여했으며, 이 집회로 인해 그들은 교인들에게 더 깊은 인격적 관심을 가지려는 개혁을 체계화하기 시작했다"라고 보도했다.

그들이 떠난 지 한 달 후인 1874년 7월 24일 금요일 어둔 새벽에 한나는 남편을 흔들어 깨웠다. 그녀는 다급한 목소리로 "시간이 되었어요"라고 말했다. 클래런스는 가정부를 시켜 의사를 불러오게 한 후 한나 곁에 함께 있었다. 새벽 2시 30분, 아직 먼 북쪽 하늘에서 새벽이 다가오는 첫 표시가 있기 훨씬 전, 오스왈드 챔버스가 태어났다. 그는 형제들이나 누이들과는 달리 중간 이름을 받지 못했다. 따라서 태어날 때부터 지금까지 그는 그를 아는 모든 사람들에게 중간 이름 없이 단지 '오스왈드'였다.

오스왈드가 18개월이 되던 때 크라운 테라스 마을에서는 아버지 클래런스 목사의 사역에 불만을 품은 소문들이 나돌기 시작했다. 그 불평들은 교리보다 목회 스타일에 초점을 둔 듯했다. "설교에 힘과 생명이 부족해. 설교의 주제가 분명하지 않고, 실천에 도움이 되지 않아." 대부분의 내용은 어떤 변화를 원하는 회중의 바람을 반영하고 있었다. 이러한 분위기는 1876년 2월에 처음으로 조성되더니 그해 11월이 되자 클래런스의 사임을 요청하는 회중의 통보가 전달되었다.

클래런스는 다른 목회 자리를 알아보기로 동의하고 다음 목회지를 찾을 때까지만 기존 목회를 계속할 수 있도록 허락해달라고 회중에게 부탁했다. 2살 된 오스왈드와 2달 된 갓난아기 플로렌스를 고려하면 당장 이사한다는 것은 무리였다. 회중은 마지못해 '협조'를 약속했지만 다음해 3월까지만 허락했다. 그 후 다음해 3월의 마감 기간이 지났지만 클래런스는 여전히 다른 자리를 찾지 못했다. 결국 마감 기간보다 3개월이 더 지났을 때 클래런스는 더 이상의 무거운 마음의 부담을 이기지 못하고 1877년 6월에 목회를 사임했다.

그 후 얼마 지나지 않아 영국의 노스 스태퍼드셔 침례 연합회는 클래런스를 유명한 중국 도자기 본차이나를 만드는 지역의 가정 선교 전도자로 임명하고 파송했다. 따라서 챔버스의 가족은 즉시 시원한 북해 미풍이 부는 애버딘을 떠나 도자기 가마들로 가득한 거무칙칙한 스토크-온-트렌트로 이사하게 되었다. 클래런스는 펜톤 근처의 작은 마을 교회에서 새 출발을 했다.

클래런스에게는 새로운 일이 생긴 셈이지만, 한나에게는 장소가 바뀐 것 외에는 거의 아무런 변화가 없었다. 그녀는 매일 네 자녀를 학교에 보내야 했고 집에서는 오스왈드를 포함한 어린 네 자녀를 돌보아야 했다. 여전히 살림살이는 어려웠고 돈은 거의 없었다. 그러나 자녀들은 전능자의 풍성하심을 자신들의 것으로 온전히 받아들였다. 그녀는 기쁨으로 하루하루를 맞이했고 위기가 발생할 때면 주께서 공급하실 것이라는 확신으로 그 어려움을 이겨냈다.

오스왈드는 일반 기독교 가정에서 자라나는 많은 아이들처럼 어린 나이에 기도를 배웠다. 그러나 하나님께 대한 진정한 믿음으로, 그의 기도는 형식적인 기도를 넘어섰다. 형 프랭클린은 5살 때의 오스왈드의 기도를 '매우 독창적'이라고 묘사하면서 그보다 나이 많은 가족들이 밤에 발꿈치를 들고 위층으로 올라가 오스왈드가 침대 옆에서 기도하는 소리를 듣기 위해 조용히 앉아 있던 때를 회상했다.

오스왈드는 기니피그(모르모트과의 작은 설치류-역주) 두 마리를 갖고 싶은 마음에 매일 밤 기니피그를 보내달라고 하나님께 기도드렸다. 그러면서 다음날 아침이면 기니피그들이 왔는지 확인하려고 양계장을 살펴보았다. 그는 하나님께 기도했기 때문에 그들이 올 것이라고 믿었던 것이다. 어느 날 아침 기니피그 두 마리가 양계장에 있는 것을 본 그는, 가족들이 그것들을 장만해준 것이라고는 전혀 생각하지 못하고 단지 하나님께 감사 기도를 드렸다.

먼 훗날 프랭클린은 "하나님께 대한 동생의 어린아이 같은 확신은 놀라운 방법으로 더 커지고 부요해졌으며 그 믿음의 본질과 단순함의 면에서는 기니피그를 구할 때나 철도 운임료 및 일본 항해 비용을 구할 때나 동일했다"라고 말했다.

오스왈드가 7살 되던 때 아버지 클래런스가 퍼스에 있는 뱁티스트 채플 교회로부터 청빙을 받게 되어 온 가족이 다시 스코틀랜드로 돌아오게 되었다. 아름다운 테이 강의 강둑이 있는 그곳에서 오스왈드는 인격 형성기라고 할 수 있는 유년 시절을 보냈다.

종종 '깨끗한 도시'로 불리던 퍼스는 야외를 좋아하는 활동적인 소년에게는 파라다이스였다. 오스왈드는 세 살 많은 프랭클린 형과 함께 마을 동편의 테이 강 강둑으로부터 솟아오른 사화산 키눌 힐의 가파른 경사를 등반하기를 좋아했다. 소년들은 200미터 높이의 산 정상에서 바위투성이의 산들과 잘 경작된 농경지의 아름다운 광경을 한눈에 볼 수 있었다. 그 후 그들은 마노석영의 종류. 장식품 만드는 데 사용-역주를 찾기 위해 위험한 절벽들을 탐험했다. 그들이 윈디 굴로 알려진 계곡에서 소리를 지르면 아홉 번 정도의 메아리가 퍼져 나갔다.

거대한 연어가 테이 강에 숨어 있었고, 우디 아일랜드Woody Island는 생생한 상상력을 가진 소년들에게는 쉽게 스티븐슨의 '보물섬'이 되었다. 챔버스는 당시 유행하는 유년기 질환을 앓지는 않았지만 모험심 때문에 발목이 삐고, 팔이 부러지며, 엉덩이뼈가 탈구되는 등 많은 사고를 당했다.

친구들과 가족들은 10살 된 오스왈드를 '시끌벅적하게 웃으면서도 매우 조용한 성격'의 소년으로 묘사했다. 책임감 없이 놀기만 좋아했던 유년기의 그에게서는 훗날 그의 성품인 집중력과 관계된 그 어떤 흔적도 찾아볼 수 없었다. 그러나 예술 영역에서는 청년 시절에 나타날 그의 재능과 열정을 예감하는 유년기적인 특징들이 나타났다.

오스왈드가 7년 동안 다닌 사립학교 샤프 인스티튜션에서는 가장 어린 나이의 학생들에게도 드로잉 수업을 받도록 했다. 오스왈드는 어렸을 적부터 뛰어난 소질을 보여주었다. 그가 큰 백묵으로 칠판에 그린 금독수리golden eagle는 한동안 학교 측이 지우지 않고 보관하고 있으면서 학교 방문자들에게 자랑스럽게 보여줄 정도였다. 그가 받은 다른 수업들로는 구두 성경 교육성경 그대로 이야기를 하는 훈련-역주, 읽기, 철자법, 노래, 신체 훈련, 음악 연습 등이 있었다.

오스왈드가 샤프에 다니는 동안 그 학교는 고전 및 실천 교육의 폭넓은 프로그램 분야에 450명의 학생이 등록했음을 자랑했다. 라틴어, 프랑스어, 독일어 강좌는 수학, 과학, 종교와 문학의 장점인 반복 시詩 수업과 함께 제자리를 잡았다. 이러한 광범위하고 엄격한 커리큘럼이 만들어진 이유는 일터로 나가든, 대학에서 계속 공부를 하든, 학생들로 하여금 준비가 되도록 하기 위함이었다.

1886년 챔버스의 형제들. 서 있는 사람은 아더(25세), 왼편부터 어니스트(19세), 오스왈드(12세), 프랭클린(16세). 아더는 침례교 목사가 되었고 어니스트는 상업 예술가, 프랭클린은 염색 화학자가 되었다.

퀸 스트리트 27가에 위치한 오스왈드의 집으로부터 사우스 인치 South Inch라고 알려진 공중 초원을 가로질러 15분 정도 활기차게 걸어가면 시내 중심에 이르게 된다. 오스왈드는 펜윅 제과점으로부터 흘러나오는 버터 쿠키 냄새를 좋아했고, 뿔사슴 머리를 밖에 걸어놓은 핸더슨 사냥 푸줏간의 진열장을 들여다보는 것에 전혀 진력을 내지 않았다. 그러나 그는 사냥꾼보다 동물들에게 측은함을 느꼈다.

뱁티스트 채플 교회는 사우스 스트리트 위의 어떤 건물 2층을 사용하고 있었는데 규모는 300석 정도였다. 챔버스 가족은 매주일 아침과 저녁 예배에 참석했고, 아버지가 설교하고 형이 오르간을 연주했다. 형 프랭클린은 독학으로 오르간 반주를 숙달하여 아홉 살 때부터 교회 오르간 반주자로 봉사했다. 이후 오스왈드 역시 오르간과 피아노에 조예가 깊은 교회 반주자로 활동했다.

프랭클린은 후에 퍼스에 살았던 가족의 모습을 매우 화목했던 장면으로 묘사했다.

"매일 저녁마다 가정 예배를 마친 후에는 여러 게임을 했다. 우리는 가족끼리 함께 즐겁고 재미있는 시간을 보냈다. 그 어떤 외부의 오락도 가족 안에서 누리는 재미와 행복과 비교될 수 없었던 것 같다. 우리는 밖에 나가서 놀고 싶거나 친구들과 돌아다니고 싶은 마음이 전혀 들지 않았다."

샤프 인스티튜션에서 오스왈드가 어떻게 지냈는지는 프랭클린의 관찰 외에 다른 기록이 없다. 프랭클린은 "후에 동생에게 나타난 강렬한 두뇌의 힘은 초등학교 시절에는 보이지 않았다. 그는 학교를 다니는 동안 한 번도 상을 받지 못했다"라고 말했다. 아버지 클래런스는 1889년 퍼스에서의 목회를 사임하게 되고 이로 인해 15살의 오스왈드는 대학에 들어가기 위해 가장 중요한 조건이었던 공인된 졸업증을 따지 못하게 되었다.

1889년 6월, 클래런스는 침례교 총 금식 협회의 순회 담당 비서로 임명되었다. 그의 가족은 새로운 곳으로 이사 가기 전에 퍼스에서 3개월을 더 지냈다. 대부분의 자녀들은 벌써 경제적으로 독립할 수 있었다. 오직 거트루드, 오스왈드, 그리고 여동생 플로렌스만이 여전히 집에 머물렀다.

오스왈드는 이제 곧 가족이 런던으로 이사 가게 될 것을 알고는 들뜨기 시작했다. 대도시에 살게 된다고 생각하니 흥분되었다. 그가 가장 원했던 것은 미술 교육이었다. 런던의 박물관과 미술관, 멋진 건축물들을 생각하면 배움의 기회가 끝이 없을 것 같았다.

문제는 언제나 돈이었다. 챔버스 가족은 여분의 돈을 가진 적이 없었다. 아버지는 좋은 교육을 받은 15살의 건강한 소년이 이제 일터로 나가 가족을 부양해야 한다고 생각했다. 클래런스는 가족이 런던으로 이사를 가는 대로 그의 막내아들인 오스왈드가 직업을 갖기를 원했다.

오스왈드는 아버지를 사랑했지만 항상 실리적인 경제 중심의 가치관을 받아들일 수 없었다. 경제적인 성공과는 거리가 먼, 꿈 많은 미술가 지망생에게 돈이란 아무런 의미가 없었다. 1889년 9월, 오스왈드는 테이 강 주변을 마지막으로 오랫동안 걸으면서 자신의 소년 시절에 작별인사를 했다. 그는 다음번에는 런던의 거대한 템스 강을 산책할 것을 고대했다.

04

런던(1889-1895)

    템스 강은 영국의 남중부 지역의 코츠월드 힐스에서 세게 시작된다. 그곳으로부터 그 강은 옥스퍼드, 윈저, 이튼을 지나면서 그림같이 아름다운 시골 사이로 굽이굽이 흐른다. 그 강이 런던 다리 아래로 흐를 즈음이면 그 폭이 230미터가 되면서 온갖 종류의 돛단배와 화물선으로 가득하게 된다. 그 강은 런던의 동쪽으로 6.5킬로미터 떨어진 곳에 위치한 그레이브센드를 미끄러지듯이 지나 북해로 흘러들어가면서 320킬로미터의 긴 여정을 마치게 된다. 서기 43년에 런던이 세워진 이래로 그 강은 런던에서 세계로 이어지는 통로였다.

    15살의 챔버스가 런던에 도착했을 때, 50개의 선창이 템스 강 옆의 해안 지역을 따라 줄지어 있었다. 어퍼Upper 템스 스트리트와 로워Lower 템스 스트리트에는 과일, 차tea, 포도주, 모피, 티크목, 모직물 등, 전 세계로부터 건너온 물건들로 채워진 거대한 창고들이 가득 들어서 있었다.

1890년대 런던의 교통 체증은 점점 심각해지고 복잡해졌다. 이 세상에서 가장 붐비는 런던 시의 도로는 2층 버스와 전차, 노점상, 마차 등이 자리를 다투었다. 북적거리는 주요 도로의 깊은 땅 밑에는 런던의 4백만 주거민들을 위한 지하철이 어둠을 뚫고 우르릉 소리를 내며 달리고 있었다.

챔버스는 눈이 휘둥그레질 정도로 정신이 하나도 없었다. 19세기의 산업 혁명은 기관차로부터 차 주전자에 이르기까지, 일상의 모든 면에서 기술적인 변화를 가져왔다. 서로 앞다투어 나타나는 발명품들은 인간의 업적 및 더 나은 삶의 무한한 가능성을 보여주는 듯했다. 챔버스가 청소년기를 보내게 될 런던은 활기 차고 발전 가능성이 무한한 도시로 각광받고 있었다. 호화로운 사보이 호텔은 모든 방에 전기가 들어가 있다는 점과 24시간 운영을 자랑했다. 유행의 도시 웨스트 엔드 지역에는 대저택들이 메이페어와 첼시의 조용한 길을 따라 나란히 들어서 있었다. 하지만 앨드게이트를 지나 이스트 엔드 지역으로 이어지면, 쓰레기와 오물과 질병으로 둘러싸인 슬럼가들이 나타났다. 그곳 사람들은 간신히 생계를 유지하고 있었다. 어떤 관찰자는 "런던에서의 인간의 비참함은 그곳이 이 세상에서 가장 안락하고 풍성한 도시라는 사실에서 더욱 크게 느껴진다"라고 말했다.

빈부 격차는 어디서나 볼 수 있었다. 낮에는 도로 위에서 6만 명 이상의 노점상들이 생선, 과일, 채소 등을 팔았고, 밤에는 저녁 파티 복장을 한 신사 숙녀들이 멋진 마차에서 내려 사치스럽게 꾸며진 극장으로 들어갔다. 구습 타파적인 조지 버나드 쇼의 희극과 오스카 와일드의 효과적인 풍자 공연은 아침 일찍부터 문을 열었다.

챔버스는 즐거운 마음으로 도시를 둘러보며 전에 책에서나 보던 이름 있는 장소들을 최대한 많이 찾아다녔다. 그는 성 바울 예배당의 조용한 분위기를 좋아했다. 그곳에 가면 전설적인 크리스토퍼 렌이 만들어낸 미술, 건축, 예배의 놀라운 융합을 음미할 수 있었다. 예배당 밖으로 나오면 한 푼이라도 더 벌려고 쉴 새 없이 움직이는 차량들과 사람들로 인한 소음과 번잡함이 당장 피부에 닿았다. 챔버스는 시적 감수성으로 이러한 모든 장면을 사람들과 연관시켜 보았다.

런던 사람들(1894년 4월 4일)

바쁘게 쫓기며 몰리는 런던 사람들,
차갑고 창백한 얼굴을 하고 어디론가 달려가는 얼간이들,
끝없이 고생하지만,
결코 기도하지 않네.
바쁘게 쫓기며 몰리는 런던 사람들

생각 없고, 변덕 심하고, 불경건한 런던 사람들,
교활하고, 욕심 많고, 잔인한 약탈자들,
한없이 뭔가를 하지만,

결코 아무것도 이루지 못하는,
생각 없고, 변덕 심하고, 불경건한 런던 사람들

지칠 대로 지치고, 피곤하고, 초췌한 런던 사람들,
술에 취하고, 허약하고, 닳아빠진 망상가들,
계속 발버둥치며 노력하지만,
한 번도 쉼을 누리지 못하네.
지칠 대로 지치고, 피곤하고, 초췌한 런던 사람들

조용히, 생명 없이, 땅에 묻힌 런던 사람들,
죽음과 시간은 그들을 영원히 격리시키네.
영원히 떠나버렸지만,
결코 기억되지 않네.
조용히, 생명 없이, 땅에 묻힌 런던 사람들

    1889년 9월, 챔버스 가족은 런던 중심부에서 남동쪽으로 6킬로미터 떨어진 펙함의 빅토리아풍 2층짜리 연립주택으로 이사해 정착하게 되었다. 크로프톤 로드 114가에 위치한 그 집은 아침부터 밤까지 버스와 전차와 마차들로 번화한 하이 스트리트의 남쪽으로 솟아오른 언덕의 꼭대기에 위치했다. 점점 커지는 런던의 급격한 변화 속에서 오스왈드는 어느새 퍼스의 전원적인 평온을 그리워하고 있었다.

이삿짐과 가구가 제대로 자리 잡기도 전에 오스왈드의 아버지는 침례교 총 금식 협회의 사무를 보기 위해 여행을 떠났다. 두 명의 순회 담당 비서 중 한 사람인 클래런스가 해야 하는 일은 광대한 영국, 스코틀랜드, 웨일스를 다니면서 교회들을 방문하는 것이었다. 방문 일정은 그를 기진맥진하게 만들 정도로 빠듯하게 짜여 있었다. 앞으로 2년 동안 거의 집에서 쉴 시간이 없을 정도였다. 따라서 오스왈드의 중요한 청소년기에는 어머니만이 부모로서의 영향을 미치며 제일 가까운 친구의 역할까지 감당해 주었다.

한나는 얼마 되지 않는 생활비를 가지고도 누구든지 반갑게 환영할 수 있는 따스한 가정을 만들어갔다. 그녀의 부지런함과 재치, 밝은 성격은 모든 사람을 흐뭇하게 만들었다. 미혼의 스물 여섯 살인 딸 버사는 숙녀용 이브닝 정장 의복을 판매하기 위해 던디에서 런던으로 이사 왔다. 열일곱 살 된 거트루드는 어렸을 때 아동기 질병으로 거의 생명을 잃을 뻔한 후로 계속 건강이 좋지 않아 여전히 힘들어 하고 있었다. 열다섯 살의 오스왈드와 열세 살의 플로렌스는 학교를 다니고 있었다.

챔버스네 집에서 1킬로미터가 채 떨어지지 않은 곳에 라이 레인 뱁티스트 채플 교회가 있었다. 1877년부터 브리스코 목사가 담임하게 되면서부터 그 교회는 양적으로 네 배나 성장했고, 당시 800명의 등록 교인과 주일 오전 예배 때 1000명의 출석 교인을 자랑하였다. 1890년 초에 한나가 버사를 데리고 그 교회에 다니기 시작하면서, 결국 모든 가족들이 그 교회를 다니게 되었다. 챔버스는 난생 처음으로 아버지가 담임하지 않는 교회를 다니게 된 것이었다.

브리스코 목사는 설득력이 뛰어난 '흥미롭고 감명적인' 설교가로 알려져 있었다. 복음을 향한 열정과 영혼에 대한 관심을 가진 그 목사는 삶의 본으로 회중을 이끌었다. 주일 저녁 예배 중에 그는 교인들을 살피며 열심히 경청하는 얼굴들을 찾았다. 매주 빠지지 않고 예배에 참석하는 열정이 있는 청년을 보면, 그는 종종 예배 후에 청년을 따로 만나 질문했다. "자네는 선교지에 나가 복음을 전할 것이지 왜 이곳에 있는가?" 브리스코 목사는 사람을 교회로 끌어모으는 일보다 하나님 나라를 위한 일꾼을 양성시켜 교회 밖으로 내보내는 일에 더 많은 관심이 있었다.

이 기간이 바로 오스왈드의 영적 의식이 자라나고 그가 주께 헌신을 다짐했던 때이다. 온 가족이 런던으로 이사 온 지 얼마 되지 않아 오스왈드는 아버지와 함께 저명한 메트로폴리탄 테버너클 교회에 가서 스펄전 목사의 설교를 듣게 되었다. 집으로 돌아오는 길에 그는 만일 그 예배에서 주님께 자신을 드릴 기회가 있었다면 그렇게 했을 것이라고 말했다. 이 말을 들은 아버지는 재빠르게 대답했다. "아들아, 지금 그렇게 할 수 있단다."

어린 챔버스는 그 자리에서 자신을 하나님께 드렸다. 멋 훗날 챔버스는 "소년으로서 거듭났다"고 말했고, 형 아서는 그 밤을 "동생이 조용하지만 진지한 결단과 함께 예수 그리스도를 자신의 구세주로 맞아들인 날"이라고 확인해 주었다. 그날 이후 챔버스는 크게 변하면서 거듭난 삶을 살았다.

1890년 12월 2일, 열여섯 살의 오스왈드와 누이 거트루드가 브리스코 목사에게 세례를 받고 라이 레인 뱁티스트 채플 교회의 성도가 되었다. 그 후 곧바로 챔버스의 헌신과 열정이 나타나기 시작했다.

많은 사람들에게 '엉클 밥'으로 알려진 로버트 플래허티는 종종 주일 예배 방문자들을 환영하기 위해 라이 레인 채플 예배당의 뒷자리에 서 있곤 했다. 교회 좌석료를 지불해야 했던 당시에 그는 새 신자들이 올 때마다 미소로 맞이하면서 "오른쪽으로 돌아서 예배당으로 들어가면 바로 오른쪽에 제 자리가 있으니 거기 앉으시기 바랍니다"라고 안내하여 새 신자들이 당황스러운 상황을 겪지 않도록 도와주었다.

플래허티는 체격이 좋고 민첩했다. 여름에는 테니스, 겨울에는 스케이트를 즐겼으며, 일년 내내 산보하기를 좋아했다. 하나님을 만난 후 그분을 섬기기를 추구하는 챔버스와 여러 다른 청소년들은 라이 레인 청년 기독일꾼 협의회의 지도자인 플래허티에게 자석처럼 끌렸다. 그는 챔버스가 그 교회에 등록하기 6년 전인 1884년에 회심하여 브리스코 목사에게 세례를 받았다. 점점 풍성해지는 성경 지식과 함께 각 개인의 영혼에 깊은 관심을 가지게 된 플래허티는, 그 교회의 젊은 친구인 챔버스와 함께 종종 어깨를 나란히 하고 걸으면서 주 예수 그리스도에 대한 대화를 진지하게 나누게 되었다.

플래허티는 어느새 어린 챔버스의 '깊은 영성'에 감동을 받았다. 챔버스는 정기적으로 매주 기도 모임에 참석하기 시작했다. 하지만 그가 통성 기도에 참여하기까지는 꽤 시간이 걸렸다. 플래허티는 "맨 처음에 그의 기도는 단지 한두 문장의 미숙한 기도였지요. 그러나 그의 기도는 한 가지를 붙든 표현들이었습니다"라고 말했다. 그는 챔버스의 기도를 기억하면서, "나는 여러 번 그가 '오 주님, 우리를 겸손으로 흠뻑 젖게 하소서'라고 기도하는 소리를 들었지요. 아직 어린 청소년인데, 그러한 기도를 드린다는 것은 대단한 것이지요"라고 말했다.

청소년을 위한 성경 공부에 참여하면서 챔버스는 성경을 탐구하기 시작했다. 그러나 그는 언제나 성경의 진리를 매일의 삶에 적용하는 데 초점을 두었다. 그는 플래허티와 함께 하면서 시내 하숙 센터에서 열리는 전도 집회에 참여했는데, 그곳은 런던의 가장 가난한 사람들이 잠깐 머물 수 있도록 마련된 장소였다. 주일 아침 라이 레인의 회중이 신선하고 깨끗하게 차려 입은 모습과는 대조적으로, 시내 하숙 센터에 오는 인파는 담배와 오랜 맥주 냄새로 찌들어 있었다. 언제 목욕을 했는지 기억조차 나지 않을 것 같은 그들은 아직 얼굴에 면도날을 대보지도 못한 어린 '설교가'에게는 끔찍한 청중이었다. 과연 챔버스는 많은 실패와 파국으로 밑바닥 인생을 살아온 사람들 앞에서 무엇을 말할 수 있을까?

챔버스는 그들에게 젊음의 이상이라는 강력한 약과 예수 그리스도의 복음으로 다가갔다. 그들이 가진 대부분의 문제들은 스스로 초

래한 것들이지만 그럼에도 챔버스의 진실한 관심은 그들의 마음에 닿았다. 플래허티는 어린 챔버스에 대해 다음과 같이 말했다.

"그는 언제나 최하층의 버림 받은 사람들 틈에서 열심히 일하던 일꾼이었습니다. 그는 이러한 사람들을 보면 그냥 지나치지 못했지요. 아마 그는 그들과의 만남을 통해 사람을 타락시키는 죄의 권능이 어떠한 것인지를 깨달았을 뿐 아니라 그들을 주께로 돌아오게 하여 죄의 권능을 무능하게 만드는 더 큰 하나님의 은혜의 능력을 깨달았던 것 같습니다."

한편 챔버스는 날마다 부흥하고 적어도 100명 이상의 또래 그리스도인들이 있는 그룹 속에서 그들과 함께 어울리는 가운데 마음껏 그리스도와 깊은 관계를 가질 수 있었다. 그리고 깊어가는 주님과의 관계로부터 그의 삶에 넘쳐나는 영적 생동력이 나타나기 시작했다. 당시 가까운 친구 중 한 사람은 조지 옥서였는데, 그는 다음과 같이 챔버스와의 우정을 회상한다.

"나는 챔버스의 벗이었지요. 나는 그의 다소 특이한 면에 끌렸어요. 우리는 둘 다 10대 후반과 20대 초반을 거치며 여러 해 동안 함께 있었어요. 그 당시 그의 영혼은 시인 로버트 브라우닝의 시를 탐독하며 가장 행복한 시간들을 누리고 있었답니다. 그가 읊는 브라우닝 시의 한 소절은 언제나 내게 깊은 감흥을 던져주었지요. 가끔은 시의 내용이 현실보다 더 실제처럼 느껴질까봐 두려울 정도였답니다.

내게는 울타리 밖에 보이지 않는데 그가 천사를 보았다고 해서 우리의 우정에 금이 가는 일은 없었지요. 위대한 '탐구'의 길을 걷는 여행자들에게는 종종 길가의 수렁에서 버둥거리는 사람들을 보게 되는데, 그들에게는 그런 모습이 익숙하지요. 아마 우리는 서로에게 그렇게 보였을 것입니다. 나는 한때 그를 보면서 의심으로 가득 찬 적도 있었지만, 지금은 그의 팔이 나의 팔

챔버스의 십대 때 단짝친구 조지 옥서. 연필화(1895)

을 휘감으며 스코틀랜드 억양으로 '이봐, 용기를 가져!'라고 격려하는 그의 마음까지 느낄 수 있답니다."

당시는 만일 어떤 사람이 교회 성도가 되기를 원하면 장로나 집사가 그 사람을 방문하여 그리스도에 대한 개인 믿음에 대해 질문하는 것이 통례였다. 교회록에는 조지 옥서가 두 번의 정규 심방을 받았을 뿐 아니라 그의 믿음의 내용들을 정확하게 확인하기 위해 세 번째의 심방이 있었다는 기록이 남아 있다.

옥서는 계속해서 "청소년 시절의 친구들 가운데 안간힘을 다해 마음속의 '유혹'과 용감히 싸우던 영혼이 있다면, 그러한 영혼을 발견하는 것은 쉬운 일이었지요. 챔버스의 영혼이 내 영혼에 끼친 인상은 지울 수 없는 것이랍니다"라고 언급했다.

날마다 급성장하던 라이 레인 채플 교회의 청소년부에는 식료품과 차tea를 판매하는 벤자민 브레인이라는 지역 상인의 아들 하나와

네 딸이 있었다. 이 다섯 자녀들은 그리스도에 대한 믿음을 공중 앞에서 선포하였고, 1889년에서 1890년 사이에 전부 세례를 받았다. '루이'라고 불리는 루이자 브레인은 조지 옥서의 관심을 끌었고, 여동생 크리시는 오스왈드 챔버스의 관심을 사로잡았다. 그들은 모두 매 주일 아침마다 공간이 넓지만 사람들로 가득 찬 라이 레인 채플의 예배에 참여했다. 예배당은 U자의 발코니까지 사람들로 붐볐으며, 윤기 나는 나무 테로 둘린 강대상은 높은 위치에 있었다. 브리스코 목사가 단상에 서면 그의 따스함이 회중과의 간격을 녹여버렸다. 하나님으로부터 오는 위로의 말씀을 힘차게 외치는 목사는 마치 모든 회중에게 '아빠'와 같았다. 주일 저녁이 되면 여러 청년들은 공개 모임을 갖든지 아니면 근처의 섬너 로드 미션Sumner Road Mission 예배에 참석했다.

당시의 사회 기준에 의하면, 대부분의 청소년들은 단둘이 만나기보다 보호 책임자가 있는 단체 안에서 교제하였다. 챔버스는 교회 친교 시간이나 찬양 시간에 피아노를 쳤는데, 당시의 어떤 규칙도 크리시가 그의 곁에 가깝게 서서 찬송가를 넘겨주는 것을 막을 수 없었다. 그녀가 곁에 있자 챔버스는 전에 알지 못했던 이상한 감정을 느꼈다.

챔버스는 크리시보다 딱 한 살이 많았다. 곧 둘은 가까운 친구가 되었다. 크리시는 열다섯 살이 되자 정규 교육을 마치고 아버지의 식료품 가게에서 본격적으로 일하기 시작했다. 그녀는 챔버스의 유머 감각을 특별히 좋아했는데, 그의 유머 감각은 영적인 열정과 미래에 대한 비전이 특이하게 섞여 있었다. 반면에 챔버스는 크리시가 그의 영적인 매달림에 깊이 공감하는 것을 발견했다. 몇 개월 후 그들은 아름다운 첫사랑을 나누는 연인이 되었고, 점차 자신들의 가장 깊은 바람과 꿈도 공유할 수 있는 관계로 발전하였다.

크리시는 그리스도를 향한 챔버스의 깊은 헌신에 탄복했다. 특히 노방 집회에서 종종 반감을 가지고 있는 군중을 향해서도 용감하게 전도하는 챔버스에게 반했다. 그녀는 "나는 그의 힘찬 설교를 많이 들었습니다"라고 말했다. "그의 첫 번째 공중 설교는 펙함의 번화한 도로에서 있었지요. 그는 '보라, 목마른 자들은 다 물로 나아오라'는 주제로 외쳤습니다. 그 설교에 얼마나 정열을 쏟았는지, 그는 그 영광스러운 메시지를 전한 다음날까지 앓아누웠을 정도입니다. 그 후로 다른 많은 설교들을 하다가 열여덟 살 때는 주일학교 학부모들을 대상으로 설교를 하게 되었습니다. 그 설교는 학부모들을 향해 주어진, 내가 들은 설교 중 최고의 설교였습니다. 아무튼 그의 조숙함은 다소 경이적이었지요! 그는 '가정은 천국이어야 하고, 천국은 가정이어야 합니다'라고 외치며 설교를 마쳤습니다."

챔버스는 영적인 갈등과 성장을 거치면서 시를 남겼는데, 대부분의 시를 오직 자기를 잘 이해하고 위로해주는 크리시에게만 보여주었다.

단편(1893년 11월 10일, 런던)

파멸일세! 위대한 행위들, 소중하고 바른 원칙들,
아무리 애쓰고 몸부림쳐도, 다투어도 부족일세, 모자람일세.
거의 다 파멸일세.
비통함과 피로만 남았네. 파멸일세. 파멸일세!

허송세월일세! 쓰라리고 고통스러운 기억만 남아 있네!
수고하고 과로하고 쉬지 않고 일하지만,
허송세월의 고통스러운 기억을 덮을 수 없네.
그 기억은 취소할 수도, 망각할 수도 없네.

단편(1893년 12월 16일, 런던)

진가들이 잊힌다! 위대한 사상들,
위대한 생각들, 음악과 모든 예술들.
인내마저 기다리다 죽고 잊혀진다.

나 자신은 순결하고, 소름끼치고, 고상하고,
비열하고, 정욕적이고, 흉악하다.
인간이란! 하나님을 닮은 면이 있지만, 마귀 같은 면도 있구나!

챔버스는 라이 레인 채플에서 영적으로 많이 성장했지만, 그의 예술성은 많은 좌절을 겪고 있었다. 그는 분명히 음악과 미술에 재능이 있었지만, 실리적인 아버지는 막내아들이 평생을 예술로 보낸다는 것을 생각조차 할 수 없었다. 아버지는 예술을 사치라고 생각했고 돈 버는 것이야말로 필수적인 일이라고 생각했다. 음악이 삶의 즐거움은 될 수 있어도 경제적인 안정과는 거리가 멀다고 생각했다.

이와 같은 실용적 자세를 지닌 아버지는 아들이 조각 실습생이 되기를 바랐다. 규정된 일정 기간 동안 숙련된 기술자 밑에서 배우면 나중에 그 분야의 기능공이 되어 적은 임금이라도 벌 수 있다는 계산이었다. 만일 챔버스가 어느 날 기차에서 내려 새로 시작된 견습공 훈련을 포기하지 않았다면, 그는 우리가 아는 챔버스와는 전혀 다른 인생을 살았을 것이다.

챔버스는 아버지를 사랑했지만, 미술에 대한 그의 견해에 동의하지 않았다. 그에게 미술이란 하나님께서 이 땅의 인생을 견딜 만하도록 하시기 위해 인류에게 주신 선물이었다. 그에게 시와 음악은 사치가 아니라 필수였다.

미친 짓(1893년 12월 26일)

미친 짓!
사람들은 시를 그렇게 선포하는구나.

운율과 모든 단어의 공명은 정상이 아닐지라도,

그러나 시도? 영혼의 움직임은 말로 표현될 수 없지 않은가!

결코 미친 짓이 아니지!

영혼에 내리는 이슬이 미친 짓이라구?

음악이 미친 짓?

소위 '사실'이라는 딱딱하고 마르고 기계적인 단조로움만 정상이라면,

그러나 만일 그 기계적인 단조로움이 단지 오르간의 덮개라면,

그 다음은 무엇인가?

음악 감상은 미친 짓이 되는가?

인간! 인간은 누구인가?

한 분, 우리의 창조주가 계시니, 그분은

우리가 음악, 시, 미술이라 부르는 신성한 본질을 주시고,

그것들을 통해 평강의 영을 인간의 영혼에 불어넣으신다.

소위 사실이라는 기계적인 단조로움에 의해,

우리는 이 진흙 속에서 존재하지만,

하나님은 또한 이러한 예술도 주셨으니,

보라, 죽음과 주의 심판은 보내신 수단들을 무시하는 자에게 떨어지나니

지금 우리는 이곳에 존재하는 동안,

이후의 영원한 존재를 위해 훈련한다.

마찬가지로,
그러한 신성한 숨결을 보잘것없고 비현실적인 것이라 부르는 자에게
하나님께서 심판 가운데 오셔서,
그의 눈을 막으셔서 모든 아름다운 것들을 보지 못하게 하시고,
그의 귀를 막으셔서 가장 사랑스러운 것을 듣지 못하게 하시며,
그의 마음을 어둡게 하여
순결하고 고상한 것을 알지 못하게 하신다.

인간들아, 깨어라!
하나님은 영이시니,
주를 예배하는 자들마다
영으로 예배할지니라.

아버지가 스스로 챔버스가 미술을 하도록 허락한 것인지, 아니면 어머니 한나가 궁극적으로 남편을 설득해낸 것인지는 확실하지 않다. 어쩌면 챔버스가 미술 교사 자격증을 따면 학교에서 미술을 가르쳐 돈을 벌 수 있다는 사실 때문에 아버지가 허락을 했을지도 모른다. 이유가 어찌되었든, 아버지는 결국 마음이 누그러졌고 챔버스는 자신의 관심 분야에서 하고 싶은 공부를 열심히 하며 훈련의 기회를

마음껏 즐겼다.

국립 미술 훈련 학교의 주요 목표는 영국의 교사들을 훈련하는 것과 산업 분야에서 미술가와 디자이너로 일하기를 원하는 사람들을 가르치는 것이었다. 로얄 알버트 홀의 바로 옆에 위치하면서 하이드 파크의 남쪽에 있는 이 학교는, 5백 명 정도의 학생들에게 다양한 미술 교육을 제공하고 있었다. 챔버스는 2년 동안 일주일에 5일씩 퍽함에서 사우스 켄징턴까지 걸어다니며 미술에 흠뻑 빠져서 그 기술과 원리를 배웠다. 그는 특히 '흑백'을 사용하는 연필화에서 매우 뛰어난 재능을 나타냈다. 그가 1893년에 그린 베토벤 초상화는 다른 사람들이 베토벤을 그린 초상화에서는 거의 볼 수 없는 꿰뚫는 눈과 자상함, 꽉 다문 턱의 청각장애인 작곡가가 나타나 있었다.

국립 미술 장학생에게 모든 비용이 다 지불되지는 않았다. 하지만 챔버스는 '근로 장학 기금'으로부터 매주 경제적 지원을 받아 학비를 갚아나갈 수 있었다. 아마 그 기간에 그의 형들이 교육비를 충당해준 듯하다.

챔버스는 1895년 초에 미술 교사 자격증을 취득했고 유럽의 큰 미술 센터에서 2년 동안 공부할 수 있는 장학금을 상으로 받았다. 그러나 그가 그 장학금을 돌려주는 바람에 미술 교수들과 친구들이 깜짝 놀랐다. 챔버스가 이런 결정을 내린 이유는 이와 비슷한 공부 과정을 거친 사람들이 도덕적, 영적으로 파멸하는 것을 보았기 때문이었다.

갑자기 챔버스는 실직이라는 어려운 기간을 보내게 되었다. 이때 그는 장래에 대한 하나님의 뜻을 찾기 위해 몸부림치는 과정을 겪고 그 과정에서 하나님의 부르심을 강하게 느꼈다. 1895년 4월 22일에 그가 크리시에게 쓴 편지를 보자.

챔버스가 19세에 그린 베토벤 초상화. 그는 베토벤의 '월광 소나타'를 연주하기를 좋아했다.

"미(美)의 왕국의 구원을 선포하도록 내가 누구를 보낼까?" 그때 내 영혼이 나의 연약함과 죄성과 과실 가운데 외쳤어. "제가 여기 있습니다. 저를 보내소서." 만일 주께서 나를 부르지 않으신다면, 나를 보내지 않으신다면, 나와 함께하지 않으신다면, 내가 그 일에 착수하자마자 침몰되겠지. 예수 그리스도는 나의 구세주시며 주인이셔. 주님은 내 영혼과 눈과 귀와 입을 깨끗하게 하시는 제단에서 꺼낸 뜨거운 숯불이셔. 물론 나도 깨끗해야겠지. 나를 위해 기도해주렴. 어떻게 이 일을 이루어야 할지 모르겠어.

그리스도인이 미술, 음악, 시를 배우는 것이 잘못된 일은 아니겠지만, 어딘가 개선할 부분은 있어. 너도 잘 기억해두렴. 잘못된 문제는 미술, 음악, 시 작품 자체에 있는 것이 아니라 교육에 있어. 다시 말하지만, 이 일을 어떻게 이루어내야 할지 나는 몰라. 그러나 만일 하나님이 부르신다면 그분이 인도하시겠지. 지금 내가 아는 것은, 미의 왕국은 하나님의 아들의 왕국이 될 것이라는 사실이야. 내가 이미 이 일을 시작했다고 말했지?

앞을 내다볼수록 너무 방대하다. 아무튼 예수님을 위해 나 자신을 준비시키려고 부지런히, 열심히 공부하고 있어. 일단 듣고 배워야 하잖아. 나는 지식의 분야와 하나님의 권위를 모두 인정해. 주님의 능력 안에 이 두 가지가 다 포함되어 있지.

러스킨1819-1900 : 영국의 미술 평론가-역주은 성령에 의해 불을 받아 챔피언다운 강한 펀치로 미술계의 비도덕성을 향해 한 방 먹였어. 그래서 미술 세계가 흔들거렸지. 그러나 이제 그 챔피언은 점점 약해지고 있고 미술은 다시 이전 시대의 관능적인 안일함에 젖어 있어. 나의 제한된 지식으로 아는 바는, 미술계에는 주님의 대변자로 그곳에서 가르치고 바르게 하고 권면할 일꾼이 없어. "오, 성령이시여. 주께서는 아십니다. 큰 비전과 갈망과 사랑이 저를 강력하게 사로잡지만 동시에 제가 얼마나 부족한지를 깨닫습니다."

내가 아는 것은, 내 평생 할 일은 하나님의 전능하신 능력 안에서 구속을 위해 전력을 다하거나 미의 세계를 위해 그리스도의 구속이 이루어졌음을 증명하는 것이라는 사실이야. 이미 미술계 안에도 그리스도의 왕권 앞에 무릎을 꿇은 부분이 많지만, 슬프게도 미술 정신은 비도덕적인 차원까지 나아갔어.

지금 미의 왕국은 굴욕의 수렁에 빠져 반은 멋지지만 반은 불결하단다. 미의 왕국 안에서 그리스도를 위해 두려움 없이 외치는 설교가가 절대적으로 필요해. 또한 그 왕국의 주인이 그리스도라는 사실을 글로 알리는 두려움 없는 그리스도의 보혈의 작가도 필요하지. 이 세상의 모든 왕국이 그리스도의 왕국이 되어야 한다고 경고하고 권하는, 인기에 구걸하지 않는 대담한 강사도 필요할 거야. 그렇게 해서 미술가, 음악가, 시인들이 선한 그리스도인들이 되어야겠지. 그런 점에서 설교가와 강사와 작가는 먼저 하나님의 사람이 되어야 하고, 그 후에 감성이 충만한 예술적인 학생이 되어야 해. 그러면 그는 권위를 가지고 설교하며, 강의하고, 글을 쓸 수 있게 될 거야.

나는 그 왕국이 주님 자신의 것이 되기를 바라시면서 그 왕국을 향해 통탄하시는 주의 음성을 들은 것 같아. 그 왕국을 향해 애태우시는 그리스도의 모습을 뵌 것 같기도 해. 평범한 목사들 모두 이 일을 할 수 있다고 말하지만, 실제로는 오직 소수의 목사들이나 할 수 있겠지. 그 이유는 대부분의 목사들이 미술가들처럼 미에 대한 사랑을 가지고 있지 않기 때문이야. 한편 미술가들은 대체적으로 목사들의 이야기를 경청하지 않지. 목사들의 의무는 미술에 대해 편협한 의식을 가진 사람들을 바르게 깨닫도록 교육하는 거야. 바로 이러한 이유 때문에 최고의 예술가이신 하나님의 사람들이 미의 세계로 들어와 살면서 그 세계의 구원과 고양을 위해 수고하고 몸부림쳐야 한다고 생각해.

챔버스는 그해 6월, 에딘버러 대학 내 2년의 미술 과정에 등록하기로 결정했다. 혹독한 그 프로그램은 그에게 값진 훈련을 제공하겠지만, 그럼에도 제대로 된 대학 학위를 주는 과정은 아니었다. 챔버스가 1895년 6월 27일에 크리시에게 쓴 편지를 보자.

내가 대학 커리큘럼에 들어가지 못했다고 해서 너무 안쓰러워하지 않기를 바란다. 오히려 내게 가장 잘된 일이야. "당신을 위해 위대한 것들을 추구하라? 아니지. 그것들을 추구하지 말아야지." 이제 대학 교육에 온 마음을 다 쏟지 못하게 되었어도, 지금부터 힘이 닿는 한 주님을 위해 열심히 배울 생각이야. '예수 그리스도를 위해' 내 삶을 다 드릴 수 있을 만큼 내 영혼이 깊은 열정으로 빛나려면 얼마나 많이 자제하고 얼마나 많은 훈련을 받아야 할까? 주께서 내 마음을 세상에서 떼어놓으시기 위해 큰 슬픔을 허락하시기 전까지는 아마 나는 주께 가치 없는 존재일 거야. 앞으로 어떤 큰 슬픔이 닥칠지 몰라. 어쩌면 슬픔이 찾아오지 않을 수도 있겠지.

챔버스는 에딘버러에서 받을 교육에 대해 기대가 컸다. 그러나 그 기대만큼 런던의 집과 교회와 친구들을 떠나야 하는 심적 고통도 컸다. 이제 더 이상 조지 옥서, 루이 브레인, 라이 레인 채플의

친구들과 함께 크리시의 집에서 피아노를 치며 보내는 밤은 없을 것이다. 크리시와 나누던 긴 대화들은 장문의 편지들로 대체될 수밖에 없다.

챔버스는 대학을 향해 떠나기 전에 크리시와 그녀의 집에서 여름 저녁을 함께 보냈다. 챔버스는 그녀만을 위해 베토벤의 '월광 소나타'를 천천히 연주했다. 그 후 테니슨의 「모드」Maud. 인간 사회의 부패를 '모드'라는 사람의 영혼으로 드러낸 단편 시집-역주를 읽어주었다. 챔버스는 21세가 되는 6월 24일 날짜로 런던을 떠나기 전 자신의 감정을 일기에 남겼다.

이제 나는 새가 오랜 보금자리를 떠나듯이 정든 이 집을 멀리 떠난다. 나는 이 집을 좋아한다. 사방에 평평한 벽이 있는 이 방은 하늘로 열려 있다. 이곳에서 나는 하나님께 취했고, 기도했으며, 울었고, 번민했다. 이제 안녕, 나의 집이여! 네가 아는 모든 것과 네가 본 모든 것을 하나님께서도 아시고 보셨으니 내가 미소 짓는다. 내가 하나님께 속삭인 모든 비밀들과 하나님께서 내게 속삭이신 말씀들을 너는 절대로 말하지 않을 테니, 참으로 멋지구나. 그래, 너는 비밀을 지킬 거야. 사랑하는 나의 방이여, 안녕!

"오 하나님! 아버지, 어머니, 그리고 형제 자매에게 언제나 위대한 일을 행하시고 자비를 베푸시며 그들과 함께하소서." 특히, 그들은 내게 가장 멀기도 하고 가장 가깝기도 하다. 그들은 내 모습 그대로의 나를 알지. 그들은 내게 변함없이 조용하고 친절히 대하지. 나는 그들을 사랑한다.

스코틀랜드여, 너무 반갑다! 내 영혼이 너를 향해 얼마나 두근거리고 긴장하며 갈급해 하는지! 사랑스럽고 아름다운 스코틀랜드여! 내가 너를 얼마나 사랑하는지! 이제 얼마 안 있으면 나는 너의 언덕들과 구릉과 숲 사이를 거닐겠지. 스코틀랜드여, 너는 내게 무궁한 언덕의 인내심과 폭풍우에 찢긴 전나무의 내구력과 산 개울의 넘치는 힘과 블루벨종 모양의 푸른 꽃이 피는 백합과 식물-역주 의 부드러움과 고상한 긍지의 충성심을 주겠지.

열다섯 살의 소년이 가족과 함께 퍼스로부터 이곳 마귀들이 창궐한, 그러나 꿈을 펼칠 수 있었던 런던으로 이사 온 지 벌써 6년이 지났다. 하나님을 향해 항상 따스한 가슴을 가진 챔버스는 영국에 거하는 동안에도 조금도 주저함이 없이 그리스도를 구세주와 주인과 하나님으로 모시고 살았다.

지금까지 어떤 삶을 살아야 할지 알 수 없어 불확실한 기간을 보냈지만, 이제는 앞길이 분명히 보이는 것 같았다. 하나님의 소명을 분명하게 느낀 이 젊은이는, 그 부름을 따라가기 위해 혼자 기차를 타고 북쪽으로 달리고 있었다. 이제 젊은 이상과 함께, 하나님을 위해 뭔가 지극히 중요하고 위대한 일을 이루고 싶은 바람은 하나님의 부르심과 일치되었다.

지난 여러 해 동안의 영적인 고통과 씨름을 통해 그의 꿈들은 승리를 거두었고 마귀들은 물러났으며 이제 최고의 기쁨을 누리고 있었다. 적어도 한동안은 그런 기간을 보낼 수 있었다.

2부

•

"하나님께서 내가 그분께 가져가는 것을
별로 중요하게 여기지 않으신다는 사실을 깨닫는 데는 오랜 기간이 걸렸다.
하나님께서 내게 원하시는 모든 것은 무조건적인 항복이다."
– 「주님은 나의 최고봉」

05

에딘버러(1895-1897)

런던에서부터 숨이 차도록 달려온 기차가 프린세스 스트리트의 화려한 정원들을 지나 웨벌리 역에 도착하자 챔버스는 '고향'에 이르렀다는 것을 느꼈다. 그는 자기가 태어난 땅 스코틀랜드를 귀하게 여겼으며 국적을 말할 때는 언제나 영국 사람 또는 잉글랜드 사람이라고 말하기보다 스코틀랜드 사람이라고 언급했다.

에딘버러! 사람들과 하나님께 영원히 남을 기념물들이 있는, 어둡고 가끔은 우울해 보이는 도시를 챔버스는 얼마나 사랑했는지! 그는 과거에 이곳을 방문할 때마다 오랫동안 도시의 스카이라인을 응시하곤 했다. 월터 스콧 경의 우아한 기념비는 프린세스 스트리트의 시끌벅적한 상가와 말이 끄는 운반차 위로 75미터나 높게 솟아 있었다. 그 너머로는 화산암의 높은 절벽 위로 인상적인 중세의 성곽이 서 있었다. 왼편을 보면 로얄 마일 아래로 장로교의 모체인 세인트 자일스 예배당이 건물들 지붕 위로 우뚝 솟아 있었다.

챔버스는 애버딘의 그래니티 시에서 태어나 인생을 시작했고 퍼스의 페어 시에서 소년 시절을 즐겼다. 이제 그는 하나님의 부르심에 응답하기 위한 공부를 하기 위해 과감하게 에딘버러의 퀸 도시로 왔다. 그는 미술을 통해 하나님을 섬기라는 막연한 주의 소명이 이곳에서 잘 다듬어지고 달구어져 찬란하게 완성된 모습이 되기를 기도드렸다.

에딘버러는 이 세상에 흔적을 크게 남긴 많은 미술가들을 양성해 냈다. 그러나 그들은 대부분 성공을 위한 큰 대가를 치러야 했다. 월터 스콧 경은 젊은 시절에 이미 문학 분야에서 최고의 명성을 얻었지만 만년에 건강을 잃었을 뿐 아니라 경제적 파산으로 인해 재정적으로도 힘겨웠다. 젊은 시절, 믿음의 영적인 유산을 차버린 로버트 루이스 스티븐슨은 문학적 감각을 인정받아 세계적인 평판을 얻었지만 그 후 1년이 채 되기도 전에 무덤으로 들어갔다. 챔버스는 이러한 사례들을 통해, 예술 자체에 앞뒤를 가리지 않는 생명과 노력을 쏟아붓는 것은 부푼 감정과 함께 중독에 빠지거나 파멸의 길로 달려갈 가능성이 있음을 잘 알고 있었다.

미술과 문학 세계 외에도, 이곳은 용맹스러운 하나님의 사람들이 많이 거처간 곳이다. 따라서 가는 곳마다 그들의 흔적들이 남아 있어서 챔버스는 그들을 기억하게 되었다. 그들 중 챔버스에게 최고의 믿음의 영웅들로 여겨진 사람들은 300년 전에 국가가 교회의 머리가 되는 것을 거부하여 순교의 피를 흘렸던 스코틀랜드 언약자들the

Scottish Covenanters, 스코틀랜드 장로교인들로서 개혁 신앙과 장로 제도를 취했고 현재 장로교단의 모체라고 할 수 있다. 16세기와 17세기에 걸쳐 정치 및 종교적 자립을 위해 투쟁하여 마침내 스코틀랜드 장로교가 국교가 되게 했다. - 역주이었다. 챔버스는 그들이 1638년 그레이프라이어스 교회 마당에서 국가 언약the National Covenant에 과감히 서명하는 데서부터 1685년과 1686년에 제임스 7세왕 치하의 '잔멸 기간'에 용감한 죽음까지 불사한 역사를 보면서 그들의 조금도 굽히지 않는 헌신과 열정에 감탄했다. 그래서 즉시 '그리스도의 왕권과 언약을 위해'라는 그들의 좌우명을 자기의 것으로 삼았다.

형 프랭클린은 대학의 학기가 시작하기 전에 동생이 집을 구하여 정착할 수 있도록 돕기 위해 퍼스에서 기차를 타고 백킬로미터를 달려왔다. 형의 도움으로 챔버스는 리빙스턴 스트리트 17가에 위치한 3층 집의 방 하나를 얻었는데, 그곳은 데이빗 벨 부부의 집이었다. 벨 부인은 방을 보여주면서 의자 하나를 가리키며, 위대한 설교가 존 헨리 조웨트가 그곳에서 대학 시절을 보내는 동안 가장 좋아했던 의자라고 말하였다. 두 형제는 방에 들어와 문을 닫은 후 무릎을 꿇고 엘리사가 엘리야에게 부탁한 내용처럼왕하 2:9 조웨트가 지녔던 영감보다 갑절의 영감이 챔버스에게 임하기를 기도드렸다.

챔버스의 집에서 800미터 떨어진 곳에는 에딘버러 대학의 오랜 건물들이 위풍당당하게 서 있었다. 1583년에 세워진 이 대학에는 이제 미술, 과학, 신학, 법률, 약학, 음악의 여섯 학과가 있었고 매해 2700명의 학생들이 등록했다. 이 중에는 장래에 의사가 될 1500여

명의 학생들이 제일 많이 등록했고, 그 다음으로 미술에 700여 명, 법학에 400여 명이 등록했다. 또한 해당 분야에서 국제적인 인정을 받는 교수들이 날마다 학생들을 가르치고 있었다.

작문과 영문학을 가르치는 데이빗 마송 교수의 강의는 언어 예술 그 자체였다. 그 교수의 강의를 들었던, 스코틀랜드의 극작가이며 「피터 팬」의 저자인 제임스 배리는 그의 책 「에딘버러 11가」에서 이렇게 쓰고 있다.

"교수님의 마음이 어떤 형상을 찾아헤맬 때마다 교수님은 가스등 받침대를 꼭 붙들고는 그 받침대에서 뭔가 좋은 것들을 끄집어내려는 것처럼 흔들기 시작했다. 그러면 교실은 조용해졌다. 어떤 학생들은 교수님께 매료되었지만 다른 학생들은 흔들리며 소리 나는 가스등 받침대를 보면서 가스등이 빠질까봐 두려워했다. 한참 후에 교수님의 말문이 열리면 강의는 다시 문학이 되었다. 위기는 지나갔고 모든 학생들은 안도의 숨을 쉬었다."

헨리 칼더우드 교수는 글래스고의 성직자로서 화려한 경력을 가지고 있었지만, 에딘버러의 윤리학 교수 자리가 비자 성직을 내려놓고 철학 교수가 되었다. 그가 쓴 「윤리학 핸드북」은 25년 동안 영국과 미국의 대학생들에게 기본 교과서로 쓰였다. 무엇보다 칼더우드 교수는 학생들을 인격적으로 대했으며 각 개인에게 진실한 관심을 보였다.

논리학, 심리학, 형이상학을 가르치던 앤드류 셋 교수는 깊은 생각에 잠긴 채 강의했다. 그는 말 한마디를 하더라도 무게를 실어 조심스럽게 했으며 쓸데없는 반복이나 부정확한 의미는 피했다. 한 학생은 그의 느리지만 고심한 흔적이 보이는 강의에 대해 "강의 스타일 자체가 논리학의 귀한 교육이었다"라고 묘사했다.

챔버스에게 가장 큰 학문적 영향을 끼친 교수는 제라드 볼드윈 브라운이었다. 언제나 중간 이름으로 불린 볼드윈 브라운은 순수 미술의 왓슨-고든 석좌 교수직을 15년째 하고 있었다. 챔버스를 비롯한 학생들은 브라운이 강의하는 고전 고고학과 고대 미술 역사를 듣기 위해 순수 미술 교실로 모여들었다.

볼드윈 브라운은 원기가 왕성한 근육질의 남성이었고 네모난 턱과 벗겨진 머리와 두꺼운 솔 같은 콧수염이 있어서 누구나 쉽게 알아볼 수 있었다. 수업 첫날이면 그는 공부할 과목에 대해 개요를 말해주었다.

크리스마스 전까지 다음 항목을 고려하여 그리스 미술 세계를 살펴볼 것
- 종교 및 미술에 특별한 의미를 띈 전형적인 관습들
- 올림피아, 아테네 아크로폴리스, 델포이, 코린트, 기타 요새들, 미케네 묘지 및 다른 신성한 묘지들
- 고대 도시와 설계도, 신성하고 세속적인 건물, 극장, 민가民家
- 고대인들의 일상에서 미술의 위치. 미술을 어떻게 사용했는지에 대한 여러 형태들, 사용된 여러 재료들

• 고대 세계 장인들의 삶과 그들이 사용한 기술 방법과 과정

브라운 교수는 개요를 말한 후 학생들에게 "미술 기념물을 연구하는 것이 어떻게 고전 문학과 성경 문학을 설명하는지, 그리고 어떻게 일반적으로 역사적인 조사에 영향을 주었는지 살펴보아야 한다"고 말했다. 머레이의 「그리스 고고학」은 당장 읽어야 했다. 가드너의 「그리스 조각」은 1월 전까지 철저하게 읽어야 했다.

브라운 교수의 까다로운 요구를 능가하는 것이 있다면 그의 개인적인 학문과 매혹적인 강의뿐이었다. 전형적으로 비판적이고 종종 불손하기까지 한 대학 학생 잡지가 브라운의 강의에 대해서는 '우리 대학의 가장 흥미 있는 과목'이라고 언급할 정도였다.

브라운 교수는 성경에 정통했고 특히 구약을 꿰고 있었다. 그는 구약에 나오는 두로의 히람 왕과 유대인의 종교적 풍습 등에 정통했던 것처럼, 미켈란젤로와 시스틴 성당로마 교황의 성당-역주에 대해서도 똑같이 정통하였다. 그의 강의는 학생들에게 세상을 여행하고 싶은 마음과 그가 본 것을 보고 싶은 욕구를 만들어냈다. 그는 강의 주제에 생동감을 불어넣었다. 그에게 미술이란 무엇보다 사람들의 이야기였고 건축은 내면으로부터 흘러나오는 형태와 기능의 표현이었다. 그가 믿기에는, 만일 사람을 이해하고 싶다면 그 사람이 어떤 건물을 지었는지, 어떻게 그 건축물을 사용했는지 연구해야 한다. 그에게 미술과 고고학과 건축은 캔버스나 돌, 목재가 아니라 사람들의 삶의 연

구였다.

 1895년 10월에 학기는 시작되었고 챔버스는 즐거운 마음으로 온 힘을 다해 공부에 몰입했다. 그 당시 런던의 크리시에게 보낸 편지들은 그의 즐거움을 보여준다.

> 지난주에 매우 만족할 만큼의 진전이 있었어. 하는 일은 전망이 크고 대학에서의 연구도 대단히 즐거워. 과거 어느 때보다 몸도 건강하고 마음도 활력으로 넘치고 있어. 피곤함도 모른 채 연구와 일을 하며 깊은 생각을 할 수 있는 것 같아. 아무튼 지금 가장 기쁘다.
> 하숙집은 정말 내 집 같아. 나는 그 집에서 아들같이 지내고 있고 모든 것이 완벽할 정도로 편안해. 가장 멋진 것은 내 시간을 공부에 다 쓸 수 있다는 점이야. 학생 중 아는 사람이 없어. 나 혼자 살고, 내 안에 살고, 내게 말하며 살고 있지. 아마 궁극적으로 나는 다른 사람들 및 나의 주인을 위한 존재가 되겠지.

 챔버스는 그 편지에 "분명히 이분들벨 부부은 내 삶에 커다란 영향을 미쳤어. 이곳에서의 삶은 매우 근사해서 정말 많은 감사를 느끼고 있지. 나는 이후로 조그마한 의심도 없이 하나님께서는 각자 매일의 삶의 가장 작은 부분까지 완전히 다스리신다고 믿게 되었어"라고 썼다.

그의 고백처럼 그는 하나님의 다스림에 대해 일말의 의심이 없었다. 하지만 그에게 큰 고통을 가져다줄 하나님의 섭리가 그를 기다리고 있었다. 몇 개월도 채 되지 않아 프리랜서 일들이 다 없어지고 그는 곧 심각한 재정난을 겪게 되었다. 또한 그는 내면적으로 자기 마음이 원하는 목표와 하나님의 부르심 사이에서 갈등했다. 그 내용이 일기에 나타나 있다.

> 1896년 4월 26일 : 그 일을 위해 성령께서 내게 기름을 부으시며 나를 뜨겁게 하셔야 한다. 그래야 이러저러한 길이 내가 목표할 길임을 생생하게 알 수 있다. 그렇지 않으면 나는 가지 않을 것이며, 갈 수도 없고, 갈 엄두도 나지 않는다. 나도 먹고 살면서 만족해야 하는가? 아니다. 그럴 리 없다. 어렸을 때부터 깊고 특이한 체험과 함께 신비하고 위대한 일을 하고 싶은 마음이 들지 않았던가! 그 확신은 한 번도 내게서 떠난 적이 없지 않은가! 그 확신 때문에 여기까지 왔건만…. 지금은 어디선가 안개가 일어나더니 내 영혼을 쫓아다니며 나를 힘들게 한다. 이제는 아무것도 분명하지 않다.
>
> 큰 밀물이 나를 막아서는 것 같고 모든 음성은 점점 희미해지고 있다. 하나님께서 내게 말씀하시거나 영감을 주시기에는 내가 너무 천하고 세상적인 것은 아닐까 두렵다. 그러나 이 문제에 관한 한, 나는 하늘의 비전을 기다리겠다. 아무리 지혜가 많은 사람이라도 성령께

서 그에게 직접 하시는 음성을 듣지 못했다면, 감히 예수님을 위해 일한다고 나서지 못할 것이다. 주께서 오시기까지는 나는 가서는 안 된다.

양도 있고 나무도 있는데 불은 어디 있을까? 오직 지극히 거룩하신 성령의 불만이, 하나님이 보시기에 거룩하고 흠 없는, 주의 마음에 흡족한 제사를 드릴 수 있다.

챔버스가 에딘버러에 머무는 동안 그 도시는 '미술과 과학뿐 아니라 설교에서도 틀림없는 대학의 도시'로 알려져 있었다. 주일마다 여러 훌륭한 설교가들이 단에 올라가 말씀을 외쳤으며 챔버스는 그들의 설교를 열심히 들었다. 챔버스는 특히 세인트 버나드 스코틀랜드 교회에서의 조지 매디슨의 첫 기도를 좋아했다. 어떤 사람들은 그 기도를 '예배 가운데 가장 멋진 부분'이라고 불렀다. 종종 시각장애인 시인 설교가로 불린 그는, 챔버스가 가장 좋아하는 유명한 찬송가인 '나를 놓지 않는 주의 사랑'O Love That Wilt Not Let Me Go의 작곡가이다.

프리 하이 교회의 또 다른 시인 설교가 월터 스미스 박사는 풍성한 예화를 사용하는 성경적 강해 설교로 회중에게 큰 인기를 얻고 있었다. 스미스 박사는 '세상으로부터 영혼을 구원하여 그리스도께 바치기 위해' 설교했다. 그 웅장한 찬양곡 '썩지 아니하고 보이지 아니하시는 지혜의 하나님'Immortal, Invisible, God only Wise은 그가 지은 것이다.

챔버스를 비롯해 많은 학생들에게 가장 큰 영향을 준 사람은 프리 스트리트 조지 교회의 알렉산더 와이트 박사였다. 그는 위대한 웅변가이면서 철저하게 헌신된 성경 교사였다. 주일마다 저녁 예배를 마친 후 오후 8시 15분이 되면, 500여 명의 젊은이들이 와이트의 강의를 들으려고 프리 스트리트 조지 교회에 모여들었다. 존경을 한몸에 받고 있는 와이트 목사는 단상에서 내려와 45분 동안 형식에 구애받지 않고 집중적으로 강의했다. 그는 밤 9시 직전에 사람들이 다음 주까지 과제를 읽으면서 생각해볼 서너 가지의 질문을 던졌다.

챔버스가 에딘버러에 거하는 첫해 동안, 와이트 박사는 청년 성경 연구반에서 '신비주의자들'에 초점을 두고 강의했다. 매주일 그는 타울러, 토마스 아 켐피스, 루터, 산타 테레사, 십자가의 성 요한, 귀용 부인, 페넬롱의 영적인 활력과 헌신에 대해 가르쳤다. 와이트 박사는 열심히 배우려는 학생들에게 「신비주의자들과 나눈 본Vaughan의 시간들」과 「독일 신학」Theologica Germanica 등의 책들을 통해 17세기의 영적이며 헌신적인 작가들을 소개했다. 1896년에는 '위대한 자서전들'이라는 제목의 시리즈 강의를 시작했다. 와이트 박사는 위대한 책들을 좋아했으며 자유롭게 그 책들을 학생들에게 추천했다. 챔버스는 그가 여러 번 낡은 책 한 권을 조심스럽게 집어들고 청중을 향해 "물건을 팔아서라도 이 책을 사라"고 권하는 모습을 보았다.

한 주씩 시간이 지나면서 챔버스는 그곳에서 그가 오랜 동안 추구해왔던 영적이고 지적인 자극들을 마음껏 맛볼 수 있었다. 칼더우드 교수에게 배우면서 윤리 심리학을 파악했고 그 외 스펜서, 헤겔,

존 스튜어트 밀의 경합 이론들과 씨름했다. 윤리학의 역사를 이해하기 위해 플라톤, 소크라테스, 아리스토텔레스에게 푹 빠졌다. 셋 교수는 챔버스에게 심리학이 과학의 자리에 있다는 사실을 알려주면서, 윌리엄 제임스의 글들을 소개했다. 데이빗 마송은 영문학 역사의 시작부터 현재까지, 마침내 챔버스가 사랑하는 워즈워스, 스코트, 테니슨, 브라우닝에 이르기까지 두루 다루어 주었다.

1895-1896, 에딘버러 대학의 학생 시절의 챔버스.

첫해에 챔버스는 부지런히 공부했고, 그 보람이 나타났다. 그는 볼드윈 브라운 교수의 추천으로 순수 미술에서 동상을 받게 되었고, 그가 쓴 에세이는 높은 평가를 받으면서 우등상을 수여받았다. 지적인 부분의 성취뿐 아니라 그림과 스케치 부분에서 드러나는 적성은 그를 부르셔서 미술계에 영향을 끼치게 하시려는 하나님의 뜻을 확증하는 듯이 보였다.

주말 또는 방학 때는 짧게나마 퍼스를 방문할 수 있었기 때문에, 그는 형 프랭클린을 만나 위로와 격려의 시간을 가질 수 있었다. 그들은 어릴 적에 오르던 언덕을 산책했고, 그들이 좋아하던 음악을 듣기도 하고 연주도 했다. 또한 어떻게 미술을 통해 그리스도인의 삶을 살 수 있는지에 대해 밤을 새울 정도의 오랜 대화를 나누기도 했다.

챔버스는 형과 함께할 때마다 언제나 힘을 얻었다. 그러나 1896년 여름, 상황은 갑자기 전부 달라졌다. 미술 계통의 일자리가 희귀한 가운데 심각한 경제적 어려움에 봉착하게 된 것이다. 챔버스의 형편이 얼마나 어려웠는지는 그의 일기에 잘 나타나 있다.

8월 1일 : 글을 쓴다는 것은 어떤 큰일의 한 부분을 시작하는 것이기에 두렵다. 생각하는 것은 한 부분이고, 글로 생각을 표현하는 것은 또 다른 부분이다. 나는 '남부 켄징턴의 꿈꾸는 자'라는 제목의 단편소설을 써야 한다. 실패하면 더 노력해야 한다는 것을 배울 것이고, 성공하면 참으로 감사할 것이다. 주께서는 나를 낳아주신 부모님을 돕는 특권과 의무를 감당하기 위해 내게 돈이 필요하다는 것을 아신다. 주께서는 그분들을 방치하지 않으실 것이다.

주께서 나의 무지와 실수와 연약함을 보여주시더라도 나는 하나님을 의지할 것이다. 주께서는 내가 한때 믿음이라고 불렀던 얄팍한 고지식함을 제거하신다. 나는 하나님께 강하게 부르짖고 있지만, 과연 들으실까?

나는 주께 인내를 구했고, 주께서는 나의 성공의 가망성들을 하나씩 제거하신다. 주께서는 전문가들의 예리한 비판을 수단으로, 내가 기초도 모른 채 얼마나 내 생각을 표현하려 했었는지를 들춰내셨다.

주님은 내게 끈질기게 공부할 필요를 보여주시더니, 이제는 당장 돈이 필요한 상황에 나를 두신다. 그러나 돈이 생길 가능성은 완전히 땅바닥에 곤두박질 해버렸다. 나는 인간의 인내의 한계점에 다다랐으며 단지 기다리며 서서 바라볼 뿐이다. 나는 더 이상 나아갈 수 없기 때문에 절규하고 있다. "오 주님, 얼마나 기다려야 합니까? 얼마나?"

8월 12일 : 상황의 변화가 너무나 갑자기 닥쳐서 정신이 하나도 없다. 감사를 느끼자마자 다시 광야가 찾아온다. 그러나 나는 아무것도 두렵지 않다. 하나님은 사랑이시다. 인내를 위해 이보다 더 좋은 훈련은 없다.

과거 몇 달 동안의 성공이 야망과 교만을 만들어내기 때문에 내게 유익이 되지 못했던 것이 확실하다. 일이 꼬이는 것은 인내를 훈련하는 데 좋고 인격을 다듬는 데도 좋다.

1896년 9월까지 챔버스의 길은 계속 열리지 않았다. 그는 등록금이 없어서 1896-1897년도 학기에 등록하지 못했다. 출판계에 인맥이 있는 학교 친구 하나가 챔버스의 작품의 포트폴리오를 유명한 런던 잡지사 「흑백」의 편집장에게 보냈지만 아무런 답변이 없었다.

볼드윈 브라운 교수는 에딘버러에 있는 헤리엇 와트 여대의 학장에게 챔버스를 그 학교의 미술 강사로 추천하는 편지를 썼다. 챔버스는 이 편지가 그의 필요를 해결해줄 것으로 기대하며 크리시에게 편지를 썼다.

자리가 만들어지면 천천히 다시 더 높은 차원의 일들을 추진하게 되겠지. 오! 하나님의 무한한 선하심 가운데 내 삶이 미술계에서 그분의 위대한 도구로 쓰임 받을 수만 있다면! 그것은 내가 감당 못할 큰 영광일 거야. 그러나 미래는 주님께 달려 있지, 내게 달려 있지 않아. 물론 그동안 책 표지, 디자인, 광고 등과 관련한 자투리 일들을 해왔어. 하지만 하나님의 선하신 섭리 가운데 이 모든 것들이 어떻게 바뀔지 기다리고 있단다. 아무것도 염려하지 말고 내 인생의 이번 일을 위해 기도해주렴. 사실 나는 이 문제에서 하나님의 뜻을 알기만을 간절히 바라고 있거든. 주의 뜻이 무엇인지 알 수 있는 때가 그렇게 멀지는 않은 것 같아.

에딘버러에 온지 벌써 1년이 되었어. 이렇게 혹독한 어려움과 훈련 가운데서도 가장 진실하게 할 수 있는 말은, 지난 1년은 내 인생에서 가장 중요하고 많은 변화가 있었다는 점이지.

헤리엇 와트 대학에서도 아무 연락이 오지 않았다. 교수들과 친구들이 미술에서 챔버스의 재능과 능력을 계속 보장해 주어도 문은 계속 닫혀 있었다.

경제적 어려움보다 더 심각한 문제는 한동안 찾아온 내적 동요였다. 마음속에서 목사가 되어야 한다는 생각이 들기 시작한 것이다.

'하나님께서 혹시 나를 목사로 만드시려는 것은 아닐까?' 챔버스는 어떻게 그것이 가능한지 알 수 없었다. 목사가 된다는 것은 일 년 전에 그렇게 확신을 가지고 좇아온 미술에 대한 하나님의 부름에서 완전히 돌아서는 것을 의미한다. 또한 미술 공부를 포기하고 대학을 떠나는 것을 의미하기도 한다. 무엇보다 그의 관심과 재능에 딱 맞는 평생의 길을, 지금까지 한 번도 마음에 품어본 적이 없는 길과 맞바꾸어야 하는 것을 의미한다. 그는 결국 큰 결심을 내리고 친구 조지 옥서에게 편지를 썼다. 그 편지에서 그는 "하나님께서 내 목을 잡아서 던져넣지 않으시는 한, 나는 사역자의 길로 절대 가지 않을 거야"라고 썼다.

그러나 문제는 더욱 복잡해졌다. 크리시에게 보낸 편지에서, 그는 10월에 프랭클린을 만나러 퍼스에 갔을 때 그의 마음을 흔들어놓는 사건이 있었다고 언급한다.

존 맥도널드의 아버지를 뵈러 갔었어. 그분은 여행을 다니시며 종교 서적을 판매하는 분이신데, 신앙 체험이 깊으신 분이야. 그분과의 대화는 언제나 성령에 대한 것이고 그분은 성령을 깊이 묵상하시지. 그런데 그분이 내게 하시는 말씀이, 나는 목사가 되어야 한다는 거야. 그래서 깜짝 놀랐지! 그분은 내가 형과 함께 그 집에 들어서는 순간, 내가 목사가 될 것이라는 강한 느낌을 가지셨다는 거야. 내가 그 집을 떠날 때 그분은 나를 붙드시고 주께서 나의 길을 열어주실 것을 정말 간절히 기도해 주셨지.

◇◇

날이 짧아지면서 나무에 꼭 붙어 있던 잎사귀들이 하나씩 낙엽이 되어 떨어져가는 가운데, 챔버스의 마음속에서는 갈등이 더욱 심해지고 있었다. '목사의 길로 가야 하는가? 아니면 원래의 비전을 붙들어야 하는가?'

어느 가을 저녁, 아무것도 집중할 수 없던 챔버스는 방에서 나와 홀리두르 하우스 성당이 있는 퀸스 파크 지역을 향해 동쪽으로 걸었다. 밤새도록 기도하겠다고 결심한 챔버스는 에딘버러를 바라보는 가장 높은 언덕인 아서 싯을 생각해냈다. 그는 그가 기도하기에 그 장소보다 더 나은 장소가 없다고 생각했다. 다리가 긴 근육질의 젊은이가 평지에서 250미터 높은 사화산의 꼭대기에 닿는 데까지 30분도 채 걸리지 않았다.

그리로 가는 길은 이미 챔버스가 파이퍼스 워크 길을 따라 여러 차례 다녔던 길이었기에 매우 익숙했다. 그 길은 링 헤더(야생화 종류 - 역주) 수풀을 지나 드라이 댐 언덕 꼭대기로 이어진 후 암벽 정상에 이른다. 암벽을 향해 한 걸음씩 오를 때마다 세상의 소리와 감각이 뒤로 멀어진다. 챔버스는 종종 홀로 하나님과 대화를 나누기 위해 높은 곳들을 찾아다녔다.

점점 희미해지는 빛 가운데 챔버스는 북풍이 부는 포스 만에서 항해하는 선박들을 볼 수 있었다. 대학 건물들과 주변의 올드 타운은 발 아래에 있었다. 저녁의 찬 공기를 쐬지 않으려고 어깨 위로 체크 셔츠를 걸친 후 그는 꼭대기에서 몇 걸음 걸어내려가 바위 속의 움푹 패인 작은 틈으로 들어갔다. 그는 바람이 차단된 그곳에서 도시의 반짝이는 불빛들을 보며 하나님께 마음을 쏟아부었다.

기도하는 동안 저녁이 밤이 되고, 아래에서 부는 바람 소리는 낮의 소리와 달라졌다. 짐을 실은 화물 기차와 전차들의 소음은 마차와 수레를 끄는 스타카토의 말발굽 소리로 대치되었다. 여섯 개의 교회 종소리가 밤 11시를 알리자 어디선가 선술집에서 나온 술 취한 대학생들이 갈지자로 자기 집을 향해 노래를 부르며 걸어갔다. 한밤중을 알리는 12시의 종소리가 들릴 즈음, 도시는 갑자기 조용해졌고 포스 만에서 올라온 안개가 도시를 가렸다.

챔버스는 크게 소리 내어 기도했다. 하나님께 감사 기도를 드린 후에 하나님의 뜻이 무엇인지 분명하게 보여달라고 간청했다. 그는 사람들이 예수 그리스도의 복음을 들을 수도 없고, 들으려고도 하지 않는 곳으로 가서 미술을 통해 하나님을 섬기기를 원했다. 그러나 그 길은 막힌 것 같더니 지금은 주께서 허락하지 않으시는 것 같았다. 그는 간절히 기도했다. "오 하나님, 주의 길을 제게 분명하게 알려주소서."

몇 시간이 지나자, 그의 영혼은 고통스러운 침묵 가운데 흐느꼈다. 그가 쓴 일기에 의하면 그는 그 밤에 다음과 같은 실제 목소리를 들었다고 한다. "나는 네가 나를 섬기기를 원한다. 그러나 나는 너 없이도 할 수 있다."

이 대답이 그가 찾던 인도하심이었던가? 이것이 그가 몸부림치며 구하던 대답이었던가? 갑자기 목사로 이끄시는 부르심이 분명해진 것 같았다. 그는 순종할 준비가 되어 있었다. 그러나 어떻게 순종해야 하는가? 무엇을 해야 하는가?

다음날 하숙집으로 돌아온 챔버스는 글래스고 근처의 작은 신학 훈련 학교인 더눈 대학으로부터 그 학교의 연차 보고서를 담은 우편물을 발견할 수 있었다. 누가 왜 그 서류를 보냈는지 전혀 알 수 없었다. 그러나 그는 자기가 전혀 요구하지 않은 답변이 와 있는 것으로 보아, 이 사건은 하나님의 계획의 일부분임을 확신할 수 있었다. 그는 당장 학장 던컨 맥그리거에게 자기소개를 하면서 더 자세한 정보를 원한다는 편지를 보냈다.

11월 말이 되자 여전히 앞길이 불투명했다. 하지만 하나님의 부르심은 더욱 분명해졌다. 그 당시 그는 크리시에게 다음과 같은 편지를 썼다.

오늘 밤은 위대한 성령이 가까이 계시고 나의 모든 상식적이고 논리적인 생각들은 원래의 크기로 줄어들었어. 지금 나는 목사가 되는 일에 대해 정말 많이 생각하고 있어. 사실 얼마나 자주 나 자신에게

넌지시 그것을 말했던지, 그때마다 그 음성을 얼마나 짓눌러 억제했던지. 그러나 목사가 되어야 한다는 생각이 나를 참으로 착잡하게 하니 이제는 더 이상 숨겨둘 수 없어. 신기하지만 앞으로 목사가 되어야 한다는 깊은 확신이 들 때, 이제는 더 이상 이 확신을 무시하거나 짓눌러 억제할 수 없을 것 같아. 그렇게 한다면 이는 마치 하나님의 거룩한 손길을 가지고 장난하는 것은 아닐까 싶어.

이 내면의 확신과 함께, 미술과 관련된 모든 일들이 미리 정해진 것처럼 다 꼬이는 것을 볼 때, 즉 금방 열릴 것만 같았던 문들이 계속 반복적으로 정확히 닫히는 것을 볼 때, 그리고 많은 친구들의 확신에 찬 의견들을 들어볼 때, 이 모든 것들은 전부 나로 하여금 정말 하나님의 뜻이 무엇인지 간절히 고려해보도록 만들고 있어. 이제 나는 그분의 손에 모든 가능성의 길을 열어두려고 해. 그러나 목사가 되지 않으려는 것이 불순종이라는 분명한 확신이 들기 전까지는 목사가 되는 길로 가지는 않을 생각이야. 이러한 놀라운 확신이 아직 완전한 단계에 이른 것은 아니지만, 점점 가까이 오고 있는 것을 느껴. 함께 우리의 눈을 열어 계속 예수 그리스도께 고정시키도록 하자.

나는 주일에 중국 내지 선교회의 조지 스툭 씨를 만났어. 그분은 먼저 이야기를 꺼내며 내가 자기와 함께 중국에 갔으면 좋겠다고 하시더군. 그분은 목회 사역이 분명히 나의 궁극적인 삶의 목표가 될 것이라고 확신하셨어. 그분은 내게 나를 위한 하나님의 인도하심을 기도하겠다고 약속하셨어.

영적인 내면 세계는 점점 환해지고 분명해지며 정확해지고 있어. 내 모든 존재는 그리스도를 전하고 싶은 뜨거운 열정으로 가득 차 있어. 지금은 미술과 관련한 삶의 목표는 거의 다 사라지고 하나님의 크신 사랑만이 나를 강권하고 있어. 나 자신의 무가치함을 철저하게 의식하는 가운데 내 영혼은 내 속에서 "내가 여기 있사오니 나를 보내소서"라고 외치고 있어. 하나님의 은혜에 의해 길이 분명하게 보일 때 나는 누가 방해하든, 사람들이 비웃고 조롱하든 그 길을 갈 생각이야. 십자가에 죽으셨다가 다시 살아나신 분은 그리스도시며, 나를 구속하시기 위해 상상을 초월하는 고통을 당하신 그분! 그분은 나의 하나님이셔. 그분이 내게 가라고 명령하시는 것을 느껴.

챔버스의 가족들과 친구들은 종종 그에게 삶을 추상적으로 생각하지 말고 현실적인 문제를 먼저 고려하라고 조언했다. 이때도 챔버스가 믿음을 타협하지 않는 가운데 어떻게 경제적 어려움을 이겨나갔는지, 오직 크리시만 알 것이다.

지난 3주 동안 초상화 및 그림 그리는 일거리가 하나도 없었어. 이제 돈이 다 떨어졌는데 새로운 일거리가 없구나. 벌써 집세가 밀렸고, 지금 내가 가진 전 재산은 1실링 8펜스뿐이야. 이 상황은 분명히 추상적인 문제가 아니고 당장 해결해야 할 실제적인 문제겠지. 모든 대책을 다 세워보았지만 아무것도 되는 일이 없어. 이번 주도 별다른 기미가 보이지 않아. 가족들의 사정을 알아보니 그들도 돈이 너무 부족해. 사실 그들을 돕고 싶어서 돈을 충분히 벌 수 있도록 해달라고 얼마나 기도했는데. 하지만 염려하지 않아. 또한 기죽지도 않구. 내 믿음과 위로는 나의 주 하나님께 있기 때문에 이 모든 현실을 꿋꿋이 감당하고 있어.

이러한 곤경에 빠진 것은 이번이 처음이 아니란다. 내 총 재산이 6펜스 밖에 없었을 정도로 더 열악한 상황도 많이 있었지. 그러나 하나님께서 나와 함께하시기 때문에 모든 것이 잘 풀렸어. 앞으로도 괜찮아질 거야. 절대로 나의 이런 사정을 가족들이 알게 해서는 안 돼. 그들은 내가 잘 지내고 있다고 생각하거든. 내가 너에게 이런 이야기를 다 하는 이유는 하나님께 마음을 두는 것만이 고귀한 삶을 살 수 있는 비결임을 말하려는 거야. 하나님이 언제나 우리와 함께하신다는 확신 없이는 절대로 고귀한 삶을 살 수 없어.

지금 이 어려운 기간들로 인해 조금도 마음이 상하거나 어렵지는 않아. 내 영혼은 밤낮 갈망하며 절규하고 있고 주님을 위해 마음껏 일하고 싶어서 간절히 기다리고 있어. 이제 곧 그때가 오겠지. 함께 위를 바라보고 힘을 얻어 강해지도록 하자. 하나님은 먼 곳에 계시지 않단다.

크리스천 연합회는 11월에 중국 내지 선교회의 창설자 허드슨 테일러를 초빙해 에딘버러 대학에서 집회를 갖기로 했다. 챔버스는 그 집회에 참석한 후에 다음과 같은 소감을 남겼다.

"지난밤에 허드슨 테일러는 우리 주께서 말씀하신 '하나님을 믿으라'는 말씀의 의미에 대해 '당신 자신의 신실하심이 아니라 하나님의 신실하심을 믿으라'는 뜻으로 말해주었다."

챔버스는 크리시에게 "지금 정말로 평안해. 하나님이 과거 어느 때보다 더 가깝게 느껴져. 계속 기다리면 하나님께서 문을 열어주실 거야"라고 편지했다.

'내려놓음'이란 신뢰의 표현이지, 고생이 끝난 것을 의미하지 않는다. 그의 일기는 계속되는 고생을 말해주고 있었다.

무거운 죄짐을 진 인간들의 신음소리가 더욱 커가는 이때에 어찌 나는 자신의 미적인 감각을 만족시키기 위해 미술을 취미 삼아 하겠는가? '우리가 무엇을 하여야 구원을 얻으리이까?', '누가 우리에게 좋은 소식을 알려줄까?' 예수님의 음성과 주의 성령이 나를 강권하여 가서 복음을 전하라고 말씀하시는데, 나는 어찌 예술적인 안일과 높은 교양을 쌓으려고 하는가? 오, 지금 나를 강권하는 것은 내 재능, 실력, 가치가 아니라 하나님이시구나.

나는 내게만 말씀하시는 음성을 들으며 손짓하여 나를 부르시는 손을 본다. 그러나 내 앞에는 완전한 어둠만 있고 아무 길도 보이지 않으니 나는 어디로 가야할지 모르겠다. 그러나 내 안에는 그리스도를 전하고 싶은 위대한 열정이 계속 자라고 있다. 이제 곧 때가 되면 그 열정은 고통이 되면서 "만일 그리스도의 복음을 전하지 않으면 내게 화가 있으리로다"라고 부르짖게 될 것 같다.

일자리는 다 사라지고 이제 의지할 것은 하나님 외에 아무것도 없다. 이것으로 충분하지 않을까? 만일 참으로 이것이 전능하신 하나님의 영이 나를 사로잡는 과정이라면 나는 두렵지 않다. 이제 곧 주께서 문을 여실 것이기 때문이다.

챔버스는 12월 초에 더눈 대학을 졸업한 지역 침례교 목사 한 분과 대화를 나누었다. 그 목사는 열광적으로 더눈 대학을 칭찬하면서 학장 맥그리거를 '학생들에게 열정을 고취시키는 훌륭한 인격의 소유자'로 묘사했다.

맥그리거는 챔버스에게 현재 30명의 학생이 있는 더눈 대학에 들어오라는 초청 편지를 썼다. 그는 그 편지에서 챔버스에게 대학 및 시내에서 순수 미술을 가르칠 수 있는 기회를 제공하겠다고 썼다. 오랫동안 감추어져 있던 챔버스의 길이 분명해지기 시작했다.

챔버스는 크리시에게 보내는 편지에 "뭔가 새로 시작하는 느낌이야. 결국 과거를 돌아볼 때 지금 이 길이 미술계 내에서 강사로 있는 것보다 훨씬 더 그리스도를 위한 대사가 되기에 효율적인 길이야"라고 썼다.

챔버스는 더눈으로 가기 전에 스토크-온-트렌트 도시 근처의 도자기 산지에서 연속 강의를 하고 런던으로 돌아갈 계획을 가졌다. 하지만 아무것도 실현되지 않았다. 더욱이 크리스마스를 고향에서 보낼 수 없게 되어 많이 실망했다.

지금 내가 할 수 있는 일은 모든 것을 하나님께 아뢰는 거야. 나는 나 자신이 단지 하나님 앞에서 어린아이처럼 느껴져. 더눈 대학에 들어가기 전에 하나님과만 함께하는 시간이 내게 필요하겠지. 지금 이 마지막 단계는 친구들로부터 나를 떼어놓고 있어. 사실 아무도 나를 이해할 수 없고 심지어 그들은 내가 틀리다고 생각해. 오직 크리시 너만 나를 이해하는구나.
내가 어떤 훈련을 받게 될지를 생각하면 떨리고 흥분하게 돼. 이제 곧 더눈으로 가겠지. 성령이 나 자신을 죽이고 예수님만 높이는 자리까지 나를 채우시길 기도해주기 바란다.

위의 편지 내용으로 볼 때 에딘버러에서 챔버스의 삶은 끝없는 자기 성찰과 고통의 시간이었던 듯하다.

챔버스는 에딘버러에서의 지난 18개월 동안 예술의 전당의 세련된 환경을 즐겼고 우아한 사람들과의 도전적인 만남도 가졌다. 크리시에게 보낸 여러 편지 중에는 챔버스의 소중한 미래의 꿈을 언급한 내용들이 있는데, 그 꿈은 자신이 벨 부부의 집에서 신세를 지며 좋은 영향을 받은 것처럼 자기도 언젠가 자신의 집을 소유하여 그 집에서 학생들에게 영향을 끼치며 힘을 주겠다는 것이었다. 그러나 지금 그는 그 모든 꿈을 뒤로 접었다.

크리스마스를 보낸 몇 주 후 그는 목사가 되기 위한 교육을 받기 위해 에딘버러를 떠나게 되었다. 그때 그의 가슴은 찢어지는 듯이 아팠다.

1897년 2월 15일 : 내일 나는 더눈을 향해 떠난다. 볼드윈 브라운 교수와 다른 친구들이 나를 만나보고 싶어한다. 내게는 마음이 따뜻하고 믿음직한 좋은 친구들이 많이 있다. 주일 아침에 영혼을 뒤흔드는 알렉산더 맥클라렌 박사의 인상적인 설교를 들었다. 그는 맨체스터의 훌륭한 설교가이다. 그의 설교는 내 안에 타오르는 불을 지폈다! 강한 열정이 솟는다. 그는 참으로 멋진 어르신이다.

나는 더눈으로 가는 것이 잘하는 일이라고 확신한다. 지금부터 5년 정도 지나면 하나님의 은혜가, 나의 자상한 친구들과 친척들이 나에 대해 가졌던 쓸데없는 염려와 불안을 잠잠하게 할 것이다.

에딘버러를 떠나자니 슬프다. 특히 아저씨와 아주머니 벨 부부 때문에 더 슬프다. 연로하신 벨 아주머니는 오늘 아침 '벨 아줌마가 챔버스 씨에게'라는 메모를 붙인 선물 꾸러미를 나의 짐 상자 위에 얹어놓았다. 새로 산 면도솔과 특수 면도 비누였다! 그녀는 그 선물을 주며 혹시라도 불쾌감을 느끼지 않기를 바랐다! 참 좋은 분이시다. 그러나 그들에 대한 나의 감사의 마음을 물질적으로 표현할 수 있는 때가 오기를 갈급해 하지는 말자.

챔버스는 앞으로 인생이 어떻게 전개될지 전혀 모른 채, 글래스고로 향하는 기차에 올라탔다. 서쪽으로 한참 가서 구락Gourock에 도착하자, 그는 클라이드 만을 건너는 증기선을 잡아탔다. 한때 그는 삶의 목표를 하나님을 위한 미술가로 삼고 있었다. 그러나 이제는 하나님만이 그의 삶의 목표가 무엇인지 알고 계셨다. 몇 달 전 그는 크리시에게 "한동안 멀리 보이지 않는 곳에서 묻혀 살게 될 것 같아. 그 후 갑자기 사람들 앞에 나타나서 나의 일을 하다가 떠나게 될 것 같아"라고 말한 적이 있다.

여러 해가 지난 후 친구 조지 옥서는 이 기간의 챔버스의 삶을 다음과 같이 회상했다.

나는 그가 초기 인생 가운데 참으로 많은 갈등과 승리를 겪는 과정 속에서 그에게 가장 중요한 것을 내려놓는 순간을 볼 수 있었습니다. 그러한 결단을 내리기까지는 자신만이 아는 체험이 있겠지만, 그의 투지력은 그를 잘 아는 모든 사람들에게 귀한 유산이었습니다. 그의 마음과 영혼이 꼭 붙들고 있었던 용기와 은혜는 다른 사람들에게 분명한 영향력을 끼쳤습니다.

켄징턴의 미술 학교를 다니고 후에 더눈 대학을 다니던 그 친구가 바로 초기 시절의 챔버스였습니다. 당시 그의 영혼은 로마서 7장의 바울의 갈등처럼 산고를 겪고 있었습니다. 그의 성령 충만했던 특별한 사역을 재현시키고 있는 사후 출판된 책들은 사람을 낚는 어부를 설명하고 있습니다. 사람을 낚는 어부란 주인의 영광을 위해 주인이 사용하기에 적합하도록 철저하게 준비된 하나님의 사람을 의미합니다.

나는 하나님께서 챔버스의 자연적 야망의 선박들을 폐기시키기 위해 의도적으로 잘라 떠내려가게 하신 것을 잘 기억합니다. 당시에 그가 쓴 여러 편지 안에는 그가 인용하기를 제일 좋아하는 문구를 통해 그의 체험이 잘 반영되어 있습니다.

인생은 게으른 광맥이 아니라 어둠 가운데 철을 파내는 것이네.
타오르는 두려움으로 뜨거운 불을 만들고,
소리 없이 흘리는 눈물바다로 담금질을 하지.
인생은 충격적인 사건들로 얻어맞으며 잘 다져질 때,
쓰임 받게 되는 것일세.

어떤 사람이 주께 온전한 마음으로 기쁘게 드리는 자리까지 이르는 데는 일반적으로 자신만 아는 숨겨진 배경들이 있습니다. "네"라는 확답은 순간 또는 눈 깜짝할 사이에 하지만 그 대답이 있기까지 주님을 떠나 방황하는 기간들이 있습니다. 따라서 내가 믿기는 챔버스의 '성령 충만'은 그 친구의 '어려움의 기간들'과 연결됩니다.

나는 챔버스가 쉽게 하나님께서 원하시는 높은 곳으로 올라갔다고 생각하는 사람들을 위해 이 글을 씁니다. 그들을 격려하며 바르게 인도하려는 목적을 가지고 있습니다. 계곡의 깊이는 산의 높이와 비례합니다. 챔버스는 자신의 가나안에 이르기 위해 멀고 험한 광야를 외롭게 달려야 했고 종종 가까운 가족들과 친구들에게도 자세히 설명할 수 없는 갑작스러운 통보를 해야 했습니다.

그의 마음은 일관되었기 때문에 쓸데없는 생각들이 들어올 수 없었습니다. 그는 소위 삶의 실질적인 면들에 대해 거의 관심이 없었습니다. 그 대신 미술과 시가 그를 깊게 붙들었습니다. 이러한 모든 일들과 과정을 통해, 그의 위대한 영혼은 그가 시로 남긴 순간을 향해 계속 전진했습니다.

안개가 덮이고 시야를 가리는 비가 내리친다.
그러면 삶은 결코 예전 같지 않다.

'안개' 속에서 우리의 길은 서로 나뉘게 되었습니다. 청명하게 빛났던 그의 삶의 여파들은 분명합니다. 그 여파에 대해서는 다른 펜들이 기록할 것입니다. 아무튼 그는 내게 멋진 친구였습니다. 그는 오늘도 하나님 안에 살아 있고 또한 내 삶 가운데 살아 있습니다. 나의 삶은 그와 함께함으로 날마다 나아지고 있습니다.

깊은 구렁텅이에 빠졌을 때 그를 만났던 사람으로서 나는 이 감사의 글을 씁니다. 그의 감추어진 여러 해의 기간 동안에 그 영혼의 섬김이 어떠했는지를 전하고자 이 글을 씁니다.

06

더눈(1897)

    챔버스는 구락에서 더눈까지 30분간 항해하는 칼레도니안 기선의 뱃머리에 서 있었다. 바람을 막기 위해 모자를 꾹 눌러쓰고 톱코트topcoat, 방한용 외투 – 역주의 단추를 잠근 챔버스는 겨울 공기를 깊게 들이켰다. 그는 클라이드 만을 넘어 저 멀리 더눈 도시 뒤에 있는 눈 덮인 언덕들과 코왈 반도를 유심히 바라보았다. 때는 회색 하늘의 2월인데도, 그 광경은 숨이 막히도록 아름다웠다.

    여름이 되면 수천 수만의 관광객들이 더눈으로 모여들어 캐슬 가든에서 열리는 밴드 콘서트를 즐기거나, 7킬로미터 정도 거리의 조용한 해안 지역 산책로를 걷기 위해 연락선을 탄다. 더눈의 인근 시골 지역에는 바위로 가득한 여러 고원들, 나무로 가득한 협곡들, 바닷물이 내륙으로 뚫고 들어온 피오르드높은 절벽 사이에 깊숙이 들어간 협만 – 역주 모양의 만을 가진 해안선 등 여러 볼거리들이 있다.

    그 유명한 더눈 부두에 연락선이 닿자 챔버스는 스코틀랜드 시인 로버트 번스의 팬들이 세운 '하이랜드 메리' 동상을 뚫어지게 바라보았다. 챔버스는 이제 미술계에서 하나님의 메신저가 되겠다던 꿈을 접고 에딘버러에서 130킬로미터 떨어진 곳에 서 있다. 그러나 챔버스에게는 그 거리가 마치 수만 킬로미터가 되는 것처럼 느껴졌다. 기선의 외륜이 한 바퀴씩 돌 때마다 과거의 자신의 목표와 현재의 하나님의 부르심 사이의 간격은 점점 더 커져가고 깊어갔다.

가족들과 여러 친구들은 그가 에딘버러 대학을 떠나는 것은 인생을 망치는 길이라고 생각했다. 챔버스의 결정은 그들에게 전혀 이해가 되지 않았을 뿐 아니라, 그들은 그의 결정이 매우 잘못되었다고 여겼다. 챔버스는 전 세계적으로 유명한 배움의 전당을 뛰쳐나와 30명이 채 안 되는, 대학 문턱에도 들어갈 수 없는 젊은이들이 모인, 별로 알려지지 않은 대학으로 들어가는 중이었다. 그는 세계적으로 유명한 교수들을 떠나 던컨 맥그리거 목사 한 사람에게 배우러 가는 길이었다. 챔버스를 이해하지 못하는 친구들에게는 그가 대양을 떠나 진흙탕으로 들어가는 것처럼 보였을 것이다.

더눈 대학의 총장 맥그리거는 하이랜드스코틀랜드의 고지 지방 - 역주에서 태어나 글래스고 대학과 신학 대학을 졸업했다. 맨체스터와 잉글랜드, 웨일스에서 목회를 한 후에 그는 미국으로 건너가 1882년부터 3년간 시카고 노스 애쉬랜드 애비뉴 뱁티스트 교회에서 섬겼다.

1885년 10월, 맥그리거는 스코틀랜드로 돌아가서 즉시 더눈 침례

교회의 목사가 되었다. 그 교회는 관광지의 여름철 예배 장소였던 곳에서 시작한 교회인데, 맥그리거의 힘찬 설교와 온화한 리더십 아래 일 년 내내 부흥하는 교회가 되었다.

1893년, 맥그리거는 스코틀랜드 침례교단이 사역자들을 교육하고 훈련하는 문제에서 내부적 진통이 많고 우왕좌왕하는 것에 더 이상 참지 못했다. 그는 사역자를 훈련하는 데 전통적인 학문적 접근에 불만을 느끼고 결국 더눈에 가스펠 훈련대학을 세우게 되었다. 그는 자기 힘으로 몇몇 학생들을 모았다. 그리고 교회의 작은 사택 안에 의자들을 갖다놓고 온 마음과 삶을 다해 그들을 가르치기 시작했다.

맥그리거는 대부분의 전문대학 및 일반 대학들 안에 있는 지적인 반감이 영적인 성장을 장려하기보다 지체시킨다고 믿었다. 심지어 신학 대학들이 수용하는 순수 학문적 접근도 신학생들로 하여금 하나님을 더욱 효과적으로 섬길 수 있도록 불을 지피기보다 오히려 그들을 질식시킨다고 느꼈다. 그는 교육과 훈련의 커다란 차이점을 보았다. 그는 훈련이란 어떤 큰 목표를 향하는 체계 아래서 학과 공부와 삶의 중요한 체험들이 함께해야 한다는 입장이었다.

맥그리거는 "사역자를 훈련한다는 것은 공장에서 물건을 찍어내는 개념이 아니라 정원에서 식물을 자라게 하는 개념이다"라고 말했다. 그는 철저한 침례교도였고 교단 활동에 깊게 관여했지만, 그가 더눈에 세운 전문대학은 초교파적이었다. 입학시험은 단지 "당신은 회심했는가?"라는 한 가지 질문에 대해 그와 인터뷰를 하는 것이 전부였다. 입학생이 거듭난 사실만 분명하다면, 나이나 교육 수준은 차후에 고려할 문제였다.

시작부터 맥그리거는 더눈 대학을 최고의 학교로 만들기로 다짐했다. 모든 학생들은 그에게 히브리어, 그리스어, 신학, 설교학을 배워야 했다. 다른 과목들은 적당한 때 추가되었다. 그러나 단지 지적인 면의 달성은 그의 궁극적인 목표가 아니었다. 그는 학생들에게 말했다.

"내 목표는 사역자를 내보내는 데 있지 않고 '우리에게 영혼을 허락하소서. 그렇지 않으면 우리는 죽습니다!'라고 외치는 선지자다운 뜨거운 마음을 가진 사람을 내보내는 것이다. 만일 어떤 학생이 하나님께서 이 땅에 맨발로 걸으셨다는 것을 믿는 자리까지 올 때, 그는 능력의 종이 될 것이다."

오스왈드 챔버스와 던컨 맥그리거는 25살의 나이 차가 있었음에도 불구하고 깊은 친구가 되었다. 더눈에서 2개월을 지낸 챔버스는 친구에게 "네가 멋진 어르신 '맥'을 만나본다면 얼마나 좋을까. 그분은 정말 철저하게 뛰어난 인품의 사람이란다. 고결하고 거룩한 분이셔. 그분을 보면 마치 성령에 의해 예수 그리스도께서 다시 성육신하신 것처럼 보일 정도야. 그분은 그분의 주인이신 예수님과 얼마나 비슷한지! 지금 그분을 사랑하는 것처럼 내가 다른 사람을 사랑한 적은 없었어"라고 편지를 썼다.

챔버스는 언덕에서 부는 미풍처럼 조용히 대학에 들어갔지만, 곧 회오리바람과 같은 활동을 하기 시작했다. 맥그리거가 지역 교육 위원회 선거에 출마했을 때 챔버스는 그의 선거 운동원이 되었다. 그는 두 개의 커다란 포스터를 준비하여 자기 몸의 앞뒤에 붙이고 마을 전체를 돌며 맥그리거를 위한 선거 운동을 했다. 따라서 맥그리거 학장은 챔버스가 더눈의 거리들을 행진하지 않아도 이미 충분하게 선거에서 승리할 수 있었다.

보스턴 빌라의 맥그리거 사택을 사용하던 더눈 대학은 더 넓은 공간으로 이사하게 되었다. 그러자 미술가인 챔버스는 엔지니어링 전문가가 될 수밖에 없었다. 모허라고 불리는 웅장한 주택은 컨Kirn 근처 산중턱 위에 걸쳐 널리 펼쳐 있었다. 그 큰 주택의 현관은 동쪽을 향해 있었고 그 앞은 넓은 잔디와 함께 꽃과 관목과 나무로 둘러싸여 있었다. 주택의 삼층방에는 사면으로 둘러싼 아치 모양의 창문들이 있었다. 그 창문을 통해 밖을 내다보면 클라이드 만의 숨막히는 장관이 펼쳐졌다. 모허는 대학 학생들뿐 아니라 8명의 맥그리거 가족들에게 충분한 삶의 공간을 제공했다. 또한 넓은 응접실과 식당은 강의나 큰 모임을 위해 더 없이 유용했다.

1897년 5월 17일 챔버스가 크리시에게 쓴 편지 내용을 보면 매우 즐겁고 낙관적인 것을 알 수 있다.

지난주에 대학과 연관된 많은 일들을 했어. 청소는 힘들었지만 매우 재미있고 흥미로웠어. 배수시설, 굴뚝, 벽 페인트칠하기 등으로 시간을 다 보냈어. 모허의 수로 시설을 뚫는 것은 가장 복잡한 일이었지. 나는 맥그리거 씨와 배관공들과 함께 수로 시설 전부를 점검하고 다시 전체 계획을 고심해서 짰어. 그리고 내 개인 일들과 인쇄를 위한 대학 스케치를 하다보니 시간이 춤을 추듯이 신속하게 지나가더군. 오늘 밤에는 수업이 끝난 뒤에 새로운 대학 건물에서 기도 모임을 가지려고 해. 아마 좋은 시간이 되겠지.

맥그리거의 자녀들은 챔버스를 무척 좋아했다. 열두 살 이스데일은 "그분은 깜짝 놀랄 만큼 마르고 그의 머리카락은 깜짝 놀랄 만큼 길었어요. 이 두 가지 특징 때문에 그가 어디에 있든지 눈에 잘 띄었지요"라고 언급했다. 열세 살 밀드레드는 챔버스가 집에서 저녁 시간에 즉흥적으로 하는 미술 강의를 좋아했고 음악과 문학을 좋아하게 되었다.

챔버스의 동료 학생들도 그에게 매료되었다. 토마스 휴스톤은 학장의 아침 강의 시간에 식당 테이블에서 그를 처음 만나게 되었는데 무엇보다 그의 외모에 주목했다.

"처음에 그를 보았을 때는 두터운 눈썹, 굳게 다문 입, 얇은 입술 때문에 엄숙해 보이는 인상을 느꼈어요. 그러나 실제로 그를 만날수록 너무 즐겁고 마음이 끌렸지요.

그의 첫인상은 다른 친구들보다 더 성숙해 보였지요. 그래서 그의 나이를 추측할 수 없었어요. 어떤 때는 청소년같이 보였고 다른 때는 중년의 어른처럼 보였으니까요.

그가 일어서면 깜짝 놀랄 만큼 키가 컸어요. 그는 자연스럽게 선생님 발 앞에 겸손하게 앉아 있는 자세를 취하지만, 뭔가를 말하려고 일어설 때 그의 발언은 사람들을 깜짝 놀라게 하곤 했지요."

평생 동물을 사랑했던 챔버스는 트위드라는 이름을 가진 콜리스 코틀랜드 양치기 개-역주 한 마리를 얻게 되었다. 챔버스는 개와 함께 더눈 주변의 언덕들을 돌아다니면서 에크 협만과 연결된 조용한 호수들을 찾거나 글렌 마송과 같은 한적하고 아름다운 곳을 찾아냈다. 그는 산책을 계획하고 다른 사람들과 함께 걷기를 좋아했다.

더눈 대학에서 챔버스는 매우 바빴다. 그는 일에 끌려다니지는 않았지만 항상 일에 도전 받았다. 맥그리거의 목표는 그의 학생들을 일이나 공부로 압박하는 것이 아니라 그들을 양육하는 것이었다.

1897년 6월 23일에 챔버스가 크리시에게 쓴 편지를 보자.

더눈에서의 첫 학기가 끝났어. 정말 멋진 학기였어. 얼마나 귀한 시간이었는지 세월이 지나면 그 가치가 나타날 거야. 나는 이곳에서 매우 조용하고 품위 있는 훌륭한 성품을 지닌 사람들을 만났어. 학장님 부부, 뮤허헤드 아주머니, 여러 자상하고 순수한 분들…. 아마 이분들 모두 앞으로 나의 인격 형성과 절제에 영향을 끼치게 될 것 같아.

회의에서 멋진 소식이 발표되었어. 내가 가장 적절한 때 17파운드를 받게 된 거야. 나는 정말로 멋진 어르신 학장의 믿음에 감사해. 우리 모두 하나님께서 분명한 믿음을 가진 사람들을 어떻게 이 세상의 것으로도 축복하시는지 느낄 수 있어.

내가 브라우닝과 쉘리의 작품들을 다 모았다는 사실을 안다면 너도 기쁘겠지? 우리 학교 어떤 학생의 친구의 초상화를 그려주었는데 값을 잘 쳐준 덕분이지. 그 작품들은 참으로 내게 보물과 같은 것이란다.

1897년의 겨울 학기가 시작되자 챔버스는 학교 공부도 하고 맥그리거의 교회에서 열심히 활동했을 뿐 아니라 추가로 더눈 그래머 스쿨(16세기에 세워져 라틴어를 주요 교과로 삼고 대학 진학 준비를 시키는 중등 학교 - 역주)에서 미술 과목을 가르치게 되었다. 그는 바쁜 일정으로 정신이 없으면서도 왜 자신이 그곳에 있는지에 대한 비전을 잃지 않은 채 꾸준히 목회 훈련을 했다.

9월 10일에 크리시에게 쓴 편지를 보자.

대학 생활은 무난하게 잘하고 있어. 이곳 생활은 하나님께서 뜻하시는 길이라고 확신해서 그런지 소망이 크다. 분명히 이곳에서 나 같은 젊은이들이 오랜 삶의 경험을 가진 경건한 사람들에게 배우면서 인격적인 영향을 받는 것이, 일반 대학의 복잡한 커리큘럼 속에서 여러 차가운 문화적 문제들을 해결하기 위해 준비되는 것보다 낫다고 생각해.

최근에 나는 여러 불편에도 불구하고 이곳 시골 사람들 틈에서 몇 년의 사역을 체험해보는 것이 참 좋을 거라고 생각했어. 지금처럼 이렇게 경쟁에서 벗어나 단지 생각하고 공부하고 설교하고 기도하고 방문하다가, 언젠가 다시 소요와 경쟁으로 가득한 도시의 삶으로 돌아가서 몸부림치는 지친 영혼들을 온 힘을 다해 섬기는 미래를 생각해 보았지.

이후 챔버스는 대학 강사가 되어 슈베글러의 「철학사」를 교재로 윤리학을 가르쳤다. 학생들이 책의 내용이 너무 애매모호하다고 말하자, 그는 자기 힘으로 「철학사 연구를 위한 개요」라는 안내 책자를 만들어 출판했다. 20페이지 밖에 되지 않는 이 소책자는 학생들에게 주요 철학자들과 고대로부터 현대에 이르기까지 그들의 철학 사상의 발전을 검토해볼 수 있는 체계를 마련해 주었다. 더눈 대학의 한 졸업생은 다음과 같이 회상했다.

"챔버스 강사님은 적극적으로 우리 수준에 맞게 강의를 준비해 주셨어요. 만일 수업 시간에 이해하지 못한 내용이 있으면 개인적으로라도 만나서 도와주셨지요. 그분의 열정은 끝이 없었고, 무엇을 해도 대충 하신 적이 없었습니다. 그분은 책임감을 가지고 우리에게 여러 철학들을 온 심혈을 다해 가르치셨어요. 마치 오래전 철학자들에게서 직접 들은 것처럼 착각할 정도로 분명한 강의였답니다."

던컨 맥그리거의 뛰어난 재능 중 하나는 학생들을 위해 훌륭한 믿음의 사람들을 그 대학으로 초청하는 일이었다. 그들의 강의는 영감이 있었고, 그들이 여러 학생들과 나눈 인격적 교류는 학생들의 삶을 변화시켰다. 근처의 스코틀랜드 고아원을 설립한 윌리엄 퀴리어는 믿음과 기도의 사람으로 잘 알려진 훌륭한 사람이었다. 그의 고아원은 잉글랜드 브리스톨의 조지 뮬러의 고아원처럼 경제적 지원을 구걸하지 않고 오직 믿음으로 운용되고 있었다.

퀴리어는 맥그리거의 친한 친구로서 더눈 대학에 자주 방문했다. 그는 자유롭게 학생들과 대화를 나누었고 대화 후에는 종종 모든 사람으로 하여금 무릎을 꿇고 기도를 하게끔 만들었다. 챔버스는 퀴리어가 그의 '곳간'의 필요를 위해 하늘 아버지께 단순한 확신을 가지고 기도하는 것을 들은 사람 중 하나였다.

믿음의 사람 퀴리어는 자신이 해야 하는 일을 하나님께 미루지 않는 행동파였다. 한번은 퀴리어가 강사 목사 한 분을 브리지어브위어 철도역까지 마차로 모셔가고 있는데, 그분이 타야 할 기차가 다가오는 것을 보게 되었다. 그러자 기차를 놓칠까 염려한 강사 목사가 "지금 함께 기도해야 한다고 생각하지 않소?"라고 소리쳤다. 그러자 쿼리어는 말을 철썩 때리고 고삐를 잡아당기며 말했다. "아니지요, 아직 아닙니다. 이 말horse이 해낼 수 있는지 보고 나서 기도합시다"라고 대답했다고 한다.

또 한번은 지방 정부 단체에서 쿼리어에게 그가 비록 그의 모든 고아들의 교육비를 사비로 다 지원한다고 해도 정부에 따로 교육세를 내야 한다고 말하자, 그는 거리로 뛰어나갔다. 그는 고아원의 수천 명의 고아들과 함께 킬마콤 마을의 공립학교의 정문까지 3킬로미터의 가두시위를 벌이며 교육 위원회가 고아들의 교육비를 마련해 주어야 한다고 요청했다. 결국 교육 위원회는 그 제안을 거절했고 나중에 법원은 쿼리어가 교육세를 내야 한다는 판결을 내렸다. 결과는 아쉽게 되었지만 쿼리어는 가만히 앉아 있지 않고 그가 할 수 있는 한 최선을 다해보았다.

에딘버러에 있는 두 명의 저명한 설교가가 종종 더눈을 방문했다. 그들은 프리 스트리트 조지 교회의 알렉산더 와이트 박사와 니콜슨 스트리트 교회의 딘스데일 영이었다. 런던에서는 국제적으로 알려진 침례교 목사 메이어 박사가 더눈으로 찾아와 설교도 하고 맥그리거의 사역자 훈련에 대해 상의했다. 바로 이 메이어 박사가 챔버스로 하여금 완전히 자신을 포기하도록 그에게 영적인 반응을 일으킨 인간 촉매였다. 뜨거운 헌신으로 시작한 챔버스의 믿음의 여정은 자아 절망이라는 잿더미로 끝나버렸다. 챔버스는 스스로 이 기간을 '이 땅에서의 4년간의 지옥'이라고 묘사했다.

07

영혼의 어둔 밤(1897-1901)

챔버스의 설교나 가르침 속에는 개인적인 영적 체험에 대한 언급이 거의 없다. 한 가지 매우 희귀한 예외가 있기는 한데, 그것은 더눈에서 처음 있었던 4년 동안에 그에게 발생한 일에 대한 기록이다. 그는 그 체험을 일기에서 가장 잘 설명하고 있다.

소년 때 거듭난 후 나는 예수 그리스도의 임재를 놀라울 정도로 체험하며 즐거워했다. 그러나 내가 자신을 주님의 사역에 철저하게 포기하기까지는 많은 세월이 흘러야 했다. 메이어 박사가 이곳에 와서 성령에 대해 설교할 때, 나는 더눈 대학에서 철학 강사로 있었다. 나는 그때 진행되는 일에 대해 다 체험하기를 다짐하고 내 방으로 가서 성령 세례가 무엇을 의미하든 상관없이 하나님께 단순하고 분명하게 성령 세례를 간구했다.

그날부터 4년간 하나님의 강권하시는 은혜와 친구들의 친절은 나를 은둔처에서 나오게 만들었다. 하나님은 4년 동안 나를 사용하셔서 영혼들을 회심하게 하셨다. 그러나 정작 나는 주님과의 의식적인 소통이 없었다. 성경은 가장 딱딱하고 재미없는 책이었으며 내 안에 있는 부패와 사악함과 나쁜 동기들은 지독하게 심각했다.

다른 사람들은 챔버스의 모든 삶이 훌륭하다고 생각하며 그를 성자라고 불렀지만, 그는 자기 마음속에 죄의 전염병이 있다는 사실을 홀로 깨닫고 있었다. 그 과정은 챔버스가 전혀 예상하지 못했던 것으로 마치 예수님께서 광야에서 시험 받으신 것처럼 홀로 외로이 싸우는 몸부림의 기간이었다. 1897년 5월에 더눈에서 크리시에게 쓴 편지에는, 앞으로 어떤 일이 있을지를 암시하고 있었다.

모든 것이 놀랍도록 형통하고 있어. 나 자신이 다른 사람에게 너무나 높게 여겨진다는 의식 때문에 가끔 어디론가 떠나고 싶을 때가 있어. 그들 모두 나를 너무 치켜세워서 이제는 내가 더 지쳐 있단다. 그래, 자연 속으로 멀리 떠날 수만 있다면, 그러면 나는 자연을 보지만 다른 사람들에게 나는 보이지 않을 텐데.

더눈 주변의 언덕들은 챔버스에게 짧은 휴식처가 되어주었다. 그

러나 그는 더 오래 애완견 콜리와 산책하고 싶었고 하나님이 지으신 자연을 보며 새로운 힘을 얻고 싶었다. 여름 방학 기간이 되면 그는 자주 북쪽으로 수백 킬로미터를 여행하여 포트 윌리암^{북쪽 하이랜드 서부의 호수 도시-역주} 근처의 북쪽 하이랜드에 사는 오랜 친구 존 카메론의 집을 방문했다.

카메론은 영국의 가장 높은 산인 벤 네비스의 산비탈에서 양들을 쳤다. 챔버스는 아주 힘든 노동인 양치기를 도우면서 마음의 쉼을 얻을 수 있었다. 그는 종종 '벤'이라고 불리는 높은 산에 오르기를 좋아했다. 산기슭으로부터 1400미터 높이의 황량한 산꼭대기까지 이르려면 8킬로미터의 구불거리는 좁은 길을 걸어 올라가야 한다. 챔버스는 다른 사람들과 함께 산을 오를 때는 언제나 한가로운 산책을 즐기곤 했다. 그러나 혼자 산을 오를 때는 가끔 심장이 터질 것 같고 근육이 쉬고 싶어할 만큼 큰 걸음으로 힘을 다해 걸을 때가 많았다. 그는 안개의 소용돌이를 뚫고 찬바람이 부는데도 쉬지 않고 땀을 흘리면서 산을 올랐다.

챔버스가 보기에, 카메론은 그 동네의 산과 잘 어울리는 사람이었다. 나이 찬 이 억센 총각은 간소하게 살았고 수입의 대부분을 주의 사업을 위해 드렸다. 대접하기를 즐거워했으며 항상 일출처럼 규칙적인 기도 생활을 했다. 예전에 챔버스가 그를 방문했을 때, 두 사람은 토끼를 사냥하기 위해 두 마리의 개를 데리고 밖으로 나갔다. 그들이 헤더 꽃 언덕에 다다르자, 카메론은 잠깐 멈춰서 기도하자고 말했다. 챔버스는 그때 일을 다음과 같이 기록한다.

"우리는 무릎을 꿇었으며 그가 기도를 인도했다. 그가 기도할 때는 그렇게 얌전히 있던 어린 콜리개가 내가 기도하기 시작하자 자기랑 놀자는 말인 줄로 생각하고 내 주위를 돌며 내 몸 이곳저곳을 앞발로 치고 내 얼굴을 핥고 꼬리를 흔들며 요란하게 짖어댔다. 그러자 카메론이 꿇었던 무릎을 펴고 일어나 개의 목을 엄하게 붙들고 '이런, 자네가 기도하는 동안 이 개를 깔고 앉아 있어야겠군'이라고 말했다. 그러면서 실제로 개를 깔고 앉았다."

1898년 5월 4일, 챔버스와 학장 부인은 동시에 이층에서 유리가 깨지는 굉장한 소리와 함께 쿵 하는 소리가 나더니 갑자기 조용해지는 것을 들었다. 그들은 이층으로 뛰어올라가 모허 홀로 달려갔다. 거기서 그들은 맥그리거 학장이 바닥에 쓰러져서 의식을 잃고 큰 대자로 드러누워 있는 것을 발견했다. 그의 얼굴은 새하얗게 변해 있었고 호흡은 불규칙적이었으며 매우 가빴다. 그는 지붕의 작은 문제를 고치려고 올라갔다가 채광창으로 떨어진 것이었다.

맥그리거는 뼈 하나가 부러졌고 심한 뇌진탕과 내부 손상이 있었다. 그는 간신히 살아나기는 했지만, 전과 같은 활동을 할 수 있을 만큼 건강이 회복되기에는 많은 시간이 필요한 상태였다. 사람들은 그가 없이는 대학이 운영될 수 없다고 생각했다.

그 사건 이후로 3개월간, 챔버스는 사적으로 맥그리거를 찾아가 빠른 쾌유를 위해 간호했다. 그들의 관계는 친밀한 관계를 넘어서서 절대 흔들리지 않는 존경과 신뢰로 깊어갔다. 챔버스는 학장이 건강을 회복하는 동안 대학에서 추가 강의와 경영, 그리고 영적 지도까지 떠맡았다. 맥그리거는 8월 말이 되자 모든 사람들이 깜짝 놀랄 만큼 건강을 되찾아 교회에서 다시 설교하기 시작했으며 10월부터는 다시 학장직을 계속하겠다고 발표했다.

1897부터 1901년까지의 기간 동안 챔버스는 모든 것을 유난히 잘해내는 것처럼 보였다. 그가 음악, 자연, 로버트 브라우닝의 시에 대해 쓴 글들은 정기적으로 「더눈 헤럴드」 신문에 실렸다. 더욱이 그는 종종 대학 및 더눈 뱁티스트 교회의 주요 행사들에 대해 기사를 썼다.

1899년 5월, 대학의 감사 기념일에 챔버스는 목사 안수를 받았다. 그러자 대학과 더눈 지역의 외부로부터 그를 집회 강사로 초청하는 요청이 급격히 많아졌다. 그러나 그가 기독교 단체들 가운데 유명해질수록, 그의 내면의 갈급함은 더욱 커지는 것 같았다. 당시에 챔버스가 쓴 시는 그의 내면 상태를 잘 드러낸다.

기분(1899년 3월 4일, 더눈의 키른에서)

어둔 하늘, 밤새도록 비가 온다.
물이 경계를 넘어 홍수가 난다.
파괴는 밤이 될 때까지 계속되지만,

낮은 언제나 변함없이 밤을 따라온다.

마음속의 어두워진 기분은 얼굴을 찡그리게 만들고,

당신의 길을 위협하고 낮추며 폭풍을 퍼붓는다.

그러나 그 영혼은 축복을 발견하기 전까지 피를 흘려야 한다.

당신의 기분은 그 축복을 제거하려고 애쓴다.

기분은 비구름처럼 지나간다.

영혼은 낮처럼 좋다.

구름과 같은 우울함이 지나면,

온전한 하늘의 기쁨이 다시 찾아온다.

챔버스는 미술에 대해 가지고 있던 그의 야망을 포기했고 크리시와의 관계를 정리하기로 결심했다. 만일 그가 하나님보다 더 사랑하는 것이 있다면 그는 그것을 전부 제단 위에 놓을 준비가 되어 있었다. 이후, 챔버스는 마음속에서 다투는 이별의 고통과 주님 안의 평안을 글로 적어놓았다.

이별 후(1900년 1월 22일, 더눈의 키른에서)

오 나의 사랑하는 예수님,

내게는 당신의 십자가와 이 땅에서의 삶이

사랑으로 다가오지 않았습니다.

그러나 나의 가슴이 참된 첫사랑 때문에 찢겨졌을 때,

나의 모든 감정은 접혔다가 펴지는

고통의 채찍에 맞은 것처럼 아팠습니다.

고문을 당한 듯한 나의 신경 때문에 정신이 하나도 없습니다.

오 나의 그리스도여! 그때 그 고통 가운데 당신을 보았습니다.

가망 없어 보이는 나의 첫사랑은 결국 자신을 숨기셨던

당신을 위한 사랑일 뿐이었습니다.

그러나 나는 주께서 취하셨던 모양을 알아보지 못했습니다.

이제 나는 당신, 예수님을 사랑합니다.

헤어짐의 아픔이 있는 연인들이

한때 그들이 사랑하는 사람에게 가지고 있었다고 생각하는

그 사랑으로,

나는 당신을 사랑합니다.

그는 연인과의 이별의 아픔을 통해 주님만을 사랑하게 되었다. 그러나 마음의 평강을 원했던 그의 주변에 심란한 일이 발생했다. 지역 교회의 어떤 젊은 여인이 챔버스가 자기에게 몹쓸 짓을 했다고 고소했는데, 이 일은 챔버스가 감당하기에 너무 커졌다. 철저한 조사를 통해 그 여인의 이야기는 거짓으로 드러났지만, 이미 챔버스가 입은

상처와 피해는 상당히 컸다. 온갖 소문들이 부풀어져서 돌아다녔다. 그의 이야기는 더눈 전 지역에서 수군거림이 되었다. 따라서 그는 오해를 받게 되었고 고립되었으며 사람들에게 외면당했다.

챔버스는 자신의 명예가 훼손된 그 일 때문에 자신을 돌아보게 되었다. 그러면서 존재의 내면에 대해 깊은 의식을 갖게 되었다. 어떤 설교가로부터 "다른 인간이 지을 수 있는 죄는 나도 짓게 될 가능성이 있다"는 말을 들었을 때, 그는 비록 무죄로 판명되었어도 얼마든지 자신이 성적인 죄에 연루될 수 있음을 깨달았다. 자기 안에 잘못된 생각을 할 수 있고 잘못된 행동을 할 수 있는 여지가 있다는 껄끄러운 깨달음은 챔버스의 마음을 짓누르기 시작했다.

그는 자신의 인격 속에 끔찍한 이중성이 있다는 사실을 의식했다. 자신이 경멸했던 다른 사람들의 거짓과 위선이 자신의 마음속에도 자리 잡고 있음을 보았다. 그는 자신이 행한 모든 선한 일들에 대해 하나님이 영광 받으셔야 한다고 선포하면서도 자신의 마음 한켠에 사람들의 칭찬을 즐기고 있는 모습을 발견했다. 더눈의 많은 사람들은 그를 거의 완벽한 성자라고 생각했지만, 그는 자신이 어떤 사람인지 잘 알고 있었다. 그의 내면에는 자신의 힘으로는 다스릴 수 없는 무서운 교만이 숨어 있었다.

고뇌에 찬 시에서, 그는 자신의 명성 뒤에 숨겨진 은밀한 죄의 실체를 드러내고 있다.

죄를 회개함(1900년 9월 24일, 더눈의 키른에서)

내 죄를 알게 된 이곳에 내 생명을 내려놓는다.
황홀함과 두려움, 웃음과 눈물이 이 자리에 있다.
홀로 내 마음을 따로 떼어놓는다.

예수님께, 지금 이곳에서, 나의 방황하는 마음을 주께 드린다.
내 안에 있는 죄의 쓰라림이 가장 깊은 내면 모두를
감미로울 정도로 비통스럽게 할 때까지.

겁 많은 슬픔은 "이것은 견디기가 힘들다"고 불평하겠지.
지긋지긋한 죄는
다른 사람들이 아름답다고 생각하는 모든 것을 더럽히는데,
나는 성자처럼 모양을 낸다.

예수님, 예수님,
깨어 있을 때 언제나 저의 생각을 엄습하는 지독한 것들,
그것들 때문에 제가 기도할 수 없습니다.
사악한, 무서운 죄 때문에
저는 할 말이 없습니다.

1901년에는 이러한 내면 갈등이 더욱 강렬해지면서 인생의 가장 결정적인 순간을 향해 나아가고 있었다. 당시 챔버스는 더눈의 영적인 건강과 미적인 아름다움을 보존하기 위해 홀로 여러 개혁 운동을 벌이고 있었다. 그때 그가 「더눈 헤럴드」의 편집장에게 보낸 편지 내용들은 신랄하고 냉소적이었으며 여러 낙담으로 가득 차 있었다.

4월 11일자 신문에는 다음 내용이 있다.

귀하께: '개선'과 '변화'는 관심을 끕니다. 어떤 변화는 전부는 아니더라도 개선을 가져옵니다. 불 우드Bull Wood 지역으로 이어지는 새 교량은 명백한 개조입니다. 그런데 어떤 사람은 그 변화를 '개선'이라 부르기를 주저합니다. 물론 '개선'이라는 단어를 분명히 정의할 때 그렇습니다. 그 교량은 교통을 위해서는 개선입니다. 그것도 엄청난 개선입니다. 하지만 그 교량은 미적인 관점에서 볼 때 개선이 아닙니다. 그 교량은 수직으로 흉측하게 서는 바람에 주변과 전혀 조화를 이루지 못함으로써 더눈의 원하는 뜻과 목표와는 거리가 멀게되었습니다.

6월 19일자 신문에서 그는 계속 비판한다.

귀하께: 요양원 옆길을 넓히는 제안에는 분명히 나무들을 건드려서는 안 된다는 내용이 있어야 합니다. 포장 도로를 따라 보호막

이 되게끔 나란히 심겨진 모든 나무들은 더눈에 다가오는 길목을 대단히 멋지게 보이게 할 것입니다. 나란히 정렬되지 못하고 튀어나온 몇 그루의 나무들이 있는데, 당장 그 나무들을 제거해야 할 뿐 아니라 그 자리에는 새 나무들을 심어야 합니다! 그 멋진 나무들의 장관을 망치기 전에, 시의원들은 반드시 이 문제를 고려해야 합니다.

6월 28일에 챔버스는 선데이 기선 Sunday steamer **운항 문제를 다음과 같이 답변했다.**

성수주일에 대한 문제는 지금 선데이 기선 운항처럼 해안에 사는 많은 사람들에게 중요한 관심거리입니다. 주일 운항을 주창하는 자들은 끈질긴 무례함으로 그들의 주장을 밀고 나가기로 다짐했습니다.
그러나 더눈에서 우리 입장을 반대하는 사람들은 아무 생각 없이 그냥 주일을 범하는 것이 아닙니다. 대부분의 사람들이 우리의 자세를 매우 편협하고 전통적인 종교적 고집이라고 여깁니다. 그들은 선데이 기선 운항이 문화의 유익이며 인류의 계속되는 진보라고 확신하는 가운데, 더눈은 선데이 기선 운항을 따스하게 격려해야 한다는 오만한 결정을 내린 것입니다.
우리는 스스로 마음이 넓다고 하는 천박한 모든 사람들에게 이 문제는 전통적이고 종교적인 고집의 문제가 아니라 도덕적·영적·사회적 중요성을 띤 최고의 문제임을 강조하고 싶습니다.

선데이 기선 운항은 우리 영국의 좋은 풍습에 불명예입니다. 이는 인류의 보다 고상한 관심에 대한 천박한 무관심의 표현입니다. 하나님은 그러한 생각을 전혀 기뻐하지 않으십니다. 이러한 형편없고 부당하며 몰염치한 얼빠진 선데이 기선 사람들은 상식적인 인간의 예절과 평범한 품위에도 못 미치고 있습니다.

이 기간 동안은 학장 맥그리거 부부 외에는 챔버스의 내면의 격렬한 갈등을 아는 사람이 없었다. 맥그리거가 밤에 일어나 침실 창문으로 걸어가보면 키 큰 사람 하나가 안개로 가려진 모허의 마당을 왔다갔다 하는 것을 볼 수 있었다. 그 뒤로는 애완견 콜리가 주인의 큰 보폭을 맞추기 위해 종종걸음으로 따라가는 모습도 보였다. 맥그리거는 챔버스에게 어떻게든 안정과 도움을 주고자 했지만 자신이 할 수 있는 것은 기다리고 기도하며 무조건 신뢰하는 일임을 알고 있었다.

'그리스도께서 더러운 이기심을 제거하기 위해 이 땅에 오셨다고 말하는 나의 마음속이 이기적인 불순물로 가득 차 있다면, 내가 무슨 권한으로 그리스도를 제시할 수 있다는 말인가?' 다음은 챔버스가 자신과 씨름하는 기간에 쓴 글이다.

좁은 문으로 들어가길 힘쓰라

(1901년 6월 7일, 더눈의 키른에서)

"잘라버리라." 내 마음에서 피가 흐른다.

내 영은 고통으로 뒤틀린다.

여전히 예수님께서 간절히 하시는 말씀이 내게 들린다.

"그것을 잘라버리라. 그렇지 않으면 모든 것이 헛수고이다."

따라서 나는 두려움 가운데

자기연민의 부르짖는 소리에

나의 귀를 막았다.

마침내 실수해 하나님 뜻이 좌절되고 실패하는 일이 없도록

고통이 너무나 커서

나는 죽을 지경으로 슬픔 가운데 고개를 숙이고 있다.

그러나 자상한 주님께서는 올바른 길을 내시며

즐거움을 찾으신다.

가을로 접어들면서 챔버스의 마음속에 감추어진 동요는 점점 밖으로 드러나기 시작했다. 1901년 9월 6일, 그는 아버지가 보낸 편지에 답장을 했는데, 아버지의 편지에는 챔버스가 더눈 대학에서 무료

로 가르치는 것에 대해 못마땅함을 표현하고 있었다.

친애하는 아버지께

다시 이렇게 아버지로부터 소식을 듣게 되어 기뻤습니다. 새 학기가 거의 다가와서 준비하느라 매우 바쁩니다. 북쪽 여행을 마친 후 저는 매우 잘 지내고 있습니다. 제 삶을 안정되게 이끌 수 있는 정보를 주셔서 감사합니다. 저는 그런 생각을 전혀 해보지 못했습니다만 이제 그 생각을 해보려고 합니다.

저의 현재 상황에 대한 아버지의 염려에 대해, 만일 아버지가 그 상황을 잘 아시게 된다면 조금도 저를 말리지 않으실 것을 알고 있습니다. 제 고용 가치라고 하셨지요? 사랑하는 아버지, 저는 이곳에서 돈보다 훨씬 더 소중한 것을 얻고 있습니다. 이곳에서 저는 마음껏 일하고 있으며 학생들이 사역자로 부름 받은 소명을 깨달을 수 있도록 작은 도움을 주고 있습니다. 이곳에서 의식주 문제가 해결되고 제 자격보다 훨씬 더 높게 평가받고 있습니다. 지금 이곳에서 제가 하나님의 뜻을 행하고 있다는 내적 확신이 있습니다. 아버지는 당장 눈에 보이는 현재 직위와 월급만 보는 몇몇 사람들과는 다른 분이십니다. 그들은 이해하지도 못하고 이해할 수도 없지만, 아버지는 이해할 수 있으시고 이해하십니다.

아버지는 제가 어떻게 해서든 돈을 벌어 아버지는 물론이고 어머니와 누이들을 도와야 한다고 말씀하십니다. 위대한 일을 포기하면 저도 그렇게 할 수 있을 것입니다. 그러나 제가 이곳에서 여러 영혼들에게 영원한 가치의 도움을 주고 있다면 어찌 그 일이 돈으로 아버지와 어머니와 누이들을 돕는 일과 비교될 수 있겠습니까? 감히 말씀드린다면, 천국에서는 사람들이 어리석게 여기는 그러한 삶을 살아온 사람들이 그 삶 때문에 하나님께 감사하게 될 것입니다.

만일 길이 열리면서 이곳을 떠나라는 확신이 들 때 저는 떠날 것입니다. 그때는 애착이든 우정이든 여가든 관계든 그 무엇도 저를 막지 못할 것입니다. 저는 인생을 달려오면서 "청함을 받은 자는 많되 택함을 입은 자는 적으니라"마 22:14는 사실을 깨닫습니다.

저는 오늘 제 인생길을 바꿀 수 없습니다. 하나님께서 친히 보시기에 합당할 때 제 인생길을 바꾸실 것입니다. 저는 훌륭하지도 않고 자격도 되지 않지만, 주님의 열정적인 부르심이 제 영혼 속에 있습니다. 비록 사람들에게는 어리석게 보이고, 잘해야 몽상가 또는 이상주의자로 여겨지며, 상식이 부족한 어리석은 청년으로 여겨질지라도, 제게 그렇게 분명한 주의 음성을 어떻게 불순종할 수 있겠습니까?

저는 저에 대한 아버지의 간절함을 잘 이해합니다. 저의 과거의 어리석음과 무지했던 완고함도 잘 알고 있습니다. 그러나 하나님께서는 제가 주를 보지 못하고 이해하지 못해도, 제 삶을 인도해 오셨고 지금도 인도하십니다. 아버지께서 하나님의 마음을 읽으시고 깊게 생각하신다면, 제가 맞다는 것을 아실 것입니다. 그러나 아버지께서 아들인 저를 기억하실 때, 세상의 길을 저를 위한 인생의 길로 생각하신다면 그 길은 저를 위한 길이 될 수 없습니다. 아버지, 믿으시기 바랍니다. 아버지가 염려하시는 그 길이 사실은 제 길이 맞습니다. 저는 제 확신을 조금도 바꿀 수 없으니 저를 재촉하지 말아주시기 바랍니다. 하나님께서 이 모든 것을 분명하게 해주실 것입니다.

이 모든 내용이 고상한 척 들려도 지금은 고상하게 말해야 할 필요가 있습니다.

저도 "무슨 의도로 이것을 허비하느냐, 이것을 비싼 값에 팔아 가난한 자들에게 줄 수 있었겠도다"마 26:8-9라는 부르짖음과 잔소리들을 계속 들어 잘 알고 있습니다. 저는 그 질문에 대한 답변으로써, 이 세상의 구세주이신 예수님의 상처 난 손과 발과 옆구리를 위해 제 삶을 다 드림으로써 대답하고 싶습니다.

저는 훌륭하지도 않고 선하지도 않으며 고상하지도 않고 제가 생각하는 대로 살지도 못합니다. 그러나 하나님의 끊임없는 자비와 사랑이 저를 강권하고 있습니다.

저는 언젠가 아버지께서 제가 주님을 위해 현재를 희생한 것이 잘한 일이라고 알아주실 줄 믿고 있습니다. 어머니와 아버지께 깊은 사랑을 전합니다.

사랑하는 아들, 오스왈드 올림

"매우 잘 지내고 있습니다"라는 그의 표현은 신체적 건강이나 정신적 역량을 의미할 때는 맞다. 하지만 그는 여전히 혼자 있을 때 원수인 자신과 싸워야 하는 압박에 빠지곤 했다. 그는 지금까지는 믿을 수 없었던 자신 속에 있는 죄의 성향의 깊이가 얼마나 깊은지 깨닫고 있었다.

9월에 그가 쓴 시는 다음과 같은 절로 마무리되고 있다.

오 주 예수님, 온전히 바쳐진 삶을 살고 싶어하는 저의 절규를 들으소서.
이 어두운 투쟁으로부터 벗어나기 위해 이를 악물고 있습니다.

챔버스는 완전한 침몰의 지경까지 이르는 삶을 살고 있었다. 그는 영혼 깊은 곳에서 로버트 브라우닝의 시를 외치고 있었다.

나는 싸움을 포기한다. 이제 끝이다.
이제 내게는 사적이고 불투명한 후미진 곳은 없다.
나는 심지어 하나님에 의해서도 잊혀지고 싶다.

이 기간에 대한 챔버스의 기록은 간증에서 계속된다.

나는 이제 하나님께서 내 존재의 모든 사건들을 통해 성령의 빛과 주의 말씀에 의해 나를 인도하고 계셨음을 깨닫는다. 지난 몇 년 가운데 마지막 3개월은 모든 것이 최정상에 이르렀지만 나는 매우 절망적이었다. 나는 내가 원하는 것을 소유한 사람을 보지 못했다. 사실 나조차 내가 원하는 것이 무엇인지 알지 못했다. 그러나 만일 내가 가진 것이 기독교의 전부라면 그것은 사기에 불과했다.

그러다가 누가복음 11장 13절은 나를 사로잡았다. "너희가 악할지라도 좋은 것을 자식에게 줄 줄 알거든 하물며 너희 하늘 아버지께서 구하는 자에게 성령을 주시지 않겠느냐."

그러나 나처럼 나쁜 동기를 가진 사람이 어떻게 성령의 은사를 구할 수 있다는 말인가? 그때 내 마음속에 예수 그리스도의 권위에 의해 하나님으로부터 성령의 은사를 구하고 그 사실을 증거해야 한다는 마음이 들었다. 그러나 이런 생각이 찾아왔다. '만일 네가 예수 그리스도의 말씀에 의지해서 성령의 은사를 구하고 그 사실을 증거하더라도 하나님은 너를 가장 잘 아는 사람들에게 네 마음속으로 얼마나 나쁜 생각을 하는지를 알리실 것이다.' 이 생각이 들자 나는 그리스도 때문에 어리석은 자가 되려는 마음이 들지 않았다.

그러나 당신들 중에 이 체험을 아는 사람들은 어떻게 하나님께서 한 사람을 완전한 절망의 지점까지 이끄시는지 잘 알 것이다. 나는 모든 사람이 내가 얼마나 나쁜 사람인지 알든 말든 신경 쓰지 않는 자리까지 갔다. 내가 이 땅에서 신경 써야 하는 것은 오직 나의 현재 상태에서 벗어나는 것뿐, 다른 것은 아무것도 없다.

더눈에서 기도 동맹League of Prayer 선교 집회 기간 중 작은 모임이 하나 있었는데, 매우 유명한 여성 한 분이 집회 후의 모임 시간을 담당하게 되었다. 그녀는 말씀을 전하지는 않았지만 우리로 하여금 기도하게 했다. 그 후 "주님, 나를 만지소서"라는 노래를 부르게 했다. 나는 아무것도 느끼지 못했다. 그러나 나는 내 차례가 온 것을 강력하게 느끼면서 그 자리에서 일어났고 이렇게 말했다.

"저는 하나님의 비전을 받은 것은 아니고 단지 하나님의 말씀 그대로 끈질기게 믿으면서 정말 저 자신에게 그 말씀대로 이루어지기를 증거하기로 결단했습니다." 그렇게 말한 것도 서툴렀는데, 그 다음에 말한 것들은 열 배나 더 열악했다. 내가 자리에 앉자, 나를 매우 잘 아는 그 여성 사역자는 이렇게 말했다. "우리 형제가 참 잘했어요. 여러분 모두 그가 말한 것과 똑같이 해야 해요."

나는 다시 일어나서 "저는 아무런 이유 없이 일어났습니다. 저 자신 때문에 일어섰지요. 기독교가 적나라한 사기든지 아니면 제가 지팡이의 올바른 끝을 붙들지 않은 것입니다"라고 말했다. 그 후 거기서 나는 누가복음 11장 13절을 끈질기게 붙들고 성령의 은사를 요청했다. 나는 천국이나 천사들을 보지 못했고, 내 안에 아무 일도 발생하지 않았다. 전처럼 똑같이 내 심령은 메말라 있었고 공허했다. 하나님을 깨닫는 능력도 없었고, 성령의 증거도 없었다. 이틀 뒤 나는 그 집회에서 말씀을 전할 것을 부탁 받았다. 말씀을 증거하자 40명의 영혼이 제단으로 나왔다. 내가 하나님을 찬양했겠는가? 그렇지 않다. 나는 놀라서 그들을 다른 사역자들에게 맡기고 당장 맥그리거 씨에게 달려가서 무슨 일이 발생했는지를 말해주었다.

그는 "자네는 자네가 예수님의 말씀에 근거해서 성령의 은사를 구했던 사실을 기억하지 않는가? 주께서 '네가 능력을 받고'라고 말씀하셨지. 지금 발생한 그 일은 위로부터 내려온 능력 때문이네"라고 말했다.

순간적으로 내 안에서 어떤 일이 발생했다. 나는 스스로 내 마음대로 부릴 수 있는 능력을 원했다는 사실을 깨달았다. 나는 "자, 봐라. 나의 모든 것을 제단 앞에 드렸더니 내가 이런 능력을 얻었다"라고 말하고 싶었던 것이다.

모든 영광을 하나님께 돌린다. 인간의 마음 가장 깊은 곳이 하나님의 사랑으로 차고 넘칠 정도로 채워졌다. 사랑은 시작이고 중간이며 끝이다. 주께서 우리 안에 들어오시면 그 후 우리가 보는 모든 것은 '오직 예수, 언제나 예수'이다. 당신이 하나님께서 당신을 위해 하신 일을 알 때, 죄의 권능과 횡포가 사라지고 내주하시는 그리스도의 말로 다 표현할 수 없는 찬란한 자유함이 찾아온다.

챔버스는 더눈에서의 영적 체험을 '나는 다 도달했다'라고 잘난 척하는 만족으로 돌아본 적이 없다. 그 대신 그는 몇 번의 공식적인 집회와 사적인 대화 가운데, 이 체험을 '새로운 시작'이라고 표현했다. 그에게 성령 체험은 입구였지 목적지가 아니었다. 이 사건 이후의 그는 대부분의 사람들에게 여전히 동일한 사람이었다. 재능이 많고, 적극적이고, 유머감각이 있고, 정확하고, 깊은 생각을 하는 하나님의 사람이었다. 그러나 그 자신만은 내면의 깊은 요동을 잠잠케 한, 변화시키는 평강이 임한 것을 알고 있었다.

마침내 그의 긴 밤은 끝나고 평화가 찾아왔다. 그의 마음의 요새는 승리하신 그리스도로 인해 무너진 것이 아니라, 주의 상처 받은 손의 부드럽게 두드리는 문소리에 의해 무너졌다. 오스왈드 챔버스의 삶의 이야기는 27세부터 새롭고 강력한 방법으로 드디어 다시 시작되었다.

08

더 넓어진 범위(1902-1906)

1901년에 챔버스가 결정적으로 하나님께 완전하게 항복한 사건은 그의 삶을 깊게 변화시켰다. 이 체험이 있은 지 얼마 후 그는 친구에게 보내는 편지에서 그 사건을 언급했다.

> 네가 성령 세례에 대해 내가 그 자리까지 당장에 이르거나 쉽게 갔는지를 질문하는 것 같은데, 그렇지 않아. 쉽지 않았어. 많은 친구들이 나를 추켜세우는 것을 즐기는 마음과 나의 교만은 오랫동안 나를 붙들고 있었지. 그러나 이 모든 것을 내려놓기로 하고 제단 되시는 예수님께 나 자신을 제물로 드렸을 때, 이 모든 것이 시작되고 이루어진 거야.
>
> 거룩은 스스로 성취하는 것이 아니라, 하나님의 선물이라네. 경건주의적 경향은 주님만을 온전히 마음을 다해 받아들이려고 하기보다

자신을 성찰하면서 자신의 진심을 우상으로 만들려는 위험성이 있어. 이는 경건을 빙자한 사기로, 우리는 이러한 경건주의를 엄청나게 좋아하지. 그러나 주님이 거룩하게 하시고 성결하게 하시며 모든 것을 다 하시지. 내가 해야 하는 유일한 것은, 가난한 심령으로 주께 나아가 간구하기를 부끄러워하지 않는 것이라네. 자신의 대한 권리를 내려놓고 로마서 12장 1-2절에 따라 행하는 것일세. 성령 세례는 절대로 '이것을 하라, 저것을 하라, 그러면 당신은 주님과 함께하게 될 것이다'라는 식으로 되지 않고, '내가 너를 통하여 일할 수 있는 상태가 되라. 비우라'는 식으로 이루어진다네. 즉, 손을 들어 항복을 선포하고 다 내려놓는 거야. 그러한 가운데 주님만 온전히 의지하는 것일세.

─────────────────────────────────

더넌에서 5년 반을 더 지내는 동안 챔버스는 능력 있는 설교자로 성장했고 많은 사람들이 그를 찾았다. 그는 유일하며 강력한 표현력의 은사 위에 전에는 상대적으로 부족했던 재치와 배려의 소질을 더했다.

가까운 친구로서 그를 날카롭게 관찰했던 던컨 맥그리거의 아들 이스데일은 "챔버스의 초기 설교는 청중에게 확신과 사랑 가운데 하나님을 경외하게 만들기보다 공포 가운데 하나님을 두려워하도록 만들었던 것 같다"라고 지적한다. 대학으로부터 학장에게 온 청원서 중 챔버스를 설교자로 세우지 말아달라는 내용이 있을 정도였다. "우리에게 머리가 긴 고함치는 목사를 보내지 마십시오."

그 후 에딘버러의 니콜슨 스퀘어 교회의 딘스데일 영 목사와 교제를 하게 되면서 챔버스의 설교에 뚜렷한 변화가 나타났다. 1902년, 영 목사는 더눈 대학에서 강연하는 중에 이미 세상을 떠난 스펄전의 열정과 비범함에 대해 자세히 설명했다. 챔버스는 그 강연 내용을 「더눈 헤럴드」에 기사로 내면서 "영 목사는 설교자란 부드럽고 열정적인 간청으로 근본주의자들이 꼭 붙든 진리를 붙들어야 한다고 강조했다"는 점을 특별히 언급했다. 그러나 스타일에서만 부드럽게 된 것이지, 설교 내용까지 변한 것은 아니었다. 챔버스는 평생 '하나님의 말씀을 인간적 체험의 수준으로 희석시키는 것'에 대해 엄격하게 반대했다.

챔버스는 그 시대의 최신 신학의 글들뿐 아니라 발자크의 소설과 입센의 희곡, 조지 맥도널드의 이야기들을 읽었다. 그가 좋아하는 책들 중에는 알렉산더 와이트 목사, 제임스 데니 목사, W. R. 잉게 목사, 조웨트 목사가 쓴 책들이 있었다.

챔버스와 던컨 맥그리거 모두 당시의 극장과 소설에 대해 일반 사람들과는 매우 다른 관점을 가지고 있었다. 대부분의 보수적인 그리스도인들은 극장을 마귀의 일터로 여기며 비난했고, 소설은 인간의 타고난 죄성을 표현하는 수단이라고 여기며 멀리했다. 하지만 챔버스는 극장과 소설이 지나치게 감각적이지 않다면 오히려 인간의 상태를 그림처럼 보여주는 유용한 수단이라고 여겼다.

챔버스는 맥그리거 학장과 함께 더눈과 글래스고의 거리를 걸으면서 자기 설교의 내용대로 살아가는 학장을 바라보았다. 챔버스는 학장에 대해 다음과 같은 글을 남겼다.

"내게 가장 큰 감명을 주는 광경은 하나님의 사람이 가난한 자와 눈먼 자와 저는 자와 앉은뱅이와 지체장애인과 함께 있는 것을 보는 것이었다. 그들은 모두 맥그리거만 있으면 자기들에게 든든한 피난처가 있는 것처럼 느꼈다. 어린이들은 언제나 그를 매우 좋아했고 그는 절대로 어린이들이 주는 것을 거절한 적이 없었다. 한번은 길가의 더러운 웅덩이에서 철벅거리며 놀던 장난꾸러기 어린아이 하나가 학장이 오는 것을 보고 허겁지겁 웅덩이에서 나와 반 정도 빨다 남은 사탕 하나를 때 묻은 작은 손으로 건네주었다. 이때 학장은 너무나 고맙다는 듯이 그것을 받아 입에다 넣으며 '고맙다, 얘야'라고 말했다."

챔버스가 더눈 대학에서 강의하던 중, 한번은 퍼스에서 열린 기도 동맹 집회에 처음으로 참석했다. 그는 기도 동맹 회원들의 하나님을 향한 진정한 사랑을 보고 특이한 동질감을 느꼈다. 그는 자신이 체험한 성령 충만과 성경 연구에 근거할 때 기도 동맹 기관이 강조하는 성경적 거룩은 여러 교단을 넘어서서 모든 그리스도인들에게 가장 필요한 것이라고 생각했다. 그는 계속 퍼스 지부와 관계를 이어나갔고, 스코틀랜드 및 영국 북부에서 열리는 동맹 집회 등에서 가끔 설교하기 시작했다.

그 동맹의 창설자인 리더 해리스가 챔버스를 처음 만났을 때, 그는 더눈에서 온 예리한 젊은 강사에게 특별한 관심을 가졌다. 그는 챔버스와 대화를 나누며 챔버스가 가진 은사들과 소망이 무엇인지, 하나님께서 그를 어디로 인도하실지에 대해 이야기를 나누었다. 해리스는 챔버스의 비전이 영국에 국한되지 않고 세계를 바라볼 수 있도록 도와주었다. 챔버스는 위엄 있는 인자함과 단호한 행동을 보여 주는 키 큰 이 남자를 알아가면서 더욱 그를 좋아하게 되었다. 해리스는 법률계에서 실력과 성공을 인정받아 평생 고용직인 왕실 고문 변호사로 일하고 있었다. 그는 기도 동맹을 이끄는 지도자였지만 무급으로 자원하여 봉사했다. 왕실 사회로부터 런던의 빈민가에 이르기까지, 그는 용맹과 자비가 넘치는 그리스도의 대리자로 자유롭게 활동했다.

사실 해리스는 성경적 거룩과 영적 개혁을 위해 수고할 종교 기관을 세우는 데 전혀 어울리지 않는 사람이었다. 그는 청소년 때 하나님을 찾은 적이 있었는데, 자유주의에 빠진 목사와 대화를 하면서 그에게 속아넘어가 이후 유명한 런던 무신론자인 찰스 브래드라흐의 추종자가 되었다. 브래드라흐는 종종 성경 본문을 인용하며 강의하면서 그리스도인들이 성경의 가르침에 매우 미약하게 반응한다고 조롱하며 청중에게 더욱 도덕적인 삶을 살고 산상수훈의 정신을 행동으로 옮기라고 요구했다. 해리스는 브래드라흐 윤리회의 청교도파에 가입하면서 담배와 술을 끊기로 서약했다. 그러면서 그는 '어떤 사람이 대부분의 그리스도인들보다 더 바르게 산다면 굳이 그에게 하나님이 필요할까?'라고 생각했다.

해리스는 먼 훗날 "10년간 나는 정직한 회의론자였다. 그때까지 아무도 내게 예수 그리스도의 구원은 우리를 최고의 사람으로 만들기 위한 것이라는 사실을 말해주는 사람이 없었다. 나는 참으로 하나님을 알기를 원했지만, 내가 아는 그리스도인들은 내게 그분을 소개하는 데 실패했다. 그 이유는 그들도 주님을 몰랐기 때문이었다"라고 고백했다.

그가 그리스도께로 회심하게 된 계기는 메리 그리핀 브리스토와의 만남이었다. 그녀는 재능 많고 교양 있는 처녀였는데, 1880년에 둘은 결혼하게 된다. 두 사람은 런던 사회의 상류 계급에 속했기 때문에 존경을 받으며 안정된 삶을 살 수 있었다. 그러나 해리스는 과거에 브래드라흐가 던졌던 가차 없는 비난을 잊을 수 없었다. 브래드라흐는 "만일 예수가 신이었다면 그의 제자들은 이미 오래전에 예수가 그들에게 제시한 능력을 요청하여 얻었을 것이고, 그의 명령을 순종했을 것이며, 이미 세계를 복음화했을 것이다"라고 고함을 쳤다.

1884년, 런던에서 있었던 무디-생키 집회는 복음에 대한 해리스 부부의 관심에 불을 지폈다. 그로부터 7년 후, 그들은 챔버스가 더눈에서 하나님께 완전히 항복하면서 가진 체험과 동일한 영적 혁명을 체험했다. 마침내 1891년, 오순절 기도 동맹The Pentecostal League of Prayer은 '기도의 필요를 느끼며 기도에 동참하기를 원하는 그리스도인들의 초교파적 연합회'로서 모든 신자들의 성령 충만과 교회의 부흥, 성경적 거룩의 확장을 위해 창립되었다.

챔버스가 기도 동맹의 모임에 처음 참석했던 때는 기도 동맹이 창립 10주년을 기념하던 1901년이었다. 챔버스는 1905년 즈음이 되자 전체 지역 기도 동맹 행사에 정기적으로 설교하게 되었고, 런던에서 열린 연차 모임에서 메시지를 전하기도 했다. 해리스는 기도 동맹 잡지인 「불의 혀」 6월호에서 챔버스에 대해 언급했다. "그는 예외적인 능력의 참신한 설교가로서 그의 설교는 오래 기억될 것입니다."

챔버스는 기도 동맹에 더욱 깊게 관여하게 되었고, 그의 주말과 휴일의 일정은 전국의 교회로부터 온 설교 요청으로 가득 찼다. 복음의 뛰어난 능력의 설교가로 알려지면서 그가 감당할 수 없을 만큼 설교 요청이 많아졌다. 그는 형 아서의 설교단에 종종 섰으며 1905년에는 딘스데일 영 목사가 시무하는 런던 킹스웨이 그레이트 퀸 스트리트 채플에서도 설교하게 되었다.

1905년의 크리스마스 휴일 동안에는 런던 중심부에서 동쪽으로 16킬로미터 떨어진 곳에 가서 형 아서가 섬기는 엘쌈 파크 뱁티스트 교회에서 일주일의 선교 집회를 인도했다. 그때 성령께 완전히 굴복하라는 챔버스의 열정적인 부름에 응답한 사람들 중 두 자매가 있었

1906년 11월. 미국과 일본으로 여행을 떠나기 전의 챔버스.

다. 그들은 바로 26살의 에디스와 22살의 거트루드 홉스였다. 그들은 이 집회가 있기 전 겨우 2개월 전에 세례를 받아 교회 성도가 되어 있었다.

자연스럽게 그들의 어머니 홉스 부인은 챔버스를 그들의 집으로 초청하여 점심을 대접하거나 오후의 다과 시간을 마련했다. 교회의 방침에 의하면, 각 성도마다 차례로 방문 설교자를 대접해야 했기 때문이다. 식사할 때의 챔버스는 설교 때와는 달리 심각하거나 긴장감을 느끼게 하는 사람이 아니었다. 그 집의 개가 챔버스의 발아래 누워 있었고 그는 정치에서부터 조지 버나드 쇼의 희극까지 폭넓은 대화를 나누며 즐거워했다. 두 자매 중 나이나 교육 수준으로 볼 때 '데이지' 또는 '데이스'라는 별명을 지닌 에디스가 챔버스에게 더 가까웠다. 한편 트루다로 알려진 거트루드는 챔버스보다 9살이나 어렸다. 하지만 그녀는 나이에 비해 매우 성숙했기 때문에 챔버스를 놀라게 했다. 홉스 부인은 정중하고 예의 바른 모습이었고, 데이스는 상냥하고 친절한 인상을 주었다. 그러나 트루다의 눈은 아무것도 놓치지 않으려는 듯이 반짝거리고 있었다. 이때 챔버스와 거트루드 사이에 관심의 불꽃이 터졌다면, 이후 그 불꽃이 화염이 되는 데는 2년 반이 걸린 셈이다.

한편 가장 큰 호기심을 자아내는 주제 때문에 챔버스는 형 아서와 사적으로 많은 시간을 나누게 되었다. 6개월 전, 아서가 섬기던 교회는 아서를 웨일스로 보내며 그 땅을 휩쓸고 있는 부흥의 역사를 직접 보고 오라고 당부했다. 챔버스는 아서와 함께 모든 사회 계층의 사람들이 그리스도를 믿도록 만들고 서로 화해하도록 하는, 교단의 차이를 초월하는 뜨거운 영적인 역사에 대해 대화하고 있었다. 이 열정을 어떻게 설명할 수 있겠는가? 헌신적인 기도 때문인가? 아니면 성령의 주권적인 역사인가? 이 열정이 웨일스를 넘어 잉글랜드, 스코틀랜드, 아일랜드까지 갈 수 있겠는가? 심지어 대서양을 넘어 미국까지 갈 수 있는가?

챔버스는 1906년을 맞이하여 마음속에 타오르는 성경 구절을 가지고 더눈으로 돌아왔다. "너희는 모든 세계로 가서 모든 민족을 제자로 삼으라." 그는 하나님께서 그에게 새로운 전진 명령을 내리실 때가 거의 다가온 것을 느꼈다. 그러나 그 명령이 어떻게 올 것인지, 자신을 어디로 이끌 것인지는 전혀 알 수 없었다. 그는 다시 가르치는 일에 파묻혔다. 몇 개월 후 그는 퍼스의 기도 동맹 모임에서 주지 나카다를 만나게 된다. 일본 선교사인 그는 표면상으로는 안식을 취하며 영적으로 재충전하기 위해 영국을 방문하고 있었다. 하지만 영적으로는 조금도 느슨해져 있지 않았다.

주지 나카다는 오스왈드 챔버스보다 30센티미터 정도 키가 작았다. 그러나 영적으로는 그들의 수준이 거의 같았다. 그들은 처음 만날 때부터 특이한 친밀함을 느끼며 서로 함께 일하라는 소명을 받았다. 1906년 5월, 그들은 런던에서 열린 기도 동맹 연차 모임에서 함께 저녁 집회를 인도하게 되었는데, 둘 다 그들의 삶 가운데 나타난 성령의 역사를 간증했다.

챔버스는 나카다와 오랜 산책을 할 기회가 있었고 대화를 나누는 가운데 나카다의 이야기에 마음을 빼앗겼다. 나카다는, 영적인 능력을 얻기 위해 일본을 떠나 시카고로 가서 1897년에 무디 성경대학에 입학했다. 그는 일본에서 열정적이고 능력 있는 선교사로 인정 받고 있었지만 스스로 영혼의 메마른 상태를 알고 있었다. 그는 일본을 떠나기 전에 아내에게 "만일 성령의 능력을 찾지 못한다면 돌아와서 사역을 포기하고 치과의사가 되겠다"라고 말했다.

존 웨슬리의 글과 '무디'에서의 친구들의 사역을 통해 나카다는 그가 찾는 것이 바로 성령 충만인 것을 발견했다. 그는 근처 교회에서 찰스 카우먼이라는 이름을 지닌 웨스턴 유니온의 간부 부부를 알게 되었다(카우먼 부인은 오늘날 그녀의 책 「사막에서의 시냇물」로 기억되고 있다. 나카다는 카우먼 부부를 통해 마틴 웰스 냅을 만나게 되었고 자연스럽게 냅이 창설한 '하나님의 성경학교'God's Bible School로 알려진 신시내티 훈련대학을 소개 받게 되었다. 나카다는 일본으로 돌아갔지만 1901년

1906-1907년. 영국, 미국, 일본에서 설교할 때 챔버스와 함께 여행한 주지 나카다.

에 카우먼 부부는 선교사의 신분으로 배를 타고 일본으로 건너가서 나카다와 함께 힘을 합쳐 도쿄 성경대학을 창립했다.

챔버스에게 여러 우여곡절의 섭리를, 유머를 섞어 재미있게 설명한 나카다가 이렇게 덧붙였다. "자네는 일본으로 와야 해. 자네 같은 사람이 우리의 목사 양성 대학에 와서 가르칠 필요가 있어." 그의 말은 챔버스의 호기심을 자아냈지만 전혀 불가능한 초청이었다. 챔버스는 돈이 없었고, 지원하는 기관도 없었으며, 더눈에서의 자리를 비우도록 던컨 맥그리거가 허락할 리 만무했기 때문이다. 그러나 그의 말은 "그러므로 모든 나라로 가라"는 주의 명령을 상기시키며 챔버스의 마음을 비집고 들어왔다.

둘은 그들이 현재 서 있는 자리에서부터 시작하기로 결심했다. 그들은 길고 간절한 기도를 드린 후에 먼저 웨일스를 방문하여 그 부흥을 통해 최근 회심한 자들에게 거룩의 메시지를 설교하기로 계획했다. 그러나 챔버스가 자신에게 맡겨진 일을 마치기 위해 더눈으로 돌아오자마자 심하게 앓게 되었다. 할 수 없이 나카다는 다른 사람들을 동반하여 웨일스로 떠났다.

더눈에서 대체로 건강하게 지내던 챔버스는 형 아서가 "그의 경력을 거의 망칠 것 같은 심각한 병"이라고 부른 어떤 질병에 걸린 적이 있었다. 그때 맥그리거 부인은 너무나 염려한 나머지 그를 돌보기 위해 그를 모허의 간호실에 있게 했다.

챔버스의 글은 보통 그의 삶에서 나온 것인데, 뭔가 별난 시는 그가 호흡기 계통의 어떤 질병에 걸렸던 것을 시사한다. 아마 결핵이었던 것 같다.

폐결핵 환자(1896년 9월 14일, 에딘버러)

"기다려, 아직 가망이 있는 걸까?"
그럼, 오늘 밤은 그렇구,
내일은 빛이 있겠지.
나는 모든 것이 괜찮아질 것을 확신해.
너도 내가 그렇게 될 거라고 생각하지?

"기다려, 아직 가망이 있는 걸까?"
그럼, 오늘만 그렇구,
내일은 나가게 될 거야.
그들이 나는 병이 들었다고 하니
지금은 억지로 이곳에 있어야 하겠지.

"기다려, 아직 가망이 있는 걸까?"
그럼, 올해만 그렇구,
나은 후의 비용이 너무 많을까봐
걱정이라고 하는군.

그래, 그때까지 기다리련다.

"기다려, 아직 가망이 있는 걸까?"
그럼, 여전히 흰 침대로부터
죽은 자들의 속삭임이 다가오지만,
하나님께 인도함을 받을 때까지는
기다려, 아직 가망이 있어.

챔버스가 더눈을 떠나는 데 가장 어려웠던 이유는 학장 맥그리거가 그의 떠남에 대해 주춤거리기 때문이었다. 맥그리거를 향한 깊은 존경과 개인적인 깊은 관계는 그의 떠남을 더욱 어렵게 만들었다. 챔버스는 그와의 이별을 기록할 때 개인적인 감정을 비유적으로 "참으로 밤이었다"라고 표현했다.

그는 던컨 맥그리거와 9년 반을 함께 보내며 어떤 면에서는 자기 아버지보다 더 그를 사랑했다. 챔버스의 삶에서 가장 요동이 심한 10년 동안 맥그리거는 그에게 흔들리지 않는 힘이 되어주었다. 챔버스는 그 마음의 빚을 다 갚을 수 없다는 것을 안다. 이에 그는 그가 맥그리거 부부에게 처음 찾아갔을 때처럼 언젠가 그에게 찾아오는 젊은이들에게 그들처럼 똑같이 해주기로 다짐했다.

여름과 가을 초에 나카다와 챔버스는 잉글랜드와 스코틀랜드를 거쳐 여러 교회들과 기도 동맹 센터들을 방문했다. 그들은 7월에 유명한 케스윅 대회에 참여하여 캠벨 몰간, 메이어, 스튜어트 홀든, 그리피스 토마스의 설교에 빠져들었다. 그들은 대회가 끝날 무렵에 미국과 일본을 여행하는 계획을 세웠다. 챔버스는 자신의 글에 "이 작은 일본 친구는 사람의 마음과 생각을 사로잡는 데 뛰어난 실력자였다. 그는 나의 마음을 매혹시키더니 나의 집을 방문하여 내 아버지의 마음과 형제들의 마음도 매혹시켰다. 그는 그들이 나를 일본에 기꺼이 보내도록 만들어 놓았다"라고 썼다.

1906년 9월 25일에 챔버스가 어머니에게 쓴 편지 내용은 다음과 같다.

> 나의 사랑하는, 강인하신 어머니께
>
> 저는 어머니의 편지를 읽고 이러한 어머니를 둔 것이 자랑스러웠습니다. 나카다에게 어머니가 쓰신 일부분을 읽어줄 때 그는 "당신의 어머니는 참으로 고상한 분이시군요"라고 말했습니다. 하나님은 해외로 나가는 선교사의 삶이 종종 가족들의 사랑과 친밀함으로 인해 나약해질 때가 많은 것을 아시고 그를 강하게 다루어 오셨습니다. 저는 이제 해외로 나가는 것이 가능하도록 허락해주신, 항상 강하고 흔들리지 않는 마음을 지니신 어머니를 더욱 사랑하게 될 것입니다. 어머니로 인해 하나님께 감사하며, 어머니를 기억할 때마다 감사합니다.

10월이 되자 그들은 스코틀랜드 지역의 기도 동맹 서기인 제임스 가디너와 동반하게 되었다. 그들은 퍼스, 던디, 글래스고를 다니며 설교했고, 칼레도니안 운하까지 여행하면서 인버네스까지 줄곧 이어진 도시와 마을들에서 집회를 인도했다. 챔버스는 포트 윌리암에서, 영국에서 가장 높은 1.5킬로미터 높이의 육중한 벤 네비스를 가리켰다. 그러나 나카다는 별로 감명을 받지 않았다. 아마도 그의 키 큰 친구가 가리킨 산은 기껏해야 후지 산의 정상에 비하면 삼분의 일 밖에 되지 않았기 때문이었을 것이다.

멋진 유머 감각을 지니고 희귀한 동지애를 지닌 그들은 어디에 가든지 눈에 띄는 구경거리가 되었다. 어느 날 나카다는 오스왈드를 힐끗 바라보다가 "자네는 부지깽이같이 길구면"이라고 말했다. 그러자 챔버스도 질세라 "자네는 삽처럼 짧아"라고 맞받아치며 "그러고 보니 둘 다 불을 지피는 데 사용되는 도구일세"라고 말했다. 마을 사람들은 그들의 웃음을 좋아했고 관심을 가지고 그리스도 안에서의 구원과 거룩함에 대한 그들의 메시지를 들었다.

11월 6일의 항해 일자가 다가오자 그들은 미국과 캐나다에서 겨울을 보낼 계획을 세웠다. 여행 일정은 불안정했지만, 챔버스는 염려하지 않았다. 뉴욕을 향하는 대양 여객선 'SS 발틱호'를 탄 후 그는 11월 11일 가족에게 편지를 썼다.

출애굽기 33장 17-23절의 구절은, 하나님께서 제게 오늘 아침에 주신 말씀으로써 제 영혼과 마음과 생각과 몸에 놀라운 부분이 되었습니다. "예수님으로 매일 만족하라."

제 마음과 생명은 평안했고, 하나님의 부르심이 제 위에, 그리고 제 안에 있습니다. 하늘을 들어올리는 듯한 산등성이, 끝없이 펼쳐진 저 먼 곳들, 위로는 우리를 포옹하는 듯한 따스하고 넓고 거대한 공간, 이 모든 것들이 하나님의 소명을 항상 기억나게 합니다. 우리는 목적지를 향해 잘 가고 있습니다. 저는 하나님의 부르심을 지금처럼 이렇게 분명하게 들은 적이 없습니다. 그분이 의미하는 바가 무엇인지 너무나 분명합니다.

나카다는 배 위에서 모든 사람들에게 인기가 있습니다. 그는 하나님의 은혜로 인해 하나님과의 하나됨을 느끼며 성령으로 인해 계속적인 빛을 발합니다.

지금 제게 가장 많이 다가오는 느낌은 고향의 여러 성도들의 기도 덕분에 천군 천사들이 우리를 지켜 보호한다는 안도감입니다. 제게는 마치 특별한 보호하심이 이 배를 둘러싼 것같이 느껴집니다. 지금 제가 받은 사랑처럼, 이들 중에 얼마나 많은 사람들이 그렇게 큰 이타적인 주의 사랑을 풍성하게 받고 세상으로 나아가게 될까요? 가끔 사람들은 너무나 강압적이고 그들의 애정은 사악할 정도로 이기적이라서 하나님과의 연결 고리를 거의 다 잘라내기에 충분할 만큼 강합니다. 그러나 이 모든 것으로부터 저는 해방되어 큰 평강을 누리고 있고 하나님의 부르심과 인도하심을 완벽하게 느끼는 가운데 앞으로 나아갑니다.

세상은 참으로 넓고 하나님은 주권자이십니다. 이 일들을 감당하게 하시는 힘을 느끼면서 하나님께 감사드립니다.

나카다는 매일 아침마다 2층 침대에서 기도하는 챔버스를 보며 놀랐다. 그는 천천히 기도일지를 넘기며 수십 명의 친구들을 하나님의 보좌 앞에서 중보기도하고 있었다. 멀미기가 있었던 나카다와는 달리 챔버스는 열린 갑판으로 나아가 북대서양의 부서지는 파도를 바라보는 것을 좋아했다. 이 첫 번째 항해에서 챔버스는 바다의 광대함과 힘에 경탄하게 되었다. 또한 바다를 보며 용기가 솟았고 마음도 신선해졌다. 11월 11일의 그의 편지는 확신으로 가득 차 있다.

하나님의 선하심이 저를 감동시킵니다. 사람들은 하나님을 모르지만 악한 마음으로 하나님을 무시하려는 것은 아니고 단지 무지하기 때문입니다. 이 무리를 긍휼히 여기시는 성령의 충만한 사랑이 감당할 수 없을 만큼 귀한 동정심을 제 마음속에 일어나게 합니다. 하나님의 세계를 맛본 사람들이 어찌 이 세상의 것으로 만족할 수 있겠습니까? 일단 하나님과 함께 생각하면, 나머지 모든 일들은 아득해지고 각각의 원 위치로 돌아가 잠잠해집니다. 하늘 아버지께서 제게 원하시는 일을 하는 동안 저를 도와서 기도해 주시기 바랍니다.

3부

"선교사가 그의 일을 시작하기 전에
그의 생명이 하나님 안에서 그리스도와 함께 숨겨져 있지 않으며,
그의 생명은 배타적이고 편협해질 것이다.
이 생명은 결코 모든 사람의 종이 될 수 없고,
다른 사람의 발을 절대로 닦지 않을 것이다."
— 「내가 너를 보내노라」

09

미국에서 방랑하는 선지자(1906-1907)

증기선 'SS 발틱호'는 1906년 11월 15일에 뉴욕 항구를 향해 기세 좋게 달렸다. 챔버스는 난간에 서서 자유의 여신상과 우뚝 솟은 맨해튼의 스카이라인을 보며 매료되었다. '자, 이것이 미국이었다. 정말 미국에 왔단 말인가?' 그는 어린아이 같은 호기심으로 북적거리는 항구를 유심히 바라본 후, 자신이 새로운 땅에 도착했다는 사실에 기쁨을 감출 수 없었다.

하부 갑판에서 들리는 터질 듯한 흥분된 목소리와 고함과 환호성을 들으며 챔버스의 마음에 '자유와 기회'라는 단어의 뜻이 새롭게 와닿았다. '발틱호'에 탄 1,426명의 탑승객 중 반 이상이 하류 계층의 이민자들이었다. 챔버스는 항해 중 그들 여럿과 대화를 나누기 위해 자기 자리에서 이탈했었다. 그는 특히 그들의 눈에 흐르던 기대의 눈빛과 올슨, 나이버그, 아이삭, 요한슨, 레비, 바예프스키, 바로비츠, 라벤다 등 그들 이름들의 특이한 발음을 기억하였다.

그들은 노르웨이, 스웨덴, 라트비아, 러시아 등에서 왔다. 그들의 성姓은 각 나라들의 역사와 소수민족에 대한 억압, 그리고 많은 사람들이 전 세계적인 평화와 새 출발을 갈망하고 있음을 말해주었다. 그들 중 몇몇은 재봉, 농부, 직조공 등의 구체적인 직업이 있었지만 대부분은 '노동자'로 탑승객 기록에 적혀 있었다. 챔버스는 이곳에 방문하기 위해 왔고 다시 고향으로 돌아갈 것이다. 그러나 그들은 고향을 떠나 이곳에 정착하기 위해 왔다. 그렇다면 그들에게는 결국 무엇이, 그리고 어디가 '고향'이 되는가? 예인선이 기선을 정박시키기 위해 인도하는 동안, 챔버스는 그들의 느낌이 어떠할지를 상상해 보았다.

나카다와 챔버스는 지난 10일간의 여행 기간 동안 이등 객실을 나누어 썼다. 그 방은 호화롭지는 않았지만 사람들로 붐비는 하부 구획보다 훨씬 편안했다. 워터라인waterline, 선체와 수면이 만나는 수선-역주 밑으로는 웃통을 벗은 남자들이 엔진실과 기관실에서 고생하느라 땀방울을 흘리고 있었다. 챔버스의 문학적인 감수성은 '발틱'의 항해와 관련한 비유를 떠올렸다. 세상은 믿기 어려울 만큼 모든 지위와 신분을 망라한 다양한 사람들로 가득 찬 대양 여객선과 같다. 어떤 사람들은 그들의 궁극적인 목적지를 알고 있지만 다른 사람들은 그렇지 못하다. 고급 실크를 입든 거친 옷을 입든 사람들은 다 똑같다. 챔버스는 그들 모두에게 주요 구세주이신 예수 그리스도가 필요하다고 믿고 있었다.

자유의 대륙인 미국 사람들은 작은 주택에서 사는 사람들뿐 아니라 큰 저택에서 사는 사람들까지 영적 침체를 겪고 있었다. 호리호리한 스코틀랜드 사람과 땅딸막한 일본 사람은 배로부터 트랩이 내려 바닥에 닫는 것을 지켜보았다. 승객들은 뿔뿔이 떠나기 시작했고, 챔버스와 나카다는 서로 밝은 웃음으로 악수를 했다. 그들은 '자유의 땅이며 용감한 자의 고향'이라고 불리는 이곳에 영적 전쟁을 치르기 위해 왔으며, 하나님께서 주의 영광을 위해 그들을 어떻게 사용하실 것인지를 보기 위해 왔다.

한 달 동안 두 사람은 동부 해안의 사람들과 함께 머물렀다. 그들은 예배에 참석하고 특별 선교 집회를 열어 설교했다. 챔버스는 새로운 친구들을 알아갈수록 매우 흥미로워했다. 그는 로드 아일랜드의 뉴포트에 사는 존 킴버의 집에서 11월 27일 날짜의 편지를 썼다.

> 저는 지금 퀘이커 신자의 가정에 머물고 있는데 전부 'thee, thou, thy' 등의 고어를 사용하고 있습니다. 자녀들 중 한 녀석이 뭔가 잘못을 하자 어머니가 매우 부드럽게 말했답니다. "얘야, 잘못했으니까 벌 받아야지?" 아이는 얼굴을 숙이고 벌을 받았습니다. 참으로 상상을 초월하는 올바르고 지혜로운 방법입니다.
>
> 이 성자들saints은 저처럼 은혜의 뚜렷한 역사를 체험했습니다. 저는 과거 어느 때보다 성령께서 우리를 더 가까이 묶어주신 것을 압니다.

방금 킴버 씨가 '소피'라는 이름을 부르는 소리를 들었습니다. 소피는 60세가 된 흑인 여인인데, 구원받고 거룩해진 후 정말로 주님의 아름다움으로 빛나고 있습니다. 그녀는 제가 여기 온 첫째날에 제게 다가와서는 "나는 당신을 사랑합니다. 당신이 올 때 천국을 가져왔어요"라고 말했습니다. 이들 흑인들은 보석들입니다. 매우 열정적입니다. 그들은 밝게 웃고, '영광'이라고 외치며, 설교 중에도 요점을 설명할 수 있는 예를 들어달라고 불쑥 부탁하기도 합니다. 판에 박히지 않은 순수한 자유함이 있습니다.

나카다와 저는 놀라운 방법으로 이곳저곳의 주께들로 인도되고 있습니다. 사실 교회마다 우리를 먼저 초청하려고 실랑이를 벌이고 있습니다. 우리가 하는 일은 먹고 자고 말하는 것입니다. 그러면 하나님께서 증거하십니다. 참으로 한없이 좋기만 합니다. 지금 단 한 가지 더욱 커지는 바람은, 우리를 통해 주님이 계속 영화롭게 되는 것입니다.

12월 17일, 챔버스는 브루클린에서 누이 플로렌스에게 편지를 썼다.

지난 주일에 이곳에서 복된 시간을 가졌어. 많은 사람들이 거룩과 구원과 치유를 위해 나왔어. 나는 예수 그리스도 우리 주께서 하늘과 땅의 모든 권세를 가지고 계신다고 믿어. 누이도 그렇지? 대부분의 사람들은 주께서 하늘의 모든 권세를 가지고 계시는 것은 믿어도, 땅에서도 그러하시다는 것에 대해 확신을 못하고 있어. 나는 날마다 더욱 우리 주 예수님에 대한 더 놀라운 것들과 그분이 무엇을 하실 수 있는지 알아내고 있어. 점점 더 선교와 섬김의 소명에 의해 압도당하고 있지. 하나님께서는 큰 축복 가운데 나를 이끄시며 사용하고 계셔.

지금 신시네티로 가는 중이야. 기차의 일반 객실은 이미 다 찼고 꼭대기에 있는 객실이 몇 개 비어 있기는 한데 많이 흔들려. 하지만 할렐루야! 나는 어디서나 아기처럼 편안히 잘 수 있지. 아직 도착하지는 않았지만, 그 도시에 도착해도 내게는 아는 사람이 하나도 없어. 그러나 하나님께서 내 사정을 아시니 그것으로 충분해.

다음날 그는 계속 플로렌스에게 편지했다.

정말로 나는 기차의 맨꼭대기 객실에서 잠을 잤어. 매일 매 순간마다 하나님 아버지의 따스하고 세심하고 멋진 돌보심을 느끼고 있어. 참으로 나 자신이 주님의 철부지 중 하나라는 생각이 들어.

챔버스는 에딘버러에서 영국까지의 거리의 두 배가 되는 1,100킬로미터의 거리를 기차로 달렸다. 그는 브루클린을 출발하여 뉴저지를 건너 펜실베니아, 남쪽으로 오하이오를 지나 세 강이 합쳐지는 곳을 통과한 후에 마침내 '서부의 여왕 도시'인 신시네티에 도착했다.

12월 21일 금요일, 챔버스는 철도역에서 나오자마자 신속하게 전차를 타고 마운트 오번Mt. Auburn으로 알려진 언덕의 꼭대기로 갔다. 거기서는 하나님의 성경학교와 선교 훈련의 집에서 준비한 따스한 환영이 그를 기다리고 있었다. 1900년에 마틴 웰스 냅에 의해 설립된 이 학교는, 미국에서 커지고 있는 거룩 운동의 중추 역할을 하고 있었다. 냅이 장티푸스 전염병으로 1901년에 갑작스러운 죽음을 당하게 된 후에도 학교는 계속 성장했고, 1906년 즈음에는 그 학교에 200여 명의 학생이 있었다.

챔버스와 나카다가 그 학교에 도착했을 때는 10일 동안 진행되는 크리스마스 특별 집회가 시작되려던 참이었다. 나카다의 이름은 이미 칠판 위에 설교자로 등록되어 있었지만 챔버스의 경우는 그들에게 뜻밖의 선물이었다. 하나님의 뜻밖의 선물에 대해 항상 준비가 되어 있던 집회 운영자에게는, 챔버스를 강사로 세우는 데 전혀 문제가 없었다. 교회 및 여러 거룩한 단체를 위한 대부분의 집회는 거의 다음과 같은 광고를 내보내고 있었다. "지도자 : 성부 하나님, 성자 하나님, 성령 하나님. 일꾼들 : 설교와 예배 인도를 위해 초청 받은 사람들, 그리고 주님이 보내시는 다른 분들." 특히 마지막 구절은 모든 집회 광고에 변함없이 추가되었다.

챔버스는 가족과 같은 열광적인 환영을 받으면서, 집회에서 설교를 해달라는 부탁을 받았다. 또한 복음 사역을 위해 준비된 9명에게 안수하는 일에 관여하게 되었다. 챔버스는 1907년 1월 17일 날짜의 「하나님의 부흥사」잡지에, 그 학교가 운영하는 조지 스트리트 선교 센터에서 열린 저녁 집회에 대해 "끔찍한 도시 신시네티의 중심에서, 뻔뻔스러운 죄와 부끄러움으로 가득한 스트리트에서 열린 집회"라고 묘사했다.

1907년 챔버스는 6개월간 미국 오하이오 신시네티의 '하나님의 성경학교'에서 말씀을 가르쳤다. 학교 직원들과 함께.

신시네티에 대한 그의 평가는 단순한 빅토리아 풍의 형식적인 표현이 아니라 매우 노골적이었다. 물론 40만 명의 주민이 사는 신시네티는 품위 있는 종교적, 문화적 측면을 가지고 있었다. 그러나 다른 대도시들처럼 여러 면에서 볼 때 신시네티는 '끔찍한 도시'였다. 오하이오 강을 접한 곳의 빈민촌에서는 여러 범죄들과 술주정, 성매매 및 가정의 붕괴로 인한 상처들이 가난한 뜨내기 사회에 상처를 남기고 있었다. 오하이오 강둑으로부터 물의 가장자리까지 산재된 판자촌 사람들은 아이들마저 대부분 비참하고 혹독한 삶을 살고 있었다.

신시네티의 주택가와 뒷골목은 하나님의 성경학교 학생들이 그들의 기독교 원칙들을 실천해내야 하는 터전이었다. 그들은 사역자, 선교사 등의 그리스도의 일꾼들로서 훈련을 받았고, 그 훈련은 8,000평방미터의 언덕 꼭대기 캠퍼스에서 수업을 받는 것으로 끝나는 것이 아니었다. 학생들은 학교에서 하루 한 시간 일하는 것 외에도 전도지를 나누어주고 도로에서 집회를 인도했으며 병원을 방문하고 감옥, 선교 진료소, 선교회관, 교회 등에서 복음을 전했다. 그들은 조지 스트리트 근처에서 종종 조롱과 물리적인 위협을 받기도 했다.

하나님의 성경학교는 매년 추수감사절마다 도시의 가난한 어린이들을 위해 만찬을 차리고 초청했다. 1905년에는 800명의 어린이들에게 400킬로그램 정도의 잘 손질된 칠면조 고기를 대접했다. 가장 가난한 아이들에게는 더 좋은 옷을 주었고 떠나는 모든 아이들에게 '과자 한 봉지'씩 주었다. 만찬은 그들에게 그리스도의 복음을 전함으로써 마쳤다. 학생들은 이 추수감사절 행사를 위해 음식 및 여러 준비를 하느라 일주일 내내 고생했다. 그리고 행사 날에는 밤늦게까지 뒷정리를 하느라 수고가 많았다. 같은 날 저녁에도 그들은 조지 스트리트 선교 센터에 가서 500명을 먹였다.

하나님의 성경학교는 켄터키 초등학교, 고아원과 농장, 출판사, 소녀 갱생의 집도 운영했다. 챔버스는 이 모든 사업을 보며 "참으로 거룩의 공동체"라고 말하며 감탄했다.

나카다는 크리스마스 집회 중에 사람들의 활력과 기쁨에 대해 "영국에서 방금 온 저는 이곳에 특이한 자유함이 있다는 사실을 주목

할 수 있었습니다. 주께서 각 나라의 모든 거룩한 백성들로부터 고리타분한 형식들을 문질러 없애주시길 바랍니다"라고 말하였다.

챔버스는 신시네티에서 영국에서의 조용하고 질서 있는 오순절 기도 동맹의 예배와 소리를 지르고 팔을 흔들며 감정을 표현하는 미국 예배 모임의 차이를 크게 의식할 수 있었다. 그는 즐거움으로 가득한 신앙적인 흥분이나 흐느낌으로 회개하는 모습에 대해 아무런 문제를 느끼지 않았다. 하지만 그는 이런 현상을 무조건 성령의 역사라고 섣불리 말하기보다 다른 척도들을 사용하여 성령의 역사들을 점검했다.

그가 1907년 1월 17일 날짜로 「부흥사」에 쓴 글을 보자.

이 대회에서 영광의 주께서 역사하시는 것을 막는 것은 없었다. 모든 사람들의 마음은 기대와 갈급함으로 주의 은혜를 간절히 구했다. 하나님께서 강력하게 임하시는 여러 현상들이 나타났다. 말씀의 선포가 은혜로 충만했고, 사람들은 자유함을 누렸으며, 성경을 가장 소중히 여기는 자세가 분명히 나타났다. 그러나 우리 중 몇 사람에게 가장 중요한 현상으로 와닿은 것은 하나님의 진리의 문이 활짝 열렸다는 사실과 함께, 성령께서 주의 가장 중요한 진리들을 이해하고 붙들 수 있도록 우리에게 능력을 허락해 주셨다는 사실이었다.

1907년 1월 1일에, 그는 일기에 다음과 같이 썼다.

성경학교는 신시내티를 바라보는 언덕 위에 놓여 있다. 이 학교는 '축복의 산'이라고 불린다. 도쿄의 성경학교는 이곳에서 시작해서 이들로부터 큰 지원을 받고 있다. 이 학교는 내가 체험해왔던 믿음의 과정과 똑같은 선상을 달리고 있다.

그들은 지난 여러 달 동안 그들을 가르칠 교수를 보내달라고 기도해왔고, 그들의 요구에 대해 나는 7월까지 머물며 가르치는 일과 몇 권의 책을 쓰는 일을 하기로 동의했다. 나는 이런 종류의 거룩의 모습을 지닌 성경학교들을 영국과 세계 여러 곳에 세워야겠다는 큰 생각과 비전으로 마음이 부풀었다. 오늘은 스가랴 8장 21-23절이 크게 와 닿았다.

나카다가 기존에 형성된 관계를 다시 돈독하게 하기 위해 여러 주를 여행하는 동안, 챔버스는 1월 4일부터 가르치기 시작했다. 그는 8일 동안 있을 성경 신학 과목을 시작하면서 학생들을 맞이하며 다음 질문으로 시험을 치렀다.

- 성경 신학이 무엇이라고 생각하는가?
- 과학을 정의하라.
- 당신은 계시 사실들이라고 하는 성경 사실들Bible facts을 무슨 뜻으로 이해하는가?
- '상식'과 '일반 사람들'의 차이점을 말하라.

- 불가지론을 정의하고 그 이론과 가정을 말하라.
- 하나님께서 물리적인 세계과 성경 세계를 모두 창조하셨다는 성경적 증거를 대라.
- 정신병이 무엇이라고 이해하고 있는가?
- 성경 비평은 무엇인가? 고등 비평이란 무엇인가?

챔버스가 제일 싫어하는 것은 '영적인 체하는 지적 게으름'이었다. '지적 게으름'에 대한 해결 방안은 '하나님의 말씀을 정직하고 부지런히 연구하는 학생이 됨으로써 지적 게으름을 근절하는 것'이었다.

그가 가르치는 과목의 개요는 부지런한 연구와 바른 가르침이 얼마나 중요한지를 확신시키는 터전을 마련해 주었다. 그는 학생들에게 "잘못된 가르침의 반 이상과 전염병처럼 사람들의 공동체를 전부 휘어잡는 '모든' 발광적인 현상들은 종종 소위 종교 및 신학교수들의 지적인 나태와 영적인 게으름에서 시작된다. 이럴 경우 열정적으로 보이는 거룩한 성도들이라고 해도 외부로 나갈 경우 대부분의 거룩의 모험가들은 갑자기 쓰러져 다시는 일어나지 못할 것이다"라고 말하였다.

그는 기독교 교리를 가르칠 예비 학생들에게 딘 알포드의 황금률인 "수고에 의해 얻은 것이 아니라면 가르쳐서는 안 된다"는 말을 인용하면서 지적 게으름에 대해 경고했다.

챔버스는 항상 진리를 강조하면서 지성에만 영향을 끼치지 않도록 주의했다. 그의 목표는 사람들이 성경의 건전한 원칙에 따라 행동함으로써 그리스도의 사랑을 나타낼 수 있도록 그들의 의지를 움직이게 하는 데 있었다. 진리를 위해 나가 싸울 준비가 되어 있는 진심과 열심을 가진 학생들에게, 그는 그들을 의도적으로 바라보면서 알렉산더 와이트의 욥기 주해를 읽어주었다.

오, 저주스러운 지독한 논쟁이여! 오, 교만한 사람의 마음속에서 다른 사람을 꾸짖고 싶은 불타는 욕구와 다른 사람의 반대에 의해 격노하며 타오르는 혐오스러운 열정들! 나의 형제들이여, 지옥으로 들어가는 문을 피하듯이 논쟁을 피하라. 그들을 내버려두라. 그들로 말하고 쓰고 당신을 꾸짖도록 내버려두라. 그들로 당신을 비방하고 판단하고 정죄하도록 그대로 두라. 사랑이 고통당하게 하는 것보다 차라리 하나님의 진리 자체가 고통당하도록 두라. 당신 안에는 논쟁가가 될 수 있을 만한 신성이 충분히 있지 않기 때문이다.

2월 4일에 챔버스는 형 프랭클린과 형수 에델에게 편지를 썼다.

"주님과 언제나 함께 가라." 우리가 거룩하게 된 모든 목적과 이유와 의미는 예수 그리스도께 드리는 인격적이고 열정적인 헌신을 위함입니다. 주의 계시의 세계인 성경을 붙들고, 성경 안에 있는 버팀목 같은 사실들에 대해 담대하며 분명하고 자신 있게 나아가십시오. 하나님의 말씀을 인간의 체험에 맞게 희석시키려는 사람들과 전혀 타협하지 마십시오. 그 대신 하나님께서 우리의 체험을 주의 말씀에 들어올리도록 하십시오.

저는 7월에 제가 기대한 대로 일본에 갑니다. 거의 확실한데 우리는 거기서 4개월 이상은 머물지 않게 될 것입니다. "너희는 모든 세계로 가서 모든 민족을 제자로 삼으라"는 말씀이 제 뼛속에 있습니다. 제가 가는 곳마다 하나님께 영광이 되기를 소원합니다.

챔버스는 2월 중순에 로드 아일랜드의 프로비던스 지역에서 설교 부탁을 받고 기분이 좋았다. 그는 그 사이에 뭔가 실제적인 일을 하고 싶었다. 챔버스가 신시네티에 온 처음부터 가정을 오픈하고 그를 대접해온 스탠들리 부부메리디스와 베시는 신체적으로나 영적으로 지쳐 있었다. 이를 눈치 챈 챔버스는 그에게 며칠간 함께 동부로 여행을 떠나자고 제안했다. 그들은 펜실베이니아의 여름 휴양지에서 오프시즌에 있는 저렴한 숙박시설을 찾았다. 신속하게 그 주변에서 말이 끄는 썰매 장소를 발견한 챔버스는 그들과 함께 아침과 오후 내내 눈 덮인 길과 들을 미끄러져 내려갔다. 2달러 50센트에 구입한 모피 모자를 쓴 그들의 모습은, 마치 레오 톨스토이의 소설에 나오는 삼총

사 같았다.

후에 스탠들리는 "그때 보낸 시간은 정말 우리가 꼭 필요로 했던 시간이었지요"라고 말했다. "우리는 무슨 일이 다가오고 있는지 몰랐지만 하나님은 이미 아시고 우리에게 쉼을 주시면서 준비하게 하셨어요."

신시네티로 돌아온 스탠들리 부부를 반갑게 맞이하고 있는 것은 소송이었다. 마틴 웰스 냅의 유언이 법적으로 복잡하게 꼬였던 것이다. 냅은 1901년 12월에 사망하면서 유언을 통해 '하나님의 부흥사' 출판사와 '하나님의 성경학교'를 '하나님'께 넘겼다. 비록 그는 전능하신 하나님을 위해 모든 것을 관리할 세 명의 관리인을 지명하기는 했지만, 논란이 뒤따르게 되면서 냅의 가족들은 누가 무엇을 소유해야 하는지에 대해 의견 일치를 할 수 없었다. 결국 1906년 초 신시네티 법원은, '하나님'은 해밀턴 카운티에 있는 부동산을 소유할 수 없다고 결정했다. 재판관은 그 학교를 법원 관리 아래 신탁 보호에 두기로 했다. 이러한 상황에서 스탠들리 부부가 모든 반대 세력 때문에 겪게 된 어려움들을 말하자, 챔버스는 그들에게 그가 더눈에서 한창 갈등하던 때 겪었던 거짓 고소 사건에 대해 말해주었다. 그는 그들에게 그 학교를 통해 계속 하나님의 일을 하라고 촉구하면서 전능자께서 그들의 명예를 보호해주실 것이라며 격려하였다.

미국에서의 삶은 챔버스에게 용기를 북돋아주었다. 사람들을 만나고 사역을 하며 여행하는 일은 날마다 새로운 모험 이었다. 1907년

1907년 챔버스는 펜실베니아에서 '하나님의 성경학교'의 스탠들리 부부와 짧은 휴가를 보냈다.

2월에 그는 나이아가라 폭포를 본 후 뉴욕에서 집으로 편지를 썼다.

나이아가라는 말로 표현할 수 없을 정도로 엄청납니다. 물살은 미친 듯이 빠르고 그 힘은 신비스러울 정도로 강해서 그 높은 곳까지 격노 가운데 끓어오릅니다. 그 장관이 만들어내는 장엄함과 두려움의 느낌은 말로 표현할 수 없기에 글로 전부 알릴 수 없습니다. 나이아가라를 보면 황홀함이 아니라 두려움을 느낍니다. 이상하게 들릴 수 있지만, 기대에 어긋날 수 있다고까지 말할 수 있습니다. 그 규모는 대단하고 폭포는 거대합니다. 얼어붙은 안개산들, 30미터의 고드름들! 너무 대단하고 웅장해서 몇 시간 동안 보고 있으면 자연 세계 가운데 가장 놀랍고 경탄할 만한 광경을 마주하고 있다는 의식이 들기 시작합니다.

만일 빅터 위고의 「바다의 일꾼들」을 읽어본 적이 없다면 꼭 읽어보시기 바랍니다. 그 책은 아마 이러한 자연의 능력을 대면할 때의 인상이 어떤 것인지 비슷하게나마 알게 해줄 것입니다. 이러한 경탄은 변덕스러운 것이 아닙니다. 그 어떤 표현도 민망하게 만드는 최고의 경이로운 폭포입니다. 이 광경은 의식을 마비시키고 경외감을 만듭니다. 아마 조용한 밤에 깨어 그 웅장한 폭포수의 끝없는 천둥소리를 듣는다면, 하얀 물안개가 일어나 떠 있는 것을 본다면, 고드름과 스노우 콘과 빙하 바닥을 통해 끝없이 비치는 총천연색의 광채를 대한다면, 그리고 현 시대의 여러 소음들과 상업성으로부터 멀리 있다면, 우리는 수백 년 전 북아메리카 인디언들이 이 땅을 다스릴 때의 폭포의 장관을 쉽게 그려볼 수 있을 것입니다.

내일 저는 인디언 보류지로 가서 침례교회에 들를 것입니다. 그러면 늙은 인디언 추장 한 명이 제 설교를 통역할 것입니다. 이것도 매우 흥미로울 것입니다. 놀랍고 즐거운 일들이 끝없이 제 인생을 가득 채우고 있습니다! 그러나 무엇보다 가장 좋은 것은 하나님의 축복입니다. 제게 오는 편지들, 주께서 빚어가시는 사람들, 깨어진 상한 심령들을 고치시는 하나님, 주께서 그들을 구원하시고 거룩하게 하실 때! 주의 이름에 영광을 돌립니다.

챔버스는 미국에서 여러 달을 머무는 동안 영국에서의 일상적 책임에서 벗어나 그의 삶과 사역을 다른 관점에서 볼 수 있게 되었다.

2월 16일 날짜의 편지는 다음 내용을 담고 있다.

제 안에서 계속 커지는 확신을 알려드리고 싶습니다. 우리가 성령의 인도하심을 순종하면 하나님은 다른 사람들의 기도를 응답하십니다. 제 말은 우리의 삶이, 어떤 사람의 기도에 대한 응답이라는 뜻입니다. 그 기도는 수세기 전에 드려졌던 기도일 수도 있습니다.

저는 점점 프로그램이나 계획을 세우는 것이 불가능해지고 있습니다. 그 이유는 하나님만이 계획을 세우시는 분이지, 제 계획은 종종 하나님을 방해하는 성향이 있기 때문입니다. 이럴 경우 하나님은 제 계획을 무너뜨리시게 됩니다. 말로 다 표현할 수는 없지만, 저는 제 삶이 기도 응답이라는 사실을 잘 알고 있습니다. 하나님은 저를 축복하시며 전적으로 주의 주권적인 은혜 가운데 다른 사람들에게 축복이 되게 하십니다. 이렇게 하시는 이유는 저의 공로와는 상관이 없고, 단지 제가 주의 인도하심을 과감히 신뢰하며 저 자신의 지혜와 상식의 명령을 따르지 않기 때문입니다.

최근에 저에게 하나님은 '나의 아버지'시며, 이 느낌은 참으로 놀랍습니다. 기도로 주께 나아가는 것이 이제는 말할 수 없이 즐겁고 매우 자연스럽습니다. 제 영혼의 깊은 곳은 평강으로 넘쳐흐릅니다. 최근 여러 달 동안 제 심령은 이러한 상태에 있습니다.

2월 23일 아침, 챔버스는 계획대로 새벽 5시 30분에 일어나 모든 학생들 및 직원들과 함께 금식 기도를 했다. 그는 형 아서에게 "금식 기도는 내게 축복이었어. 그렇게 기쁨으로 하루를 보낸 적은 없었던 것 같아"라고 편지했다.

하나님의 성경학교는 더눈 대학과 비교해볼 때 지역적으로나 문화적으로 매우 달랐다. 하지만 챔버스는 양측 학교가 모두 믿음과 기도를 강조한다는 점에서는 동일하다고 생각했다. 더눈 대학의 학장인 맥그리거는 자주 수업들을 멈추게 하고 금식 기도의 날로 소집하곤 했다. 특히 음식과 재정이 바닥날 때는 더욱 그러했다. 챔버스는 더눈에서의 기도의 날을 회상하면서, 그날 아침 우편배달에 당시의 필요보다 더 많은 5파운드가 든 편지가 온 것을 떠올리고 웃음 지었다.

그때 학생들은 신이 났지만, 맥그리거는 "하나님의 공급하심에 주께 감사드리지만, 우리는 여전히 온 종일 금식 기도로 이 하루를 보낼 것입니다"라고 말했다. 더눈에서의 다른 날들도 그러했지만, 특히 그날 있었던 큰 열매는 학생들이 학장이나 챔버스를 찾아와 자신들의 숨은 죄를 고백하고 바로 서게 되었다는 점이다. 그날 학생들은 영적인 삶의 돌파구를 발견했다.

챔버스는, 기도의 목적은 인간이 세운 계획을 하나님을 강요하여 복을 내리시도록 교묘하게 조작하는 것이 아니라고 생각했다. 그에게 기도는 하나님과 함께 걷기 위한 것이었다. 그는 신시네티에서 학생들에게 그런 생각을 밝혔다.

"기도는 사역을 위한 준비가 아니라 사역 그 자체이다. 기도는 싸움을 위한 준비가 아니라 싸움 그 자체이다. 기도는 양면성을 갖는다. 확실하게 구하는 것이며 또한 구한 것을 받으리라 믿고 분명하게 기다리는 것이 기도이다."

챔버스의 가르치는 은사의 한 부분에는 지식에 대한 끝없는 굶주림이 있었다. 그는 항상 어느 곳이든 손을 뻗쳐 지식을 구했다. 그는 항상 호기심이 많았고 독서에 대한 왕성한 욕구 때문에 다양한 문학 서적들을 접했다. 그는 어디를 가든 반드시 책을 손에 들고 다녔다.

4월 7일에 누이 플로렌스에게 쓴 편지에는 그가 배우고 가르치는 일을 얼마나 기뻐하는지가 잘 나타나 있다.

며칠 동안 잔치를 벌이고 있어. 책이 담긴 상자가 마침내 도착했거든! 그 책들이 내게 얼마나 중요한지 누이에게 말로 다할 수가 없어. 조용하고 부요하며 충성스러운 연인이라고 할 수 있지. 책들을 보고 만지작거리고 읽고 또 읽지! 내 존재의 모든 세포까지 내게 책을 주신 하나님께 감사드리고 있어. 이 책들은 언제나 참되고 나 자신처럼 여겨지는 친구 녀석들이야.

그 책들을 다시 붙들고 볼 수 있게 되었을 때 너무 기뻐서 거의 울 뻔했지. 지금 그 책들 모두 내 머리맡에 있어. 플라톤, 워즈워스, 마이어스, 브래들리, 핼리버튼, 성 어거스틴, 브라우닝, 테니슨, 아미엘

등의 책들이지. 나는 그들을 잘 알고 있어. 그들이 나를 어떻게 바라보고 있는지 누이도 볼 수 있다면 좋겠다. 그들이 나를 볼 때는, 아주 잘 아는 사람이 조용하고 차분하게 나를 보는 기분이야.

이곳 사람들은 마음이 잘 열려 있고 배우기를 잘해. 신학적인 편견도 없고, 수백 년 동안 내려온 세습적인 관습에 의한 선입견 같은 것도 없어. 고향에서는 언제나 "그렇게 설교하지 마, 사람들이 당신을 이해하지 못할 거야"라는 말을 계속 들었는데, 이곳 사람들은 잘 배우고 잘 따라오는 편이야. 그들은 내가 말하는 것을 마치 최고 권위나 되는 것처럼 여기기 때문에, 가르치는 내 책임이 매우 크다는 것을 느끼고 있어.

내가 심리학과 철학을 공부했던 것처럼 하나님께서 신학도 열심히 철저하게 공부할 수 있도록 길을 열어주셨던 것을 생각할 때 나는 참으로 복이 많아. 나는 점점 더 하나님께서 지난 12년간 나를 '복음의 방랑자'로 부르셔서 세계 이곳저곳을 다니며 거룩과 성결의 삶을 강조하게 하신 점도 감사하고 있어. 물론 예수님께서는 주님의 제안을 진심으로 받는 자들에게 거룩하고 성결한 생명을 선물로 주시지.

―――――――――――――――――――――

챔버스는 추억에 빠져 사는 사람은 아니었다. 하지만 1907년 3월에 그가 스코틀랜드에 사는 가까운 친구들의 죽음을 알리는 소식을 받은 후에, 형 프랭클린에게 다음과 같은 편지를 썼다.

도널드 맥킨토시는 기억이 너무 잘 나지. 그는 순수하고 거친 하이랜드 친구였지. 새까만 머리채를 묶은, 몸집이 큰 친구였어. 그는 과거의 멋진 유행을 따르던 친구였어. 그 친구를 떠올릴 때 가장 많이 생각나는 것은 어느 일요일에 킬피난까지 갔다가 케임빙하로 운반된 모래나 자갈의 구릉 지대-역주에서 다시 돌아온 일이야. 20킬로미터의 황무지를 그와 함께 걸었던 것 같아.

그의 안에는 위대한 사상들이 있었고 그는 위대한 말들을 많이 했지. 그는 은혜로 연단되어 있었고 나와 친구라는 사실에 깊은 감사를 했던 것으로 기억해. 그의 가정 예배도 기억 나. 그는 넓고 자유로운 관점을 가지고 있었기 때문에 누구나 찬송을 부를 수 있도록 허락했지. 그는 자기 나름의 멋진 유머 감각도 있었어. 그는 자녀들에게 얼마나 다정했던지 마치 양 같더군. 그리고 자녀들은 그를 무척 사랑했지. 과부가 된 그의 아내는 지금까지의 삶과 전혀 다른 삶을 살게 되겠지. 그런 생각을 하면 내 가슴이 유족자들에게 달려가게 돼. 죽음은 삶을 심각하게 바꾸어놓지. 그래도 그가 떠날 준비가 되어 있었다는 것이 얼마나 영광스러운지 하나님께 감사해.

그리고 리빙스턴 부인 알지? 지난밤 더눈에서 그분을 만났던 일이 지금도 생생해. 그분의 황혼은 회색과 금색이었어. 한없이 따스한 할머니의 마음이 내게 전달되더군. 그분은 팔로 나를 꼭 껴안고 내 뺨에 입을 맞추면서 "이제 다시는 못 볼 것 같아. 자네 없이 어떻게 살아가지!"라고 말했는데, 나는 아픈 정도가 아니라 숨이 막히는 것 같았어.

2년 전 나는 그분 남편이 돌아가시는 것을 지켜보았어. 밖에서는 새들의 지저귀는 소리 외에는 아무것도 들리지 않는 이른 새벽에 나는 언덕 꼭대기의 큰 집에서 그분의 기도 소리를 들을 수 있었어. 단호한 어조의 강한 기도 소리가 들리는 동안 나도 침대에서 머리를 숙이고 기도하며 조용히 기다렸었지. 하나님의 폭풍이 그분 위를 지나는 동안, 내가 차마 알 수 없는 깊은 슬픔 때문에 그분은 간절히 기도하고 계셨던 거야.

아참! 이미 세상을 떠난 존 카메론! 나에게는 매우 소중한 사람이었어. 사람들은 그를 잘 모르지만, 나는 그를 잘 알지. 벤 네비시 산비탈 위, 그의 집에서 있었던 임종의 순간을 기억해. 그는 내게 아무 말도 하지 않았지만 내 손을 꼭 붙들었어. 나는 허리를 숙이고 그 친구의 뺨에 입을 맞추었지. 그의 주변뿐 아니라 머리맡에도 흰 눈이 깊게 내려 있었어. 그는 험한 산의 울퉁불퉁한 바위 같은 사람이었지만, 그의 마음은 채송화처럼 아름다웠어.

만일 누구든지 이 거칠고 나이 든 하이랜드 사람의 포용과 사랑의 다정함을 맛보았다면, 내가 왜 존 카메론을 생각하며 하나님께 감사하는지 알 거야. 그는 하나님을 얼마나 잘 알았는지! 그가 어떻게 하나님과 대화를 나누었는지! 그가 높은 언덕에서 밤에나 새벽에나 낮에나 나를 어떻게 가르쳤는지! 나는 기도의 오랜 노병 앞에서 기도를 배우기 위해 무릎을 꿇었지. 참으로 내가 그러한 사람을 알았다는 것은 주님의 크신 선함 덕분이야. 나는 하나님의 산악에서 고귀하고 순박한 영혼들과 함께 더 큰 걸음을 걷는 법을 배웠어.

하나님께서 우리 각자의 영혼이 하나님 앞에서 따로 서도록 만들어 가신다는 생각이 점점 확고하게 들어. 주께서는 가장 적당한 때 우리에게 친구들과 스승들을 허락하시고 또 가장 적당한 때 그들을 데려가시지. 하나님이 하신 일들을 더욱 알아갈수록, 나는 더욱 사람 안에서 선함과 축복과 고상함을 발견하게 돼. 내가 만난 사람들 중 비열한 사람들은 극히 드물었어. 지금 이곳에서도 마찬가지야. 하나님께서는 나에게 정말 멋진 영혼들을 만나게 하셔.

챔버스는 과감하고 스스럼없는 성격을 가진 매사추세츠 출신의 아서 그린을 좋아했다. 하루는 신시네티 시내에서 중심가를 함께 걷는데, 그린이 아주 큰 목소리로 "나는 마귀가 싫다!"라고 외쳤다. 챔버스도 그를 따라 "나도 그렇다"라고 소리쳤다. 챔버스는 형 어니스트에게 보내는 편지에 "그러자마자 어떤 사람이 눈물을 흘리며 나타나 구원의 길을 알려달라고 물었지. 우리는 즉각 그를 주님께로 인도했어. 오, 생각도 할 수 없는 이런 즐거움 때문에 땅바닥에 무릎을 꿇고 앉았지"라고 썼다.

유명한 퀘이커교 선교사인 찰스 스토커와 아내 캐서린은 오하이

오 콜럼버스 시에서 4월 주말에 챔버스를 집으로 초청하게 되었다. 1년 전 챔버스가 병이 든 적이 있었는데, 그때 스토커는 잉글랜드에 있는 나카다가 웨일스당시 성령의 역사가 뚜렷하게 일어나던 곳 - 역주로 가는 길에 동반하기 위해 영국으로 건너오라는 호출을 받았다. 키가 1미터 88센티미터나 되는 큰 덩치에 부드럽고 친절한 얼굴을 한 스토커는, 벌써 두 차례 일본을 방문하여 도쿄 성경학교에서 카우만과 나카다와 함께 집회를 인도했다. 챔버스는 콜럼버스에 있는 그의 집에 머물면서, 자기도 몇 개월 안에 일본을 방문할 수 있기를 기대하였다.

스토커는 챔버스가 만난 여러 미국인들처럼 믿음이 깊었고 분명하게 행동하는 사람이었다. 언젠가 그는 선교가 필수라는 사실을 표현하느라 "사람들은 밀와키인디언 마을 이름. '참으로 아름다운 땅'이라는 의미를 유명하게 만든 곰을 잡으러 땅끝으로 가야 합니다. 우리는 믿는 자에게 하나님의 구원의 능력이 되는 복음을 들고 나가야 합니다"라고 말했다. 스토커의 초기 선교 여행에 대한 이야기는 1906년에 그가 쓴 「성령과 함께 세계를 두 바퀴 돌다」라는 책에 자세히 나온다.

챔버스는 어떤 퀘이커 교회에서 '에베소서 1장 18절, 하나님의 소망'이라는 제목으로 설교했다. 그러면서 그는 "저는 '사람들에게 줄 설교와 비밀과 노래를 주옵소서'라는 스토커 선교사의 기도 문구에 충격을 받았습니다"라고 말했다.

챔버스가 집으로 보내는 편지에는 이러한 하나님의 사람들에 대한 깊은 감사의 내용이 담겨 있었다. 하지만 훨씬 더 많은 편지의 내용은 도로시아 스탠들리라는 여자아이에 대해 쓰고 있다. 그가 누이 버사에게 쓴 편지를 보자.

어느 날 어떤 사역자를 만나 그의 문제를 다루고 있는데, 누군가 밖에서 말하는 소리가 들렸어. "도로시아, 안 돼." 그러나 문고리가 돌려지더니 아이가 들어왔지. 아이는 우리 두 사람에게 아무 말도 하지 않고, 그냥 내 무릎에 올라오더니 내 어깨에서 잠이 들더군. 아이는 우리 대화에 전혀 방해가 되지 않았어. 오히려, 나는 아이가 주의 축복을 가져온다고 느꼈지. 아이는 이제 겨우 세 살이야.

또한 누이 에디스에게 쓴 편지를 보자.

어제는 도로시아가 매우 심각한 말을 하며 내 방에 들어왔어. "예수님께 편지를 꼭 써야겠어요." 그러면서 내 책상에 기어올라오더니 종이 한 장을 집어들고 아무렇게나 뭔가를 쓰기 시작하더군. 한참 낙서를 하더니 어른들의 모습을 보고 배운 것인지, 깊은 생각을 하는 것처럼 인상을 쓰더군. 그 후 아이는 자기가 쓴 낙서를 마치 진짜 편지를 읽는 것처럼 진지하게 읽어주었어. "친애하는, 친애하는 아빠. 아주 많이 사랑해요. 엄마가 보고 싶어서 울어요. 아멘." 내가 종이를 접자 아이는 그것을 들고 총총걸음으로 나갔어.

또 다른 편지에도 그 아이에 대한 내용이 나온다.

며칠 전에는 내 마음을 녹이는 꼬마숙녀 도로시아 때문에 거의 배꼽이 빠질 뻔했어. 아기인 남자동생을 세워보려고 그 아기를 자기 허리까지 낑낑거리며 든 거야. 예상했듯이 아기가 바닥에 넘어져 울기 시작했지. 그러자 도로시아가 하는 말이 뭔지 알아? "오, 얘는 아직 성화가 안 됐어!"

어린이를 대단히 사랑하는 챔버스는 자연스럽게 노스 캐롤라이나 애쉬빌에 위치한 가정회복 믿음의 집Faith Cottage Rescue Home과 엘리아다 고아원의 설립자인 루시우스 콤튼과 친하게 되었다. 콤튼은 종종 '등산가이자 복음전도자'로 알려져 있었는데, 그는 어린이들을 향해 따스한 마음과 개척정신이 매우 강한 사람이었다. 당시 이곳저곳에서 비밀스럽게 성추행이 저질러지고 있었고 시골이든 도시든 성매매가 난무하고 있었는데, 그 시대에 콤튼이 '타락한 소녀들'을 위한 사역을 시작했다는 것은 상당히 혁신적이고 과감한 일이었다.

챔버스는 여러 집회에서 콤튼과 함께 복음을 전했고, 노스캐롤라이나 애쉬빌 근처에서 열린 캠프 집회에서도 그와 함께했다. 그리고 그 캠프 집회 장소에 대해 다음과 같이 썼다.

> 이곳은 타의 추종을 불허하는 멋진 경치를 지닌 산꼭대기에 있는데, 정말 그 아름다움은 진짜 에덴동산 같다. 위로는 드높은 창공이 열려 있고, 주변은 커다랗고 높은 떡갈나무와 소나무들이 있으며, 발아래 계곡에는 큰 강이 흐르고 있다. 수련회는 이 아름다운 풍경 속에서 인간의 황폐함과 비참 가운데 진행되었다. 저녁이 되자 숲속의 작고 깊은 계곡에 세워진 커다란 텐트들은 사람들로 붐볐다. 나는 하나님의 말씀에 굶주린 사람들의 모습을 다 표현할 수 없다. 아침과 정오에는 사방에서 온 노동자들이 성경 읽기를 위해 모여들었다. 나는 여러 시간 동안 그들에게 성경을 가르쳤고 시간을 연장하면서까지 말씀을 가르쳤다. 콤튼 형제와 그의 아내도 나와 함께 이곳에서 축복된 일을 함께했다.

하나님의 성경학교에 있었던 6개월 동안 챔버스에게 최고로 멋진 사건은 6월에 있었던 연중 캠프 집회였다. 그 집회가 열리는 10일 동안 하나님의 성경학교는 수백 수천의 성인 남녀와 어린이들로 가득 찬 텐트 도시가 되었다. 외부에서 온 많은 방문자들은 바닥에 매트리스를 깔고 교실에서 잠을 잤다. 7백 석의 자리가 있는 텐트는 옆면의 문들이 들어올려지도록 특별히 만들어졌기 때문에 인파가 차고 넘칠 경우 옆으로 연결된 큰 텐트에 가서 앉을 수 있었다. 나카다는 미국 전역과 해외에서 온 복음의 지도자들과 함께 이 집회에 참석하기 위해 여행에서 돌아왔다.

챔버스는 매일 아침마다 목사들에게 말씀을 전하도록 예정되었다. 그러나 너무나 많은 사람들이 그의 첫 집회에 오는 바람에, 그 집회는 목사들 외에도 누구든지 참여할 수 있도록 허락되었다. 조지 컬프는 그 당시의 특이한 말투로 다음과 같이 말한다.

"매일 아침마다 화강암 같은 거룩한 스코틀랜드 목사 오스왈드 챔버스의 강한 메시지로 인해 하나님께 감사한다. 성령에 사로잡혀 훈련된 그의 모든 감화력은, 낙스종교 개혁에 중요한 역할을 한 인물-역주 의 땅으로부터 온 살아 있는 거룩한 스코틀랜드 청년처럼, 그의 뜨거운 가슴에서 나오는 타는 듯한 눈부신 진리와 함께 사람들의 마음을 사로잡았다. 하나님께서 그를 축복하시고 이 땅에 오래 살게 하셔서 주님이 오시는 그때까지 사람들에게 설교하고 가르치고 축복할 수 있게 되기를 바란다."

그 캠프 집회에서 가장 뚜렷하게 볼 수 있었던 모습은 사람들의 열광과 뜨거운 감정이었지만, 그 외에도 마음이 따뜻해지는 모습들이 전해졌다. 어떤 관찰자는, 콤튼의 노스 캐롤라이나 고아원에서 온 소년 소녀들이 어린이들을 위해 특별히 마련된 매일 집회에 참석하며 즐거워했다고 보고했다. 어떤 다른 사람은 성경학교 학생 중 이름을 알 수 없는 어떤 학생이 식당의 조용한 구석에 앉아 휠체어에 매여 자신을 돌볼 수 없는 사람에게 음식을 먹이고 있었다고 언급했다.

많은 집회에서 열광이 흘러넘쳤다. 「부흥사」는 신시네티 오페라 하우스의 시내에서 열린 저녁 집회에 대해 "아무도 제지할 수 없는 거룩한 혼란이었다"고 묘사했다. 군중은 집회가 시작되기도 전에 노래하며 춤을 추고 간증을 하고 있었다. 다른 두 언론사에 의하면 강단에 있는 사람들은 "껑충거리고 점프를 하며 소리를 질렀다"고 전했다. 집회를 준비한 주최측은 이 현상을 하나님의 축복으로 여겼다. 그러나 떠들썩한 이 집회는 석간 「신시네티 포스트」의 조소적인 비평 만화의 주제가 되기도 했다.

챔버스는 이 모든 현상에 대해 어떻게 생각했을까? 그는 1907년 7월 25일 날짜의 「부흥사」에 다음과 같은 글을 썼다.

> 그리스도의 캠프는 집회에 관한 한 일단락되었다. 사람들의 마음속에 남은 가장 큰 인상은 하나님께서 역사하셨다는 사실이다.
> 매우 강력하게 떠오르는 또 다른 인상은 이번에 모인 사람들은 말로 표현할 수 없을 정도로 성경에 굶주려 있었다는 사실이다. 그 영혼들의 목마름은 소리 치고 떠들며 기쁨이 넘치는 간증 집회 자체보다 오직 하나님을 향해 있었다.
> 10일 동안 그 도시는 깜짝 놀랐다. 밤이 되면 수백 명의 성도들이 집

회를 알리는 현수막과 플래카드를 들고 밖으로 나왔다. 그들은 세 줄로 행렬을 했는데, 양쪽 길로 두 행렬이 있었고 가운데 한 행렬이 있었다. 행렬의 맨앞에는 밴드가 있었고 그들은 밴드를 따라 하나님을 찬양하고 간증하며 사람들을 집회에 초청하면서 도시 전체를 행진했다.

오페라 하우스 집회는 그 자리의 모든 사람들에게 큰 기쁨과 깊은 확신을 남겼다. 또한 수백 명의 사람들이 제단으로 나와 구원을 얻었다. 신시네티와 관련해 갖게 되는 인상은 어떤 매우 큰 힘이 우리에게 임했다는 것이다. 세상 사람들은 인격을 존중하기 때문에 성품으로 나타나지 않는 간증에 대해 조롱하고 분노한다. 이번 집회에서 간증과 열정은 조금도 부족함이 없었다. 영광스러운 현상들과 외침, 그리고 기쁨은 차고 넘쳤다. 그러나 도시 사람들의 존중을 얻는 것은 우리는 이해하지만 그들은 알지 못하는, 성령이 함께하는 사람들에게서 변함없이 나타나는 아름다운 삶이다.

하지만 '축복의 산'에서 있었던 시간들에 대해 언론이 언급한 내용들은 철저하게 잘못된 부적절한 표현들이다. 우리가 살아 있는 동안 우리에게 남게 되는 것은 설교도 아니고 집회도 아니며 행진도, 간증도 아니다. 오히려 식탁에서 음식을 나르고 설거지를 하고 텐트를 세우거나 내리고 잡다한 일들을 하는 보이지 않는 멋진 섬김들이 세상에 남을 것이다. 10일 동안의 그들의 삶은 하나님의 축복에 대한 온전한 간증이다. 이러한 간증은 연약한 소자 한 사람에게 더 깊은 인상을 남긴다. 만일 우리 주님이 이곳에 계시다면, 주님은 여전히 보이지 않는 섬기는 자로 우리 가운데 계실 것이다.

챔버스는 하나님의 성경학교에서 6개월간 가르치고 글을 쓴 사례로 500달러를 받았다. 그 돈은 그가 일본을 여행하는 데 충분했다. 그는 다음해에 다시 오라는 초청을 받으며 새로 사귄 친구들을 향한 사랑을 안고 신시내티를 떠났다. 그는 미국을 떠나면서 7월 6일 누이 플로렌스에게 편지를 썼다.

지금 풍경이 엄청나. 해면으로부터 1800미터의 높이에서 로키 산맥 사이로 달린다고 생각해봐. 정말 대단해. 로키 산맥까지 오는 과정에 수백 마일의 초원, 그리고 산도 언덕도 나무도 없는 끝없는 광야를 달렸어. 그들은 나를 위해 침대차와 전망차observation car, 열차 내에서 가장 있기 있는 객실로 아름다운 경관을 볼 수 있다-역주를 확보해 주었어. 이곳에서 나는 마치 왕의 아들처럼 지내고 있어.

로키 산맥은 누이에게 설명하기가 불가능할 정도야. 로키 산맥은 육중하고, 말로 표현할 수 없을 정도로 높으며, 전부 눈으로 덮여 있어. 공기는 으스스하고 살을 에이는 듯 차가워. 수천 수만 그루의 튼튼한 소나무들이 온통 가득해. 웅대한 강과 폭포들이 있고, 혁신적이고 독창적인 철도가 깔려 있지. 희미하게라도 이 모든 것을 실감해 보려면 직접 와서 봐야 할 거야. 철도 위에서 기차를 타고 있으면 방에 앉아 있는 것처럼 안락해. 내 체질은 바다에서나 철도에서나 땅에 있는 것같이 편안함을 느껴.

나는 시애틀에서 나카다와 세 명의 다른 일본인들, 그리고 일곱 명의 예일 대학원생들을 만나게 돼. 우리는 모두 일본으로 갈 사람들이지. 태평양에서 16일 동안 있다는 것이 얼마나 영광스러운 시간일까!

'나의 아버지'로서 나를 사랑하고 보호하시는 하나님에 대한 넘치는 느낌을 누이에게 남김없이 알릴 수 있다면 얼마나 좋을까. 이상한 사람은 하나도 만나지 못했어. 흑인, 일본인, 아메리칸 인디언, 미국인 등 모든 사람들이 나를 친구와 형제로 대해주고 있어. 지금 이 사람들과 함께 있으면서 나는 말로 다할 수 없을 정도로 마음이 평안해. 주의 이름에 영광 있기를!

방금 눈을 들어 저 멀리 치솟아오른 로키 산맥을 보았어. 소나무와 철도길도 보이고 드문드문 오두막집과 사람들도 눈에 띄어. 이렇게 여행하면서 내가 느끼는 말로 다 표현 못할 기쁨이 어떠할지 누이도 상상해봐. 내 마음은 계속 시편 103편을 노래하고 있어. 이 땅의 삶에서 복된 것 중 하나는 사람이 내면에서 천국을 누리면서 외부로는 그 사랑스러움을 나타내는 것일 거야.

10

일본(1907)

1907년 6월 13일호 「하나님의 부흥사」에 '선교사의 무지'라는 챔버스의 글이 실렸다. 그는 그 글에서 제대로 준비되지 못한 어린 선교사들을, 선교하기 힘든 타국으로 보내는 비극에 대한 자기 생각을 썼다.

"국내든 국외든 사역을 위한 우리의 훈련은 너무 가볍다. 오늘날 사역자들은 3년을 섬기기 위해 30년을 준비하는 자세가 아니라 3시간을 훈련하여 30년 동안 일하려는 자세를 가지고 있다."

비록 챔버스는 '외국 선교지'에 직접 나간 적은 없지만, 해외 선교 사역의 노장들과 많은 대화를 나누어왔다. 당시 많은 선교사들이 정신적, 영적으로 준비되지 못한 채 전혀 다른 문화를 가진 해외 선교를 나갔다가 깨어지고 실망한 가운데 돌아오는 일이 흔했다.

그는 "오늘날 하늘 아래 있는 모든 나라에 연관된 방대한 주요 문학을 무시하고 겨우 입에 풀칠하는 듯한 영적인 삶을 살면서 하나님을 위해 일하겠다고 선교로 나가는 것은 진리의 말씀을 바르게 가르치고 전달하는 데 전혀 맞지 않고 그렇게 할 수도 없다"고 말하면서 "선교사의 무지는 그 중심에 게으름이 있거나 성령께서 인간의 무지를 장려하는 것으로 오해하는 인식이 있다"고 일침을 놓았다.

챔버스는 일본에 도착하여 그가 내렸던 결론들을 이 '이방' 땅에서 실제 삶에 시험해보고 싶어졌다. 그는 비록 의도대로 4개월간 충분히 그곳에 머물게 된다고 해도, 결국 그의 견해는 방문자의 그것밖에는 될 수 없음을 알고 있었다. 그러나 그는 여전히 더 배우기를 원했고 그동안 나카다에게 실컷 들어왔던 사역에 조금이라도 기여가 되기를 바랐다.

그의 일기는 하루도 지칠 줄 모르는 열정을 보여준다.

1907년 7월 10일 시애틀 : 우리가 도착하자마자 '재팬 엠프레스' 여객선이 항구에 닿았다. 영국 국기가 휘날리는 것을 보니 조국을 사랑한다는 것이 무엇인지 이해할 수 있었다. 영국 국기가 내 마음속 깊은 곳에 숨겨진 애국심을 불러일으키는 사실에 놀랐다.

나는 항해 과정에 볼 세 권의 책을 가져왔다. 그 책들은 「래브라도 황무지의 매혹」, 「플라톤과 그의 사상」저자-페이터, 루즈벨트의 「끈질긴 삶」이다.

배에는 일곱 명의 예일 졸업생들이 있었다. 우리 테이블에는 사회를 진행하는 박사가 있었다. 우리 테이블에 있던 사람은 나카다, 사카이, 히가쉬, 나, 매우 똑똑한 또 다른 친구인데, 나는 그들이 일본어로 말하기 때문에 거의 대부분 조용히 입을 다물고 있었다. 일본 사람이 점점 좋아진다. 물론 나카다와 특별히 친해서 그럴 것이다. 나카다는 믿음과 생각이 깊은 고상한 친구이다.

12일 : 날씨가 우중충하고 바람이 세다. 나는 밖에 하루 종일 있으면서 멋진 공기를 쐬며 책을 읽었다. 배가 오른쪽으로 계속 돌아도 멀미는 나지 않았다. 어제는 크로켓의 「키트 케네디」를 거의 다 읽었다. 스코틀랜드의 감각을 느끼게 하는 책을 또 한 번 더 읽으니 매우 좋았다.

13일 : 오늘 아침 말씀을 묵상할 때 성경 구절 하나가 거부할 수 없을 만큼 강력하게 내 마음속에 임했다. "너희 몸으로 하나님께 영광을 돌리라"고전 6:20. 성령께서는 이 구절을 통해 내게 바울의 다른 말씀을 기억나게 하셨다. "마음을 살피시는 이가 성령의 생각을 아시나니 이는 성령이 하나님의 뜻대로 성도를 위하여 간구하심이니라"롬 8:27. 하나님께서 사람의 마음을 아시고 성령의 기도에 응답하시는 것을 안다는 것은 말로 다 표현 못할 축복이다. 다시 대서양을 지나면서 기도가 응답되고 있다는 사실을 내 마음과 주변에서 느낄 수 있다. 나는 하나님께서 나를 안전하게 보호하시며 돌보신다는 확신이 들면서 축복을 느꼈다. 하나님은 기도하는 모든 성도들을 축복하신다.

오늘 아침은 여전히 춥고 흐리다. 나카다는 매우 재미있는 친구이다. 그는 학생들과 멋진 시간들을 보내고 있다. 그들은 당연히 그를 매우 좋아한다.

14일 : 주일 아침이다. 아침마다 나의 기도 제목을 보는 습관은 참 멋진 일이다. 기도할 때마다 모든 은혜의 보좌 앞으로 나아가 그 보좌를 통해 기도 수첩에 있는 각 영혼들의 마음에까지 친밀하게 직접 다가가본다. 나는 시간과 장소를 초월하시는 그분께서 당장 기도에 응답하실 것을 믿는다.
오늘은 정말 훌륭한 책인 웨스트 코트의 「부활의 복음」을 오랜만에 읽어보았다.

15일 : 어제는 매우 즐거운 날이었다. 우리는 나카다의 아들의 지휘에 따라 작은 음악실에서 예배를 드렸다. 그는 배에서 제일 인기가 있었는데 당연히 그럴 만하다. 그는 가만히 있어도 저절로 흥미와 열심과 재치가 넘친다. 몇 명의 예일 학생들과 나카다, 그리고 사카이와 나는 함께 몇 개의 찬송을 불렀다. 사카이는 두 개의 독창곡을 불렀고, 나카다는 '당신들 모두 앞에서의 이 완전한 소리'에 대해 힘차게 설교했다. 하나님께서 그를 도우셨고, 그의 설교는 빨려들어가는 것처럼 흥미로웠다.

나는 방금 발자크의 「당나귀의 피부」를 다 읽었다. 정말 엄청나게 재미있었다. 내가 처음으로 「레미제라블」을 읽을 때 가졌던 그런 느낌을 받았다. 그 책은 인간의 일반적인 문제들을 깊게 통찰한 것이라기보다 정말로 다루기 힘든 인간의 문제들을 날카롭게 보여준다. 그러나 내가 볼 때는 하나님께 대한 인간의 책임을 실현함으로써 나타나는 성품들, 즉 인간의 최고의 고상함이 무엇인지에 대해 이상스러울 정도로 이해가 부족해 보였다. 이러한 위대한 소설가들이 기껏 도착하는 종착역은 언제나 자아실현 또는 자아소멸이다. 성경은 내 삶 속에서 다른 자아의 실현에 대해 말한다. 그 다른 자아는 바로 하나님이시다. 그러나 세상의 글들은 이 부분이 철저하게 빠져 있다.

17일 : 오늘은 바람이 많이 일고 폭풍이 쳤다. 나는 이러한 파도를 본 적이 없다. 아침 내내 갑판에 누워 이 장관을 구경했다. 파도는 산처럼 높았다. 정말 장관이었지만 무서웠다. 3시 즈음에 다시 객실로 들어갔다. 나카다와 사카이도 그 장관을 보고 안으로 들어왔다. 다행이었다.

18일 또는 19일 : 하루를 놓치는 바람에 오늘이 목요일인지, 금요일인지 잘 모르겠다. 지도를 봐야 알 수 있을 것 같다. 하여튼 어떤 날이든 어제는 폭풍이 거세었는데 오늘은 평온하다.
어제 저녁을 먹은 후에 예일 학생들과 미술에 대한 전반적인 대화와 종교에 대한 특별한 대화를 나누며 즐거운 시간을 가졌다. 그들은 제대로 교육을 받은 재미있는 친구들이다. 페이터의「플라톤과 그의 사상」을 읽으며 많은 것을 얻고 있다.

20일 토요일 : 어제가 목요일인지 금요일인지에 따라 오늘이 금요일일 수도 있고 토요일일 수도 있다. 하여간, 오늘은 그 다음날이다! 두 명의 예일 학생들과 또 다른 흥미로운 대화를 나눴다. 그들은 영적인 확신에 마음이 열려 있다. 나는 예수 그리스도의 인격이 '진리'라는 사실에 대해 더욱 확신을 갖게 되었다. 그에게로 이끌지 않는 그 어떤 것도 진리가 아니다.

나는「일본인들의 풍습」이라는 매우 훌륭한 학구풍의 책을 읽고 있다. 오늘 밤에 학생들에게 '제자도'에 대해 설교할 예정이다.

23일 : 태프트미국에서 유명한 태프트의 조카라는 학생에게 감동적인 어린이 책 한 권을 소개받았다. 그 책은 케네스 그레이엄의「황금기」인데 책 속에 멋진 그림들이 삽입되어 있었다. 나는 예일 친구들에게 충격을 받았다. 그들은 세상을 즐거워하는 친구들임에도 불구하고 꾸준히 성경을 읽고 있었다. 우리는 즐거운 대화를 나누었다. 나는 우리가 자신들의 상황 외에는 다른 사람의 상황을 다 이해할 수 없음을 확신한다. 따라서 하나님의 종이 되려면 바울처럼 각 사람에게 자신을 맞출 수 있는 인품이 필요하다. "내가 모든 사람에게서 자유로우나 스스로 모든 사람에게 종이 된 것은 더 많은 사람을 얻고자 함이라" 고전 9:19.

한참 동안 묵상해야 할 강력한 구절이 내 눈에 띄었다. 고린도전서 4장 20절이다. "하나님의 나라는 말에 있지 아니하고 오직 능력에 있음이라." 내게 가장 중요한 능력은 예수 그리스도를 계속 바라보며, 자신을 비우는 자리까지 예수 그리스도를 사랑하시는 성령 안에 계속 거하며, 하나님의 뜻이 완벽하게 이루어지기를 끊임없이 중보기도하며, 지속적으로 십자가를 지는 데 있다. 나카다는 조웨트의 소책자 「영혼들을 향한 열정」에 빠져 있더니, 그 책을 일본어로 번역하겠다고 말한다.

24일 : 내 생일 아침이다. 올해 내 생일은 태평양에서 맞는다. 작년에는 케스윅에서 생일을 맞았다. 오늘 나는 33세가 된다. 하나님께 감사한다. 기도 동맹 달력에는 오늘 아침 구절로 "여호와께서 내 의를 따라 상 주시며 … 이는 내가 여호와의 도를 지키고" 시 18:20-21가 적혀 있었다. 태평양에서 보내는 몇 주간 동안 말할 수 없는 영적인 혜택을 누리고 있다. 몸도 힘을 얻고 새로워지며 영적으로도 충만해지는 것을 느낀다.

달력에 오늘은 빨간 볼펜으로 내 생일이라고 표시가 되어 있다. 저녁 식사가 끝나자 갑자기 주방장을 비롯한 여러 사람들이 접시를 들고 내 식탁 앞으로 줄을 섰다. 주방장은 촛불이 켜 있는 멋진 생일 케이크를 들고 오고 있었다. 그들은 선물을 내게 건네주면서 "한 말씀 부탁합니다"라고 외치기 시작했다. 감사의 말을 전한 후 케이크를 잘라 죽 돌려주었다. 정말 큰 행사였다. 돌아보면 어떻게 그 상황을 대면했는지, 그리고 잘 행동했는지 알 수 없지만 아무튼 갑작스러운 행사였다. 그 후 그들은 나를 갑판으로 데리고 가서 스코틀랜드 노래들과 여러 흑인 영가로 세레나데를 불러주었다. 물론 나카다가 이 모든 것을 준비시킨 것이다. 하나님께서 그들을 축복하시길 바란다. 정말 나는 큰 감명을 받았다.

25일 : 지난 밤을 생각할 때마다 즐거움으로 가득하게 된다. 학생들이 하는 일들은 매우 멋있고 그들의 타고난 자상한 성품을 보여준다. 나는 담배나 술이나 카드놀이를 즐기지 못하기 때문에 그들을 만나서 단지 대화만을 나눈다.

어제 우리는 매우 흥미 있고 에너지를 많이 사용하는 주짓수Ju-jitsu, 1914년 브라질로 이민 간 일본 유도 챔피언 '에사이마에다'(콘데코마)가 전수한 유도를 토대로 현지에 맞게 변형한 격투기. 유도는 '메치기'를 위주로 한다면 주짓수는 바닥에서 조르고 꺾는 기술을 위주로 한다.-역주를 하며 놀았다. 그들이 보여주는 자세나 예절의 품위가 멋졌다.

26일 : 어제는 일본이 보이기 시작했다. 오늘 이른 아침에는 산들이 보이기 시작했다. 아침은 우중충했지만 사람들은 그렇지 않았다. 나는 그렇게 안절부절 못하는 나카다를 본 적이 없다. 그는 일본이 가까워지자 멀리 떨어져 있었던 그 어떤 때보다 더 고향의 그리움을 느끼게 된다고 말했다.

27일 : 도쿄 동양선교회|Oriental Mission Society 성경학교. 마침내 일본에 왔다. 우리는 정오 즈음에 요코하마에 도착했다. 나카다의 아들과 조카가 진수進水대에 올라오더니 작은녀석이 제일 먼저 아빠를 찾아냈다. 선창 위에는 카우만 형제와 킬보른, 나카다 부인, 그리고 두 소녀와 10명 가량의 학생들이 기다리고 있었다. 짐에 대한 장시간의 검사와 질문 후(내 짐은 세관에서 열라는 요구도 하지 않아서 아무런 어려움이 없었다. 주님께 감사드린다.) 카우만과 킬보른과 나는 릭쇼rickshaw, 인력거로 기차역까지 짐을 옮겼다. 이 친구들이 얼마나 잘 달리는지!

그 후 기차를 타고 목적지에 도착하니 성경학교의 모든 학생들이 그곳에 나와 우리를 맞이했다. 그들은 우리를 학교 구내로 인도했고 일본어로 진행되는 나카다 환영식을 통해 우리를 환영했다. 정말로 나카다는 이곳에 있는 모든 사람 중 이러한 환영을 받기에 부족함이 없는 훌륭한 사람이다. 카우만과 킬보른은 이 사실에 동의하고 있었으며 분명히 학생들도 그를 존경하는 듯했다. 그 학교 구내는 내가 생각했던 것보다 훨씬 뛰어나 내 마음에 들었다. 잘 구획된 땅과 알맞게 세워진 많은 집들! 카우만 부인 레티는 참으로 위풍 있는 성자

같았다. 그들은 나를 그들의 근사한 스타일의 집으로 데리고 갔다. 그들의 일본 집을 보자 나는 말문이 막혔다. 정말 어떤 집과 비교할 수 없을 만큼 멋졌다. 볼수록 더할 것 같았다.

오늘 아침 모임은 참 좋았다. 하나님께서 강력하게 임재하셨다. 나는 통역자를 통해 말씀을 전했다. 더할 나위 없이 좋았지만 표현을 절제했다.

카우만과 킬보른에 의해 설립된 동양 선교회는 그때 겨우 6년 반이 되고 있었다. 카우만은 1901년 2월에 도쿄에 도착해서 무디 성경학교에서 만났던 나카다와 합류했다. 18개월 이후에 킬보른 부부인 어니스트와 줄리아가 그들의 세 자녀를 데리고 일본에 있는 카우만 가족과 합류했다.

찰스 카우만은 시카고의 웨스턴 유니온에서 어니스트 킬보른과 함께 전신 기사로 일했는데, 그때 킬보른을 그리스도께로 인도했다. 그들은 그 다음 해에 함께 힘을 합쳐서 75명의 동료들을 그리스도께로 인도했다. 곧 직장 안에 기독교 친교 단체가 만들어졌고, 그 단체는 세상을 향해 나아가는 선교의 마음을 품은 '전신 기사 밴드' Telegrapher's Band로 성장했다.

처음에 그 단체는 '카우만과 킬보른 선교회'로 불렸다. 그러나 얼마 지나지 않아 동양 선교회로 알려지게 되었다. 미국, 캐나다, 영국 내에 있는 믿음의 형제들과의 끈끈한 유대는 그 선교회에 기도와 경제적 도움의 든든한 뒷받침이 되어주었다. 그들의 월간 출판물인 「전기 메시지」는 일본에서 진행되는 선교 뉴스와 사진들을 전 세계의 선교 회원들에게 보내주었다. 카우만과 킬보른은 한 팀을 이루어 그들의 서로 다른 재능과 은사를 같은 목표를 위해 헌신했다.

찰스 카우만은 월간 출판물 사역을 위해 고국에서 뚜렷한 비전을 제시하며 후원자들을 모으는 일을 했다. 일본에 복음을 전하려는 열정은 신체적으로나 영적으로 지칠 줄 몰랐다. 카우만만큼 강력한 연사는 아닐지 모르지만 아내 레티도 그를 도와 전 세계를 여행하며 후원금을 마련해 옴으로써 그의 방대한 짐을 덜어주었다. 찰스의 건강이 좋지 않고 이제 막 생긴 선교회의 기금을 마련해야 했기 때문에, 카우만 부부는 일본에 체류하는 시간만큼 다른 곳에 많이 나가 있었다.

어니스트 킬보른이 충실하게 해외 선교지에 있었기 때문에, 그 사역은 꾸준하게 앞으로 나아갔다. 킬보른은 1902년부터 1908년까지 휴가 한 번 없이 선교에 힘썼다. 마침내 그가 몇 개월 동안 고향에 오게 되었을 때도, 아내와 막내아들은 일본에 체류했다.

챔버스는 일본에 있으면서 날마다 놀라운 것들을 발견했고, 그 내용을 7월 말 일기에 담는다.

벌써 일본에 온 지 3일이 되었다. 정말 이 모든 것이 실제인지 믿어지지 않는다. 매일 아침 일어날 때마다 '정말 이것이 생시구나'라고 느낀다. 그러나 정말이지, 주변을 둘러보면 볼거리가 가득할 뿐 아니라 차나 음식 등 난생 처음으로 내 입에 들어오는 것들도 대단하다. 이곳의 인상이나 기분을 말로 다 표현할 수 있다면 얼마나 좋을까! 그들의 치유의 신이 있는 산당들을 보고 있노라면 견딜 수 없을 만큼 슬프다. 사람들이 하도 우상을 만져서 우상이 다 닳아 있었다. 오늘 서서 우상을 구경하는데, 어떤 사람이 아기를 업고 와서는 우상에게 나아가 그의 손으로 우상의 다리를 계속 문지르더니 그 손을 아기 다리에 다시 문지르는 것이었다. 아기의 얼굴을 보니 그 우상이 자기에게 닿기를 애타게 바라는 모습이었다.

내일 우리는 YMCA에서 3일간의 환영 집회를 시작한다. 모든 순간이 놀랄 만하고 한없이 흥미롭다. 밤에 지쳐서 돌아오고 새벽부터 일어나야 하기 때문에 잠잘 시간이 거의 없다. 모든 모임마다 말씀을 들으려고 찾아드는 사람들의 간절함은 참으로 놀랍다. 조국에서는 이러한 모습을 보지 못했다.

8월 1일부터 3일까지 챔버스와 나카다는 아침 집회에서는 그리스도인들을 위해, 저녁 집회에서는 전도 집회로 설교했다. 이 집회에 대해 챔버스는 "가까운 주변에는 산당과 성경학교가 있었고, 예절이 바른 사람들이 구원과 성경과 설교에 대한 간절함을 가지고 어마어마하게 큰 탑의 커다란 그림자 밑에서 야외 모임으로 선교 집회를 가졌다. 이 모임은 인간 속성의 복잡하고 신비로운 요소들을 드러냈다.

이 세상에서 가장 고상한 일은 주님의 이름으로 제자를 만드는 것이다"라고 썼다.

그가 일본을 방문하는 동안 더욱 놀라게 된 사실은 사람들이 구원을 삼켜버릴 듯이 영적으로 굶주려 있었다는 사실이었다. 그는 "이러한 일은 생각도 못했고 본 적도 없다. 나카다는 이곳에서 강력한 설교가이다. 영접 예배를 보는 것은 대단하다. 아무런 설득을 하지 않았는데도 50명에서 100여 명의 사람들이 제단 앞으로 나온다. 그러면 사역이 시작된다. 그들은 기독교의 계시에 대해 아무것도 모르기 때문에 모든 사역자들이 성경 옆에 무릎을 꿇고 앉아 그들에게 몇 시간이고 성경 교육을 진행한다. 이때 그들이 밤새 머물며 그 교육을 다 마치는 것을 보면 참으로 대단하다. 하나님께서는 그들을 주님의 사람으로 인 치시는데, 이런 일은 고국이나 미국에서 거의 흔치 않다. 그들의 믿음은 놀랍고 주님은 그들의 믿음에 응답하신다. 이 사건에 대해 말로 다 설명하려고 하는 것은 단지 더 헷갈리게만 할 것 같다"라고 기록하였다.

8월 6일 챔버스는 킬보른과 나카다와 함께 카루이자와에 있는 선교 센터에 갔다. 챔버스는 "이곳은 선교사들을 위한 여름 휴양지이다. 선교 센터는 나무로 지은 작은 영국 성공회 교회를 사용하고 있었다"라고 기록하였다. 그의 일기는 솔직한 의견을 나타내고 있다.

> 오늘 나는 한 그룹의 사람들을 만났지만 전혀 그들에게 마음이 가지

않았다. 그들은 나약한 가운데 축 늘어진데다 경건한 척하는 사람들이었다. 그들은 큰 성경을 들고 다니며 "대단히 사랑스러운 사람, 하나님의 향기로운 사람, 너무나 사랑스러운 누구누구 등" 과장된 용어들을 사용하고 있었다. 쉽게 말하면, 구토가 나올 정도로 역겨운 사람들이었다.

어떤 사람이 '몸을 위하시는 주님'에 대해 성경을 읽으면서 다소 겸연쩍어했다. "여러분이 거룩해지면 주 예수님께 즐거움이 될 줄을 아시지요?" 그는 양손을 깍지 끼고 사람들에게 거슬리지 않게끔 달콤한 웃음으로 이 말을 하고 있었다. 그때 나는 그 사람이 하늘의 왕의 대사로 가장하여 사람들을 마귀의 자녀로 만들 위험성이 있다는 것을 희미하게 느꼈다.

그 뒤에 선교사 맨틀이 같은 주제에 대해 멋지고 강하고 웅장한 설교를 했다. 하나님께서는 분명히 그를 통해 말씀하셨다.

이곳의 선교사들 중 몇몇은 동양 성경학교를 꺼려했는데, 그 이유는 그 학교가 거룩을 강력하게 추구하며 세상과 타협하지 않는 단호함 때문이었다. 아무튼 제3자의 입장에서 이 모든 것을 보게 된 것은 참으로 흥미로운 일이었다. 하나님께서도 이 모습을 보시고 민망하셨을 것이 확실하다. 오, 하나님께 벌을 받을 만한 것이 많지 않기 때문에 하나님께서 그들을 용서하시겠지! 나는 맨틀과 매우 유익한 대화를 나누었다. 그런데 그는 무슨 생각을 하는 것일까? 그가 만일 이렇게 확신 없는 소심한 사람들을 향해 민망함을 느끼지 못하고 있다면, 이는 매우 이상한 일이다.

이 글이 적힌 일기장의 같은 페이지에는 챔버스가 공중 앞에서나 사적으로 언급하지 않은 내면의 생각들을 보여주고 있다. 그는 극단적인 낙천주의자가 아니었고 무지와 두려움 가운데 모래 속에 머리를 처박고 있는 게으르고 어리석은 영적 타조도 아니었다. 이때의 일기는 다른 사람들을 전혀 의식하지 않고 적은 그의 생각과 관찰과 반응을 보여준다.

분명히 챔버스는 습관적으로 나오거나 분명하지 않은 못마땅한 말투로 전달되는 기독교 메시지에 사용되는 종교적, 상투적인 단어나 표현들을 사용하지 않았다. 그는 하나님의 '강한 능력'을 선호했다.

챔버스는 시바 여왕이 솔로몬의 왕국을 방문한 후 크게 놀란 사건을 비유하여 일본은 그가 상상할 수 있는 한 '가장 매력적인 나라'라고 말했다. 그는 카우만과 킬보른의 선교 사역에 대해서는 "나는 그들의 사역이 이렇게 정교하고 멋지게 조직적인 것일 줄은 꿈에도 몰랐다"라고 말했다.

챔버스는 카우만 부부가 자신들과 함께 영국으로 동반해 줄 것을 부탁함으로써 일본에서 채 한 달도 체류하지 못하고 떠나게 되었다. 이미 건강이 좋지 않는 찰스 카우만은 이번 여름에 극심한 더위 때문에 많이 앓았기 때문인지 휴양이 필요했다. 더욱이 카우만 부부는 선교 단체의 활동을 위한 지원금이 급히 필요했기 때문에 후원금을 마련해야 했다. 영국에서는 이들의 사역에 대한 관심이 늘고 있었다. 카우만 부부는 챔버스가 도쿄 성경대학에서 교수로 있는 것보다 고국에서 자신들의 선교 단체를 대변하는 설교가가 되는 것이 더 낫다고 느꼈다.

8월 9일에 챔버스는 형에게 다음과 같은 편지를 썼다.

아마 하나님이 뜻하시면 올해 말 즈음에 영국으로 돌아갈 것 같아. 자연스러운 제안이 내게 들어왔고 그 제안은 하나님의 뜻이 확실해. 카우만 부부는 내게 자기들과 함께 영국으로 같이 가서 고국에서 내가 이 선교 사역을 보고 느낀 것이 무엇인지 전해달라고 부탁했어. 우리는 8월 21일 출발해서 다음 장소를 들르게 될 거야. 상하이, 홍콩, 싱가포르, 콜롬보, 아덴, 홍해, 수에즈 운하, 포트사이드, 지중해, 그리고 로마로 가게 될 거야. 그곳 스페치아에서는 폴랜 목사를 만나볼 생각이야. 그 후 스위스로 갔다가 마르세이유를 들러 파리에 도착할 거야. 이번 여행은 정말 대단한 세계 일주가 되겠지. 형이 들으면 웃고 울 수 있는, 할 말들이 많이 있어. 아무튼 이 여행은 내게 너무나 멋진 기회야. 이 모든 것이 주께서 인도하시고 주관하시는 덕분이지.

톰캣 피터 빙고수컷 고양이를 뱃머리에 만든 미국 선박 - 역주를 실은 증기선 'SS 빙고 마루'호에는 열두 명의 일등실 승객들이 있었다. 챔버스는 피터 빙고를 "이집트의 모든 신령한 고양이들이 성육한 것으로 신성화되고 있는 매우 커다란 수컷 고양이"라고 정의했다.

8월 25일 주일, 배는 고베에서 갑자기 멈추었다. 그 사이에 찰스 카우만은 신경통으로 침대에 누워 있었고 베티는 전단지와 쪽성경을 노동자들과 선원들에게 나누어 주었다. 챔버스는 "사람들은 뭔가를 팔기 위해 배 위로 올라왔다. 그러나 우리가 주일에 물건을 사지 않는다고 말했더니, 그들은 머리를 숙여 인사한 후 더 이상 우리를 귀찮게 하지 않았다. 피터 빙고는 점점 고분고분해졌다"라고 기록하였다.

챔버스는 매일 새로운 발견으로 즐거워하며 날짜별로 여행일지를 기록하고 있다.

8월 27일 : 어제는 날씨가 따스했다. 우리는 일본의 내해Inland Sea를 지났다. 의심할 여지없이 그곳은 내가 있어본 장소 중 가장 아름다운 장소였다. 말로 설명할 수 없이 평온한 바다, 찬란한 태양과 구름 한 점 보이지 않는 하늘! 우리는 지난 밤에 남부 항로를 통해 항해했다. 그 항로는 좁고 위험한 곳으로 조류가 매우 가파르고 거세게 흘렀다. 이 항로를 택한 이유는 고베에서 빼앗긴 많은 시간을 벌기 위해서였다. 모든 객실은 이제 다 찼고, 내가 있는 객실에는 젊은 캐나다 사람이 들어왔다. 하나님은 내게 말로 다할 수 없을 만큼 축복하신다. 할렐루야!

28일 : 우리는 맨아래층에 있는 선장실에서 짧지만 멋진 시간을 가졌다. 선장은 그리스도인인데, 선장실에서 우리가 일본 선원들을 위해 집회를 가지기를 원했다. 주께서 뜻하신다면 우리는 그렇게 할 것이다.

29일 : 아름다운 아침이다. 카우만은 새벽 4시 45분에 나를 불렀는데, 선장이 혜성을 보라고 그를 깨웠던 것이다. 우리는 혜성을 보았지만 흐렸다. 하지만 하늘의 별들은 강렬할 정도로 밝았다. 중국 선교사인 앤더슨 부부와 매우 흥미로운 대화를 나누었다. 앤더슨 부인은 내게 데이빗 스미스의 책 「그가 육체로 계신 날들」을 빌려주었다. 참으로 좋은 내용이었다.

9월 2일 : 이제 하루만 더 지나면 홍콩에 도착한다. 우리는 어제 저녁에 선장과 앤더슨 부인이 마련한 예배를 드릴 수 있었다. 그들은 내게 설교를 부탁했다. 몇 사람 오지 않았다. 나는 제자도와 그 엄중한 의미에 대해 말씀을 전했다.

4일: 야마치의 문로 형제가 어제 일찍 우리를 찾아왔다. 우리는 그와 함께 그의 선교지에 가보았다. 그와 그의 아내는 마귀를 숭배하는 차이나타운에 살고 있었다. 그들의 집은 매우 기이한 건물 안에 있었다. 하지만 그들은 그곳을 매우 즐거워하며 그러한 호화로운 주택을 주신 하나님께 감사하고 있었다. 나는 선교사들이 그러한 선교지로 오기 전에 정말로 하나님의 소명을 받았는지 분명히 확인해야 할 필요를 더욱 확신하게 되었다.

5일 : 지금 나는 객실을 혼자 쓸 수 있게 되었다. 아침 시간에 기도와 묵상으로 오랜 시간을 보낼 수 있어서 참으로 기뻤다.

7일 : 지금 조지 맥도널드의 책 「과거 그곳에서」를 읽고 있다. 맥도널드의 글은 언제나 좋다. 나는 이 저자를 좋아한다.
많은 사람들이 가진 천박한 목표들과 그들의 만족을 볼 때 가끔 강한 동정심과 함께 강한 비웃음이 내 마음속에서 왔다갔다 한다. 하나님께 영광을 돌린다. 감사하게도 주의 뜻이 무엇인지에 대한 의식이 점점 더 분명해지고 있다. 주의 뜻을 행하는 것이 나의 목표가 아니던가!

10일 : 이제 막 싱가포르에 들어왔다. 지난밤에 나는 하늘에서 매우 분명하게 남십자성 별자리를 볼 수 있었다. 카우만은 그 현상을 언급하면서 로키 산맥에서 나타난 하늘의 십자가 현상에 대해서도 언급했다. (콜로라도의 거룩한 십자가 산을 의미한다.) 그러면서 그는 하나님께서 사람들이 휴일을 보내기 위해 가는 곳마다 이러한 십자가 표시를 두셨다는 사실이 참으로 놀랍고 의미가 깊다고 말했다.

배는 9월의 남은 기간 동안 서쪽 인도양을 건너 500킬로미터의 길고 지루한 항해를 계속했다. 우리는 여행에서 잠깐 쉬기 위해 단 한 번 실론 콜롬보에 멈췄다. 10월이 가까이 오자 배는 아덴 만을 지나 아프리카와 아라비아 사이의 좁은 해협을 미끄러지듯이 통과하더니 홍해에 들어갔다.

10월 1일부터의 일기는 다음과 같이 계속 이어진다.

장엄하고 시끌벅적한 아침이었다. 일몰 때는 바다가 가장 멋진 자줏빛이 되었다. 놀라울 만큼 자줏빛이었기 때문에 그 바다색을 분명하게 볼 수 있었다. 오늘은 아침에 읽은 성경 말씀이 특별하고 강하게 다가왔다. 아마도 나는 조국에 머물며 꾸준히 교회를 세우는 사역을 해야 한다는 생각이 들었다. 앞으로 보면 알겠지. 말씀 구절은 역대상 28장 9-10절이었다. 특히 10절이 마음에 와닿았다. "그런즉 이제 너는 삼갈지어다 여호와께서 너를 택하여 성전의 건물을 건축하게 하셨으니 힘써 행할지니라 하니라."

10월 3일, 챔버스는 수에즈 운하를 지나면서 형 아서에게 편지를 쓴다.

얼마나 멋진 해돋이인지! 우리 주변으로 이제 물이 보여. 가장 신나는 것은 이제 곧 시내산을 볼 수 있다는 거야. 그 아름다움은 더 이상 글로 쓸 수 없을 만큼 우리 마음을 사로잡겠지.

지금은 밤이야. 어두움의 위대한 장막이 거칠고 어마어마한 황무지를 전부 덮어버렸어. 아프리카 쪽으로부터 올라온 잔염afterglow. 뜨거운 태양열을 받아 생성된 먼지 연기-역주을 바라보는 광야의 산들과 절벽들은 불기둥처럼 보여. 영감을 받은 입술만이 그날 내가 받은 인상을 표현할 수 있을 것 같아. 어느새 나는 성경의 세계로 들어가 이스라엘 백성들과 함께 바다와 믹돌 사이의 비하히롯 앞에서 장막을 쳤어. 그들과 함께 마른 홍해 바다을 걸었어. 홍해 가운데서 하나님께서 주의 백성을 위하여 동풍으로 홍해바다를 가르신 기적에 입을 다물지 못하고 있어.

모세가 여호와께 드리는 영광의 찬미를 부르고 있어. 나는 그 찬미에 맞추어 내 고향 하이랜드의 춤을 추기 시작하지. 나도 미리암과 여인들 틈에 끼어 크게 주님을 향하여 외쳐보았지. 그러나 이 사건 후 겨우 3일 길도 가지 못한 채 나는 그들과 마라에 앉아 방황하고 있어. 곧 그들의 거칠고 격렬한 불평 소리가 내 귀에 들려. 나도 만나를 먹으며 엘림의 상수리 나무 아래에서 향연을 즐기고 있어. 이제 지치고 무거운 발걸음으로 신 광야를 조심스럽게 걸어 마침내 시내산 주변에 닿았어. 나는 모세와 함께 40일 주야를 여호와 하나님과 보내기 위해 아무도 없는 그 엄청난 높은 산으로 오르고 있지. 그러나 소용 없었어. 아마 이 생각과 감정은 평생 내게서 떠나지 않을 것 같아.

상상해봐. 오늘 12시에 우리는 배에서 시내산을 정면으로 볼 수 있었어! 홀로 외로이 있는 광야, 사나우며 모든 것을 무기력하게 만드는 광야, 말로 표현 못할 외로움의 그 큰 고통과 바싹 마르게 하는 열기 속에서 시내산은 말 못할 깊은 신비를 품고 있는 것처럼 보였어. 그 신비는 인간들에게 친숙하지도, 평범하지도, 평안하지도 않겠지. 수천만 년 동안 흉터와 마른 모래로 가득한 이 산들은 현대 문명의 발전과 자랑을 '솥에서 가시나무가 타는 소리'로 만드는 신비를 담고 있었어. 오늘 밤 내 마음은 우리 주 예수 그리스도를 생각하며 평생 지울 수 없는 평강을 체험했어. 참으로 이 지구 땅 위에서 펼쳐진 인류의 모습은 정말 대단하고 강하다는 것을 느낄 수 있었어.

'빙고 마루'호는 비터 호수를 지나 이스마일리아 도시 근처의 팀사흐 호수에서 잠깐 쉰 후에 수에즈 운하에 들어왔다. 남쪽으로 항해하는 기선들을 위해 마지막 운하가 열리면 배들은 운하를 따라 알 콴타라를 지나 북쪽을 향하게 된다. 그 후 포트사이드와 지중해를 향하게 된다.

챔버스가 탄 기선은 10월 5일 한밤중에 포트사이드를 벗어났다.

챔버스의 마음은 사도 바울이 바다를 지나 서부로 향했던 그 길을 따라 지중해의 '가장 아름다운 청남색'에 초점을 두었다. 다음 도착은 로마인데 아직 이르지 않았다. 10월 10일에 그들은 마르세이유에 들어왔다. 그 다음날, 방랑하는 선지자 챔버스는 런던의 가족들과 만날 수 있었다. 그는 거의 1년간 집을 떠나 있었다.

1907년 10월, 그는 이집트로 와서 매우 이상하게 들리는 이집트 사람들의 이름들과 장소들을 듣게 된다. 그는 이 땅에서의 마지막 세월을 그곳에서 보내게 된다. 그곳에 도착한지 10년이 채 되기도 전에, 아무도 의심하지 못했던 1차 세계 대전이 터졌고, 이 전쟁은 영연방으로부터 수천만 명의 젊은이들을 중동의 광야와 바위와 언덕으로 불러들여 그들의 마지막 운명을 그곳에서 마치게 했다.

챔버스는 그의 일기를 다음과 같이 마쳤다.

"측량할 수 없을 만큼의 가장 큰 가르침을 준 이 유익한 항해를 이곳에서 마친다. 나는 이곳에서 길든 짧든 내 여생을 보내며 좋은 성과를 거두기를 바란다."

4부

"예수님께서 주님의 제자들에게 하신 가장 위대한 말씀은
'버리라'는 것이다. 제자로 부름을 받을 때 우리는
주님의 말씀에 삶을 걸고 주만 온전히 신뢰해야 한다.
주님께서 우리에게 모험을 하게 하실 때 그 순간을 놓치지 말고 잡으라."
- 「오스왈드 챔버스의 산상수훈」

11

기도 동맹(1907-1908)

챔버스는 1907년 10월 중순에 런던에 도착하여 따스한 가족의 품에 안겼다. 스피크 홀에서 열리는 기도 동맹의 가장 큰 연차 집회가 있을 예정이었지만, 그래도 그가 숨을 돌이킬 수 있는 2주가 있었다. 그는 그 집회에서 '거룩과 형제 사랑'이라는 제목의 설교로 현재 동향을 유머러스하게 분석함으로써 청중의 마음을 녹였다.

"몇 년 전, 제가 아는 젊은 친구 녀석들 중 자신을 불가지론자라고 부르던 친구들이 있었습니다. 그때는 그것이 유행이었지요. 이 친구들은 저의 집에 있는 개가 무관심으로 인해 불가지론자인 것처럼, 그와 똑같은 이유로 불가지론자들이었습니다. 그들은 오늘 우리가 다루는 이 주제에 전혀 관심이 없었던 것입니다. 그러므로 그들은 그냥 모르는 것이었습니다. 올해 제가 고국에 돌아와서 무엇을 발견했는지 아십니까? 같은 유행어지만 '불가지론'이 아니라 '사회주의'였습니다. 사회주의에 대한 정의는 어떤 아일랜드 사람이 요약한 것처럼

'어떤 사람이 다른 사람처럼 좋은 사람인 것이 확실하다면 더 나아질 수 있다는 것'이라고 말할 수 있습니다."

챔버스는 청중이 여전히 웃고 있는 동안 스페크 홀 밖의 세상의 어리석음에서 초점을 옮겨 인간 내면의 연약함을 다루기 시작했다.

"우리와 같은 청중의 덫은 얄팍한 사회주의의 덫과 다릅니다. 우리의 덫은 하나님이 없는 이기적인 거룩을 이루려는 덫입니다. 거룩은 각 개인의 삶을 통해 하나님께서 교회의 삶을 주께서 제정하신 기준까지 들어올리셨다는 것을 보여주는 것이지, 자신의 사소한 확신에 기초한 개인적 우쭐함이 아닙니다. 거룩은 무엇을 확대하여 보여줍니까? 언제나 예수, 오직 예수, 모든 것 되시는 예수입니다."

챔버스는 11월 중순에 9일 동안의 특별 선교 집회를 스페크 홀에서 가졌다. 항해를 하며 쉬었고 지난 몇 달 동안 많은 것을 배워서 그런지 활기가 넘치는 챔버스는 매우 특이한 모습을 보이고 있었다. 리더 해리스도 그 특징을 감지했다.

챔버스의 멘토이자 기도 동맹의 설립자 리더 해리스.

해리스는 1907년 12월의 논설에서 "구원에 관한 모든 성경적 진리가 매우 정확하면서도 열정적인 신선한 언어로 선포되었다. 챔버스는 자신의 주제를 서서히 달구어가다가 간혹 번개가 번쩍일 때와 같은 으스스한 효과가 있는 강력한 언어를 사용했다. 그의 중요한 특징은 성경에 대한 지식과 하나님께 대한 믿음이다"라고 밝혔다.

오랫동안 기도 동맹의 사역자로 있어온 도날드슨 부인은 챔버스의 설교에 대해 다음과 같은 평을 했다. "가끔 그가 어떤 사실을 말할 때 몇 개의 깜짝 놀랄 만한 강렬한 단어들을 사용함으로써 우리는 그 단어들이 무슨 뜻인지 생각하다가 그의 설명을 놓치곤 했다. 하지만 성령께서는 큰 권능으로 그를 통해서 말씀하셨다."

해리스는 11월 선교 집회 후에 독자들에게 "오스왈드 챔버스는 한두 가지 과거의 약속을 다 지킨 후에 오순절 동맹과 관련한 하나님의 사역에 그의 시간과 에너지와 귀한 은사들을 헌신하고 싶어합니다"라고 기쁘게 발표했다.

챔버스가 할 일은 영국을 돌며 기도 동맹 센터들을 방문하여 그들의 월별 모임에서 설교하고, 그들이 영적, 조직적으로 목표를 향해 제대로 나아갈 수 있도록 돕는 것이다. 그는 영국 도처를 다니며 끊임없이 여행을 했고, 수많은 집에 손님으로 체류했으며, 새로운 친구들을 많이 만들었다.

1907년 11월 24일, 그는 핸리에서 10일 동안의 집회를 갖게 되었는데, 그 근처의 스토크-온-트렌트에서 형 어니스트의 가족들과 만나보게 될 것을 크게 기대했다. 어니스트의 딸 아이린은 어디서나 두 팔을 펴고 챔버스를 반기는 전형적인 어린아이였다. 삼촌이 오후에 올 것을 알고는 10살짜리 아이린과 두 명의 어린 형제들이 창문에 달라붙어 회색 성직자 옷을 입은 키 크고 깡마른 사람을 기다렸다. 마침내 그들은 그가 집으로 다가오는 것을 보았고, 이제 그의 가늘고 긴 얼굴과 날카로운 짙은 청색 눈이 보일 만큼 가까이 왔다. 아이린이 문을 활짝 열자, 온 집은 웃음과 즐거움으로 떠들썩해졌다. 챔버스는 성직자 옷을 벗기도 전에 벌써 네 발로 기는 동물처럼 땅에 엎어졌고 두 꼬마 소년은 그의 등에 기어올라갔다. 그는 그들과 같은 수준에서 그들이 하자는 대로 해줌으로써 기꺼이 그들 세상의 한 부분이 되어주었다.

다음날 아침부터 매일 아침 6시면 아이린은 층계를 내려왔다. 그 시간, 부엌에 사랑하는 삼촌이 있는 것을 알고 있었던 것이다. 그 시간이면 챔버스는 격자무늬의 망토를 둘러쓰고 찻주전자 가까이에 앉아 독서를 하거나 글을 쓰거나 무릎을 꿇고 기도한다. 그러나 조카가 내려오면 환한 웃음과 따스한 말로 아이를 맞이했다.

그는 아이들 중 하나가 집안일 때문에 난색을 보이면, 귀에 익은 곡에 즉석의 가사를 붙여 노래를 불러주곤 했다.

불평보다 얼굴에서 빛이 나는 것이 낫고,
과거보다 지금이 낫고,
부엌문 옆에서 삐쳐 있는 것보다
찻잔들을 설거지하는 것이 낫다네.

저녁의 가정 기도 시간에 챔버스가 너무나 자연스럽게 하늘 아버지께 말하자, 아이린도 삼촌처럼 하나님와 동일한 신뢰의 관계를 갖기를 갈망했다. 챔버스가 그들의 예배 시간에 설교할 때는 똑같이 자연스러운 방법으로 말했다. 그는 분명하고 평범하며 강력한 말로 스코틀랜드 억양이 섞인 날카로운 목소리로 말했다. 그의 설교는 감정에 호소하려고 하거나 억지로 사람을 강요하는 일이 없었다.

당시의 나날들을 돌아보면서 아이린은 말했다.

"삼촌은 우물 안 개구리같이 조용하게 지내는 우리 가정에 서풍처럼 찾아와서는 우리 영혼을 흔들어 깨워 무한한 가능성을 신나게 느끼도록 해주었어요. 언제 어디서나 무엇이든 할 준비가 되어 있었지요. 삼촌이 있는 곳에서는, 혹은 우리와 함께 있을 때는, 그 누구도 어떤 신나고 기분 좋은 일들이 벌어질지 전혀 추측할 수 없었지요. 그는 우리의 짜증내는 표정이나 행동을 보면 '작은 감자들아, 오히려 얼어붙어라'라고 말하며 크게 꾸짖었어요."

집회 후 어느 날 밤, 아이린과 챔버스가 교회를 떠나려고 하는데, 어떤 여인이 황급히 들어왔다. "오, 챔버스 목사님! 저 자신에 대해 당신께 말해야 할 것 같아요."

챔버스는 저만치 조용한 곳에서 잠시 그녀와 함께 앉아 있게 되었고, 아이린은 한참 기다리려고 뒤로 물러났다. 그러나 예상 외로 그는 몇 분 만에 돌아왔다.

"어떻게 그렇게 빨랐어요?"

아이린이 함께 집으로 걸어가면서 묻자 챔버스는 껄껄 웃으며 대답했다.

"나는 그 여인에게 하나님께 자신에 대해 다 말했는지 물었단다. 그랬더니 그녀는 그렇게 안 했다고 대답하더군. 그래서 그녀에게 집에 가서 하나님께 정직하게 다 말하라고 말해주었지. 그러면서 그녀가 정말로 나와 이야기를 하고 싶어하는지, 꼭 대화를 해야 하는지 살폈지. 사람들이 직접 '본부'로 가서 말씀드리면 얼마나 좋겠어!"

챔버스는 어린이들을 볼 때마다 어른들을 대하면서 생긴 거미줄같이 얽힌 복잡한 상황으로부터 휴식을 얻었다. 동맹 회원들 중에는 그들이 몸담은 교회의 교인들이 자신들보다 영적으로 뜨겁지 않을 때 항상 오래 참거나 지혜롭게 대하는 것은 아니었다. 부흥을 위해 기도하는 것에 대해서는 아무도 뭐라고 할 수 없었지만, 부흥을 이끌어 보려고 하는 인간적인 재촉이나 노력은 종종 사람들의 오해와 거리낌을 불러왔다.

오순절 기도 동맹은 「불의 혀」라는 잡지를 출간했는데, 이 잡지는 당장 새로 등장한 '방언 운동'과 연관된 것으로 오해를 받기 시작했다. 해리스가 1891년에 이 동맹을 창설할 때 '오순절' 및 '불의 혀'라는 용어를 사용하게 된 것은 사도행전 2장의 친숙한 구절에서 가져온 표현이라는 이유 외에 다른 의도가 없었다. 그러나 오순절주의가 몇 년 사이에 영국에서 크게 성장하고 그 사상을 주장하는 사람들이 방언을 말하는 것에 큰 강조를 두었기 때문에 기도 동맹의 창설에 대해서도 여러 혼동이 야기되었다. (오순절 기도 동맹이 방언 운동과 결부된 것으로 오해를 받게 되자 기도 동맹은 신속하게 '오순절'이라는 단어를 빼고 '기도 동맹'으로 이름을 바꾸었다. 1916년에 잡지 이름도 '불의 혀'에서 '영적인 삶'으로 바꾸었다.)

리더 해리스는 배우지 않은 외국어를 말하는 은사행 2:6-12와 바울의 편지에 나오는 '글로솔랄리아', 즉 무아경에 빠져 말하는 방언을 구분했다. 해리스는 방언의 은사에 대해서는 아무런 문제가 없지만, 방언을 성령 충만의 잣대로 삼는 것에 대해 강하게 반대했다. 그는 1907년 11월 연설에서 다음과 같이 말했다. "방언을 말하는 것은 아무 문제가 없습니다. 방언은 초대 교회의 특권이었습니다. 이 시대의 신자들의 특권일 수도 있습니다. 그러나 우리가 방언 운동에 대해 판단을 하는 것은 바로 다음 사항입니다. 그들이 가르치는 책자를 읽어 보면 사람들이 방언을 말하기 전에는 성령을 받은 것이 아니라고 주장합니다. 그러나 성경은 절대로 그렇게 말한 적이 없습니다."

1908년 1월의 기도 동맹 잡지에는 챔버스가 쓴 '방언과 시험'이라는 제목의 글이 실렸다. "사람들의 마음과 눈을 우리 주 예수 그리스도로부터 어떤 현상이나 능력이나 체험으로 가도록 하는 교사가 있다면 그는 베드로가 마술사 시몬행 8:23에게 말한 엄중하고 맹렬한 꾸지람을 받아 마땅하다. 성령과 불로 세례를 받았을 때 즉각적으로 나타나는 결과는 다름 아닌 그리스도의 성품이다."

챔버스가 기도 동맹을 위해 전임 선교사복음전도자/설교가로 사역을 시작할 때의 분위기가 위와 같았다. 만일 그의 목표가 기도 동맹을 비난하거나 여기에 대항하는 자들에게 대꾸하거나 부정하는 것이 전부였다면, 그는 기껏해야 논쟁자가 되었을 것이다. 그러나 그의 목표는 예수 그리스도를 나타내는 것이었고 예수 안에서의 충만한 삶을 제시하는 것이었다. 그는 기도 동맹의 목표와 사상을 대변했지만, 그 일들은 챔버스의 마음에서 첫째가 아니라 둘째였다.

1907년 11월부터 1908년 5월까지 챔버스는 수없이 기차를 타고 다니며 잉글랜드 남부의 플리머스로부터 스코틀랜드의 북동 연안의 애버딘까지 온 사방을 다니며 집회를 가졌다. 어떤 때는 한 도시에서 1주 또는 2주간 머문 적도 있고, 집회 때마다 오후와 저녁에 말씀을 전했으며, 어떤 주일에는 세 번이나 말씀을 전한 적도 있었다. 하루 일정의 집회가 잡혔을 경우, 그는 기차로 그곳에 도착하여 저녁 메시지를 전하고 강사를 접대하는 가정에서 함께 머문 후에 다음날 이른 새벽에 기차를 타고 다음 목적지로 향했다.

그의 기도 수첩에는 신체적 피곤함과 영적 정체 현상 때문에 빚어지는 갈등의 모습이 비친다.

"오 주님, 오늘 저는 주의 말씀을 세 번 전해야 합니다. 지금 주께로부터 오는 영감과 힘을 기다리고 있습니다. 저의 영적 둔감함 가운데 주께서 주의 마음을 제게 실어주지 않으신다면 저더러 어떻게 하라는 말씀입니까? 오 주님, 예수 그리스도의 영광을 위해, 제게 영감을 주옵소서."

1908년 5월 말에 그는 거의 고갈되었다. 그는 지난 4주간 서로 다른 여덟 장소에서 20번 이상 말씀을 전했다. 그는 5월 28일에 미국으로 항해하도록 계획되어 있었고, 6월 19일부터는 신시네티의 하나님의 성경학교에서 시작되는 두 달 동안의 캠프 집회에 참여할 예정이었다.

그는 온 힘을 다해 5월 26일에는 월링턴에서, 다음날은 윔블던에서의 마지막 기도 동맹 집회들을 인도했다. 이제 곧 리버풀로 가는 기차를 타면 잠을 잘 수 있다. 그 후 대서양을 지나면서 10일 동안 완전하게 쉴 수 있다. 그는 앞으로 있을 미국에서의 혼신을 다할 사역 준비를 위해, 읽고 생각하고 기도하고 준비할 수 있는 시간을 얼마나 고대했는지!

그러나 이번 여행은 평소 때와 달리 혼자가 아니었다. 엘쌈에 있는 형 아서 교회에서 알게 된 아멜리아 홉스 부인이 딸 거트루드가 그가 타는 같은 배를 타고 미국으로 여행할 것이라고 편지를 보내왔다. 그 부인은 챔버스가 그녀를 도와주기를 부탁하면서, 특히 뉴욕에 도착했을 때 폐가 되지 않는다면 그녀를 보살펴줄 것을 부탁했다.

삶은 언제나 하나님의 섭리 안에서 흥미롭게 진행되었다.

12

배 위에서 만난 젊은 여인(1908)

거트루드 홉스가 'SS 발틱'호의 프로펠러가 흰 거품을 내며 리버풀의 갑판을 빠져나가는 것을 지켜보던 때, 그녀의 나이는 24세였다. 20세기 초에는 젊은 처녀들이 보호자 없이 혼자 대서양을 건너는 일은 거의 드문 일이었다. 챔버스가 그 배를 타고 여행하게 된다는 사실은 거트루드 자신보다 그녀의 어머니에게 안도감을 더해주었다. 거트루드는 그녀의 친구 마리안이 뉴욕에 오면 비서 일이 많다고 해서 뉴욕으로 그 친구를 만나러 가던 길이었다. 그 여행은 대단한 모험이었고, 그녀는 주머니에 단돈 16달러 밖에 없으면서도 아무런 염려가 없었다.

배가 최고 속도로 달리기 시작하자 챔버스는 18개월 전에 같은 배에서 나카다와 함께 항해하던 때가 생각났다. 그때의 여행은 순수한 우정과 모험을 위한 것이었는데, 지금 여행은 달랐다. 그의 바로 곁에는 지난 2년 반 동안 평범하게 알고 지내던 사랑스럽고 지적인 젊은 여성이 서 있었다. 그녀가 멀어지는 잉글랜드의 해안선을 바라보고 있을 때, 챔버스는 처음으로 그녀의 얼굴을 찬찬히 살펴볼 기회가 있었다. 그녀의 머리 꼭대기가 기껏해야 챔버스의 턱 밑에 닿았기 때문에 그가 그녀를 볼 때는 내려다보아야 했다. 그녀의 갈색 머리는 중간선에서 나뉘어 양쪽으로 넘겨져 뒤로 머리카락을 쪽지고 있었다. 아몬드 모양을 한 푸른 눈은 아치형의 둥근 눈썹 아래에서 반짝거렸다. 그녀의 입은 언제나 웃는 모양으로 일직선상에 똑바로 있었다.

챔버스가 단상 위 또는 찻상의 맞은편에서조차 보지 못했던 거트루드의 모습이었다. 왜 지금 그녀의 저런 모습이 보이는 것일까? 그의 마음속에서는 이상한 생각과 감정이 일어나고 있었다. 하지만 그는 그런 감정이 구체적으로 어떤 것인지 잘 몰랐다. 아무튼 그는 적어도 앞으로 10일 동안 그녀의 보호자가 되어야 했다. 식사할 때 같이 해야 했고 그녀가 항해에 익숙해질 수 있도록 도와야 했다. 그러다가 뉴욕에 도착하면 그녀는 새로운 일을 시작할 것이고, 챔버스는 다음 두 달 동안 설교와 상담에 정신없이 바빠질 것이기 때문에 아마도 그녀에 대한 생각은 마음속에서 거의 사라질 것이다.

하지만 지금 당장 그는 그녀를 어떻게 불러야 할지 결정해야 했다. 거트루드라는 이름은 너무 격식을 차린 이름이고 챔버스의 누이 이름과 같다. 거트루드의 가족들은 그녀를 '거티' 또는 '트루다'라고 불렀지만 그는 그녀를 부를 다른 별명이 필요했다. 이유야 어쨌든 그는 당장 부정적인 느낌이 들지 않는 친근한 이름인 '비디'라는 이름을 떠올린 후 앞으로 그렇게 부르기로 정했다.

매일 갑판을 함께 걷는 동안 그는 이 젊은 숙녀를 알아가면서 호기심이 많아졌다. 그녀는 어렸을 때 겨울이 될 때마다 기관지염이 발발해서 2개월씩 학교를 다니지 못했다고 한다. 그녀는 결국 학교를 쉬고 어머니를 도와 가사 일을 하게 되었고, 대신 그녀에게 들었던 비용은 언니 데이스와 오빠 허버트의 교육비로 사용되었다.

다른 평범한 아이라면 자기 연민에 빠져 풀이 죽었을 텐데, 어린 거트루드는 겨울에 꼼짝없이 집에 갇혀서 정규 교육을 받지 못해도 끄떡없었다. 그녀에게는 한 가지 야망이 있었는데, 영국 수상의 비서가 되는 것이었다. 그래서 그녀는 집에서 피트먼의 속기를 공부하고 타자를 배우기로 결심했다.

하지만 다른 많은 젊은 남녀들도 속기를 배운다는 사실을 알게 된 거트루드는, 그 분야에서 속도와 정확도에서 뛰어나기로 다짐했다. 거트루드는 어머니와 언니가 돌아가면서 기사들과 책을 읽어주면 그 내용을 속기로 받아 적었다. 그러나 거트루드는 기계처럼 받아 적는 선에서 멈추지 않고 읽히는 내용의 느낌과 문맥이 어떠한지를 살피며 받아 적었다. 속도와 정확도뿐 아니라 내용까지 이해하려고 애썼던 것이다.

거트루드의 15세 생일이 되기 2주 전, 그녀의 아빠가 50세의 나이로 세상을 떠났다. 이로 인해 가정은 경제적인 어려움에 빠지게 되었다. 언니 데이스는 학교를 마치고 공공 기관에서 좋은 직장을 잡았다. 그녀는 계속 같은 집에 함께 살면서 아낌없이 가족의 수입에 큰 도움을 주었다.

거트루드가 전임으로 일할 수 있는 나이가 되자, 그녀의 속기 실력은 일분에 250 단어를 받아 적을 수 있을 만큼 뛰어났다. 그녀의 속기 속도는 어떤 사람의 말의 속도보다 더 빨랐다. 그녀는 이러한 뛰어난 속기 실력 때문에 런던에서 16킬로미터 떨어진 곳에서 불규칙하게 뻗어 있는 영국 무기 공장 울위치 아서날에서 높은 지위의 공무원의 비서 일을 할 수 있었다. 그녀는 수천 수만 톤의 코르다이트 화약과 흑색 화약, 대포들이 바로 옆에 있는 곳에서 일하는 것에 전혀 개의치 않았던 듯하다. 그러나 그녀는 퇴근 바로 직전에 산더미 같은 일을 맡기며 집에 가기 전까지 그 내용들을 타자로 치고 편지들을 붙일 것을 기대하는 상관에게 문제를 제기했다. 얼마 후 그녀는 무기 공장을 떠나 런던의 법률 지역의 중심부에 위치한 이름난 링컨스인필즈 법률 사무소에서 직업을 갖게 되어 기뻤다. 지금은 미국에서 새로운 모험을 하기 위해 멀리 떠나고 있었다.

거트루드와 챔버스는 매일 'SS 발틱' 위에서 함께 걷고 함께 식사하며 서로에 대해 새로운 사실들을 발견했다. 그녀는 그의 예리한 생각과 밝은 유머 감각, 예수 그리스도를 향한 깊은 사랑에 감탄했다. 챔버스는 그녀의 결심이나 실력, 동물에 대한 사랑과 사람들에 대한 진실한 관심 등, 그녀의 모든 것에 감명을 받았다. 전에는 깨닫지 못하고 있었는데, 어떻게 서로 그렇게 많은 공통점이 있었던 것일까?

항해가 끝나자 그들은 각자의 길로 헤어졌다. 그러나 계속 편지를 주고받게 되었다. 챔버스는 하나님의 성경학교에서 캠프 집회를 갖기 바로 전날인 6월 20일에 신시네티에서 그녀에게 편지를 썼다.

> 잘 참고, 주님께 더욱 확신을 갖도록 해. 하나님에 대한 무어 씨의 질문에 답변하지 못한다고 해서 조금도 낙심할 필요가 없어. 하나님은 상식으로 알 수 있는 분이 아니라 계시로 알 수 있어. 그에게 하나님은 살아계시다고 말해줘. 특히 자신에 대한 권리를 포기하고 주께서 나의 모든 것을 주관하시도록 할 때, 그분의 살아계심을 체험할 수 있다고 알려줘.

혼신을 다하여 2주 동안의 설교와 상담을 마친 후인 7월 3일 날짜의 챔버스 편지에는 그 어감이 더욱 사적으로 변해 있었다.

망가진 삶으로 인해 슬픔과 고통을 당하는 셀 수 없이 많은 사람들에게 치인 후에 당신을 생각하면 나는 큰 힘을 얻지. 그러한 영혼들을 구원하시고 인도하시며 치유하시는 축복의 하나님을 대할 때 주께 영광을 돌리게 된단다.

챔버스는 7월 중에 신시네티에서 기차를 타고 매사추세츠의 노스애틀보로와 메인 올드오차드에서 열리는 캠프 집회에 참석했다. 특히 올드오차드에 가려면 뉴욕시와 비디가 있는 곳을 경유할 수 있었다. 당연히 그는 북쪽으로 여행하면서 그녀를 만났고, 영국으로 떠나기 전에도 그녀를 만났다. 챔버스의 8월 19일의 편지를 보면 그들의 서로를 향한 감정이 얼마나 많이 진전되었는지가 잘 나타난다. "감사하게도 주님이 보시기에 가장 좋은 때 우리가 서로 사랑하게 되었구나. 우리 각자의 성품을 훈련시키시는 것도, 우리를 함께 훈련시키시는 것도 다 주의 손에 달려 있단다."

챔버스는 다시 기도 동맹의 바쁜 일정에 따라 영국으로 돌아왔고 비디는 계약된 일을 마치기 위해 뉴욕에 좀 더 머물러야 했다. 그러나 챔버스는 수년 만에 처음으로 자기의 깊은 생각과 감정을 마음껏 쏟아놓을 수 있는 대상을 만났던 것이다. 비디에게 보낸 편지들을 보자.

주님과 주의 사역에 대한 간절함이 그 어느 때보다 커. 오, 나의 가장 열정적인 사랑이라고 해도 주님을 사랑함이 어찌 이렇게 작고 연약한지! 주님과 사랑에 빠져 있는 사람을 만나기가 거의 불가능해. 모두 자신들의 신조와 사상과 신념을 믿지, 주님을 사랑하는 사람들은 거의 없어! 이 시대의 패턴과 판박이 같은 사람들의 모습들이 너무 두렵고 싫다. 8월 20일.

일요일 밤이야. 웨슬리 채플에서 두 번째 주일 설교를 마쳤어. 평소처럼 하나님께서 오늘 밤에도 충만하게 임하셨어. 오, 내 마음과 머리와 몸이 더욱 주를 위해 쓰일 수 있다면! 오늘은 주님을 위해 더 많이 섬기고 쓰임 받지 못한 것 같아서, 오늘 밤 내 기분은 약간 슬퍼. 8월 23일, 런던에서.

당신은 영적으로 주님과 얼마나 친밀하게 지내고 있는지 궁금해. 주님과 친밀하지 않으면 다른 어떤 것도 옳을 수 없어. 우리의 상황을 주관하는 분은 하나님이시지. 나의 전 생애가 주의 손에 있고 나와 함께하는 당신의 삶도 앞으로의 가정의 축복을 위해서가 아니라 주의 영광을 위해 있는 거야. 9월 16일, 엘쌈에서.

오늘은 당신에게 정말 복되고 아름다운 내용이 될 성경 말씀을 대했어. "여호와의 말씀이니라 너희를 향한 나의 생각을 내가 아나니 평안이요 재앙이 아니니라 너희에게 미래와 희망을 주는 것이니라"렘 29:11. 새번역인데, 더없이 멋져. 10월 4일.

사람들의 갈등과 어려움에 대해 점점 더 예리하게 깨닫고 있어. 하지만 나의 모든 메시지는 그러한 갈등과 어려움을 무너뜨렸지. 10월 5일.

챔버스는 플리머스에서 10월 18일에 비디의 어머니에게 편지를 썼다.

친애하는 홉스 부인께

제가 부인의 막내딸 거르투드와 교제한다면 반대하시는지요? 저는 그녀를 사랑합니다. 따라서 제 선교 활동이 허락하는 대로 자연스럽게 그녀에게 편지도 쓰고 가끔 만나고 있습니다.

그러나 어떤 종류의 친분이 저희 둘 사이에 만들어지고 있는지 부인께서 아셔야 하고, 이러한 교제를 부인께서 허락하시는지 저희도 알고 싶습니다.

저는 10월 23일 금요일에 다시 런던으로 갑니다. 가능한 편하신 대로 답장을 빨리 해주셨으면 합니다.

따스한 마음으로, 오스왈드 챔버스 올림

홉스 부인으로부터 답장을 기다리는 중에 그는 비디에게도 편지를 썼다.

다른 사람을 돌보는 힘든 일을 하면서도 주의 도움으로 우리가 잘 참고 우리의 얼굴이 밝았으면 해. 분명히 사랑 때문에 우리의 삶은 긴장과 압박감 속에 사는 많은 사람들에게 좋은 안식처가 될 거야. 사랑은 하나님께로부터 온 것이기 때문에 우리의 사랑으로부터 더 큰 인내와 자상함과 봉사가 남들을 위해 넘치게 될 거야. 10월 19일, 플리머스에서.

"주의 십자가의 그늘이 저 높이 우리 머리 위에 있네. 내가 너희를 위해 이 일을 행했건만, 너희는 나를 위해 무엇을 했느냐?" 세상은 우리가 돌봐야 할 교구이고, 주님께서는 그 길을 여실 거야. 10월 21일.

홉스 부인은 당장 답장을 했지만, 그녀의 편지는 챔버스가 원하는 분명한 답변을 주기보다 혹시 챔버스가 농담을 하는 것은 아닌가 하는 그런 내용이었다. 챔버스는 10월 21일에 다시 홉스 부인에게 편지를 썼다.

친애하는 홉스 부인께

보내주신 답장에 감사합니다. 제가 어떤 종류의 친분인지를 정확히 말했다면 좋았을 텐데, 그렇지 않고 애매하게 표현함으로써 부인께 더 큰 심려를 끼친 것은 아닌지 매우 염려스럽습니다.

제가 말한 '친분'이란 분명히 '플라톤적인'(평범한 친구 관계를 뜻하는) 친분을 말하는 것이 아닙니다. 앞으로 약혼을 하고 궁극적으로는 결혼을 하게 될 친분을 의미합니다.

만일 평범한 친분이었다면 제가 굳이 부인의 승낙을 받을 필요가 있다고 생각했겠습니까? 하지만 부인의 딸을 향한 이러한 생각과 감정을 갖고 있는데, 어떻게 부인이 모르게 교제할 수 있겠습니까?

제가 보낸 편지 내용은 당연히 어떤 어머니라도 어쩔 수 없이 고민하게 되는 내용일 텐데, 더욱이 쓸데없는 심려까지 드린 점을 용서해 주시기 바랍니다.

제가 지금 '선교사'로 있는 현재 자리는 분명히 하나님께서 보내신 곳으로써 임시직입니다. 대학의 강사 자리에서 벗어나기 위한 좋은 자리이며 벌써 안정된 일이 저를 기다리고 있습니다. 자리가 안정되면 곧바로 결혼하고 싶습니다.

부인의 편지에 다시 한 번 감사드리며, 제가 금요일 아침 이곳을 떠나기 전 부인께 답변을 받을 수 있기를 소망합니다.

따스한 마음으로, 오스왈드 챔버스 올림

이 편지를 부친 후에 그는 선창가를 따라 걸으며 저 멀리 플리머스의 유명한 항구 펜리 포인트의 등대인 사운드 파The Sound Far를 물끄러미 바라보았다. 언제나 경고와 환영의 빛을 던지는 그 등대는 데본의 거친 연안에서 떨어져 있는 배들에게 "거의 집에 다 왔어요. 당신의 목적지에 다가올수록 바위들을 조심하세요"라고 말하는 것 같았다. 챔버스는 하나님께서 얼마나 빨리 외로운 사역을 뚫고 들어오셔서 비디와의 사랑을 허락하셨는지를 생각했다. 그는 자신이 그녀를 얼마나 그리워하는지 깨닫고 깜짝 놀랐으며, 그녀 또한 그를 사랑하고 있다는 사실을 알았을 때는 마음이 흔들렸다.

그는 계속 비디에게 편지를 보냈다.

내가 당신에게 줄 수 있는 것이라고는 나의 사랑과 주님을 향한 끊임없는 아낌없는 섬김 밖에 없어. 나는 당신이 이 말씀을 읽던 소리를 들을 수 있어. "여우들도 굴이 있지만 인자는 그의 머리 둘 곳이 없도다."

주의 이 말씀을 함께 붙들자. 우리의 미래는 주께서 하신 말씀대로 되겠지. 우리 함께 주님께 나아가자. 중간에 멈추거나 하여 주의 꾸지람을 듣는 일이 없도록 하자. 당신의 성경에 이 구절을 오늘 날짜와 함께 표시해 두었으면 좋겠어. 나도 그렇게 할게. 10월 23일, 플리머스에서.

챔버스는 플리머스에서의 사역을 마친 후 북쪽으로 여행하여 덴비데일의 작은 요크셔 마을에 도착했다. 이곳은 2년 전 그가 나카다와 함께 기차에서 내려 '예수 그리스도를 위해 덴비데일에 그들의 발을 뗀 곳'이었다. 챔버스는 처음 그들이 이곳에서 집회를 가졌을 때의 느낌을 지금도 여전히 가질 수 있었다.

10월 28일, 그는 비디에게 다음 내용으로 편지를 썼다.

주님께서는 우리가 주께 드리는 것을 받으시지롬 12:1. 모든 것을 주께 맡긴 느긋한 마음을 통해, 주님은 다른 사람들을 향해 주의 축복을 부으실 수 있단다.

당신이 가지고 있는 모든 것을 아낌없이 다른 사람들에게 붓도록 해. 당신의 가슴 안에 있는 사랑 때문에, 당신은 분명히 지루하고 힘든 장소들을 밝고 아름답게 만들게 될 거야. 하나님은 절대로 선한 것들을 우리에게 아끼지 않고 부어주시니까.

그는 여전히 펜을 손에 잡은 채 집에 보낼 다음 편지에 무엇을 쓸까 고민했다. 그 편지가 봉해져 부쳐지기 전에는 다른 아무 일도 할 수 없었다. 그는 여러 번 편지를 썼다가 구겨 버린 후 깊은 숨을 들이마시고 다시 편지를 쓰기 시작했다.

친애하는 어머니와 아버지께

제가 사랑에 빠져 있다는 사실을 부모님께 말씀드리려고 하는데, 새로운 경험이고 너무 많은 잘 모르는 상황들 때문에 어떻게 다 말씀드려야 할지 모르겠습니다.

저는 많은 남자들과 여자들을 사랑하며 그들에게 사랑을 받았습니다. 작은 사랑이 아니라 참으로 크고 진실한 사랑이지요. 그러나 지금 사랑은 많이 다릅니다. 이 사랑은 정열적이거나 갑자기 다가온 것이 아니라 제 모든 곳에 배어듭니다. 지금 저는 갑작스럽게 부모님께 이 사실을 알려드립니다.

저는 그 어느 때보다 주님께 붙들려 있고 부모님이 생각하시는 것 이상으로 주님을 위해 일하고 있습니다. 그러나 지금 '이 일'은 제게 생소한 연단이었고, 이제는 전에 느낄 수 없었던 대단한 외로움을 느끼게 됩니다. 물론 미래가 어떻게 펼쳐질지 저는 모릅니다. 하지만 염려하고 싶지 않습니다. '온 세상으로 나아가 모든 민족으로 제자를 삼는' 제 소명은 여전히 변함없이 강렬합니다. 저는 그 사명을 따라 나아갈 것이며, 궁극적으로 거트루드 홉스 양이 저와 함께 그 길을 가기를 기대하고 있습니다. 제가 그 여인에게 어떤 도움이 될까를 생각해 보지는 못했습니다. 그러나 지금까지 아무것도 염려하지 않고 있습니다. 주의 손이 인도하실 것을 확신하기 때문입니다.

물론 많은 친구들이 이 사실에 대해 상식과 이치에서 벗어난다고 하며 빗발치듯 많은 반대의 말들을 하겠지만, 저는 주눅 들거나 좌절하지 않으려고 노력할 것입니다.

그러나 지금 부모님만은 제가 이러한 제 자신에 대해 쓰는 것이 얼마나 어색하고 어려운지 이해해 주시기를 바랍니다.

지난 7년간 저는 35세 이후의 저의 모습에 대해 한 번도 생각해본 적이 없었습니다. 아마 가끔 제가 그때 즈음이면 더 넓은 집으로 가게 되어 있으면 좋겠다고 말했던 것을, 부모님께서는 기억하실 것입니다. 이제 저는 35세가 되었고, 갑자기 이렇게 다소 어리석고 혼란스러운 잔을 들게 되었습니다. 그러나 저는 이 잔 때문에, 말로 다 표현할 수 없을 정도로 감사하고 있습니다.

거트루드에게 말씀해 주시기를 부탁드립니다. 더 이상의 기도와 번민이 힘들어서 참을 수 없으니, 새로운 관계를 시작해야 한다고 알려주시기 바랍니다.

이렇게 갑작스럽고 영문 모를 편지를 받으시더라도 사랑하는 어머니께서는 이해하시리라고 믿습니다. 저도 이런 글을 쓰는 것은 쉽지 않았습니다. 다음번에 집에 들를 때, 그녀와 차 한 잔 마시기 위해 집으로 데려가도 되는지요?

10월 28일, 덴비데일의 화원에서
사랑하는 아들, 오스왈드 올림

그는 이 편지가 런던에 도착했을 때 어떤 반응들이 있을지 거의 짐작할 수 있었다. 어머니는 이 편지를 받아들고 웃으며 "물론 그녀를 차 한 잔 마시게 데려오너라"라고 말할 것이다. 그녀는 막내아들이 사랑에 빠진 사실이 대단하다고 생각할 것이다. 한편 아버지는 인상을 찌푸리며 "오스왈드가 살림을 차릴 직장이 있어, 돈이 있어, 집이 있어? 무슨 계획이라도 있는 거야? 안 돼. 지금 기도 동맹과 함께 순회하며 설교하는 일은 기껏해야 식비와 숙박, 다음 집회 장소까지의 운임 밖에 나오지 않아 간신히 입에 풀칠 밖에 못하는데, 오스왈드는 도대체 아내를 먹여살리고 결국 자녀들까지 책임져야 하는 일이 무엇인지 알기나 하는 거야? 내가 볼 때 전혀 모르는 것 같아. 이제 뭉게구름 속에서 머리를 들고 현실을 직시해야지. 글쎄, 결혼이라도 하면 어쩔 수 없이 그렇게 되려나?"라고 말할 것이다.

챔버스는 가족과 친구들의 우려에, 특히 돈과 관련한 우려에 많이 익숙해 있었다. 그는 예수님의 말씀인 "구하는 자마다 주라"는 뜻을 그대로 믿었다.

어느 날 저녁, 기도 동맹 집회를 인도한 후 그가 자신의 숙소로 돌아가고 있는데, 술 취한 사람이 다가와 돈을 달라고 했다. 그는 상대방의 이야기를 다 들은 후, "당신의 이야기가 거짓말인 줄 알지만, 우리 주님께서 내게 구하는 모든 자마다 주라고 하셨으니 줍니다. 여기 저의 마지막 실링입니다." 그러면서 그가 상대방의 손에 동전을 쥐어

줄 때 그 동전은 실링이 아니라 실링의 2.5배가 되는 반ㅁ 크라운이었다. 그러나 상관없었다. 그는 "여기 있습니다. 주께서 당신을 축복하시길 바랍니다"라고 말하며 그 동전을 주었다.

집주인이 이 이야기를 듣고, 어리석다고 꾸짖었다. 이때 챔버스는 당황하며 "저는 그 사람이 제 믿음을 시험하기 위해 보내졌던 것이라고 믿어요"라고 대답했다. "사람의 의무는 분명하지요. 하나님의 명령을 순종하기 위해 구하는 자에게 주는 것입니다. 그 돈을 받은 사람이 무엇을 하든 제가 신경쓸 것이 아니지요." 이 대답을 듣고 여주인이 믿을 수 없다는 듯이 고개를 흔들자, 챔버스는 재치 있게 "주님은 언제나 제가 나눈 것의 두 배를 주십니다"라고 덧붙였다. 다음 날 아침 챔버스는 선물이 담긴 편지를 받았다. 그 편지는 침대에 누워 있기 때문에 그의 설교를 직접 들으러 올 수 없는 어떤 사람이 보내준 것이었다. 그 선물은 정확하게 그가 지난밤에 술 취한 사람에게 주었던 금액의 세 배였다.

챔버스는 '매해 아무것도 모으지 못하는' 삶을 산다고 그를 비꼬는 가시 돋친 말들을 많이 들어도 전혀 개의치 않고 부름을 받은 대로 헌신하며 나아갔다. 그가 나아가는 길 때문에 다른 사람들에게 아픔을 주게 될 때도, 그러한 상황으로 인해 마음이 깊게 상해도 그는 자신이 가는 길에서 벗어나지 않았다. 그러나 지금 그는 멋지고 젊은 어떤 여인에게 많은 사람들이 영적인 순례의 길이라고 부르는 삶으로 들어오라고 부탁할 참이다. 그런데 이런 부탁이 그녀에게 괜찮은 것일까?

그는 부모님에게 썼던 편지를 다시 읽어보며 그의 표현이 딱딱하다고 느끼며 고개를 흔들었다. 어떻게 기대와 기쁨으로 그를 가득하게 만드는 관계가 이렇게 편지에는 차갑고 생동력이 없게 보이는 것일까? 그는 그 편지를 옆으로 밀치고 성경을 펴서 저녁 집회에 대해 미리 생각했다. 가끔 자신의 설교도 차갑고 생동력이 없다고 느껴졌다. 그는 주를 향한 사랑으로 인해 설교에서 더 주님이 드러나기를 바라며 잠이 든 때가 얼마나 많은지 모른다. "내가 주님을 아는 만큼 주님에 대해 말할 수만 있다면…."

챔버스가 스페크 홀에서 특별 선교 집회를 갖는 동안 비디는 영국으로 돌아왔다. 11월 13일, 챔버스는 그녀를 데리고 그들이 가장 많이 들르던 성 바울 예배당런던의 가장 높은 곳인 루드게이트 힐에 세워진 영국 성공회의 예배 장소. 가톨릭과 구분하기 위해 '성당' 대신 예배당으로 번역했다. - 역주으로 갔다. 한참 동안 그들은 교회의 회중 복도를 왔다갔다 하며 걸었다. 그들의 눈은 화려한 천장의 둥근 지붕을 바라볼 수밖에 없었다. 그 후 그들은 홀만 헌트의 유명한 그림 '세상의 빛' 앞에 서서 서로의 사랑을 맹세하고 약혼했다. 챔버스는 약속의 증표로 세 개의 작은 다이아몬드가 박힌 조그마한 반지를 그녀에게 끼워 주었다.

챔버스가 두 사람 간의 가장 중요한 약속을 위해 이 장소를 택한 것은 단지 낭만적인 의도가 아니었다. 헌트의 그림은 담쟁이덩굴로 가득 덮인 문을 보여준다. 그리스도는 그의 왼손에 등을 들고 계시고 오른손으로 문을 부드럽게 두드리신다. 그 그림 아래에는 요한계시록 3장 20절의 말씀이 있었다. "볼지어다 내가 문 밖에 서서 두드리노니 누구든지 내 음성을 듣고 문을 열면 내가 그에게로 들어가 그와 더불어 먹고 그는 나와 더불어 먹으리라."

챔버스는 그 그림을 보고 곧장, 그리스도는 밤에 등을 들고 오셔서 누구든지 내면에서부터 문을 열어주면 그 문으로 들어가시려고 부드럽게 문을 두드리신다는 사실을 깨달았다. 그러한 의미가 그 그림에 분명하면서도 기술적으로 묘사되어 있었다. 챔버스와 비디는 예수 그리스도를 최고로 사랑할 것을 언약하면서, 이 어두운 세상에서 주의 일에 헌신하기로 맹세했다. 그들이 하나님께 속한 일을 가장 소중히 여기고 그 다음에야 서로를 사랑하기로 하는 주의 소명을 받아들이기로 다짐한 것은, 개인적인 행복을 소망하는 언약과는 거리가 멀었다.

동시에 그들의 약혼은 최고의 명령을 위한 사랑의 결합이었다. 그들을 아는 사람이라면 그 누구도 그들의 약혼이 하나님 나라를 더욱 효과적으로 지향하기 위한 실리적인 협약으로 보지 않았을 것이다. 가장 적은 비용으로 가장 큰 효과를 내야 한다는 개념인 '효과성'은 챔버스와는 거리가 먼 개념이었기 때문이다. 그의 방법은 언제나 '아무것도 남기지 않고 아낌없이 헌신하며 전부 쓰임 받는 것'이었다.

비디는 챔버스를 참으로 사랑했으며 그의 비전을 나누었다. 두 사람은 밖이 밤이든 아니면 찬바람이 불든 상관하지 않고 소망으로 타오르면서 성 바울 예배당을 떠났다.

13

기도 동맹에서의 리더십(1908-1909)

챔버스가 동맹을 위해 긴 선교 여행을 떠나야 하기 때문에 비디와의 약혼 소식을 가족들과 친구들에게 알리는 데 겨우 3일 밖에 없었다. 스페크 홀에서의 집회는 11월 16일에 끝났고, 그 다음날 그는 스카보로에 도착할 예정이었다. 다음 아일랜드로 가서 12월 내내 그곳에 있을 예정이고, 이후 스코틀랜드에 가서 1월 한 달을 보낼 예정이다. 따라서 3개월간은 비디를 보지 못하게 된다.

스페크 홀에서의 집회가 마무리될 때 리더 해리스는 기도로 챔버스를 파송했다. "주님, 그를 스카보로와 아일랜드와 스코틀랜드로 인도하소서. 그가 다시 돌아올 때는 많은 영혼을 등에 업고 돌아오게 하소서."

챔버스는 해리스 부부와 매우 가깝게 알며 지냈다. 그는 그들을 '주님의 가장 멋진 성도'라고 여겼다. 어떤 사람은 해리스를 뛰어난 변호사로만 알고 있었다. 또 다른 사람은 기도 동맹에서의 지도력에 초점을 두었다. 하지만 챔버스는 그를 영국의 귀족 부류로부터 배터시의 빈민촌에 사는 가난한 자들에게까지 그리스도를 용감하게 증거하는 매력적인 하나님의 사람으로 보았다.

1908년 11월 13일, 챔버스는 약혼식을 마치고 급하게 아일랜드로 떠나면서 다음과 같은 글을 썼다.

"내가 기도 동맹에 어떤 빚을 졌는지는 주님만이 아신다. 전국에서 나를 위해 기도하는 사람들이 수백 수천 명이 된다는 것을 기억할 때, 얼마나 우쭐하면서도 겸손해지게 되는지 모른다."

아마 챔버스가 이번이 리더 해리스의 살아 있는 모습을 볼 수 있는 마지막 기회인 줄 알았다면, 턱수염 난 그의 얼굴을 더 오래 바라보며 그의 손을 꼭 잡았을 것이다.

챔버스의 아일랜드에서의 첫 번째 선교 집회 장소는 북부 아일랜드 수도에 있는 감리교의 모교회 벨파스트 도네갈 스퀘어 교회였다. 감리교 협회의 감독이자 교회 감독이기도 한 제임스 앨리 목사는 챔버스를 초청하면서 회중이 '새로운 생명력'을 얻고 봉사에 능력을 얻을 수 있기를 기도했다. 챔버스는 그들이 주님께서 도와주시기를 바라기만 한다면 복된 시간이 준비되어 있다고 목사를 특별히 안심시켰다.

22일, 챔버스는 벨파스트에서 비디에게 편지를 썼다.

> 지금 내가 있는 하숙집은 사우스 켄징턴의 로얄 미술 대학에 있을 때 나와 동료였던 사람의 아내가 운영하는 곳이야. 그래서 과거가 갑자기 생각나더군.

하숙집에는 세 들어 사는 세 사람이 있었는데, 그중 두 사람은 그 집에 '선교사'가 머무는 것에 대해 맹렬하게 반대했다. '설교가 그의 직업'이라고 하는 어떤 사람이 최근에 그곳에 머물렀는데, 그들은 그 사람의 공중에서 떠도는 시끄러운 종교적 대화와 얄팍한 생각에 진저리가 나 있었다.

그들은 챔버스가 도착한다는 소식을 듣고 당황했다. 장래가 촉망되는 변호사 제임스 앤더슨은 선교사와 나눌 대화가 무엇이 있겠느냐며 이번에 오는 선교사를 무시하기로 다짐했다.

또 다른 격렬한 반대자는 43세의 캐서린 애쉬였다. 그녀는 더 많은 짜증을 냈다. 그녀는 또 다른 설교가가 온다는 것을 알고는 기겁했다. 키가 1미터 76센티미터인 그녀는 아침 식탁에서 일어서면서 코를 하늘로 쳐들고 "이 집에 10일 동안 무식한 복음전도자를 모신다니 멋지군! 나는 절대로 그 사람과 밥을 먹으면서도 아무 대화도 하지 않을 거야. 분명히 나눌 대화가 없을 거야. 보나마나 지긋지긋한 끔찍한 사람이겠지"라고 말했다.

애쉬는 어머니 쪽으로 전통적인 아일랜드 귀족 출신이었다. 아버지는 잉글랜드 교회의 성직자였음에도 불구하고, 그녀는 골이 깊은 불가지론자가 되었다. 그녀는 교양이 있었고 훌륭한 교육을 받았으며 뮤지컬을 전공하고 의지가 대단히 강한 여인으로서 하나님을 필요로 하지 않았다. 그녀에게는 하나님을 대표한다는 사람들이 매우 무식하고 형편없는 사람들로 보였다.

챔버스는 하숙집 식구들의 냉담함을 받아들이고 그들이 나누는 식탁에서의 대화와 관심에 초점을 맞췄다. 그들은 별 기대감 없이 자신들에 대해 말하게 되었고 그들이 믿는 바가 무엇인지를 말했다. 한참 자신들의 의견을 다 말한 후 평범한 예의에 따라 챔버스의 생각을 물어보게 되었다.

나중에 챔버스는 그들과의 대화에 대해 편지를 썼다.

이곳 사람들은 아픈 삶들을 살고 있는데, 주께서 역사하시는 것 같아. 어젯밤에 우리는 멋진 '충돌'을 했지. 나는 주님을 알지만 그들은 주님을 몰랐기 때문이야. 나는 그들에게 예수 그리스도 없이는 하나님에 대해 아무것도 알 수 없다고 말해주었어. 예수님은 내게 하나님이시며, 예수님을 빠뜨리면 하나님은 단지 정신적 추상이라고 말해주었어. 이 사람들의 마음은 매우 갈급해. 하지만 그들은 지적으로 매우 현대적인 추상적 개념들을 섬기는 데 만족하는 것 같아. 그 개녀들은 내게 우스꽝스러울 정도로 형편없는 것들인데도 말이지.

애쉬는 한 주 두 주 지나면서 '그녀가 무시하는 복음전도자'가 피아노로 멘델스존을 칠 줄 알고 입센의 희극을 알고 있다는 사실을 발견하고 놀랐다. 제임스 앤더슨은 법률계에서 최고 정상에 있는 리더 해리스와 그의 그리스도를 향한 헌신에 대해 더 많이 알기를 원했다. 이름을 아직 알지 못하는 그 집의 세 번째 세입자는 챔버스의 진실한 관심과 그가 말하는 내용의 분명한 실체에 마음이 끌렸다. 세 사람 모두 아일랜드의 아름다움을 향한 챔버스의 사랑에 깊은 감명을 받았다. 또한 방문자라면 거의 포착되기 어려운 미세한 표현들까지 그가 이해하는 것을 보고 경탄했다.

며칠 안에 챔버스는 자연스럽게 행동하며 그들을 돌아봄으로써 그들의 마음을 살 수 있었다. 그들의 대화는 이제 애쉬의 표현을 빌리면 "해 아래 모든 주제에 대해 즐겁게 나누는 대화의 소풍"이었다.

애쉬는 선교 집회가 마치기 전에 적어도 한 번은 예의상 챔버스의 집회에 참석해야겠다고 느꼈다. 그녀는 아무것도 기대하지 않고 집회에 참여했다. 하지만 그리스도 안에서의 풍성한 삶에 대한 메시지가 크게 마음에 와닿았다. 챔버스는 집회 끝에 평소와는 달리 청중에게 예수 그리스도께 헌신하기를 원하는 사람들은 예배당 앞으로 나오라고 초청하며 결단의 시간을 가졌다. 애쉬는 자리에서 일어나 앞으로 걸어나갔다. 그녀의 교만과 자아 만족이 그녀를 향한 그리스도의 사랑에 의해 녹아내렸다. 그녀는 그 사건을 "위로부터 태어나기 위한 산고의 진통과 함께 철저한 초자연적인 회심의 역사"라고 묘사했다. "저의 모든 관점이 성경의 기준을 귀중하게 받아들임으로써 재조정되어야 하는 지독히 고통스러운 과정이었답니다." 키가 크고 당당한 귀족풍의 캐서린 애쉬는 그녀 인생의 중반에 회개하여 전혀 다른 사람이 되었다.

챔버스는 눈에 보이는 이러한 결과들 때문에 하나님을 찬양했다. 그의 심중은 비디에게 보낸 편지에 잘 나타난다.

오늘 설교할 때 사람들이 크게 축복을 받았어. 그러나 내가 원하는 것은 그들이 "그분의 설교 때문에 더욱 주님을 사랑하게 되었어. 이제 나의 주 예수님이 내게 전부가 되셨어"라고 말하게 되는 거야. 11월 23일, 벨파스트에서.

오늘 밤 주님을 크게 체험하고 있어. 주님을 위해 사는 것 외에는 아무 가치가 없어. 주님의 이름표를 달고 있는 많은 교회들과 계획들과 선교 기관들과 거룩 운동들이 사실은 주님은 안중에도 없지. 나는 호흡과 모든 설교가 주님께서 사람들에게 임하셔서 그들이 더욱 실제로 주님을 만나게 되는 수단이 되길 바랄 뿐이야.

당신에게는 내가 주께로부터 받은 연단이 필요 없었으면 좋겠어. 주님은 내게 지옥을 지나게 하시고 비탄에 잠기게 하셨지. 당시의 형언할 수 없는 고통을(당신이 그 고통을 안다면 그 고통이 능력이 된다는 것을 이해하겠지.) 몇 글자 적어놓았어. 아직까지 그때의 고통을 돌아본 적이 없는데, 오늘은 다시 생생하게 기억이 나네. 다음 글은 저 깊은 밑바닥에서 나온 나의 글들 중 뽑아낸 약간의 부스러기 글이야.

쉿! 내 영의 슬피 우는 소리가 들린다.
또 다른 차원의 휘몰아치는 고통을 통해
무엇인가를 추구하지만, 헛될 뿐이네.
그 큰 고통으로 인한 눈물이 하염없이 흐르고
계속 들리는 고통의 목소리는
나의 삶을 두려움으로 파멸시킨다.
전혀 즐거움 가운데 살 수 없구나.
전혀 슬픔에서 나올 수가 없구나.
오직 눈물 가운데 거할 뿐일세.

그 후, 나는 나를 거룩케 하신 주님을 발견했지. 11월 24일.

그가 기억해낸 위의 시 '구렁텅이에서'는 런던에 있을 때 적어두었던 시였다. 그가 이 시를 기억했다는 것은 이전의 영적 갈등이 얼마나 깊고 오래 지속되었는지를 보여준다. 그 갈등은 그가 더눈으로 가기 훨씬 오래전부터 있었다. 그가 주께 철저하게 항복한 인생의 가장 결정적인 그 순간은 벌써 7년이 지났지만, 결코 의식에서 떠난 적이 없었다.

조금 엄하고 단호하게 들릴지 모르지만 주님은 우리가 사람들에게 공감하는지, 아니면 주님께 공감하는지 정확히 아시지.
내가 주님을 안다고 자신 있게 주께 말씀드릴 수 있다면 얼마나 기쁠까! 내 주변에는 온통 마음이 비탄에 빠진 사람들로 가득해. 주께서 이 문제를 해결하실 수 있다는 것을 알지만, 어떻게 그들을 주께로 가게 할 수 있을지, 어떻게 그들에게 말하고 설득해야 할지…. 12월 1일, 더블린에서.

큰 힘과 함성 소리는 하나님을 향해 갈망하는 나와 같은 선지자의 외로움을 깨우는 듯해. 나는 언제나 기쁨으로 충만하지만 그 기쁨에는 지독한 슬픔이 섞여 있는 것 같기도 해.
오늘 밤 밖의 바람은 대단히 세찬데, 나는 성령의 강풍이 내 머리 위로 불며 뭔가 내게 전하는 메시지가 있음을 분명히 느끼고 있어. 그

것이 무엇인지 아직 정확하지는 않아. 하지만 이상하게 나로 하여금 깨어 있게 만들어. 그 의미가 무엇인지 깨닫고 싶지만 알 수가 없어. 아직 그 의미를 감지할 만큼 영적으로 성숙하지 못한 것임에 틀림없어. 12월 6일, 북아일랜드의 극북 연안에 있는 포트러시에서.

챔버스는 12월 15일에 앤드림으로 가서 그의 마지막 아일랜드 선교 집회를 시작했다. 그는 그곳에서 편지를 썼다.

날마다 내 생각과 마음에는 나의 주 예수 그리스도께서 점점 위대해지시고 더욱 중심이 되고 계셔. 우리가 주님께 얼마나 많이, 얼마나 감당할 수 없을 만큼 많은 빚을 지고 있는지, 우리 중 조금이라도 제대로 깨닫는 사람은 거의 없는 것 같아. 주님이 아닌 여러 다른 생각들과 염려에 빠진 수많은 나날들을 생각해볼 때, 후회막급으로 인한 고통과 분노가 치밀어. 이 세상 신이 다소 고상하고 선한 것들로 온 세상을 얼마나 시끄럽고 복잡하게 만드는지, 결국 우리로 하여금 주님께 헌신하지 못하도록 만들고 있어.

챔버스는 아일랜드의 선교 집회를 마친 후 연락선을 타고 노스채

널을 건너 영국 본토로 건너왔다. 그 후 기차로 스코틀랜드로 왔다. 그는 퍼스에 있는 형 프랭클린의 가족과 함께 크리스마스 휴가를 맞았다. 그 와중에 날마다 엘쌈에 있는 비디에게는 기차로 달려온 편지가 전달되었다. 이 주간에 비디에게 보내진 챔버스의 편지 내용에는, 하나님의 부르심은 일반 사람들이 생각하는 '유용성'에 의한 것이 아니라는 관점이 잘 나타나 있다.

당신과 내가 함께 주를 위해 살 수 있도록 주께서 장래에 있을 위대하고 귀중한 일들로 우리를 이끄시는 것을 더욱 확신해. 조금도 두려워하지 마. 주께서 당신을 훈련시키시는 중이니까. 크리스마스 날, 퍼스에서.

우리가 주의 십자가의 유익을 놓치지 않으려면 다른 많은 좋은 것들을 버려야 해. 우리가 나아가는 길은 그분을 얼마나 귀하게 여기는지에 달려 있겠지. 12월 26일.

나는 내가 어떤 곳에서 더 유용할 것이라는 그러한 생각에 관심이 없어. 주께서 뜻하시는 곳이 내가 있어야 할 곳이지. 나를 인도하시는 주께 영광을 돌린다. 원천 되시는 주님께 마음을 두고 있을 때 주께서 모든 과정을 인도하실 거야. 12월 27일.

기도 동맹에서의 '임시 선교사직'은 계속 연장되었고 안정된 자리는 전혀 보이지 않았다. 따라서 의심할 여지없이 그가 예상한 대로 그들을 염려하는 가족과 친구들로부터의 현실적인 충고가 터져나왔다.

> 오늘은 당신과 나에게 가장 중요했던 한 해의 마지막 날이야. 우리의 삶 가운데 최고의 해였지. 그러나 주께서는 우리를 위해 예비하신 일들을 위해 우리를 준비시키고 계셔. 새해에 내게 다가오는 주의 말씀은 "아버지께서 나를 보내심같이 나도 너희를 보내노라"는 말씀이야. 주께서 가장 먼저 순종한 것은 하나님의 뜻이었지, 인류의 필요가 아니었어. 이 시대의 소리는 "이곳에서 당신이 가장 유용할 것이다"라고 말하지만, 내게는 이 음성이 미혹자의 음성처럼 들려. 지금 우리가 서 있는 자리가 주께서 우리를 두신 곳인데, 아무도 이 사실을 보지 못하고 있어! 12월 31일, 퍼스에서.

챔버스와 비디가 함께 보낸 시간은 미국으로 건너가는 배에서 10일을 함께 보낸 때 외에는 거의 없었다. 전화 사용은 비용이 많이 들어 특별한 경우에만 하게 되었다. 오직 우편만이 그들의 사랑의 생명선이었다. 비디는 챔버스가 보낸 모든 편지에서 격려의 내용들을 모아보았다.

- 하나님의 영이 어떤 위대하고 새로운 것으로 당신의 마음을 사로잡고 있다고 믿고 있어. 당신이 알고 있는 모든 빛 위에 주님께서 역사하시도록 마음을 열어두었으면 좋겠어.
- 주님의 방법에 전혀 의심하지 말고, 오랜 기다림에 대해 힘들어 하지 말고, 인내하면서 하나님만 신뢰하도록 해.
- 한 개인의 삶이 하나님께 무한한 가치가 될 수 있을 거야. 당신의 삶도 그러한 삶이 되어야겠지.
- 하나님께서 나를 바꾸어 내셨다는 사실이 참으로 놀라운 일이기 때문에, 나는 누구에게도 절대로 실망할 수가 없어.
- 예수님께서 제자들에게 하신 것처럼, 우리가 실수할 때 그 실수를 통해 하나님은 우리를 바르게 하시지.
- 예수 그리스도를 위해서는 무모할 필요가 있어!
- 다른 사람을 비방할 때마다 영성이 죽지.
- 사람들과 관련한 일들뿐 아니라 하나님의 일들을 말할 때도 유머 감각을 유지해야 해.

챔버스가 비디에게 쓴 편지들 중 오직 이 책에서 인용된 것들만 남아 있다. 따라서 비디가 챔버스에게 어떤 내용을 썼는지는 알 수 없다. 그의 편지만 읽어봐도 그들 사이에 사랑이 깊어가는 것을 알 수 있다.

챔버스는 1909년 1월 내내 그의 마음을 편지에 쏟아부으며 앞으로 함께하게 될 그들의 삶을 통해 그가 무엇을 보고 있는지를 적고 있다.

- 당신에 대해 주님의 말씀이 내게 임할 때 얼마나 큰 능력으로 오든지! 주님으로부터 답변의 도움이 왔어. 내가 대략 무엇을 보았는지 말해 줄게. 주님의 명령 앞에서는 모든 우리의 안락함과 친지들 및 친구들과 고향마저 대수롭지 않게 여겨야 해. 당신은 주님과 그분을 향한 사랑 때문에 주의 십자가에 대한 관심 외에 다른 모든 관심을 버릴 수 있겠어?
- 이 글을 쓰는 것이 얼마나 힘든지 당신이 알까? 하나님의 은혜로 나의 눈이 주님께 열려서 이렇게 쓸 수 있지, 감히 이 글을 쓸 엄두조차 못 냈을 거야. 오, 내가 아는 것은 당신이 자신을 희생할 각오까지 할 수 있다는 거야. 하지만 내가 당신에게 나와 함께 가자고 요구하면서 내 마음속에는 얼마나 많은 염려가 생기는지, 당신은 이해할까?
- 내가 의미하는 바가 어떤 것인지 당신에게 경고로 제시할 만한 그런 부부는 없어. 우리는 주님에 의해 파송되는 부부가 될 거야. 나는 당신이 주님이 부르신 그 길에 내가 강하게 설 수 있도록 도와주었으면 해.
- 나는 당신에게 줄 집도, 돈도 없어. 내가 가진 것이라고는 거대한 험한 세상과 "가서 제자 삼으라"는 주님의 사명뿐이야.

- 오늘 아침에는 깨어나면서 "나를 따르라"는 주님의 위대한 부르심을 느꼈어.
- 다른 것에는 관심이 없고 오직 주님께 충성하는 것만이 나의 모든 관심이야. 당신이 내가 주께 충성하도록 나를 돕겠지.

기도 동맹 서기인 맨체스터의 소장 스키드모어는 챔버스와 아무런 벽이 없는 절친한 사이였다. 그 둘은 서로 나누지 못할 것이 없었다. 당시의 억압적인 분위기와 거룩 운동의 흐름 속에서 두 사람이 교류할 수 있었다는 것은 서로에게 귀한 선물이었다.

1909년 2월 말에 챔버스와 스키드모어는 아스크리그와 호스 마을에서의 동맹 집회를 위해 요크셔에서 만났다. 그들은 존의 형 짐과 함께 그의 집에 머물렀는데, 그 집은 아스크리그의 중심가의 골동품 가게 겸 집의 위층에 있었다. 가게에는 매일 오후마다 그 지역의 막노동꾼들이 모여들어 그 유명한 아스크리그 시계의 마지막 제조공인 스키드모어의 아버지와 대화를 나누었다. 그들은 담배 연기가 자욱한 가운데 파이프를 입에 물고 80대의 '늙은 스키디'와 양모의 가격과 눈이 올 확률에 대해 키득거리며 농담을 했다. 태양이 눈 덮인 황야로 떨어지면 50개나 되는 시계들이 똑딱거리고 그 시계들의 차임 소리는 오후를 멀리 떠나보냈다.

챔버스는 오랜 돌집들로 들어선 그 작은 마을과 사람들이 좋았다.

그는 넓은 거친 광야와 구불구불한 언덕에 둘러싸인 웬슬리데일의 계곡을 좋아했다. 만일 요크셔 데일스를 방문한다면, 그는 반드시 맑고 상쾌한 공기 속 광야를 밟아보아야 했다. 챔버스와 스키드모어가 아스크리그 마을 위의 언덕들을 함께 걸었다. 그런데 갑자기 폭풍이 부는 바람에 두 사람은 숨을 곳을 찾아 달렸다. 세찬 비를 동반한 폭풍이 지나가기를 기다리면서, 그들의 대화는 '일반적인 종교적 일꾼들의 무지와 영적 성장과 병행하지 못하는 불균형한 지적 성장, 그리고 생각하기를 거부하는 지적 무능'을 다루었다.

이 문제는 기도 동맹이든, 교회든 어느 곳에나 있었다. 챔버스는 미국과 일본에서도 이 문제를 보았다. 그는 이 문제를 '지적 우둔함'이라고 불렀다. 하나님의 일꾼들은 눈을 활짝 뜨고 실제 세상과 그 안에서 아파하는 사람들을 볼 수 있어야 한다. 이를 위해 하나님의 말씀을 연구할 때, 지성을 사용할 줄 알아야 한다. 하지만 대부분의 사역자들은 어떻게 지성을 사용해야 하는지에 대해 그 훈련과 의도가 부족했다.

챔버스는 "만일 교회 좌석에 앉아 있는 사람이 스스로 생각할 수 있는 훈련이 되어 있다면 조만간 설교단에 서 있는 사람도 그 사람에게 생각할 만한 더 좋은 것을 제시해야 할 것이다"라고 도전했다. 이 말은 훈련받은 평신도가, 목회자가 연구를 게을리 하지 못하도록 격려할 수 있다는 뜻이다.

그들은 이 문제를 다루기로 하고 산책에서 돌아왔다. 어려운 점은 어떻게 그 문제를 다루느냐는 것이었다. 하나님의 성경학교와 도쿄에 있는 카우만 대학은 챔버스에게 일정 기간의 실천을 장려하는 훈련의 가치를 보여주었다. 그의 마음과 스타일은 설교가라기보다 교사에 더 가까웠기 때문이었다. 아무튼 챔버스와 스키드모어는 조만간 맨체스터에서 열리는 7일 동안의 집회에서 그들의 색다른 접근을 실험해 보기로 다짐했다. 챔버스는 일반적인 주제에 대한 강의 대신 '기독교와 사회주의'라는 제목을 내걸고 그 내용의 개요를 검은 칠판 위에 형형색색으로 제시했다. 그러면서 누구든지 대화를 나눌 수 있도록 장려했다. 당시에 이러한 초기 학습을 경험한 학생은 챔버스에 대해 "그분은 영적인 문제에서 부주의나 어리석음을 죄악으로 여겼지만, 귀한 은사로 학생들로부터 최고의 것을 끄집어낼 수 있었습니다. 우리 중 많은 학생들이 우리가 다 '지적'이어야 하며 그것을 하나님을 위해 사용해야 한다는 말을 들을 때 매우 고무적이었습니다. 우리는 그때부터 '생각하기'를 시작했습니다"라고 말했다.

스키드모어는 즉시 챔버스를 위해 세휠드 및 다른 도시에서 비슷한 유형의 성경 훈련 수업을 열 계획을 세웠다. 맨체스터 집회는 두 사람이 제대로 가고 있다는 아주 강한 느낌을 주었다. 챔버스는 집회가 끝날 때 비디에게 편지를 썼다.

얼마나 바쁘고 복된 시간이었는지! 주께서 정말로 말씀을 부으셨어. 이 사역은 말할 것도 없이 내 인생에서 가장 멋지고 복된 일이야. 나를 가장 감동케 한 것은 하나님께서 말씀을 여시고 성령을 부으신 사실이야. 철학과 심리학과 윤리학의 선상에서 수년간 공부해온 것이 갑자기 열매를 맺은 것 같았어.

로스토프트에서 열리는 3월 22일-4월 3일 선교 집회를 바라볼 때, 챔버스에게는 특별한 기대가 있었다. 비디가 그곳에 올 수 있게 된 것이다.

로스토프트에서 집회 가운데 우리 주요 주인이신 예수님과 만찬을 나누는 성찬의 시간이 있어. 그때 주님 앞에서 함께 기도하고 섬기고 깨어 있도록 하자. 3월 19일 선더랜드에서.

며칠 동안 그 편지의 내용들은 기쁨을 줄 수 있었다. 그들은 직접 얼굴을 보며 말할 수 있고 함께 걸으며 다가올 일들에 대해 대화를 나눌 수 있을 것이다. 그러나 집회가 있기 직전에 비디는 유행성 감기에 걸려 그곳에 올 수 없게 되었다. 그 유행성 감기는 가벼운 상태가 아니라 생명을 위협할 정도였다. 특히 비디처럼 과거에 호흡기 질환이 있었던 사람에게는 더욱 심각했다. 챔버스는 그녀의 어머니에게 편지를 썼다.

> 유행성 감기는 가볍게 대할 병이 아니라는 것을 비디가 꼭 알아야 해요. 주께서 그녀를 꼼짝 못하게 쉬게 하시길 바랍니다. 물론 그녀는 어머니가 쉬지 못할까봐 제게 불평하겠지만요.

챔버스가 집회를 인도하던 5일째 되는 3월 26일, 리더 해리스가 뇌졸중으로 쓰러져 런던의 그의 집에서 혼수상태에 빠져 있다는 충격적인 소식이 전해졌다. 그 후 4일 뒤, 해리스는 의식을 회복하지 못한 채 61세의 나이로 세상을 떠났다.

챔버스는 집회를 일찍 마치고 런던으로 향했다. 지난 4개월 동안 그는 종종 장거리 선교 일정이 마치는 대로 리더 해리스와 오랜 대화를 나누게 될 것을 고대해왔다. 그러나 지금 그의 소중한 상담자요 정신적 지주이며 친구인 해리스가 하나님으로부터 가장 큰 부름을 받고 떠났다. 기차가 어두운 밤을 달리는 동안, 챔버스는 일기장에 간단한 글을 남겼다.

나 홀로 싸우는구나. 그의 얼굴을 보지 못하겠지.
그러나 나는 이 은혜를 위해
태양이 있는 곳에서 더욱 기쁘게 싸울 것이고
어둠의 그림자 속에서 더욱 용감하게 싸우리라.
그는 그의 싸움을 싸워 이겼도다.

4월 6일 화요일 오후, 스페크 홀은 장례를 위해 모인 2천여 명의 사람들로 가득 붐볐다. 수백 명의 또 다른 사람들이 길가에서 줄을 선 채 서 있었다. 챔버스는 장례식에서 간단하게 말씀을 전했다. 그 후 그는 수백 명의 사람들과 함께 장례 인파를 태우고 노르우드로 가는 특별 기차에 올라탄 후 언덕 높은 곳에 위치한 묘지 매장지로 갔다.

그날 저녁 랭햄 플레이스의 퀸스 홀에서는 해리스를 오랫동안 기리기 위한 추모식이 있었다. 형 프랭클린은 퍼스에서 와서 오르간을 치고 있었고, 챔버스는 이미 많은 사람들이 앉아 있는 연단으로 올라가 그들과 함께 앉았다. 챔버스는 연설을 통해 그가 해리스와 가졌던 개인적인 관계를 드러냈고, 기도 동맹의 미래에 대한 사람들의 질문들에 대해 그가 의식하고 있다는 점도 말했다.

"그는 제게 왕 되신 하나님께서 보내신 최고의 상담자였습니다. 하나님의 신비한 섭리 가운데 리더 해리스는 제게 다가왔지요. 그가 어떻게 제게 왔는지 저는 모릅니다. 그러나 하나님은 아시지요. 그는 저를 상담하기 시작했고 그때부터 그의 상담과 기도와 인도는 마치 제게 대장의 지시와도 같았습니다. 여러분들 중에는 그의 매력과 아름다움과 유머를 잘 아시는 분들도 계실 것입니다. 저도 그의 그런 면을 잘 압니다. 하지만 제게 그는 영적으로 매우 분명한 소리와도 같았습니다. 그가 저를 처음 만나 제게 악수를 할 때 하나님께서는 제 마음속에 '내가 그를 증인과 지도자와 대장으로 택했다'고 증거하셨습니다. 함께 있어보니 그는 참으로 그러한 사람이었습니다. 하나님은 그가 다른 수천 명의 사람들에게도 그러한 사람이었음을 아십니다.

제2의 리더 해리스는 없으며 앞으로도 없을 것입니다. 둘째 모세가 없었듯이 하나님은 그의 종들을 재생하지 않으십니다. 그러나 저는 여호수아에게 주신 말씀을 가지고 있습니다. 지금 이곳의 여호수아는 동맹의 모든 회원들입니다. 비록 우리는 분명한 목소리를 잃었고 또한 하나님께서 보내주신 지도자를 잃었지만, 저는 이곳의 모든 동맹 회원들에게 그의 아내 안에 우리를 인도할 지도력이 있음을 상기시키고 싶습니다. 하나님께서 그녀를 축복하시길 기도합니다!"

챔버스는 그의 선생이자 친구였던 리더 해리스의 세 가지 비전을 선포하고 그 비전을 위한 새로운 기도와 헌신을 촉구함으로 연설을 마쳤다. "모든 신자들의 성령 충만을 위해, 교회의 부흥을 위해, 그리고 성경적 거룩의 확장을 위해!"

그 다음날 캑스턴 홀에서의 정규 월간 모임은 예정대로 진행되었다. 오후 모임 중에 챔버스와 영국의 전 지역에서 모인 동맹 서기들은 동맹의 새 지도자로 해리스 부인을 지지할 것을 결의했다. 그녀의 딸 메리하워드 후커 부인도 더 큰 사무적 책임들을 감당하기로 동의했다.

챔버스는 자신을 리더 해리스의 후계자나 기도 동맹의 대표로 여긴 적이 전혀 없었다. 그는 리더 해리스의 죽음으로 인해 더 많은 설교 및 가르치는 일을 해야 했고, 기독교 사역을 남편과 아내의 협력이라는 새로운 관점에서 보게 되었다. 그는 비디에게 다음과 같은 편지를 썼다.

오늘 하나님께서 우리를 하나로 만드셔서 얼마나 강력하게 사용하실지를 볼 수 있었어. 나는 해리스 부인이 남편 배후에서 얼마나 중요한 존재였는지를 발견했어. 사람들은 언제나 리더 해리스를 보았지만, 아내는 그분 뒤의 힘이었지. 나는 또한 캐서린 부스가 어떠한 하나님의 여성인지 잘 기억해. 하나님의 이름에 영광을 돌린다. 주님은 그와 같은 똑같은 힘과 섬김을 위해 우리를 준비시키고 계셔. 4월 13일, 런던에서.

주님을 더욱 사랑해. 주님을 위한 예배는 더욱 타오르는 열정이 되고 있어. 당신이 나와 함께 그러한 자리에 있었으면 해. 벌써 주의 이름에 영광이 임하고 있어. 4월 25일, 버밍햄에서.

우리는 영적인 수술실, 약국, 진찰소를 갖게 될 거야. 그리고 주변의 고통당하고 상처받은 영혼들에게 영적인 실체가 되어줄 거야. 하나님께서 당신에게 항상 건강하고 신령한 생명과 참된 내면을 주시기를 소망해. 5월 6일, 런던에서.

챔버스는 4월과 5월 동안 많은 수고를 한 후에 미국에서 2개월간 체류하기 위해 떠났다. 그는 10일 동안 바다에서 쉬고 연구할 수 있다는 기대에 들떠 있었다.

내 영혼이 흠모하는 주님과만 조용히 단둘이 지낼 수 있는 이 시간을 얼마나 뼈아프게 기다려왔던지, 저 높은 곳에서도, 저 깊은 곳에서도, 내 주변의 상황과 내면 속에서도 주님만 바라고 있어. 우리 둘을 통해서도 주께서 주의 뜻을 이루시는 가운데 더욱 영화롭게 되시기를 기도해. 6월 3일, '루시타니아' 배 위에서.

14

주를 위해 함께하다(1909-1910)

    챔버스의 몸과 영혼은 '루시타니아'호를 타고 가면서 매일 강건해졌다. 그는 바다를 좋아했으며 바다에서 하나님의 음성을 들었다. 그는 북대서양의 차가운 공기를 막기 위해 담요를 둘러쓰고 갑판 의자에 앉아 매일 얼굴이 바뀌는 대양을 바라보았다. 아침에 고요하던 바다는 오후가 되면 어느새 흰 거품을 내는 굽이치는 파도로 바뀌어 바람에 불려 하늘로 흩날렸다. 챔버스는 이 모든 것을 바라보면서 인생의 그림을 보았다. 아무리 바람이 세고 표면의 파도가 높다고 해도 깊은 저변에는 매우 신비스러운 강한 물줄기의 흐름이 있고 그곳에는 아무도 흔들 수 없는 고요함이 있는 것처럼, 소란스러운 세상에서 그리스도를 위해 살아가려는 사람은 표면으로 나타나는 체험이라는 거품으로 살아가는 것이 아니라 저 깊은 하나님으로부터 생명력을 가져와야 한다.

    바다에 있는 동안 상쾌해지고 새롭게 된 챔버스는 이제 뉴욕에 도착했다. 일 년 전에는 비디와 함께 이곳을 밟았다. 그때가 바로 서로를 향해 사랑이 생기고 있는 것을 느끼기 시작한 때였다. 지금 그들은 약혼한지 7개월이 되었지만 아직 결혼에 대한 구체적인 계획을 잡지 못한 상황 가운데 있다.

그는 그녀를 위로하는 편지를 썼다.

> 이곳은 기막히게 아름다워. 하나님께서 지금까지 어떻게 인도해 오셨는지 당신도 잊지 않았으면 해. 그분의 인도하심은 측량할 수 없을 정도로 심오하지만, 얼마나 은혜로우신지…. 하나님을 향한 강한 믿음을 놓치지 않기를 기도할게. 1909년 6월 6일, 브루클린에서.

그는 신시네티로 가면서 하나님의 성경학교에서 열리는 올해의 캠프 집회가 어떤 결과를 가져올지 궁금했다. 작년 여름에는 하나님께서 목회자들을 위한 메시지를 그에게 허락하심으로써 그는 큰 감명을 받았다. 올해는 저녁 집회에서도 여러 차례 말씀을 증거하지만, 매일 아침 11시마다 모든 사람을 대상으로 말씀을 전해야 한다. 아침과 저녁 사이의 비는 시간에는 상담과 기도를 필요로 하는 많은 사람들이 찾아와 자신들의 마음을 다 쏟아부을 것이다. 그는 사람들이 그에게 무슨 말을 해도 충격을 받지는 않지만, 그들의 삶의 고통과 고뇌에 대해 언제나 깊은 공감으로 가슴 아파했다. 자신이 먼저 영적으로 강건해야 그들을 영적으로 치유할 수 있었기 때문에, 그는 오직 하나님의 능력만 소망했다.

그는 종종 "하나님께서 나를 바꾸신 것이 너무나 놀랍기 때문에 나는 어떤 사람에게도 실망하지 않을 수 있습니다"라고 말하곤 했다. 수없이 많은 친구들을 만나며 바쁜 사역을 하는 과정에서도, 그는 항상 비디와 그들 앞에 놓인 장래에 대해 생각했다.

이 사람들이 나를 얼마나 많이 사랑하는지 몰라. 점점 내 기도 수첩에 사람들의 이름이 많아지고 있어. 나는 더욱 중보기도가 주님의 방법이라고 믿고 있어. 중보기도는 주께서 우리가 다른 사람들을 위해 '찢겨진 빵과 부어진 포도주'가 될 수 있도록 만드신 주님의 방법이야. 6월 17일, 신시네티에서.

지난 며칠 동안은 비참한 삶을 살아가는 사람들로 가득 붐볐어. 궁극적으로 집이 하나 있어야겠다는 생각을 했지. 아무 때나 그곳으로 '멍든 마음'의 사람들이 찾아와서 마음껏 하소연할 뿐 아니라 그들의 마음이 치유될 때까지 얼마든지 쉴 수 있는 그러한 집 말이야. 6월 30일, 신시네티에서.

챔버스의 예술적이고 낭만적인 성격을 고려할 때, 비디에게 보낸 편지에 사랑과 따스함의 표현들이 많지 않다는 것이 이상하게 보인다. 분명히 그러한 내용의 편지들도 있을 법한데, 원본 중에 남아 있는 것은 이 책에 실린 것들 밖에 없다. 당시에 비디에게 보낸 그의 편지에 분명하게 드러나는 주제는, 성경학교에 대한 비전과 함께 주님을 섬기기 위해 '모든 것을 버리자'는 도전이었고, 그는 이것으로 몹시 들떠 있는 듯했다.

내 생각과 마음은 성경학교의 기대로 가득 차 있어. 하나님은 우리를 주의 놀라운 목적으로 연결시키고 계셔. 그것이 무엇이든, 내 마음속에서는 찬양을 드리지.
오! 우리 앞에 정말 멋지고 긴장된 삶이 놓여 있다니! 내 책임은 주의 나라를 위해 내 마음이 세상에 물들지 않는 거야. 주께서 다스리시며 모든 길을 여시기를 기도해. 이사야 45장 13절. 7월 7일, 신시네티에서.

당신에게 줄 수 있는 것은 아무것도 없고, 단지 주를 위해 끊임없이 부지런히 일해야 하는 삶 밖에 없어.
우리에게 무엇이 필요한지를 주께서 아시기 때문에, 우리 하나님 아버지의 손길이 임할 것을 분명히 알고 있지. 따라서 주변의 모든 섭리들을 눈여겨보도록 하자. 주님께서는 다가오는 장래에 우리가 주께 유용하고 복된 위대한 삶을 살 수 있도록 하기 위해 우리를 빚어가고 계셔. 나의 좌우명은 언제나 최상의 주님께 나의 최선을 바치는 거야. 7월 11일, 브루클린에서.

다시 우리 주의 외로움이 내게 더욱 임하고 있어. 우리 중 몇이나 주님의 마음을 즐겁게 하는 일에 마음을 쏟고 있을까? 주께서 "내가 목마르니, 내게 마실 것을 달라"고 하시는 음성을 나는 계속 듣고 있어. 주님의 고결하신 목마름을 가시게 할 수 있는, 주의 손에 들린 잔이 되고 싶은 이 간절함이 차가워지지 않기를, 주께 기도드려. 7월 12일.

내 모든 영혼이 이제 조금만 더 기다리면 주께서 우리를 위해 예비하신 일을 가까운 장래에 이룰 수 있다는 생각과 기도로 가득 차 있어. 성경훈련대학을 위한 앞으로의 나의 10년 계획은, 4년은 지방, 4년은 도시, 그리고 2년은 외국에서 가르치는 거야. 당신 마음과 생각에도 이 계획을 잘 기억하고 있었으면 해. 7월 23일, 올드 오차드, 메인에서.

―――――――――――――――――――――――――

    챔버스는 8월 초에 그 다음 6주간 스코틀랜드에 있는 동맹 센터들을 방문해야 하는 계획에 따라 영국으로 돌아갔다. 그 방문을 마치면 여러 선교 집회 및 설교 일정으로 연말까지의 계획이 다 잡혀 있었다. 1909년 가을 동안에 쓴 그의 편지들을 보면, 전통적인 사역의 구조적 틀에서 벗어나 새로운 개념과 방법을 개척해보고 싶은 열망이 나타난다.

하나님은 우리의 기도에 강력하고 멋지게 응답하셨어. 주의 이름을 찬양해! 나는 점점 더 '위대한 말씀'이신 우리 주 예수 그리스도께 빠져들고 있어. 현대의 문명의 교회들이 점점 조급해지는 이유는 '위대한 말씀'의 음성을 놓치고 있기 때문이라고 확신해. 내가 지금 얼마나 주님의 음성을 듣고 싶고 주님과의 사랑에 빠지고 싶은지 말로 다할 수 없어. 8월 25일, 애버딘에서.

주께서 어떻게 길을 열어주시는지 보기 위해 더욱 기도하자. 내가 환상가일까? 그래, 그럴지 몰라. 그런데 누가 그 일을 하겠어? 성경 교육을 위한 이 계획에 누가 우리보다 더 잘 어울리겠어?
내 마음과 생각에는 여러 아이디어와 개념들이 계속 떠올라. 나는 '개신교 운동'이라는 위대한 비전을 가지고 있어. 분명히 다른 분야에서는 잘 먹고 잘 살면서 호황을 누릴 수 있는 능력 있는 사람들이 의도적으로 그 일들을 내려놓고 주님만을 위해 살기 위해 온 세상으로 나아가는 것을 보는 비전이야.

주께서 우리가 이러한 이상을 이루는 데 어디까지 허락하실까? 주께서 이 비전에 대해 '그것이 네 마음에 있으니 참 좋도다'라고 어느 정도까지 말씀하실까?

또 다른 아이디어는 문학 작품과 관련된 거야. 이 분야에서는 얼마나 할 일이 많은지, 그것을 생각할 때는 흥분으로 마음이 뛰다가도 그 일을 어떻게 달성할 수 있을지를 고민하면 당장 주저앉는 기분이야. 8월 27일, 던디에서.

글은 챔버스가 오랫동안 관심을 가져왔던 사상 전달의 수단이었다. 런던에서 청소년기에 쓴 시로부터 시작해 더눈에 실린 신문의 글까지, 그는 특이하고 감동적인 어휘력으로 자신의 생각을 표현했다.

19세기 말과 20세기 초에 각 교회 및 케스윅 대회와 같은 집회에서 행해진 설교나 메시지들은 주기적으로 지정된 속기사들에 의해 속기로 기록되었다가 나중에 출판을 위해 다시 글로 적었다. 알렉산더 와이트, 찰스 해돈 스펄전, 기타 유명한 설교가들의 주일 저녁 설교는 주요 신문에 규칙적으로 실렸다가 후에 종종 책으로 출판되곤 했다.

1906년 7월 즈음부터 거의 매달 「불의 혀」 잡지에는 챔버스의 메시지를 받아 적어 기록된 글들이 실리기 시작했다. 1907년 1월부터는 하나님의 성경학교에서 출판하는 「부흥사」에 비슷한 '글들'이 실리기 시작했다.

챔버스는 신시네티에 처음 방문하여 1906년부터 1907년까지 머물게 되었는데, 그때 그의 설교가 '고난의 훈련'이라는 소책자로 출판되는 새로운 기회가 열렸다.

1909년, 챔버스의 마음속에서 설레던 사역의 비전 중에는 비디와 힘을 모아 그들의 재능들을 사용해 책자들을 만드는 일이 있었다. 그는 그녀에게 이렇게 말하곤 했다.

"우리가 갖게 될 집은 다용도의 집이 될 거야. 우리는 마음과 영혼을 글에 실어 주를 위해 전 세계를 여행하겠지. 그 일은 힘들고 고된 일이겠지만 영광스러운 일이 될 거야. 나는 우리가 설교하고 쓰는 일을 하기를 원해. 만일 내가 당신에게 말하면 당신은 속기로 받아 적은 다음 타자로 치면 돼. 어떻게 그 일을 시작할 수 있을까? 그 생각만 하면 불이 붙는데, 당신도 그러한지 궁금해."

12월 말이 되자, 두 가지 일이 분명하게 정리되었다. 하나는, 기도 동맹의 후원 아래 런던에서 열리기로 했던 학내 거주 성경학교 계획이 마땅한 집과 적절한 재정 부족으로 보류된 것이었다. 그 대신 기도 동맹은 챔버스의 지도 아래 6개월의 통신 과정을 열 것을 제안했다. 다른 하나는, 챔버스와 비디가 1910년 5월 말에 결혼했는데, 지난번 챔버스가 미국에서 2년 동안 체류한 것처럼 이번에는 함께 미국에서 여름을 보내기로 계획한 것이었다. 영국에서의 성경학교 설립의 전망이 거의 실현될 수 있는 상황이 다가오면서 기도 동맹에 헌신해왔던 챔버스에게는 새로운 기회들이 열리게 되었다. 이제 믿음으로 그가 앞으로 나아가는 때가 왔다.

1909년은 챔버스와 비디가 1년 전 성 바울 예배당에서 서로를 향한 사랑을 맹세한 이래로 가장 분명하고 구체적인 계획을 세움으로써 마무리되었다. 챔버스는 비디에게 다음과 같은 편지를 보냈다.

나는 당신이 나와 함께하는 특이한 사람들 사이에 끼게 되었으면 해. 그들은 모두 오직 주님만을 위해 어디든지 가는 사람들이지. 계속 기도하는 가운데 믿어야 하는 것은, 주께서 마음껏 우리와 그들을 사용하실 것이라는 사실이야.

지금은 나의 모든 영혼에 내가 신앙의 문제에서 올바른 선상에 서 있다는 확신이 밀려오고 있어. 자신에 대한 권리를 주와 구세주이신 예수 그리스도께 양도하는 가장 뼈아픈 자기 부인의 자리까지 밀고 나가는 것이지.

시간마다 주님의 부르심이 점점 분명하게 느껴지고 있어. 조금 걱정되기는 하지만, 우리의 삶이 전 세계를 다니는 유랑의 삶이 될 것 같아. 아무튼 당신과 나를 위한 멋진 날들이 다가오고 있어.

1910년 「불의 혀」 1월호는 통신 학습에 대한 '최고의 만족스러운' 반응을 언급했고, 다음 6개월 동안에 있을 8과목의 수업 계획을 발표했다. 첫 번째 수업에서는 수업 내용에 대한 요약과 함께 시범 학습이 주어졌다. 챔버스는 "누구나 걱정 말고 참여 바랍니다. 이 수업에서 가장 중요한 것은 여러분이 낸 과제물입니다. 통신 수업의 개념은 경쟁이라는 요소를 배제할 뿐 아니라 여러분 각자에게 가장 실제적인 도움을 드리기 위한 것입니다"라고 말했다.

통신 수업 일정에 의하면 학생들은 2주 안에 각 과목을 마친 후 그들의 과제물을 우편을 통해 런던으로 보내야 한다. 그 후 그들이 한 주간의 자유 시간을 누리는 동안 챔버스는 그들의 과제물을 점검한 후 다음 수업과 함께 과제물을 돌려준다. 첫 학기에 등록한 학생은 300명이었다!

통신 수업의 책임 외에도 기도 동맹을 위한 챔버스의 설교 일정은 다른 때보다 더 빠듯했다. 그는 2월에 세인트 제임스 홀에서 6부로 된 사순절 시리즈를 시작했고, 매주 화요일과 수요일에는 대런던^{Greater London: 1965년 이후 구 런던에 구 미들섹스, 구 에섹스, 켄트, 허트포드셔, 서리 주의 일부를 병합시킨 행정 지구—역주} 동맹 모임에서 설교했다. 매주 목요일 밤에는 스페크 홀에서 개인의 거룩에 초점을 맞춘 모임을 인도했다. 더욱이 그는 도버 플리머스 브리스톨로 여행했고, 5일간의 선교 집회를 위해 그레이브센드로 여행했다. 그는 2월 12일에 성경학교 통신 과정으로부터 온 300개의 과제물을 다루기 시작했다. 그 과제물 전부 채

점하고 교정해준 후 1주일 안에 돌려주어야 했다.

그가 어떻게 이 일을 했을까? 그를 가장 잘 아는 사람들의 대답에 의하면 "서두르지 않고 매우 은혜롭게 했다"고 한다. 그가 결혼하기 전인 6개월, 즉 1909년 12월부터 1910년 5월까지 챔버스는 스페크 홀에서 1.6킬로미터 떨어진 클랩햄 커먼의 북쪽에 있는 하워드 후커 부부의 넓은 집을 본부로 두고 있었다. 해리스의 장녀인 메리 후커는 뛰어난 음악가였고 동맹의 모임에서 자주 연설했다. 그녀의 여동생 도로시아 역시 피아노를 칠 뿐 아니라 노래를 잘했다. 리더 해리스가 세상을 떠난 이후, 그 기관의 리더십은 그의 아내와 후커 부부에게 이어졌다. 해리스 가족들은 스페크 홀 모임에서 두드러진 역할들을 했다. 매번 주 강사가 설교를 하기 위해 일어서려고 할 때면 해리스 부인은 도로시아를 불러 "이제 제 딸이 찬양을 하겠습니다"라고 하며 독창을 하게 했다.

메리 후커는 어려운 기간에 챔버스가 함께하는 것이 어떠했는지를 다음과 같이 묘사한다.

"그가 있는 곳마다 언제나 하나님이 임재하시는 느낌이 들었습니다. 그가 가장 즐거워하던 순간이든, 일상생활에서든, 그의 사역의 가장 진지한 순간이든, 그가 있는 곳이면 하나님이 함께하는 것 같았어요. 우리는 그를 우리 집에 초청하는 것이 즐거웠습니다. 그는 우리에게 많은 것을 가르쳤지요. 그는 우리 자녀들과 함께 놀아주었는데, 유아 놀이실에서 기어다니면서 사자나 호랑이처럼 흉내를 내고 작은 꼬마들에게 시늉을 한 후에 얼마든지 그들이 무자비하게 자기를 간질이도록 두었지요. 그러면서 그는 매우 즐거워했던 것 같아요."

어린이들과의 관계는 챔버스의 성격을 가장 잘 드러내는 단면이다. 당시의 사회는 "어린이들은 눈에 보여야 하고 귀에 들리게 해서는 안 된다"라는 분위기였지만 그는 그들의 말을 들어주었고 그들을 사랑했고 귀중하게 여겼다. 그가 자기 메시지를 준비하기 위해 방해받지 않고 혼자 있기를 원했다면 그를 초대하여 머물게 한 가족들은 그들의 아이들이 그를 방해하지 못하도록 했을 것이다. 그러나 그는 아이들이 보이지 않으면 오히려 그들을 찾으러 다녔다.

그는 블랙풀에서의 동맹 선교 집회 기간에 종종 윌리엄 도킹 가족과 함께 머물렀다. 그가 여덟 살의 도로시를 처음 만났을 때, 아이는 혼자 응접실에 앉아 있었다. 챔버스는 자신을 소개한 후에 아이가 무엇을 하고 있는지 물었다.

"시를 쓰고 있어요." 아이가 말하자 챔버스가 물었.

"정말? 무엇에 대한 시를 쓰고 있니?"

아이는 그에게 "빅토리아 여왕과 버킹검 왕궁에 대해서 쓰고 있어요"라고 말하면서 자신의 시를 보여주었다.

챔버스는 조용히 그 시를 읽고 웃음을 지으며 돌려주었다. 그는 "너는 독서를 좋아하는구나"라고 말했다. 도로시가 자신 있게 "그럼요"라고 대답하자, 그들은 한동안 책에 대해 대화를 나누었다. 그 후 챔버스는 아이에게 시간을 내주어서 고맙다고 말하면서 이제 가봐도 되는지 물었다. 그리고 곧바로 부엌으로 갔다.

그때 도로시의 어머니인 도킹 부인은 저녁을 준비하고 있었다. 챔버스는 그녀의 딸과 나눈 대화를 말하면서 "도킹 부인, 도로시는 교사 훈련 전문대가 아니라 종합 대학에 들어가야 할 것 같아요. 아이가 대학에 들어가면 영문학에서 탁월할 수 있다고 생각해요. 그녀는 평생 문학으로 삶을 보낼 것 같습니다"라고 제안했다.

도킹 부인은 말문이 막혀 적절한 대답을 못했지만 챔버스가 매우 지혜로우며 사람들을 예리하게 관찰하는 것을 알았다. 그는 "아이가 지금 영어를 배울 수 있도록 엄마로서 도울 수 있는 일을 다해보세요. 글쓰기를 장려하고 제일 좋은 책들을 읽도록 인도해 주세요"라고 말했다.

챔버스는 씨를 심은 후에 그 씨가 자라나도록 그대로 두었다. 그는 도로시와 놀이 친구가 되어주는 것을 즐거워했으며 이 세상에서 아이가 관심 있어 하는 것이면 무엇이든지 그것에 대해 자연스러운 대화를 나누었다.

챔버스가 시간을 어떻게 사용하는지를 보면 사람들은 또한 감명을 받았다. 그는 도버에서 일정이 꽉 찬 주말을 맞이한 가운데 주일에는 네 번의 설교를 해야 할 정도였다. 어느 날 그는 점심 식사를 한 후에 오후 집회 전에 10분만 자야겠다며 양해를 구했다. 집주인이 그를 깨워주어야 하는지를 묻자 그는 "아니에요. 나의 하늘 아버지께 10분의 잠을 기도했거든요. 아버지께서 10분 후에 정확하게 깨워주실 거예요"라고 말했다. 놀랍게도 그가 말한 대로 되자, 집주인이 깜짝 놀랐다.

그는 아침 일찍 일어났다. 매일 아침 성경을 연구하고 중보기도를 했다. 피곤에 지쳤을 때 그가 피곤을 극복하는 개인적인 비결은 "먼저 침대에서 일어난 후 그 다음에 피곤의 문제를 생각하자"라는 것이었다.

그는 집회 전에는 반드시 어디론가 조용히 사라져서 주님과의 단둘만의 시간을 간단하게 가졌다. 거할 수 있는 그의 방에서 은밀하게 하든, 눈에 잘 띄지 않는 스페크 홀의 조용한 구석에서 하든, 그는 언제나 사람들 앞에 서기 전에 하나님께 기도드렸다. 그는 "말씀을 준비하기 위해서가 아니라 나 자신을 준비하기 위해서" 그렇게 한다고 말했다.

그는 빽빽한 일정뿐 아니라 시간을 요구하는 많은 요청들에 대해 한 번도 불평한 적이 없었다. 그러나 그러한 자신의 상황이 비디에게 어떤 의미가 될지에 대해 갈등했다. 그는 그들이 결혼하기 한 달 전인 1910년 4월 29일에 버밍햄에서 그녀에게 편지를 썼다.

주께서 내가 당신에게 피난처가 되기를 원하자 서서히 나를 나무라셨어. 주께서는 내게 우리의 연합이 주님을 위한 것임을 분명하게 하시며 주께서 친히 당신과 나를 돌보시겠다고 확신을 주셨어. 우리가 해야 하는 일은 주님께 순종하고 주를 위해 수고하며 주를 사랑하는 거야.

그들이 결혼하기 1주일 전, 그는 기스버러에서 7일의 선교 집회를 인도했다. 그는 5월 17일에 그곳에서 편지를 썼다.

내가 이곳에 도착한 이후로 거의 해가 없고 날마다 안개와 이슬비가 내리고 있어. 하지만 내 안에는 멋진 주님의 왕국과 그분의 놀라운 역사와 당신의 사랑으로 가득해.

챔버스가 편지를 쓴지 3일 후에 영국은 에드워드 7세의 장례를 위해 전국을 검은 색으로 둘렀다. 빅토리아 여왕의 장자인 그는 어머니가 63년 동안 왕위에 있었던 것과 달리 겨우 10년 동안 나라를 다스렸다. 5월 24일은 故 빅토리아 여왕의 생일을 기념하는 날인데, 평소의 축제적 분위기와 달리 우울한 가랑비와 함께 전국적으로 흐르는 슬픔의 기류가 남아 있었다.

5월 25일 수요일에는 하늘이 맑아졌고 챔버스는 평소보다 일찍 깨어났다. 그날은 약혼을 한지 18개월이 되는 날로 그날 오후에는 그와 비디가 서로의 사랑을 언약하고 남편과 아내가 될 것이다. 화려한 장미들과 형형색색의 봄꽃들이 엘쌈의 런던 교외 전역에 활짝 피어 있었다. 붉은 벽돌로 지어진 연합 주택마다 그 앞에는 밝고 다양한 꽃들이 태양 빛에 쬐이며 구름 없는 하늘로부터 따스한 기운을 받고 있었다.

만일 엘쌈 파크 뱁티스트 교회가 결혼식 장소로 정부에 등록되어 있었다면, 결혼식은 반드시 그곳에서 있었을 것이다. 그러나 등록이 되어 있지 않았기 때문에 두 사람은 근처의 월포드 그린 메모리얼 웨슬리안 감리교회에서 결혼 언약을 하게 되었다. 형 아서가 새 목회지인 성 레오나드로부터 결혼식을 인도하기 위해서 왔다.

결혼식 시간이 되자 가족들과 친구들, 기도 동맹에서 온 많은 사람들이 교회를 가득 채웠다. 더스터블 시에서 온 챔버스의 오랜 친구인 퍼시 록하트가 신랑 들러리로 섰고, 비디의 오빠 버트 홉스도 그 곁에서 들러리로 섰다.

비디는 높은 깃을 세운 긴 흰 드레스를 입고 천천히 복도를 걸었다. 그녀의 손에는 봄꽃으로 만들어진 부케가 조심스럽게 안겨 있었다. 그녀는 사랑하는 남자를 향해 한걸음씩 가까이 다가갔다. 그녀는 제단 앞에 신부 들러리로 서 있는 언니 데이스에게 부케를 건네 주고 그 곁에 들러리로 서 있는 신랑 챔버스의 누이 거트루드에게 미소를 보냈다. 결혼식 순서마다 챔버스와 비디는 제일 먼저 그들 자신을 하나님께 헌신했으며 그 다음으로 서로에게 헌신했다는 사

1910년 5월 25일 결혼식 날. 왼편에 서 있는 사람부터, 친구 퍼시 록하트, 비디의 언니 데이스, 오스왈드의 누이 거트루드, 비디의 오빠 허버트 홉스, 오스왈드와 비디, 맨 앞에 오스왈드의 조카 도리스.

실을 드러냈다.

어머니 한나는 가장 중대한 그 순간에 막내아들과 그의 신부를 보면서 흥분으로 고조되어 희색이 만면했다. 그녀는 바로 곁에 앉아 있는 남편 클래런스를 힐끗 보고는 50년 전 런던에서 언약을 나누던 그날을 회상했다. 이제 2개월만 지나면 그들의 결혼 50주년을 맞이하게 된다.

결혼식이 마치자 모든 하객들은 근처의 침례교 목사관 앞에서 열린 야외 결혼 피로연에 참여했다. 그 자리에는 친구들이 마련한 결혼 케이크와 맛있는 다과가 준비되어 있었고, 기분 좋은 하객들은 웃음 만발한 대화의 꽃을 피웠다. 챔버스와 비디는 둘 다 다가오는 7월에 생일을 맞이하게 되는데 챔버스는 36세, 비디는 27세가 된다. 그들의 결혼 연령과 나이 차는 당시에는 일반적이었다. 그들은 성숙한 어른이었고 또한 헌신된 그리스도인이었지만, 서로에 대한 그들의 사랑이 특이하다는 사실을 다 이해할 수 없었고 앞으로 그들의 인생이 예수 그리스도의 교회와 하나님의 영원한 나라에 어떤 의미를 지니는지는 알 수 없었다.

일주일 후에 신혼부부는 'SS 카로니아'호를 타고 뉴욕을 향해 떠났다. 그곳에 도착하면 챔버스는 거의 숨을 돌릴 틈도 없이 바쁜 4개월의 일정을 맞아야 할 것이다. 챔버스의 여행 가방에는 성경 통신학교 과정의 학생들이 제출한 3백 개의 과제물이 담겨 있었다. 이제 3주 후에는 영국으로부터 오는 또 다른 3백 개의 과제물을 받아 교정과 채점을 하고 돌려주어야 했다.

그는 미국에서 캠프 집회를 인도하는 것 외에도 미국식의 성경 통신 수업을 하는 데 동의했다. 따라서 6월부터 9월까지 5백 명의 학생들이 각각 8개의 과제물을 내기 때문에 그는 그 기간에 총 4천 개의 과제물을 읽고 평가해야 했다. 그러므로 비디가 6월 내내 브루클린에 있는 오랜 친구와 함께 머물게 된 것이 전혀 이상하지 않다. 심지어 그녀가 신시네티까지 온 적이 있어도 챔버스를 만날 가능성은 희박했다. 하나님의 성경학교에서 캠프 집회를 인도하던 중 챔버스가 편지를 썼다.

가끔 형통과 안정이 두려워질 때가 있어. 최근 나의 삶에는 많은 축복과 번영이 있어왔어. 그러나 이것이 매우 두렵기도 해. 하지만 이 모든 축복과 번영은 주님을 위한 것이지. 내게 언제나 주님만이 전부가 되시며 내 모든 사역과 삶에 더욱 주님으로 가득하게 될 수 있도록 당신이 기도해줘.

챔버스와 비디는 남부 뉴욕 주의 캐츠킬 마운틴스에서 한 주간을 함께 있을 수 있었다. 그들은 매일 특정 시간을 정해 놓고 함께하는 사역을 해보는 새로운 경험을 했다. 챔버스가 높은 흔들의자에 앉아 시편 121편에 기초해서 쓴 '도움의 장소'라는 글을 읽으면 비디가 속기로 받아 적었다. 그 후 비디가 그 기록들을 글로 적으면 챔버스는 출판을 위해 그 내용을 편집했다.

기독교 훈련에 대한 시리즈의 글들 또한 캐츠킬에서 태어났다. 일 년 전 챔버스는 비디와 함께 공동으로 수고하여 책을 출판하는 꿈을 말한 적이 있었다. 캐츠킬에서의 실험은 성공적이었다. 그리고 이 작업은 거의 무한한 가능성을 가진 것으로 보였다.

문제는 시간이었다. 캐츠킬에서 며칠을 보낸 후에, 그 다음 몇 주는 계속되는 캠프 집회들이 오하이오, 매사추세츠, 메릴랜드, 메인에 잡혀 있었다. 캠프가 있는 주간은 프로그램대로 진행하고 사람들을 만나느라 거의 다른 것을 할 수 없었다. 챔버스는 비디가 이제 곧 캠프의 동역자들을 만나게 될 것을 알고 그들과 관련한 격려의 글로 그의 아내를 준비시키려고 노력했다.

> 그들은 똑똑하지도, 세상적이지도, 화려하지도 않아. 하지만 그들은 하나님께 속하기 위해 많은 특별한 희생을 치른 평범한 사람들이야. 당신도 그들 중에서 몇몇 기풍 있는 영웅적인 영혼들을 발견하게 될 거야.

7월 21일, 그들은 기차를 타고 보스톤에서 델라웨어 해링턴으로 여행했다. 그곳에서 마차를 타고 메릴랜드의 동부 해안의 기름진 농토를 지나 20킬로미터 정도를 달려서 덴튼에 도착했다. 캠프 집회 장소는 도시의 외곽에 위치한 키 큰 붉은 떡갈나무 숲속이었다. 그곳에는 찰스와 레티 카우만 부부가 와 있었고, 몇 주 전에 챔버스와 함께 신시네티에서 말씀을 전했던 여러 강사들도 와 있었다.

미국 각 캠프 집회마다 그 나름대로의 특성이 있었다. 하지만 사람들의 사회적 모임이며 가족 휴가, 성경 강연, 영적 부흥을 위한다는 점에서는 공통점이 있었다. 어떤 사람들은 며칠을 여행지에 와서 땅바닥에 텐트를 치든지 통나무집을 지어 한 주간 내내 머물렀다. 집회장 근처에 사는 사람들은 할 수 있는 대로 저녁 모임이나 주일 예배에 참여했다.

덴튼 캠프의 일정을 보면 그 캠프가 휴식을 위한 것이 전혀 아님을 알 수 있었다. 첫날 아침 6시 기도 모임부터 저녁의 정규 예배까지, 그리고 밤늦게까지 이어지는 개인 상담, 거의 매시 분초까지 눈코 뜰 새 없이 바쁜 일정으로 가득 차 있었다.

무엇보다 그곳에 온 모든 사람에게는 기대감이 가득했다. 저녁 집회 때 단상에 서자 그는 하늘이 열린 숲속의 성막 아래에 앉은 수천 명의 사람들을 볼 수 있었다. 그들에게 제자도와 내려놓음과 기쁨에 대해 말씀을 나누는 동안, 그들은 후덥지근한 더위 가운데 반원 모양의 종려 나뭇잎으로 부채질을 했다.

챔버스와 비디는 기차를 타고 덴튼으로부터 대서양 연안을 접하고 있는 메인의 올드오차드로 갔다. 8월 1일, 그는 부모에게 그들의 50주년 결혼기념일을 뒤늦게 축하드린다는 편지를 썼다. 36세가 된 챔버스는 부모님에 대한 새로운 감사의 마음이 들기 시작했다.

하나님께서 두 분을 축복하셔서 시편 87편 7절의 "나의 모든 근원이 네게 있다 하리로다"라는 말씀이 다 이루어지기를 바랍니다. 어머니께서 어떻게 행하시고 어떻게 가정을 꾸려나가셨는지를 생각할 때마다 점점 더 놀라게 되며 격려가 됩니다. 또한 위선과 허풍을 싫어

하셨던 어머니의 모습 때문에 제게도 그 마음이 똑같이 있는 것 같습니다. 저는 부모님을 생각할 때 하나님께 감사와 찬양을 드립니다. 두 분은 제가 하나님의 소명을 찾아나서는 과정에서 한동안 혼란스러우셨겠지만 저의 길을 끝까지 믿어주셨습니다. 감사하게도 주께서는 부모님이 그분께서 인도하시는 모든 일들은 다 잘된다는 것을 보게 하셨습니다.

1910년 7월 16일, 결혼 50주년을 맞은 한나와 클래런스 챔버스 부부.

9월 21일 즈음, 챔버스와 비디는 영국을 향해 대서양을 헤치고 나아가는 'SS 아드리아'호를 타고 고향을 향했다. 비디는 미국에서 좋은 시간을 보냈지만 고향이 그리웠다. 이제 고향으로 가고 있다. 하지만 집도 없고 가구도 없고 돈도 없다. 모든 것이 불확실한 상태이다. 10월 이후를 위해 따로 정해진 계획도 없다. 챔버스는 뒤로 젖혀지는 나무의자에 기대고 앉아 파도가 이는 바다를 바라보고 있고, 비디는 책 한 권을 펼쳤다. 하나님께서 그들을 책임지시니 내일은 주님의 손에 있었다.

미래에 대한 챔버스의 자세는 간단했다. "하나님을 신뢰하고 다음 일을 행하라." 지금 가장 가깝게 해야 할 일이 무엇이 있을까? 낮

잠을 자는 것이다. 그는 담요를 두르고 눈을 감고 잠이 들었다. 비디는 그를 바라보며 미소를 짓더니 "나의 사랑"이라고 속삭였다. 그는 이처럼 인습에 사로잡히지 않은 멋진 사람이었다.

1910년 9월. 미국에서 영국으로 돌아오는 배에서.

15

성경훈련대학(1911-1915)

챔버스가 대서양에서 낮잠을 즐기고 있는 동안, 스키드모어는 10월 달력에 거의 매일 'O.C'오스왈드 챔버스라는 약자를 쓰고 있었다. 몇 달 전 시범적으로 맨체스터에 열었던 성경 훈련 과정이 매우 잘 진행되어 스키드모어는 챔버스가 영국으로 돌아오자마자 그 과정을 곧바로 시작할 수 있도록 더욱 의욕에 찬 준비를 하고 있었다.

스키드모어는 머리에 손을 얹고 챔버스의 강의 계획을 자세히 살펴보았다. 성경 심리학 강좌는 벌써 등록한 사람이 20명이나 된다. 챔버스는 영국에 오는 대로 성경 심리학 수업을 가르치기 위해 매주 화요일 밤마다 스토크-온-트렌트로 가야 한다. 매주 목요일 오후와 저녁에는 같은 내용으로 블랙풀에서 또 다른 20명에게 수업을 해야 한다. 또한 매주 토요일마다 맨체스터에서 두 차례의 강의가 있을 것이다. 스키드모어는 그곳의 수강생들이 더 많아질 것으로 전망했다. 물론 주일이면 챔버스는 지역 교회에서 설교를 해야 하고 과제물을 채점해야 한다. 그렇지 않을 때는 이따금 이곳저곳의 기도 동맹 모임이 있는 곳에서 말씀 증거를 해야 한다.

이러한 벅찬 일정을 승낙할 수 있고, 그 일들을 여유롭게 해낼 수 있는 사람은 스키드모어가 알기에 챔버스 밖에 없다. 따라서 그는 챔버스와 비디를 한 달 동안 자기 집으로 초대하여 머물게 할 생각을 하고 기다리고 있었다. 그들의 방문은 그에게 큰 도움과 도전이 될 것이 분명했다.

'아드리아'호는 와이트 섬을 지나 솔렌트를 힘차게 벗어나더니 1910년 9월 29일에 사우샘프턴의 부두에 들어섰다. 비디는 챔버스의 팔을 붙들고 배의 현문을 내려와 다시 영국 땅을 밟았다. 미국도 멋있었지만, 고향에 오니 기분이 좋았다. 비디는 빨리 집에 가서 그동안 몇 달 동안 떨어져서 보지 못했던 어머니와 언니 데이스를 만나고 싶었다. 세 여자는 깊은 사랑을 나누면서 아버지가 돌아가실 때, 그리고 오빠가 영적으로 완고해졌을 때 그들을 꼭 붙들어 주었던 믿음을 다시 강하게 붙들었다.

챔버스와 비디는 가족들과 매우 반갑고 짧은 만남을 가진 후 런던에서 두 개의 런던 동맹 집회가 있었기 때문에 당장 맨체스터로 떠났다. 챔버스의 성경훈련대학에 대한 꿈은 그 지역 및 통신 강좌에서 벗어나지 못하는 것처럼 보였다. 만일 그것이 하나님의 뜻이라면 그와 비디는 기꺼이 그 문을 지나갈 것이다. 챔버스는, 일단 지금은 맨체스터의 사람들에게 최선을 다하기로 다짐했다.

그는 새 학생들을 만나는 첫 수업마다 "여러분에게는 지능이 있다. 하나님께서 주신 이성과 생각이라는 놀라운 기능이 있다"라고 말했다. "여러분 모두가 지능을 가지고 있으며 그 지능을 하나님을 위해 사용해야 한다." 챔버스는 또 다시 강조했다.

비디는 그곳에 앉아 챔버스의 강의들을 속기로 적었다. 만일 그들이 이 과목을 통신 과정으로 택할 경우에, 그녀는 속기로 써둔 이 자료에서 강의 설명과 요약을 타자로 쳐서 그들에게 제공할 수 있었다. 더욱이 그녀의 속기 실력은 여전히 더할 나위 없이 뛰어났고, 속기는 그녀가 챔버스의 강의에 집중하는 데 큰 도움을 주었다. 즉, 속기는 그녀가 듣는 방법이었다. 그녀의 연필은 챔버스의 불같이 뜨겁고 빠른 설교를 따라가기 위해 신속하게 움직였다. 가끔 남편이 영적인 세계에서도 큰 보폭으로 왔다갔다 하며 학생들을 위해 쉬운 비유를 들 때면 그녀는 미소를 감출 수 없었다.

"평범한 기독교 사역자들이 항상 평범할 수밖에 없는 이유는, 그들이 보지 못하는 것들에 대해 더 알아야 한다는 필요를 느끼지 못하고 다들 지독하게 무지한 채로 있기 때문이다. 우리 대부분은 '떠주는 밥'을 먹으며 자라났다."

챔버스는 계속 "우리는 당장 실제적으로 도움이 될 만한 진리만 취하려고 하는데, 그 결과로 평범한 기독교 사역자들은 성경 신학이나 성경 심리학에 대해 아무것도 모르게 되었다. 그러므로 그들은 그러한 분야에서는 하나님을 위한 투쟁을 밀고 나갈 수 없는 것이다"라고 일침을 가했다.

챔버스는 살아 있는 영적 체험을 위해 활달한 지적 활동이 얼마나 중요한지를 강조했다. 그는 강의하는 중에 여러 차례 "이렇게 구원 받고 거룩하게 되었으니 참으로 감사하다. 이제 다 되었구나"라고 말하는 사람들에게 끊임없는 경고를 던졌다. 챔버스에 따르면 체험에 의지하는 것은 결국 "고정 관념과 도덕적 타락, 그리고 하나님의 책인 성경에 대한 지독한 무지"를 낳게 된다. 그는 "언제나 성급한 결론을 주의하라"고 경고했다.

챔버스는 매번 학생들로 하여금 성경으로 한 걸음 더 나아가 그들의 평소의 삶에 적용하도록 했다. 그의 궁극적인 목적은 지식을 쌓게 하는 것이 아니라 삶의 변화였다. 그러나 이 목표를 향해 나아가는 과정에는 반드시 끈질긴 지적 노력이 필요했다. 과제가 너무 많은 것 같으면 그는 학생들에게, "두통을 느낀다는 것은 두뇌가 일하고 있다는 증거이다. 조금만 더 훈련하면 통증이 사라질 것이다"라고 웃으며 말했다. 그는 학생들에게 간단하고 분명한 학습 원칙을 알려주었다.

"언제나 사전과 용어 색인을 가지고 다녀라."

"절대 단어의 의미를 확인하려고 하지 말고, 지금 당장 그 단어가 말하는 대로 순종하라."

"한 가지 주제에 대해 하루 15분씩 꾸준하게 투자하라. 그러면 그 주제에 대해 대가가 될 것이다. 끈질김이 열쇠이다."

1912년 더눈 대학의 던컨 맥그리거(중앙)가 교직원 및 학생들과 함께하다.

챔버스는 맨체스터에서 학생들을 가르치는 것을 즐거워했지만 여전히 학생들이 머물면서 공부할 장소를 간절히 바랐다. 그는 더눈에서 던컨 맥그리거와 함께 살면서 배운 것들이 교실에서 배운 것보다 훨씬 더 많다는 것을 잘 알고 있었기 때문이다. 그는 맥그리거의 설교를 들으면서 영적인 깨달음을 얻었고, 집에서는 그의 삶을 보면서 삶의 변화를 얻었다.

챔버스는 하나님의 성경학교에 머물렀던 수개월의 기간을 통해 하나님께 헌신하는 분위기 속에서 날마다 교제하는 것이 얼마나 중요한지를 확인했다. 공동체의 삶 속에서는 많은 부분이 '배움'보다 '감동'에 더 큰 영향을 받는다. 신시네티에서 열린 집회에서 그가 날마다 가장 감동을 받은 것은 음식을 준비하고 청소를 하는 헌신적인 학생들이었다. 그는 수업 중에 무엇을 공부하고 어떻게 설교하는지를 가르칠 수 있었다. 그리고 집에서는 그들에게 어떻게 섬기는지를 도울 수 있었다.

하나님께서는 그들을 위해 런던에 적절한 집을 마련해주는 일이 어려울 리 만무하다. 주님은 주님의 때에 그분의 방법으로 우리가 필요한 것을 주신다. 주께서는 갑자기 모든 사람들이 깜짝 놀랄 신비로운 일을 하셨다.

1910년 12월 초, 스페크 홀에서 600미터 떨어져 있고 리더 해리스의 집에서 매우 가까운 곳의 어떤 큰 집이 비게 되었다. 기도 동맹은 그 집을 임대했고, 즉시 성경훈련대학이 상주 학생 및 주간 학생들을 위해 새해 1월에 열린다고 공포했다. 당장 가구, 재정, 학생이 없어도, 이렇게 짧은 공지에도 불구하고 학생들이 찾아올 것을 믿는 챔버스와 기도 동맹의 사람들은 무조건 앞으로 밀고 나가야 한다고 느꼈다.

어느 흐린 겨울날, 챔버스는 비디를 데리고 그들의 새 집을 처음으로 보러 갔다. '삼나무'로 알려진 커다란 빅토리아풍의 건물 안에는 다섯 개의 넓은 집이 있었다. 그들의 집은 중간에 위치했다. 그들은 클랩햄 커먼 노스사이드 45가의 정문으로 들어갔다. 그들이 철로 만든 가로대와 난간이 있는 긴 계단을 바라보는 모습은 마치 어린 아이들 같았다. 긴 계단의 첫째 층계참에는 착색유리로 만든 창문이 있었는데, 그 창문은 이전 집주인이 어떤 가문의 혈통이었는지를 보여주었다. 챔버스와 비디는 계속 계단을 올라가면서 많은 문들이 문장紋章, 가문을 나타내는 휘장물-역주으로 장식되어 있음을 발견할 수 있었다.

아름다운 응접실이 그 집의 앞뒤 2층 전체를 거의 다 차지하고 있었다. 양쪽 벽에는 화려하게 새겨진 나무 틀 안에 큰 거울이 끼어 있었다. 챔버스는 모조 대리석 기둥들과 어떤 이탈리아 미술가에 의해 50년 전에 그려진 천정 벽화들을 힐끗 보면서 "대단하군"이라고 중얼거렸다. 뒷 창문을 통해서는 개인 정원이 내려다 보였고, 앞 창문으로는 손질이 잘된 넓고 웅장한 도로가 훤하게 보였다. 정말 자신들이 도시 안에 있다는 느낌이 전혀 들지 않았다.

그들은 계속 그 집의 이곳저곳을 구경하면서 참으로 대학에 잘 맞는 크기와 조건을 갖추고 있음을 알고는 놀랐다. 그 집에는 지하실이 있었고 6층에는 아홉 개의 방이 있었다. 제대로 배치만 된다면 그 집은 25명의 학생이 거주할 수 있고, 50명이 식사할 수 있는 자리가 만들어질 수 있었다. 응접실은 70개의 팔걸이가 있는 '강의실 의자'가 쉽게 들어갈 수 있는 크기였다. 가장 가까운 기차역과 원통형의 전차 터미널에서 출발한 전차는 그 집에서 두 집 정도 떨어진 곳에 정차했다. 대학으로 이보다 더 완벽한 장소는 생각해내기 어려울 것이다.

챔버스와 비디는 네 개의 벽이 있는 맨 위층의 방에서 함께 서서 기도드렸다. 하나님의 영이 이곳에 계시며 언제나 이 집에 함께하시는 분위기를 만들어 주시기를 기도했다. 그 후 그들은 서로 손을 붙들고 다락방부터 지하실까지의 96개의 계단을 내려가면서 각 방마다 멈춰 서서 동일한 기도를 드렸다. 그들은 계단의 맨 마지막 끝에 이르러 무릎을 꿇고 기도했다.

"주님, 주께서 이 대학의 꼭대기 방부터 지하실까지 주의 영으로 가득한 분위기로 만들어주시기를 기도합니다. 이러한 장소를 마련해주신 놀라우신 섭리를 감사드립니다."

돈 한 푼 없지만 오직 하나님께 헌신된 이 두 종은, 이제 곧 남서 런던에서 가장 멋진 집의 거주자가 되는 순간이었다. 챔버스는 그 집의 문을 잠그면서 "우리는 전능자의 응석받이 아이들이야"라고 말했다.

몇 주 안에 기도 동맹 회원들의 후한 선물들이 마련되었다. 기초 보충물로써 침대, 수건, 의자, 탁자가 마련되었고, 추가로 강의실에 가장 중요한 칠판이 마련되었다. 한 쌍의 부부가 요리 및 집 관리를 위해 고용되었다. 대학은 1911년 1월 12일에 개회식을 한다고 광고했다.

챔버스와 비디가 이사를 들어오기 이틀 전, 첫 번째 학생이 도착했다. 이 학생은 후커 부부의 집에서 식사를 마친 후 챔버스와 후커와 함께 스페크 홀로 가서 면접을 보았다. 후커 부인은 대학 내 그 학생이 쓸 침대를 정리하면서, 그 학생의 입학이 성경 훈련 학교의 역사에서 역사적인 순간이라고 느꼈다. 그러나 사람들이 너무 많은 관심을 쏟아부어서 부담을 느껴서인지, 아니면 새로운 대학이 아무런 역사도 없고 정해진 커리큘럼이 없어서 그런 것인지, 아니면 오직 혼자뿐인 학생이라고 느껴서인지 그는 마음을 바꾸었다. 그 젊은이는 몰래 한밤중에 이 대학은 그를 위한 장소가 아니라는 결정을 내렸다는 메모를 남긴 채 떠났다.

며칠 후, 바이올렛 비처드슨이 풀타임 학생이 되기 위해 도착했다. 그녀는 전에 왔던 젊은이와는 달리 학교에 머물렀다. 하지만 여러 주 동안 그 학교에 등록한 유일한 학생은 그녀뿐이었다. 넓은 식당의 작은 사각 식탁에 앉아 챔버스와 비디와 함께 식사를 하는 것이 그녀에게 어색했지만, 챔버스 부부의 따스함은 큰 빈 집의 썰렁함과 불안을 쫓아냈다.

삐그덕거리는 시작에도 전혀 아랑곳하지 않은 챔버스는 교장으로서의 의무를 다하기 위해 온 힘을 기울였다. 그의 목표는 다양한 부류의 사람들에게 그 학교의 훈련 수업을 제공하는 것이었다. 학생들의 구성은 풀타임 거주 학생으로부터 한 주에 강의 하나만 참석하는 사람들까지 다양했다. 첫 학기의 커리큘럼은 두 개의 중심 과목, 즉 성경 심리학과 성경 윤리를 중심으로 만들어졌다. 성경 심리학은 자신에 대한 성경적 묘사와 설명으로서 우리가 어떤 존재인지, 어떤 존재가 될 수 있는지에 대해 말해준다. 성경 윤리는 성경의 도덕적 기준으로 판단할 때 모든 실천적인 면과 관련한 인간의 속성에 대해 옳은 점과 그른 점을 말한다.

성경훈련대학의 처음 6개월의 일정은 정신이 하나도 없을 정도였다. 그는 1월부터 6월까지 대학 외의 다른 런던 지역에서도 성경 심리학을 가르쳤다. 통신 과정은 계속되어 그는 이전 학기보다 2배가 넘는 600명이나 되는 많은 학생들을 받아야 했다. 그는 정규적으로 「불의 혀」와 미국의 「하나님의 부흥사」 신문에 글을 실었다. 그나마 다행스럽게도 영국의 기도 동맹 집회를 위해 설교하는 일은 조금 줄어들었다.

6월에 그는 「하나님의 부흥사」에 안부 편지를 쓰면서 그와 비디가 하나님의 성경학교에서 주관하는 캠프 집회에 참석할 수 없게 되었음을 알렸다.

"올해 하나님의 뜻 가운데 저와 아내는 미국에 갈 수 없게 되었습니다. 성경 훈련 학교가 너무나 빠르게 안정된 속도로 성장하는 바람에 저희는 기쁜 마음 가운데 고국에 붙들려 있게 되었습니다. 이 세상에서 가장 강력한 대도시 안에서 주께서 성경 훈련 학교를 위해 행하신 놀라운 일들로 인해 하나님을 찬양하기 바랍니다. 또한 이 학교가 전 세계적으로 하나님과 그의 성도들을 위해 쓰임 받을 수 있도록 기도해 주십시오. 하나님이 뜻하시면 내년에 여러분들을 친히 만나뵙기를 바랍니다. 그때 모든 책들 중 가장 놀라운 주님의 성경책으로부터 여러분들과 다시 대화를 나누게 되기를 바랍니다."

그들에게 기도 도움을 요청한 챔버스는 매일 더 많이 간절한 기도를 드렸다.

"오 주님, 저희에게 좀 더 많은 학생들을 보내주소서. 이 장소가 많은 사람들로 가득 차서 주께서 온 세상을 통해 영광 받으소서."

매 학기마다 학생들이 증가했고, 챔버스는 복음서, 성경 신학, 성경 해석, 성경 주해 등의 과목들을 추가하면서 계속 커리큘럼을 확대해 나갔다. 비디는 성경 암송을 가르쳤고 후커 부인은 성경 개요, 그리고 지역 목회자들은 주일 학교 교사들을 위한 수업을 마련해서 가르쳤다. 학교에 대한 좋은 평판이 퍼지자, 등록하는 학생들이 계속 늘어났다. 성경 훈련 학교가 열린지 1년 후에는 25명의 거주 학생들이 있을 정도였다. 학교는 주간 학생들과 방문자들까지 언제든지 환영하며 받아주었다.

챔버스의 삶의 기본 원칙 중 하나는 "구하는 자에게 주라"는 것인데, 이 원칙은 학교 전체에 퍼져서 그 학교의 특이한 실천 항목이 되었다. 문 앞에 서 있는 사람이 돈을 달라고 하든, 겨울 외투를 요구하든, 음식을 달라고 하든 절대로 그 사람을 사양하지 말고 구하는 대로 주어야 했다. 눈치 빠른 런던 거주자들은 챔버스의 원칙을 듣고는 분별력 없는 방침이라며 망연자실했다. 그 이유는 그곳 거지들은 서로 연락망이 잘 되어 있기 때문에 '쉬운 표적'을 알려준 셈이라는 것이다. 그러나 사람들은 그 대학에 거지들이 모여들지 않는 것을 보고 놀랐다. 챔버스는 "내 책임은 주는 것이다. 하나님께서 구하는 자를 친히 돌보실 것이다"라고 말했다.

도움을 구하는 대부분의 사람들은 무턱대고 돈을 요구하지 않았다. 어느 겨울 밤, 한 학생이 초인종 소리를 듣고 나가보니 젊은 흑인이 추위에 떨고 있었다. 그 낯선 사람은 "이 집이 챔버스 목사님 댁입니까?"라고 물었다. "신시네티에 있는 하나님의 성경학교의 스탠들리 목사님이 이 댁 주소를 알려주셨습니다."

페트로스라는 이름의 그는 미국에서 아프리카에 있는 고향으로 다시 돌아가는 중이었다. 챔버스 부부와 학생들은 그를 진심으로 환영했고, 그가 잠깐 머무는 동안 넋을 잃고 줄루 족의 어린 시절과 아랍 노예 상인들에게 납치되었다가 간신히 탈출한 이야기를 들었다. 한 선교사가 그와 친구가 되어 그를 그리스도의 믿음으로 인도했고, 그 후 그는 복음을 백성들에게 전하고 싶은 열망이 타오르게 되었다고 고백했다. 그는 다이아몬드 광산에서 일하면서 미국에 갈 수 있는 돈을 모았고 결국 신시네티의 '하나님의 성경학교'에 들어가게 되었다. 이렇게 아프리카 젊은이가 이야기를 하는 동안, 챔버스는 그의 몸에서 8년 전 찍힌 몸 도장과 노예 갈고리의 흔적이 여전히 생생하게 남아 있는 모습을 볼 수 있었다.

또 다른 사건은, 어떤 선교사 부부와 5명의 자녀들이 아프리카의 골드 코스트로부터 방금 영국에 도착했는데, 그들이 일주일 동안 머물 장소가 필요하다는 통보를 챔버스와 비디는 그들이 도착하기 2시간 전에 받았다. 비디는 당장 그들을 맞이할 준비를 하기 시작했다. 네 명의 학생들에게 그들의 방을 비우도록 부탁했고, 다른 학생들에게는 일곱 명이나 되는 가족이 생활할 수 있도록 추가로 몇 개의 침대와 가구를 그 방에 들여놓도록 했다.

비디는 학생들에게 "그들은 첫 번째 휴가를 맞이하여 영국에 오는 길이랍니다. 그들의 자녀 중 네 명은 숲 밖으로 한 번도 나와본 적이 없었다고 해요"라고 말한 후 그 즉시 여학생 중 한 사람에게 후커 부인을 만나 그 방문 가족을 위한 옷가지들을 얻어오도록 부탁했다. 비디는 조용히 그녀에게 "선교사 헌옷통에서 말고, 그들이 입고 다닐 수 있도록 새 옷을 가져오도록 해요"라고 말했다. 그녀는 지갑에서 충분한 돈을 꺼내 또 다른 두 명의 학생에게 작은 인형 몇 개와 장난감 비행기들을 사오라고 시켰다. 그리고 부엌으로 가서 요리사에게 새로운 방문이 있다고 알려주며 스프 맛을 보고는 "맛있네요"라고 말했다.

마침내 그 선교사 가족이 대학에 도착했을 때, 그들은 안락한 시설들과 함께 반가운 환영을 받게 되었다. 놀란 어린이들은 집을 뛰어다니며 놀다가 그들의 옷과 장난감을 발견하고는 환호성을 질렀다. 비디는 그들에게 다과를 대접하고 영국까지 오는 선교 항해의 이야기를 들었다.

밤이 늦어 방문 가족과 학생들이 모두 잠들었을 때, 비디는 기록부를 가져와서 이것저것을 기록한 후에 학교에 입학할 관심을 보인 청년들에게 세 통의 답장 편지를 타자로 쳤다. 가끔은 정신이 나갈 정도로 바쁜 일정의 하루가 대학 여주임의 전형적인 일과였다. 그녀는 이 집을 하나님께서 주신 사랑의 선물로 생각했고 학생들을 그녀의 가족처럼 여겼다. 또한 모든 손님들을 전능하신 하나님께서 보내신 전령들로 보았다.

성경 훈련 학교는 누구든지 필요한 사람에게 안식처가 되어주었다. 어떤 학생은 "그 대학은 상한 심령과 멍든 심령, 불행한 사람, 노인, 버림 받은 사람, 지친 사람을 위해 언제나 문을 열어놓았어요"라고 진술했다.

학생들은 학비의 일부만 지불했으며 모자란 금액은 기도 동맹의 개인적인 기부금으로 충당했다. 학교는 기본 자산이 전혀 없었고 한 주 이상을 견딜 수 있는 현금을 가진 적이 없었다. 그런 상황에도 불구하고 챔버스는 믿음으로 전혀 염려하지 않았으며 종종 학교에 필요한 보급품을 제공하기 위해 자기 주머니를 털기도 했다. 학교의 분위기는 자유로웠고 격식을 따지지 않았기 때문에 누구든지 마음껏 오갈 수 있었다.

학교가 1주년을 맞이했을 때 런던의 유명한 목사 캠벨 모건 박사가 와서 주강사로 말씀을 전하면서 챔버스가 가르치는 성경 심리학과 성경 윤리의 독특함에 대해 언급했다. 모건이 학교에 왔던 일은 성경 훈련 학교에 적극적인 지지를 보낸 의미였기 때문에, 기도 동맹 회원들의 사기를 진작시켰다.

챔버스는 두 측면에서 대학을 바라보았다. 하나는 학교를 널리 알리는 것이었다. 그는 학교가 잘 알려지고 새로운 학생들을 모으기 위해 누구에게든지 학교의 문을 활짝 열어놓았다. 기도 동맹의 회원들과 친구들에게 수업을 듣도록 권장했고 내빈을 데려올 때 가능하면 함께 강의에 참여하라고 당부했다. 이러한 방법으로 학교를 널리 알렸고 학교의 사역을 준비시켜 나갔다.

두 번째 비전은 집중적인 공부와 사역 준비를 위해 6개월 내지 1년, 심지어 2년을 거주하는 학생들에게 장기적인 훈련을 제공하고 그들에게 개인적인 온 정성을 다 쏟는 것이었다. 어떤 학생들은 선교 단체 지망생들이었고, 다른 학생들은 그들의 삶을 하나님께 다 드리기 위해 주의 뜻을 구하고 있었다. 거주 학생들은 특별한 그룹을 형성했고, 챔버스는 그들을 위해 기도하며 그들이 공동체를 이룰 수 있도록 수고했다.

그는 학생들을 위한 한 가지 품행 '규칙'을 제시했는데, 모든 학생들은 그 규칙이 인쇄된 카드를 받았다.

모든 섬김은 하나님 앞에서 동등하다. 당신은 이 방을 깨끗하게 하기 위해 당신의 몫을 기꺼이 감당해야 한다. 당신이 하지 않으면, 누군가 다른 사람이 해야 한다.

방문자들은 두 과목을 제외하고 챔버스의 다른 모든 과목을 청강할 수 있었다. 먼저 방문자가 청강할 수 없는 과목은 설교 준비와 설교법이었다. 학생들이 설교를 해야 하는 긴장된 날에는 챔버스는 모든 학생들이 똑같은 처지에 있음을 분명히 했다. 모든 학생들에게 자기의 차례가 다 오기 때문에, 서로가 전부 공감을 느끼는 청중이 되었다. 챔버스의 책임은 솔직하고 친절한 비평을 하는 것이었다.

방문자가 참석할 수 없는 또 다른 '과목'은 매주 학생들만 모여서 드리는 헌신의 시간이었다. 이 모임에서 챔버스는 그들의 삶을 위한 하나님의 목적과 역사에 대해 진지하게 말씀을 나누었다. 왜 그들이 이곳에 있는가? 하나님은 어떻게 역사하시는가? 그들은 어떻게 어려운 상황들과 심적 고통에 반응해야 하는가? 그의 예리한 통찰력과 영적 깨달음은 매번 학생들에게 "어떻게 저분은 내가 오늘 꼭 들어야 할 내용을 정확하게 알고 계시는 것일까?"라는 의문을 남겼다. 챔버스는 그리스도와의 인격적 친분을 끊임없이 강조했다.

"오늘날 주 예수 그리스도의 가장 큰 원수는 성경이 요구하지 않는 어떤 실천들을 해야 한다는 개념이다. 그 실천들은 세상의 제도로부터 영입된 것으로 끊임없는 에너지와 활동을 요구하지만, 그 안에는 하나님과의 개인적인 생명력 있는 교제는 없다.

성경훈련대학의 힘은 실천적인 활동들이 아니다. 이 학교의 모든 능력은 이곳에서 너희들이 하나님께 푹 젖는 데 있다. 너희들은 하나님께서 너희를 위해 어떤 상황을 조성하실지 전혀 알 수 없다. 또한 너희들이 집에 있든 해외에 있든, 어떤 종류의 긴장된 상황이 발생할지 모른다. 만일 가장 귀한 근본적인 진리인 하나님의 구속에 푹 빠지는 대신 지나친 활동으로 너희의 에너지와 시간을 낭비한다면, 긴장된 상황이 발생할 때 너희들은 부러질 것이다.

그러나 하나님께 푹 젖어서 시간을 보내라. 그러면서 하나님께 뿌리를 내리고 그 위에 선다면, 너희들에게 어떤 일이 발생하더라도 너희는 주께 참되게 설 수 있게 될 것이다.”

이 말을 기억하는 학생들마다 챔버스의 삶에서 그가 한 말이 사실로 드러나는 것을 체험할 수 있었다. 수업과 식사와 대화를 매일 나누면서 매우 가깝게 지낼 수밖에 없는 대학 공동체 안에서는 어떤 사람이 잠깐 본연의 모습을 감출 수는 있어도 오랫동안 감출 수는 없었다. 챔버스는 하나님과 동행하는 점에서 말과 행동에 간격이 없었다. 결론적으로 이러한 점 때문에 그의 영향력은 강력했다.

그러나 모든 사람이 챔버스에게 동의하지는 않았다. 종종 그가 그리스도인의 삶의 어떤 면을 단호하게 강조하다 보면 이구동성으로 반대하는 소리가 나기도 했다. 식사 중에 어떤 학생들은 자신들이 잘 다져두었던 신학적인 사상을 흔들어놓는 챔버스의 어떤 가르침에 대해 질문 공세를 퍼붓기도 했다. 챔버스는 절대로 논쟁하는 일이 없었으며 질문하는 학생들에게 자신의 관점을 관철하려고 애쓰는 일도 없었다. 그는 "지금은 일단 지나가자. 대신 그 점을 곰곰이 생각해보면, 나중에 알게 될 거야"라고 말하곤 했다.

챔버스의 서재는 언제나 열려 있었기 때문에 누구든지 개인 상담을 위해 찾아올 수 있었다. 한 학생은 챔버스 교장과의 관계를 다음과 같이 요약했다.

"그분께는 타협이란 없었지요. 그럼에도 전혀 딱딱한 분이 아니었습니다. 아무리 작고 사소한 것이라도 대충 때우려고 한 적이 없었습니다. 그분은 정신적이든 영적이든 모든 면에서 커다란 사람이었지만, 한 번도 딴청을 부리며 사람들을 무시한 적이 없었습니다. 허풍선이와 위선자들은 그분과 함께할 수 없었지만, 도움이 필요한 자들에게는 그는 큰 힘이 되어주었습니다. 그분께 가면 크게 보이던 문제도 아무런 문제가 되지 않았습니다. 그분께 도움을 구했다가 허탈함을 느낀 사람을 저는 본 적이 없습니다."

챔버스는 모든 문제를 하나님께 맡기고 그분의 역사를 기다리는 귀한 역량을 소유하고 있었다. 어떤 학생이 챔버스에게 찾아와 요리사와 관리로 고용된 부부가 보급품을 훔치고 있다는 사실을 귀띔해 주었다. 그때 그는 그들을 직접 대면하지 않기로 결정하고, 그 문제를 하나님께 아뢰며 주께서 그들을 책망하시기를 기도했다.

이후 여러 주 동안 계속 음식과 이불 등이 없어졌지만, 결국 어느 날 그 남자가 깊은 죄책감과 함께 슬픔을 가지고 챔버스를 찾아와서는 그동안의 도둑질을 자백했다. 챔버스는 그에게 "지금까지 다 알고 있었습니다. 그러나 우리는 성령이 당신에게 말씀하실 때까지 기다리기로 했지요"라고 말했다. 그 사람은 깜짝 놀랐고, 그와 아내는 예수 그리스도를 진심으로 믿게 되었다. 하지만 다른 경우였더라면 챔버스는 다르게 처리했을 것이다. 그는 종종 학생들에게 말했다.

"너희들은 하나님을 어떤 특별한 선상에 고정시킬 수 없다. 하나님께서 너희를 어떻게 다루시는지, 그리고 거의 대부분의 경우에 하나님께서 어떻게 너희의 실천을 통해 다른 사람들을 다루시는지 익숙해지도록 하라."

1911년부터 1914년까지 성경훈련대학은 꾸준하게 성장하며 학생 '가족'을 만들어냈다. 그들 대부분은 챔버스와 비디와 매우 가까운 관계를 갖게 되었다.

부유한 보석상의 딸인 에바 스핑크가 1913년에 하나님을 섬기려는 소원을 가지고 무엇을 해야 할지 어디로 가야할지 모른 채 이 대학에 들어왔다. 그녀의 아버지는 최근에 그녀의 음악 교육 지원을 끊음으로써, 이제 그녀는 불투명한 미래를 맞게 되었다. 챔버스가 '스핑크스'라는 별명을 지어준 그녀는 22세였고 생기 발랄했다. 그녀는 자기가 좋아하는 사람들에게 열정을 다해 충성하는 타입이었다.

검은 머리의 매력적인 모습을 지닌 글래디스 잉그램은 선교사로 준비하기 위해 이 학교에 왔다. 처음으로 학교에서 식사를 할 때 그녀는 긴 식당 테이블을 둘러보면서 '이 학교는 어떤 훈련 학교보다 나이, 계층, 부류, 직업에서 다양한 사람들이 골고루 모인 특이한 곳이구나'라고 생각했다. 챔버스는 그녀에게 '글라디올러스'라는 새 이름을 지어주었고, 전에는 주님에 '대해서'만 알고 있었던 그녀는, 그의 가르침을 통해 그리스도를 인격적으로 알게 되었다.

지미 핸슨은 1906년에 챔버스와 나카다가 덴비데일의 마을에서 기도 동맹 집회를 열었을 때 이미 챔버스를 만난 적이 있다. 그 후 1913년에 성경훈련대학에 들어오게 된 것이다. 그의 초기의 영적 성장에서 챔버스는 가장 두드러지게 영향을 끼친 인물이었다. 핸슨은 키가 작았지만 힘이 철철 넘쳤고 말할 때 요크셔 악센트가 분명했다. 그와 또 다른 동료 학생인 필립 핸콕은 둘 다 해외 선교사로 부르시는 하나님의 뜻을 발견했다.

챔버스가 '빌'이라고 부르던 거트루드 볼링거는 '영적인 재충전'을 위해 몇 주 동안 성경훈련대학에 왔다가 기독교 사역을 준비하기 위해 머물게 되었다. 다른 여러 여학생들처럼 그녀는 '챔버스 부부가 지혜로운 상담자이며 참된 친구'인 것을 발견했다. 필립 핸콕은 해외에서 첫 번째 임기가 끝나기 전까지는 결혼할 생각을 가지고 있지 않았다. 그러나 거트루드 볼링거를 만난 이후부터는 그의 마음과 기도에서 그녀를 떨쳐버릴 수 없었다. 그의 머리로는 그녀를 잊고 선교지로 나갈 주의 부르심을 따라야 한다고 생각했지만, 그의 가슴은 그녀가 강의실이나 식당이나 곁에 앉을 때마다 계속 빠르게 두근거렸다. 그는 챔버스가 자주 했던, "하나님께서 상황을 조성하신다"는 말에 큰 위로와 격려를 얻었다.

메리 라일리가 처음 챔버스를 만난 것은 스페크 홀에서였다. 그녀는 학생과 요리사의 두 가지 역할을 하기로 하고 대학에 들어왔다. 어느새 그녀는 부엌 일을 돕고 가사 일을 도와서 삶을 꾸려가는 '근로 학생들'을 관리하는 책임을 맡게 되었다.

거리낌 없이 할 말을 다하는 아일랜드의 숙녀 캐서린 애쉬는 1911년 9월에 벨파스트에서 열린 선교 집회에서 챔버스를 다시 만나게 되었다. 3년 전과 똑같이 여전히 귀족풍의 모습과 함께 당당한 여인이었는데, 그때 그녀는 성경 훈련 학교에 대한 개념에 커다란 호기심을 가졌다. 그 후 몇 달 후 그녀는 성경 훈련 학교의 학생으로서 런던에 도착했고 기독교 사회학 교사가 되기 위해 계속 그 학교에 머물렀다.

한동안, 챔버스와 비디는 방학 기간이 되면 기도 동맹 집회에서 설교를 하기 위해 함께 전국을 다녔다. 그는 아내가 말씀 전하는 것을 듣기를 좋아했으며 특히 시편을 강해할 때 좋아했다. 그의 차례가 되면 아내는 노트를 꺼내 충실하게 그가 말하는 것을 속기로 기록했다.

1913년 5월 24일, 성경 훈련 학교에서 가장 사랑받는 직원 하나가 도착했다. 캐슬린 챔버스가 그 대학에서 태어난 것이다. 그녀는 태어나자마자 여왕이 되어 학교를 평정하기 시작했다. 여학생들은 신이 났고 남학생들은 호기심으로 가득 찼으며 챔버스 부부는 황홀해 했다. 전부터 언제나 어린이를 사랑했던 챔버스는 자신과 사랑하는 여인 사이에서 기적적으로 합작되어 나온 이 작은 사람을 향해 감정을 주체할 수 없었다. 분만 과정이 매우 어려워서 비디는 지쳐 있었지만, 그녀 또한 새로운 생명으로 인해 기쁨을 감출 수 없었다.

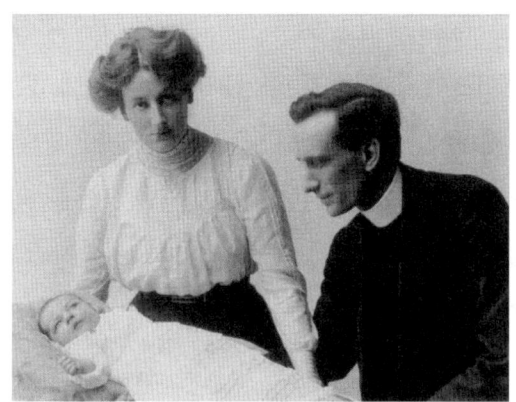

1913년 5월, 챔버스 부부의 사랑스러운 딸 캐슬린이 태어났다.

그 후 캐슬린은 식당에서나 강의실에서나 친교 모임에서나 귀염둥이가 되었다. 그녀가 웃을 때마다, 젖을 먹고 트림을 할 때마다 귀여워서 어쩔 줄 모르는 학생들의 환호성의 합창이 울려 퍼졌다. 그녀가 허파로부터 깊은 울음을 터뜨릴 때 챔버스는 해리스 부인에게서 오선지를 빌려와서 "자, 우리 딸이 노래를 합니다"라고 말했다.

챔버스와 비디는 미국 방문에 대해 대화를 나누었다. 그러나 캐슬린의 출생 및 대학과 동맹으로부터의 여러 요청들로 인해 그 꿈을 이룰 수 없었다. 이제 그가 말씀을 전하는 여름 캠프 집회는 매해 8월 퍼스에서 열리는 한 주간의 기도 동맹의 연차 집회였다. 챔버스는 소년 시절에 놀던 광활한 사우스 인치에 세워진 커다란 텐트 안의 연단에 올라 고향 사람들에게 자신들에 대한 권리를 주께 양도함으로써 주의 뜻 안에서 만족을 발견하라고 권면했다.

상황적으로 볼 때, 챔버스의 삶은 더욱 편안해졌고 과거 어느 때보다 예측이 가능해졌다. 그는 안정된 직업과 함께 집과 아내와 자녀가 있었다. 이제 대서양 및 전 세계를 다니며 여행을 하며 말씀을 전하는 대신에 학교 수업과 학기에 따라 시간을 조절하는 삶을 살 수 있었다. 내면적으로는 영적인 가속이 붙어서 전진하고 있었고 어떤 때보다 더 넓게 바라보고 있었다.

런던에서 떨어져 있던 기간에 챔버스가 비디에게 보낸 여러 편지들은 그의 마음 자세가 어떠했는지를 잘 보여준다.

나는 점점 더 나 자신이 주를 설교하는 것 외에 다른 것에 유용하지 않다는 것을 깨닫고 있어. 우리의 삶을 다해 주께 충성하자. 내게는 예수 그리스도께 대한 충성심 외에는 다른 아무것도 없어. 1912년 8월 11일.

나는 결코 나의 앞길을 몰라. 그러나 나를 인도하시는 하나님은 알고 계시니, 아무것도 두렵지 않아. 나는 멀리 내다보는 계획이 없고, 단지 확신에 찬 신뢰만 있지.

내 마음은 계속 기독교 사역자들의 성공에 대한 탐욕 때문에 화가 많이 나고 있어. 과연 예레미야와 사도들의 삶을 본받으려는 사역자들은 몇이나 될까? 하나님만을 위해 홀로 서는 것이 이 시대의 가장 큰 부르심인데…. 1913년 3월 21일.

챔버스와 비디의 딸 캐슬린은 학생들에게는 멋진 분위기를 제공했지만 챔버스 부부에게는 도전이 되었다.

캐슬린은 우리에게 주신 하나님의 선물이지, 우리가 하나님께 드리는 선물이 아님을 기억하자. 캐슬린을 사랑하는 주변의 많은 여성들의 영향 때문에 캐슬린을 포함해 당신과 나의 마음을, 주를 섬기도록 부르신 하나님의 최고의 소명으로부터 빼앗기는 일이 없도록 해야 해. 온 힘을 다해 주님만 최고로 섬길 때, 하나님께서 우리를 축복하실 거야.

나는 우리 중 누구라도 '옳다는 것'의 교활한 선상에서 영적으로 탈선하게 될까 두려워. 다른 것들에 대한 염려나 인간의 의무에 대한 지나친 몰두가 우리 영혼 안으로 들어오지 못하도록 하자. 최근에 당신 주변의 그 어떤 여성도 하나님과 우리의 관계를 제대로 이해할 수 없다는 사실을 기억했으면 해. 9월 28일.

이제 남편이 되고 아버지가 된 챔버스는 대학에서 멀리 있을 때마다 이전과 달라진 감정을 느꼈다. 다음은 1914년 7월, 챔버스가 퍼스 캠프 집회 중 비디에게 쓴 편지이다.

> 나의 사랑을 귀중한 작은 아기에서 전해줘. 그녀가 내 마음속에 너무나 소중해서 그녀가 어떻게 지내는지 묻지 않을 수 없어. 많이 외로워서 당신이 당장 필요해. 감정의 슬픈 외로움이 아니라 영적인 외로움을 의미해. 마음이 모진 몇 사람들의 갑작스러운 판단이 하나님의 성숙한 성도들의 마음을 상하게 할 때, 실제적인 영적 동료가 얼마나 없는지! 지금 나는 누구에게도, 아무것에도 마음을 합할 수가 없고 오직 당신과 나의 주 예수 그리스도 밖에 없어. 나를 위해 계속 기도해주었으면 해.

8월 2일, 퍼스 캠프의 마지막 집회는 폭우 때문에 시티 홀에서 갖게 되었다. 챔버스는 요한복음 21장 22절의 "너는 나를 따르라"는 내용으로 설교했다. 그는 우리가 이미 잘 알고 있는 하나님의 뜻에 대해 계속 질문하는 대신에 단지 하나님께 순종하는 것이 얼마나 중요한지를 강조했다. 그는 "우리에게 필요한 것은 우리가 이미 알고 있는 길로 걷기 시작하는 것입니다"라고 결론 내렸다.

다음 이틀 동안 밤낮으로 쉬지 않고 예사롭지 않은 양의 많은 열차들이 퍼스를 지나갔다. 많은 기차들이 단지 군인들과 장비들을 실어나르고 있었다. 사람들은 이 일로 여러 의견들을 말하면서 유럽에서 최근에 발생한 사건들과 관련되어 있다고 추측했다. 8월 5일 아침, 신문의 헤드라인은 끔찍한 사실을 발표했다. "영국이 전쟁에 참여하다."

16

주님께 모든 것을 걸다(1914-1915)

대부분의 영국 사람들은 전쟁 소식 때문에 깜짝 놀랐다. 1914년 2월 28일에 프란시스 페르디난드 대공의 암살 후에 유럽 전역에는 불길한 징조의 구름이 신속하게 끼고 있었지만, 문제는 저 멀리 있는 것처럼 보였다. 영국 사람들은 "만일 오스트리아-헝가리 제국과 세르비아가 자기들이 먹을 부스러기가 있으면 우리에게는 문제가 되지 않겠지"라고 말했다. 결국 유럽의 정치적 기류는 언제나 폭풍우가 치기 마련이기 때문에, 영국 해협에서 벌어지는 국제 창 시합(기사들이 말을 타고 긴 창으로 서로를 말에서 떨어뜨리는 스포츠 - 역주)보다 옆집 아일랜드의 내전과 분리의 위협이 더 큰 위험으로 여겨졌다. 영국 사람들 중에는 영국을 전쟁에 끌어들이려는 연합 동맹 및 비밀스러운 외교를 의식하는 사람들이 거의 없었다.

갑자기 챔버스와 비디, 그리고 성경 훈련 학교의 학생들은 전면 전쟁을 위해 정비하는 국가의 시민이 되었다. 신병을 징집하는 벽보가 이곳저곳에 널렸고, 애국심을 불러일으키는 시민 집회가 거리마다 열렸으며, 영국이 전쟁을 선언한지 한 달 후에는 남자들이 하루에 3만 명 정도로 군에 입대했다. 대부분의 사람들은 전쟁이 곧 끝나서 크리스마스까지는 승리 가운데 고향에 와 있을 것으로 생각했다.

많은 젊은이들은 "지금 입대하라. 그렇지 않으면 놓친다"라고 말하면서 친구들끼리 입대를 권했다. 하지만 노련한 재향 군인들은 이미 전쟁의 열기를 보았고, 그들 중 많은 사람들은 장기적인 고통이 따라올 것을 예감했다. 이러한 것을 전혀 모르는 영국 백성들은 거의 모든 민간인을 관여시키는 첫 번째 현대 군사 충돌에 휩쓸려 들어갔다.

몇 주 안에 영국에서의 삶은 완전히 혼란에 빠지기 시작했다. 정부는 시민들에게 그들의 농장 말들과 자동차를 정부에게 팔라고 요청했다. 심지어 런던 도로를 달리던 홍색 2층 버스들도 배에 실려 해협 건너편으로 수송되어 영국 군대를 전방으로 실어나르는 데 사용되었다. 더욱이 금전 하나를 구하려면 지폐 보따리로 지불해야 했고, 여성들도 전에는 남성들에게만 국한되었던 무기 공장이나 운송 등의 일에 종사했다. 모든 길거리마다 죽 늘어선 집들의 담벼락에는 큰 붉은 원 안에 '집에 없음, 이 집의 남자는 지금 영광스러운 군에 입대했음'이라고 쓰여 있는 포스터가 붙어 있었다. 그러나 겉으로 나타나는 흥분과 애국적인 열정 아래는 어느새 불안과 두려움이 스며들고 있었다. 챔버스는 1914년 9월호 「불의 혀」에서 많은 사람들이 느끼는 혼란에 대해 언급했다.

오늘날 사람들에 입에는 다음 질문이 오르내리고 있습니다. '전쟁이 마귀의 일인가 아니면 하나님의 일인가?' 그 답변은 둘 다 아닙니다. 비록 전쟁 배후에는 하나님과 마귀가 있지만, 전쟁은 사람의 일입니다. 전쟁은 개인이든 국가든 의지의 충돌입니다. 지금은 국가들 간에 무서운 의지의 충돌이 있습니다.

우리 주님은 위험이란 필연적인 사실임을 주장하셨습니다. 주님은 곧바로 제자들과 대화를 나누면서 당혹함이나 열정이나 두려움 없이 말씀하십니다. '너희는 이러한 종류의 일들을 예기하고 있어야 한다. 전쟁, 원한, 미움, 질투, 모독, 추방, 죽음 등이다. 이러한 일이 발생하면 놀라지 않도록 내가 너희에게 이러한 것들을 미리 말했음을 기억하라.'

우리는 전쟁과 소란의 소문을 들을 뿐 아니라, 지금 바로 이곳에서도 전쟁은 발생하고 있습니다. 이것은 상상이나 신문 기사가 아니라 우리 문 앞에서 실제로 일어나는 일입니다. 빠져나올 길도 없습니다. 세계 역사가 아직까지 알지 못했던 그러한 전쟁이 이제 시작되었습니다.

예수 그리스도는 '너희는 전쟁이 왜 발생하는지 이해하게 될 것이다'라고 말씀하시지 않고 '두려워 말라. 당황하지 말라'고 말씀하셨습니다.

전쟁보다 더 악한 것이 하나 있습니다. 그것은 바로 죄입니다. 우리는 사회 질서가 깨어질 때 극심한 두려움에 빠지고, 그렇지 않을 때는 잘 지냅니다. 우리는 수백 명의 사람들이 죽음을 당할 때 공포에 빠지지만, 더 열악한 것이 있다는 사실을 잊습니다. 날마다 해마다 우리의 마을과 도시에서 진행되는 지독하게 악독한 삶들이 있습니다. 우리를 그토록 불안하게 만드는 전쟁들이나 황폐함이 아니라 바로 이러한 삶들이 하나님의 마음에 고통을 만들어냅니다.

사방에서의 끔찍한 일들을 보며 공포에 빠지고 있습니까? 여러분들은 공포에 빠진 사람 중 자신들을 위해 설탕이나 버터, 국가를 붙들지 않는 사람을 본 적이 없을 것입니다. 예수님께서는 그의 제자들이 공포에 빠지는 것을 허락하지 않으셨습니다. 예수님이 보실 때 제자들의 가장 큰 범죄는 걱정하는 것입니다. 하나님을 고려하지 않고 판단할 때마다 우리는 죄를 범하는 것입니다.

챔버스의 대학에서의 삶은 계속 기도 가운데 진행되었으며 날마다 새로운 기도 제목들이 나타났다. 그는 국가의 필요를 위해, 전쟁 중에 있는 군인들을 위해 30분 정도 중보기도를 한 후에 매일 아침 기도회를 학생들과 함께 가졌다. 그 후에 다 같이 아침 식사를 했다. 챔버스는 언제나 아침 기도회에 첫 번째로 와서는 모든 거주 학생들이 기도를 하기 위해 렉처 홀에 다 모일 때까지 작은 오르간으로 가장 좋아하는 찬양을 연주하곤 했다. 매주 목요일 오후에는 대학 전체가 함께 모여 주의 선하심을 찬양하며 그들의 필요를 주께 아뢰었다. 그 시간에 지난 과거의 거주 학생들의 이름과 현재 거주하는 학생들의 이름이 크게 읽혀졌다. 금요일 저녁에는 선교 사역에 몸담은 학생들을 위해 특별히 기도했다.

1914년의 챔버스의 대학 보고서는 감사한 마음으로 다음 내용이 기록되어 있었다. 이전 학생들 중 9명은 선교사로 섬기고 있고, 두 사람은 전방에 위치한 군대에서 섬기고 있다. 6명은 선교 후보자로 받아들여졌고, 4명은 해외 선교지로 자원했다. 그러나 챔버스는 이러한 섬김의 기회들은 주님께서 정하시는 것이지, 자기가 정할 일이 아니라고 강조했다.

"이 대학은 우리 학생들이 어디서 수고해야 할지를 찾아주지 않습니다. 우리의 의무는 이 집이 하나님의 영광을 드러내고 각 학생들이 바른 영적 분위기 가운데 머물게 하는 것입니다. 그러면 그들은 각자를 향하신 주의 자명한 분별된 뜻을 항상 따르게 될 것입니다."

챔버스는 이 사실을 믿었다. 하지만 챔버스 자신도 하나님의 인도하심을 분명하게 이해하고자 할 때 많은 갈등과 시행착오가 필요하다는 사실을 잘 알고 있었다. 이 과정은 걱정이 아니라 여러 마땅히 해야 할 일들 중 무엇이 하나님께서 내게 가장 원하시는 소명인지를 걸러내는 작업 과정이다.

1914년 12월 31일, 챔버스와 비디는 새해를 맞이하며 함께 하나님의 뜻을 구하는 관례적인 예배를 드렸다. 그들은 그들 앞의 여러 가능성들을 두고 어떤 길이 하나님께서 원하시는 길인지를 알고자 씨름했다. 대학에 계속 머물면서 그렇게 오랫동안 꿈꿔왔던 사역을 계속해야 하는 것일까? 만일 챔버스가 대학에서 물러난다면 대학을 맡을 사람이 있을까? 기도 동맹에 대한 책임은 무엇인가?

나라를 위한 책임은 무엇일까? 군대를 섬기기 위해 지원해야 하는가? 정부는 19살부터 40세까지의 남성들을 부르고 있었다. 이제 몇 달 후면 그는 41세가 된다. 만일 군에 들어가면 비디와 캐슬린은 어떻게 되는 것인가? 그들을 하나님께 맡기고 멀리 떠나는 것이 옳은 일인가? 어떻게 해야 그들을 가장 많이 사랑하고 돌보는 것일까? 그의 기도 일기를 보자.

> 주님, 제가 있는 이곳 때문에 주를 찬양합니다. 그러나 의심이 제 안에서 일기 시작했습니다. 이곳이 정말 주께서 저를 위해 정해주신 자리입니까? 언제나 주의 뜻만을 행할 수 있도록 저를 붙드소서. 아마 불안해서 그런지도 모르겠습니다. 그렇다면 저를 안정시켜 주셔서 의심의 죄를 범치 않도록 강하게 하소서.

1915년 새해를 맞이하며 웃음과 축배로 즐겨야 할 휴일 기간에 너무나 많은 영국 사람들이 프랑스에서 죽어가고 있었다. 교회 종소리가 한밤중을 알리자, 챔버스와 비디는 일어나서 무릎을 꿇고 기도했다. 어떤 길이든 옳은 길로, 하나님께서 그들을 주의 길로 인도하시기를 구했다. 그렇게 할 때 옳은 길일 뿐 아니라 주의 기쁨과 축복이 넘치는 길이 될 것이 분명하다. 한편, 그들이 할 일은 하나님을 신뢰하고 그 다음 일을 하는 것이었다.

캐슬린은 대학에서 태평스럽게 걸어다니며 왜 그렇게 많은 어른들이 슬퍼 보이는지 궁금했다. 어두운 내용을 실은 신문의 헤드라인을 읽은 학생들은 불안한 미래로 인해 고민하지만 시간마다 규칙적으로 나타나는 캐슬린을 보면 자기도 모르게 안도감을 얻었다. 캐슬린은 그녀가 느끼기에 회의가 너무 길다 싶으면 종종 학생들을 일어나게 해서 해산시키는 아빠의 독특한 말투를 흉내냈다. 학생들은 자주 강의실 뒤에서 "우리 좀 지혜로워집시다"라고 말하는 캐슬린의 작은 목소리를 들을 수 있었다.

1915년의 학기 동안 챔버스는 '선교사의 문제점들'이라는 금요일 저녁 과목에 여러 초청 강사들을 모셔왔다. 그들 중에는 이미 전설적인 선교 사역을 이룬 찰스 스터드가 있었다. 그는 캠브리지 대학에서 멋진 크리켓 선수들 중 하나였으며 매우 유명한 선교사였다. 챔버스가 10살 되던 해에 스터드는 허드슨 테일러와 함께 중국을 선교하기 위해 배를 타고 중국으로 갔다. 그가 아버지의 재산을 유산으로 물려받게 되자 하나님께서 그의 필요를 채우실 것을 믿고 모든 유산을 나누어주었다. 그는 중국과 인도에서 몇 년을 보낸 후에, 1911년에 아프리카로 갔다. 그는 다시 영국으로 돌아왔고, 암흑의 대륙인 아프리카로 잠시 돌아갈 예정이었다. 지미 핸슨과 필립 핸콕, 두 학생은 아프리카를 선교하는 스터드와 함께 섬기기 위해 이제 몇 달 후 그곳으로 떠나기를 소망했다.

찰스 스터드는 현재 진행 중인 대전쟁에서 볼 수 있는 동일한 용기를 가지고 사람들의 영혼을 위한 영적 전쟁에 모든 그리스도인들이 참여해야 한다고 목소리를 높였다.

"이 일은 교회나 국가 또는 사람이나 전통을 우상처럼 높여서 되는 것이 아니라, 오직 그리스도와 그분의 십자가에 못 박히심을 선포하는, 인습과 속박에 사로잡히지 않는 뜨거운 성령의 종교에 의해서만 이루어질 수 있습니다."

전쟁으로 인해 많은 그리스도인들이 성경 예언에 초점을 맞추게 되었고 종말 사상에 온 마음이 휩쓸렸다. 많은 사람들이 마침내 하나님의 심판이 이 세상의 불경건한 나라들 위에 임했으며 영국도 그중에 포함되었다고 느꼈다.

하지만 챔버스는 스터드와 똑같은 관점을 가지고, 1915년의 어두운 현실을 두려움에 떠는 자들이나 비관자들처럼 불길한 징조로 보지 않고 다른 각도에서 보았다. 그 당시에 「불의 혀」에 실린 챔버스의 글들은 이러한 어려운 때 그리스도를 위해 더욱 의욕적으로 살아갈 것에 대해 깊은 관심을 보였다.

1월 : 이 전쟁은 당분간 고통을 당하는 사람들로 하여금 이론적으로는 맞지만 실천적인 면에서 전혀 효과 없는 교리들에 대해 화를 내게 만들고 회의적인 언급을 하게 할 것이다. 동시에 이 전쟁은 그리스도의 유일한 길에 대해 전 세계적으로 사람들의 마음을 준비시킬 것이다. 비록 주님은 아버지께로 가는 유일한 길이지만, 그 길은 유대인이나 그리스 사람이든, 야만인이나 스키타이 사람이든, 노예든 자유자든, 남자든 여자든, 국적이나 문명이 어떠하든 구별하지 않고 누구든지 모든 사람에게 열려 있는 길이다. 그리스도께 속한 우리가 살아가는 이 세대가 끝나가는 국면에서, 우리의 입술로 그리고 열정적이고 진실한 삶을 통해 영광스러운 계시를 선포하는 것은 우리의 의무이며 특권이자 영광이다.

3월 : 삽입구란 삽입되지 않아도 문법적으로 안전한 문장에 들어가는 또 다른 문장을 말한다. 만일 당신이 저자를 이해하고 싶다면 삽입구에 특별히 주목하라. 하나님께서는 우리의 삶의 여정 가운데 갑자기 불쑥 삽입구의 삶을 넣으신다. 그러나 만일 당신이 당신의 삶을 이해하고 싶다면 삽입구의 삶을 읽도록 하라.

4월 : 종말을 아는 성도들에게는 지금이 혼자 떨어져 있을 때가 아니라 중보기도를 위해 하나님께 자신을 거룩하게 다 바칠 때이다. 특히 개인적으로 지나치게 순결을 추구하지 않도록 주의하고 재림과 관련한 사이비 종교 단체를 경계하라. 그 대신 자신을 주님께 다 내어놓고 우리가 속한 조국이 하나님의 도구일 뿐 아니라 하나님의 심부름꾼으로 드러날 수 있도록 조국을 위해 중보기도를 하자. 사람들이 하나님을 의지하고 바라보는 대신에 안정만 구하지 않도록 그들을 위해 기도하자.

챔버스가 자신을 위해 기도하는 내용 중에는 스스로 중대한 선택을 해야 하는 일이 놓여 있었다.
"주님, 저는 주님 앞에서 군대를 위해 섬기겠습니다. 각 경우마다 저를 구체적으로 붙들어주시고 인도하소서. 주께서 그렇게 하실 것을 믿지만, 제가 혹시 속단을 한 것이 아닌지 걱정될 때가 있습니다."

결정을 이미 내린 이후에도 기도 일기를 보면 계속된 염려로 인해 내적 갈등을 했음을 알 수 있다.

미래에 대한 나의 마음이 왜 그렇게 불안한지…. 항상 그런 것은 아니고 전혀 그렇지 않을 때가 있어서 주께 감사드린다. 주님 외에 제가 붙들 수 있는 것이 무엇이 있겠습니까! 마음이 흔들리거나 힘이 빠지지 않도록 저를 지켜주소서.

주님, 제가 택한 길이 과연 맞는지 아직도 애매모호합니다. 이 결정은 제 자신의 분별력을 훨씬 초월하는 것입니다. 주를 의심하는 것은 아니지만, 모든 것이 완전히 가려져 있습니다.

주님, 제 삶은 여전히 희미한 황폐함으로 둘러싸여 있습니다. 저도 그것이 뭔지 불투명하기에 분명하게 말할 수 없습니다. 주께서 시키시는 대로 했기 때문에 제가 내린 결정에 대해 아무런 의심이 없습니다. 그러나 여전히 찜찜한 느낌이 남아 있습니다. 이 흐릿한 비구름을 만지셔서 아름답고 찬란한 모습의 창공을 만들어주소서.

1915년 5월 24일, 부모님에게 보내는 편지에는 더욱 확신 있는 어조가 섞여 있었다.

사랑하는 어머니와 아버지께

플로렌스 누이가 제가 전방으로 가서 '영적인 응급 치료'를 위한 군목이 되기로 결정했다는 사실을 부모님께 말씀드렸을 것입니다. 군에서 연락이 오는 대로 두 분께 알려드리겠습니다. 제가 하나님 앞에서 결정을 내린 것 외에는 아직 아무것도 결정된 것이 없고 불투명합니다. 저는 당연히 저의 인간적인 최선을 다하겠지만 과거의 여러 차례의 일들과 마찬가지로 하나님께서 길을 열어주셔야 합니다. 제 생각으로는 주의 부르심이 확실하다고 보지만, 그 나머지는 전적으로 하나님의 섭리에 달려 있습니다.

전쟁이 시작된 이후로 제게 큰 압박이 찾아와서 이곳에 있기가 거의 견딜 수 없을 정도입니다. 그러나 제 자신이 하나님을 잘 알고 있기 때문에, 제 자신의 욕망 및 충동과 하나님의 뜻과 명령을 혼동하지는 않습니다.

새해를 맞이하면서 비디와 저는 하나님 앞에서 기도하며 응답을 기다렸습니다. 그러다가 제가 비디에게 말했습니다. "하나님이 내게 주신 이 구절을 좀 볼래? 나는 전제로 드려질 준비가 되었어"딤후 4:6. 우리는 하나님 앞에서 주께서 무엇을 명하시든지 다 좋다고 말씀드렸습니다. 이후로 하나님이 주시는 심적 압박이 계속 더 심해졌고, 결국 결단을 해야 할 시간이 되었음을 확신하게 되었습니다. 그래서 결단했습니다. 그리고 이 결정을 알아야 하는 모든 관련된 사람들에게 알렸습니다. 이제 이 일은 제 손에서 떠났습니다. 그런데 재미있는 것은, 이 결정이 씨앗처럼 사람들의 생각 속에 들어가더니 그들이 서서히 이 결정에 익숙해졌다는 사실입니다. 그래서 환송 모임이나 파티도 없이 저는 조용하게 다음 단계로 들어가고 있습니다.

비디는 오직 단 한 가지에 예민한데, 그것은 어떤 희생을 치르더라도 저를 지지하는 것입니다. 그러면 캐슬린은 어떻게 할 거냐고요? 우리가 그 아이를 잊겠습니까? 주께서 그 아이를 잊겠습니까? 저는 여러 면에서 절대 바보가 아니지만, 오직 한 가지 면에서 바보입니다. 즉, 하나님을 믿고 순종하는 바보입니다.

주일 아침에 제 영혼에 닿는 멋진 말씀을 대하게 되었습니다. "그 후에 주께서 따로 칠십 인을 세우사 친히 가시려는 각 동네와 각 지역으로 둘씩 앞서 보내시며"눅 10:1. 또 오늘 아침에는 제가 구하지 않은 어떤 조용한 신호가 임했습니다. 그러면서 이러한 주의 말씀이 기억났습니다. "너희를 해칠 자가 결코 없으리라"눅 10:19.

어머니, 요한복음 14장 1절을 마음에 두시고 주께서 어떻게 역사하시는지 보시기 바랍니다. 이곳 성경훈련대학에서의 4년은 특별한 기간이었고 축복된 시간이었습니다. 그러나 그 멋지고 화려한 기간들은 이제 조용히, 조심스럽게 막을 내릴 것입니다. 두 분이 저를 위해 기도해주실 것을 압니다. YMCA 막사로 가는 것이 채택된 계획일 것이라는 강한 확신이 들지만, 저는 아직 잘 모릅니다. 그러나 주께서 아시며 주께서 아심을 저는 압니다. 또 제가 아는 것은 주께서 주신 생각이 아닌 것은 제가 절대로 생각하지 않는다는 점입니다. 따라서 저는 지금까지 그러했던 것처럼 꾸준하게 앞으로 나아갈 생각입니다. 그러면 주께서 환경을 조성하시겠지요.

두 분의 사랑하는 아들, 오스왈드 드림

며칠 후 그는 답을 얻었고 그 답은 일기에 기록되었다.

주님, 어제 YMCA에서 제가 이집트의 사막 캠프에서 그들을 위해 일할 수 있도록 승낙했습니다. 그리고 오늘 아침에도 다시 크게 강조하시는 주의 말씀이 임했습니다. "그 후에 주께서 따로 칠십 인을 세우사 친히 가시려는 각 동네와 각 지역으로 둘씩 앞서 보내시며"
눅 10:1.

주님, 이 대학으로 인해 주님을 얼마나 찬양하는지요. 특별한 사랑으로 지낸 지난 4년이었습니다. 이제 주의 부르심에 응답하기 위해 이 대학을 내려놓습니다.

전쟁은 영국에서의 모든 삶의 부분에 엄청난 변화를 가져왔으며 그 변화는 끝이 없어 보였다. 성경 훈련 학교는 그 학기의 마지막 날인 1915년 7월 14일에 문을 닫았다. 그러자 학생들은 모든 것이 끝이라고 생각했다. 자신들뿐 아니라, 기도 동맹도, 나라도 다 끝이라고 생각했다. 어디서나 사람들은 어쩔 수 없이 닥쳐올 붕괴를 준비하고 있었다.

6월의 첫째 주간에 던컨 맥그리거가 소천했다. 챔버스는 더눈으로 가서 오랜 친구이며 스승이던 그의 장례에 참여했다. 키른에 서 있는 대학은 꽃이 만발한 관목들과 나무들과 함께 유난히 아름답게 보였다. 장례식을 위해 강의실 앞에 섰을 때 감정이 북받쳐 올라왔다. 맥그리거를 만나 처음으로 악수를 하면서 그가 하나님의 특별한 사람인 것을 알았을 때가 엊그제 같은데, 벌써 18년의 세월이 흘렀다는 것이 믿기지 않았다. 1915년 이날 아침은 마치 챔버스에게는 그의 아버지가 세상을 떠난 것처럼 슬펐다. 하지만 동시에 그분을 만나게 하셨던 하나님께 감사한 마음으로 충만했다.

장례식을 마친 후 챔버스는 맥그리거 부인에게 다시 방문할 때는 좀 더 오래 머물겠다고 약속하면서 신속하게 떠났다. 런던의 성경 훈련 학교에서 봄 학기가 4주 남아 있는데, 가능한 한 학생들과 많은 시간을 보내기를 원했기 때문이었다. 클라이드 만을 건너면서 이전에도 이미 수백 차례 건널 때도 마찬가지였겠지만 그는 부두가 서서히 멀어지는 매우 익숙한 광경을 바라보면서 시 한 구절을 기억했다. "우리의 것은 영원히 우리의 것이라. 하나님은 선물을 다시 가져가지 않으신다." 그는 너무나 많이 '이 멋진 어르신' 맥에게 빚졌다. 그를 많이 그리워할 것이다. 하늘에서 그를 다시 보게 될 때 얼마나 기쁘겠는가!

한 달 후, 삶과 죽음의 문이 매우 가까이 와 있다는 예감속에서 챔버스는 성경 훈련 학교의 학생들에게 다음과 같은 소망의 말씀으로 결론짓는 마지막 설교를 했다.

"현재 상황과 같은 실제적인 위기 속에서 아버지 하나님과 아들 하나님의 안식을 누릴 수 있는 성도는 성령의 통제와 감동 아래에 있는 사람들입니다. 그러므로 우리 주의 말씀이 하나님의 모든 능력 가운데 우리에게 와닿습니다. '너희는 마음에 근심하지 말라 하나님을 믿으니 또 나를 믿으라'요 14:1."

그 후 그는 마지막 기도를 드렸다.

"주님 감사합니다. 우리에게는 작별인사가 없습니다. 주께 구하오니 우리가 주님을 마주볼 때까지 주의 면류관과 증표가 우리 모든 사람들 위에 있게 하소서. 예수님의 이름으로 기도드립니다. 아멘."

각 사람들은 대학에서 지내면서 가지게 된 특별한 기억들을 소중히 여겼다. 어떤 사람들에게는 챔버스의 '가르침'이 남았지만, 대부분의 사람들에게는 챔버스라는 '사람'이 그들의 마음에 남았다.

하우게이트 그린우드는 챔버스가 자신에게 다가와서 "나는 네가 요즈음 매우 어렵다고 생각해. 내가 방금 하나님의 일을 위해 친구로부터 선물을 받았는데, 그 선물은 바로 네 거야"라고 말하면서 2파운드를 주었던 일을 기억한다. 그가 어떻게 알았던 것일까?

또 다른 학생은 작은 시골 마을에서 챔버스와 함께 걷던 일을 기억했다. "그는 자연스럽게 서서 기도했어요. 하나님의 축복이 마을에 임하기를 기도했지요. 주께서 이 땅에 계셨다면 그분과 똑같았을 것 같아요."

성경 훈련 학교는 비록 런던에서 작은 학교였지만 그 학교가 끼친 영향은 상당히 컸다. 학교가 존재하던 4년 동안, 106명의 거주 학생들이 챔버스와 비디의 본 된 삶의 영향을 강력하게 받으면서 그곳에서 공부하고 기도하며 살았다. 1915년 7월이 되자 그들 중 40명이 선교사로 섬기게 되었는데, 16명은 국내에서, 24명은 해외에서 선교사로 있었다.

1911년부터 1915년까지 챔버스의 강의에 참석하여 논문을 쓰고 그의 가르침으로부터 유익을 얻은 주간 학생들은 3,000명이 넘었다. 등록하지 않은 수백 명의 사람들이 한 번의 강의 또는 시리즈 강의를 듣기도 했다.

성경 통신 과정은 성경훈련대학이 문을 열기 1년 전부터 시작되었는데, 그 과정은 교사, 목회자, 가정주부, 직장인 등 서로 멀리 떨어져 있는 다양한 계층의 사람들에게 체계적인 학습 프로그램을 제공해 주었다. 챔버스의 누이 거트루드는 1,909명이나 되는 등록 학생들을 위해 비서직, 학적 담당, 우편물 처리 등의 일을 담당했다. 매번 세 주가 지날 때마다 그녀는 수백 개의 강의 교재를 학생들에게 보내고 그들의 과제물을 받았다. 그러면 챔버스가 개인적으로 과제물을 읽고 채점하며 교정해 주었다. 과제물에 대한 그의 평은 보통 둘 또는 세 개의 문장을 담고 있었고, 격려의 말과 함께 빨간 잉크로 인장이

찍혀 있었다.

「불의 혀」 8월호에는 기도 동맹 회원들에게 성경훈련대학이 문을 닫는 단계에 처했고 그 대신 새로운 원정군을 보내는 단계가 시작되었다는 소식의 글이 실려 있었다. 챔버스의 글은 다음과 같다.

> 전쟁이 시작된 이후로 우리는 대전을 밤낮 느낄 뿐 아니라 우리 군인들의 처절한 영적 필요를 예민하게 느끼고 있습니다. 또한 이사야가 "주께서 내게 강한 손으로 말씀하셨다"라고 표현한 것처럼 하나님의 강압적인 손길이 매우 분명하게 드러났습니다. 그래서 우리는 많은 기도를 통해 우리의 간청을 주께 아뢰었고 주의 응답을 기다렸습니다. 하나님의 뜻은 우리의 바람처럼 저와 아내와 캐슬린이 이집트와 다르다넬스 해협에 있는 군 캠프에서 머물 수 있도록 승낙됨으로써 밝혀졌습니다. 우리는 10월에 그곳으로 가게 되었습니다.
>
> 대학에 있는 우리 모두는 이것이 하나님의 부르심이라는 것을 깨닫습니다. 그러나 우리는 이 과정이 단지 중요한 삽화라는 것을 깨닫습니다. 현재의 전쟁이 끝날 때까지 "만일 주께서 지체하시는 것이라면" 우리는 성경 훈련 학교의 또 다른 단계를 위해 다시 이곳으로 돌아오게 될 것입니다.
>
> 하나님의 영감에 인도함을 받으며 성경훈련대학이 시작되었던 것처럼, 지금은 대학의 현재 단계를 하나님의 인도하심 가운데 마치려고 합니다. 우리는 진심으로 모든 친구들이 다시 함께 모여서 이 대학

의 학장이신 해리스 부인을 도와 전쟁 동안에 적어도 이 장소가 성경 훈련 과정으로라도 유지되기를 바라며 기도합니다. 그러한 장소는 참된 영적인 힘을 너무나 필요로 하는 이때에 꼭 필요한 중심지가 될 것입니다.

몇 개월 전, 챔버스는 어떻게 가정과 대학과 조국에 대한 책임을 다할 수 있을까에 대해 고민한 적이 있었다. 지금 하나님께서는 그의 기도를 응답하셔서 세 가지의 책임을 한꺼번에 이룰 수 있는 길을 허락하셨다. 이집트 지역의 대부분이 실제 상황으로는 프랑스의 서부 전선과 같은 전쟁 지역은 아니었기 때문에 YMCA는 챔버스의 요청을 승낙하여 비디와 캐슬린이 그와 함께 오도록 했다. 지미 핸슨과 필립 핸콕도 그들의 선교 사역을 잠깐 멈추고 YMCA와 함께 이집트에서 봉사할 수 있게 되었다. 캐서린 애쉬도 군 당국에서 이집트에 가고자 하는 끈질긴 그녀의 요청을 곧 받아들일 것이라고 믿고 있었다. 챔버스는 언제나 변함없이 본을 보임으로 사람들을 이끌었고, 그가 '성경훈련대학 원정군'이라고 부르는 회원들이 하나님으로부터의 소명을 받고 열정적으로 입대했다.

그들의 출발과 관련한 세부적인 여러 일들을 처리하기 전에, 챔버스는 8월 무렵 가족들과 가까운 친구들을 데리고 그가 좋아하는 요크셔 데일스로 갔다. 그림같이 아름다운 아스크리그 마을에서, 챔버스 가족 및 많은 학생들은 꼭 필요했던 휴식의 시간들을 가졌다. 비디는 스키드모어의 골동품 가게 위층에 있는 방에서 길 건너에 있는 교구 교회영국 성공회의 각 교구의 지역 교회-역주를 바라보았다. 역사가 깊은 그 교회는 15세기에 지어졌는데, 그 지붕은 지역 광산에서 가져온 납으로 되어 있었다. 500년 된 그 교회 이름은 흥미롭게도 '성 챔버스 교회'였다. 이 때문에 챔버스의 친구들은 언제나 이 교회 이름을 유머거리로 삼았다. 교회 저쪽 너머에는 한적한 길이 언덕을 따라 구불거리며 내려가고 있었고, 그 길을 따라가면 얼 강River Ure에 닿게 된다.

챔버스는 웬슬리데일의 우거진 푸른 언덕을 소중히 여겼다. 그곳은 여름이면 낫과 세 갈퀴로 건초 작업을 했다. 밭에서 난 풍성한 농작물을 말이 끄는 썰매로 창고까지 날랐다. 골짜기의 우세했던 고요함은 점차 약해지고 그 대신 바람 소리와 양들의 우는 소리가 들렸다. 그는 한 사람도 만나지 않고 4시간을 걸을 수 있는 높은 언덕을 오르기를 좋아했다. 아스크리그의 회색 돌로 지은 건물들의 8킬로미터 위에 서 있으면, 이 세상의 모든 것으로부터 수백만 킬로미터 떨어져 있는 것처럼 느껴졌다.

챔버스는 캐슬린을 안고 그가 '나의 하늘 아버지의 식당'이라고 부르는 시골로 날마다 도보 여행을 하기도 하고 소풍도 가고 낚시도 했다. 그의 여행은 불을 피워 감자를 삶아 먹은 후에야 끝났다. 챔버스는 하나님의 모든 선물에 감사 기도를 드렸다. 특히 '더없이 맑은 공기'에 감사했다.

가끔 식사 후 그는 손짓으로 담화를 멈추도록 조용히 시킨 후 어디선가 들려오는 뇌조의 우는 소리, 마도요의 지저귀는 소리, 황금 물떼새의 구슬픈 튀는 소리 등, 여름 철새의 노랫소리에 귀를 기울였다. 다른 사람들이 낮잠을 자거나 제비꽃이나 야생 난초를 찾는 동안, 챔버스는 그가 좋아하는 털실 모자를 뒤집어쓰고 맑고 세찬 강에서 송어 낚시를 했다.

저녁에는 챔버스의 산장을 열어 성경 연구와 기도 시간을 가졌다. 주일에는 이웃 마을의 작은 교회에 가서 설교했다. 그때의 일기를 보자.

> 오 주님, 이 휴일의 기간을 주신 하나님을 찬양하며 감사합니다. 이렇게 가족 및 학생들과 함께 멀리 나와 있을 수 있으니 참 감사합니다. 많은 언덕들, 청명한 공기, 자연의 신선함 가운데 주의 은혜에 푹 젖게 되면서 저는 영적으로 달콤한 교훈을 얻으며 원기를 되찾고 있으니 참으로 감사합니다.

9월이 되면서 휴가가 끝나고 학생들은 돌아갔다. 챔버스는 엔슬리데일 주변의 군 막사에서 군인들 사이에서 일을 시작했다. 그리고 어느새 마지막 준비 시간이 왔다. 그는 9월 말에 그가 너무나 좋아하는 언덕에서 마지막 산책을 하며 새로 깎인 건초의 냄새를 맡았다. 이제 몇 주 안에 그는 이 푸른 들판을 떠나 뜨거운 사막의 땅으로 떠날 것이다.

1915년 9월 이집트로 항해하기 직전의 챔버스 가족.

사랑하는 어머니께

저는 10월 9일에 배를 타라는 명령을 받았습니다. 제가 먼저 그곳에 가서 나중에 오게 될 비디와 학생들을 위해 준비해야 합니다. 이렇게 하는 것이 제게는 최선으로 보입니다. 최근에 친근한 영적 느낌 가운데 제 마음에 특별히 와닿는 여러 성경 구절들이 생각나서 참으로 놀라웠습니다.

제 마음에 두드러지게 기억나는 여러 구절들 중 가장 으뜸이 되는 것은 여러 해 전에 제가 처음으로 해외에 나갈 때 스키드모어 부인이 말한 성경 구절입니다. "내가 공의로 그를 일으킨지라 그의 모든 길을 곧게 하리니 그가 나의 성읍을 건축할 것이며 사로잡힌 내 백성을 값이나 갚음이 없이 놓으리라 만군의 여호와의 말이니라"사

45:13.

"모든 나라로 가라"는 말씀이 임할 때 저는 그 말씀대로 나아갔습니다. 그때마다 참으로 하나님께서는 '모든 길'을 곧게 하셨으니 그 길들은 제가 정한 길이 아니었으며 상식적으로도 제게 맞지 않는 것처럼 보였었습니다.

저는 더눈 대학에 자리를 잡으려고 했고, 일본에서, 미국에서, 또한 성경훈련대학에서도 안정된 자리를 위해 머물려고 했습니다. 하지만 저를 향한 하나님의 길은 '세상'이었습니다. 이제 주께서는 분명히 '모든 길을' 제게 여셨습니다. 이는 그의 나라를 세우고, 주의 포로된 자들을 자유롭게 하는 것 외에 다른 '보상이나 대가'를 위한 것이 아닙니다. 하나님은 이 모든 길을 여시며 저와 함께할 수 있도록 비디를 붙여주셨습니다.

9월 25일, 요크셔, 아스크리그에서
언제나 사랑하는 아들, 오스왈드 드림

~~~~~~

마침내 배를 타는 날이 되었다. 챔버스와 비디는 서로 눈물을 흘리며 하나님께서 그들의 삶 가운데 주의 뜻대로 인도하시기를 기도한 후 온 마음으로 작별 인사를 했다. 그는 그녀를 대학에 남겨두고 배치 부대를 향해 기차를 탔다. 그런데 몇 시간 후에 비디는 문을 두드리는 소리를 들었다. 문을 열어보니 챔버스가 환하게 미소를 지으며 서 있었다. 배가 24시간 지연되었다는 것이었다.

다음날 그들은 다시 헤어짐의 고통을 뒤로하고 희망의 작별인사를 나누었다. 이번에 그는 진짜로 떠났다. 그들은 몇 주 안에 이집트에서 다시 만나게 될 것을 기대했다. 그러나 지금은 전시였고 상황은 밤사이라도 언제든지 바뀔 수 있었다. 챔버스는 늘 하던 대로 비디에게 편지를 남기고 떠났다.

당신이 이러한 날들에도 잘 견디고 있으니 감사해. 나와 결혼할 때, 내게는 주님 밖에는 아무런 기대가 없었어. 지금 당신은 나 밖에 없고, 당신의 나를 향한 사랑은 내게 방패와 기쁨과 힘의 성벽이 되어 왔지. 지금 하나님께서는 우리에게 사랑스러운 캐슬린을 주셨고, 우리는 앞으로 다시 나아가고 있어.

당신은 이곳을 참 사랑했었지. 당신에게 이곳은 가장 큰 기쁨의 장소이며 하나님의 축복이 넘치는 벧엘이었던 것 같아. 나는 당신의 영혼이 주의 위로로 즐거움을 얻었던 것으로 인해 하나님을 찬양해. 나는 이제 대학도, 학생들도, 안정된 자리도 없이 단지 하나님을 위해 설교하고 하나님을 위해 살기 위해 앞으로 나아가고 있어. 당신도 나와 함께 가게 될 거야. 우리가 함께한 삶에는 찬란하게 빛나는 하나님의 축복이 함께했지. 이제 우리가 떨어져 있는 몇 주간도 주의 완전하심으로 찬란할 거야. 너무 슬퍼함으로 성령을 근심하게 하는 일이 없도록 하자. 하나님께서 인간의 마음을 지으셨으니, 우리의 마음을 아실 거야.

당신과 내가 이렇게 인간으로서도 주의 것이 되어 살아간다니 이 얼마나 무한하게 기쁜 일인지! 나는 지금 이집트로 가면서도 사실 대단히 들떠 있어. 이 모든 것이 하나님의 선하시고 능력 있는 은혜 때문이지. 하나님께서는 말로 다 표현할 수 없을 만큼 언제나 내게 잘해주셨어.

다시 한 번 챔버스는 그가 좋아하는 바다 위에 있게 되었다. 그러나 지금은 사정이 많이 달랐다. 독일 잠수함이 영국에서 이집트로 가는 항로를 따라 어디서든 숨어 있었다. 그들의 잠망경에 걸리는 것이 있다면 그것이 일반 여객선이든 아니든 공격 대상이었다. 1915년의 첫 해의 상반기 동안 U보트1차 세계대전에 사용된 독일 잠수함-역주가 침몰시킨 연합군 배는 셀 수 없이 많았다.

'SS 파리 도시'호는 평소에는 안락한 여객선이었는데 이번에는 전쟁과 관련된 수많은 사람들로 북적거렸다. 따라서 챔버스는 혼자 기도할 수 있는 시간과 장소를 마련하기 어려웠다. 이러한 답답한 기간을 며칠 보낸 그는 우연히 구명보트를 발견하고는 해답을 얻었다. 그는 이른 아침에 구명보트로 기어들어가 그곳에서 아무에게도 간섭받지 않고 홀로 하나님과의 시간을 보낼 수 있었다.

당시의 많은 사람들처럼 챔버스도 매일 일기 편지를 기록하여 비디에게 보냈다. 친구에게 보낸 편지들의 일부와 비디에게 보낸 편지들을 종합해보면, 배에서 그가 어떤 나날들을 보냈는지 그 그림을 그릴 수 있다.

거의 당신을 잊은 적이 없어. 하루 종일 당신이 내 곁에 완벽하게 있는 것처럼 느껴져. 하나님이 나와 함께하심이 실제로 느껴지고 그 느낌은 참 아름다워. 그 느낌이 또한 시종일관 나와 함께하기 때문에 주님 안에서 행하고 주님의 길로 행하고 있어. 비록 이집트에서 내가 무엇을 하게 될지 잘 알 수 없지만, 전혀 걱정이 안 돼.
오랫동안 거주했던 런던과 성경 훈련 학교로부터 다른 곳으로 이주하는 것은 지진을 당한 것처럼 대단히 불안한 것이겠지만, 주께서 인도하시는 곳으로 우리가 따르는 것이니 오히려 기쁘기만 해. 물질에 욕심이 없어서 그런 것들에 의해 붙들리지 않는다는 것도 대단해. 그래서 자리 잡은 곳에서 이주하는 것도 어려움 없이 할 수 있는 것이겠지. 전혀 용기를 잃지 않을 뿐 아니라 "염려하지 않도록 주의하라"는 주의 명령을 순종하는 것이 이렇게 가능하다니, 이 얼마나 영광스러운 일인지!
역경이 오든, 새로운 환경이든, 우리가 할 일은 자신의 생각에 기대는 대신 온 마음을 다해 주를 신뢰하는 것뿐이야. 그리고 새로운 환경에 실제로 익숙해질 때까지 '견디는 것'이지. 10월 12일.

오늘은 의와 지혜가 전혀 없는 내게 주께서 주님의 의와 지혜를 주신다는 생각이 강하게 들면서 말로 다할 수 없는 주의 선하심과 지혜로우심을 감사하게 돼. 참으로 주의 뜻은 이 세상에서 가장 즐겁고 멋진 것이지. 나는 주일 저녁 예배에서 설교해. 객실의 두 친구가 내가 설교할 때 나를 '지원하기로' 약속했어. 그 자리에서 영적으로 나를 돕는 친구로 있겠다는 것이지. 하나님께서 그들을 복 주시길…. 10월 13일.

성경 훈련 학교 학생이며 챔버스 부부와 매우 가까웠던 글래디스 잉그램에게 쓴 편지 내용은 다음과 같다.

편지와 전보를 보내주어서 고마워. 당신이 나를 '좋아할까봐' 두려워야 할 텐데 나를 사랑한다니 오히려 나도 좋군. 사랑은 하나님께 속한 것이지. 마찬가지로 인간의 무한한 가능성이 나타나는 곳도 사랑이겠지. 물론 사랑에는 함정도 가득해. 나는 당신이 비디를 사랑해주어서 좋아. 비디를 생각하면 하나님의 얼굴을 바라보게 되면서 내 깊은 영혼 안에서 '하나님은 좋으신 분이다'라고 말하게 돼. 이러한 날 중에도 나는 그녀를 잊지 못하지. 그녀는 언제나 내 곁에 있어. 하나님께서 당신에게, 우리 부부와 같이 힘든 길을 가는 결혼 생활이 결코 불행하지만은 않고 좋을 수 있다는 사실을 보게 하시는 것 같아서 기뻐.

가능하다면 비디와 많이 있어주었으면 해. 그녀가 이곳에 올 때 도와주고. 이제 더 이상 편지를 쓸 수 없을 것 같아. 하나님께서 당신 '글라디올러스'를 축복하시길! 우리의 활동보다 성품이 하나님과 우리의 동료들에게 훨씬 더 큰 유익이 되겠지. 우리 주 예수님께서 '백합을 생각하라'고 하신 것은 열광적인 정신없는 활동에 빠지지 말라는 뜻이지. 내 말은 뭔가를 하지 않으면 안 된다는 사탄적 생각을 경계하라는 거야. 항상 당신 그대로의 모습을 지켜줘. 다시 요한복음 14장을 권하고 싶어! 10월 17일, 지브롤터 근처에서.

같은 날 그는 비디에게 편지를 썼다.

바다와 하늘과 태양과 별들과 달, 이 모든 것이 자신들에게 주어진 사명을 감당하고 있어! 우리는 너무나 자주 자신을 유용하고 중요한 존재로 만들고 싶은 자아 의식적인 노력을 통해 하나님께서 계획하신 영향을 망쳐놓을 때가 많아.

그는 항해하는 동안 자신의 심정을 일기에 담는다.

10월 18일 : 지난 밤 저녁 예배에 많은 사람들이 참여했다. 나는 마태복음 11장 3절 '결국 내가 오해한 것인가?'라는 말씀을 전했다. 감사하게도 나는 마음껏 자유롭게 말씀을 전했다. 결과가 그대로 나타났다. 나와 같은 객실을 쓰는 스칸디나비아 친구가 어젯밤에 와서는 더듬거리는 영어로 "오, 있지. 자네의 농담과 밝은 마음이 땅을 기경했고, 그 다음에 씨를 심었지. 내 마음속에서도 그 씨가 뿌려진 것을 느꼈어"라고 말하며 나를 감동시켰다.

19일 : 성경 훈련 학교에 대해 향수병이 걸리지 않은 것이 다행이다. 성경 훈련 학교는 하나님의 계획이었고 우리에게 하늘 문이었다. 그러나 주께서 가장 심오한 방법으로 그곳에서 우리를 불러내셨으며, 그 방법이 참으로 심오하여 우리가 그곳에 있지 않은 것이 오히려 가장 자연스럽도록 만드셨다.

21일 : 거친 사람들, 세상에 물든 사람들, 오랫동안 죄에 물든 사람들, 모험적인 청년들이 나를 마음에 들어 하는 것은 매우 흥미롭다. 그들은 전부 마음을 열고 그들의 비참과 행복과 죄와 슬픔, 유쾌한 일 등을 그대로 털어놓는다. 사람의 마음을 사는 것을 목표로 하지 않고 가르쳐야 하는 것을 깨달은 이후로, 사람들이 여러 방법으로 내게 오는 것 같다.

배에 누워 바다를 가로지르는 화려한 달빛 그림자를 바라보고 있다.

그러다보니 교단의 부름과 상관없이 외부로 나아가 아무런 방해 없이 주님을 마음껏 따를 수 있다는 사실에 깊은 감사를 하나님께 드리게 된다. 이 생각이 느슨하게 들릴 수 있으나, 내게는 느슨함이 아니라 오히려 주님만을 향한 가장 즐겁고 끈질긴 집중력을 의미한다. 사람들은 배에서의 생활이 지루하다고 말하기 시작한다. 이런! 내게는 책들과 바다와 생각의 시간과 기도할 시간이 있으니, '지루하다'는 단어는 내 사전에 없다! 오히려 배에서의 생활은 끝없는 즐거움과 흥미로운 관심거리로 가득하다. 바다의 광활함은 대단하기만 하다.

24일 : 이 항해로 인해 하나님께 감사한다. 이 항해는 가장 즐거웠다. 구명보트는 내게 진짜 벧엘이었다. 이제는 이 구명보트가 정말로 생명 보트가 되었다. 이 구명보트 안에서 나는 모든 면에서 멋진 안식과 원기를 얻었다. 이제 뭍으로 올라가서 이집트의 막사로 가면 주님의 멋진 약속들을 보게 될 것이다. 미래를 알지 못하는 가운데 주께서 내 앞에서 주의 목적을 펼쳐 나가시는 것을 보는 것은 참으로 황홀한 일이다.

25일 : 오늘 「매일의 빛」을 묵상하면서 영광스러운 말씀을 대할 수 있었다. 안전하고 멋진 항해와 배에서 매 시간마다 부어주신 풍성한 평강과 축복으로 인해 하나님께 찬양한다.

8년 전 10월 어느 날, 챔버스는 증기선을 타고 세계를 여행하며 수에즈 운하를 통과하여 마지막 구간으로 포트사이드에서 나와 고향으로 향했다. 그런데 지금은 전쟁의 대혼란 속에서 하나님의 섭리 가운데 다시 그 배를 탔던 것이다. 그는 큰 기대를 가지고 알렉산드리아에 닿은 배에서 내려 카이로로 가는 기차를 탔다.

5부

"우리는 세상 기준에서 성공하라고 부름 받은 자들이 아니다.
한 알의 씨앗이 그대로 있으면 영원히 알 수 없는,
오직 땅에 떨어져 죽어야만 알 수 있는 기준에 의해
성공하도록 부름 받았다."
- 「그가 나를 영화롭게 하리라」

17

이집트 YMCA에서(1915)

이집트 카이로 - 1915년 10월 26일

　카이로에서 YMCA 담당 윌리엄 제숍은 이마에서 땀을 닦아내며 책상 위에 놓인 서류더미를 뒤지고 있었다. 그는 "사상자, 위원회, 회의록…"이라고 중얼거렸다. 각 서류함마다 한 주 내내 바쁘게 검토해도 다 볼 수 없을 정도의 서류로 가득했다.

　"다르다넬스…." 그는 잠깐 그 서류함을 보며 갈리폴로 반도에서 계속적인 포격과 기관총 사격 가운데 전투를 치르는 수천 수만의 군인들을 생각했다. 지난 6개월 동안, 오스트레일리아, 뉴질랜드, 영국 군인들은 다르다넬스로 알려진 좁은 해협을 내려다보는 전략적 곶串으로부터 터키 군사를 격퇴시키려고 피 흘리는 전투를 했지만 모두 허사였다. 그곳에서 승리한다면 콘스탄티노플을 공격할 수 있는 길이 환하게 열리지만, 오히려 수천 수만의 군인들의 죽음은 더욱 연합군을 궁지로 몰고 갈 뿐이었다.

8월에 제숍은 군인들을 돕기 위한 YMCA를 조직하기 위해 카이로에서 갈리폴리를 향하는 군함을 타고 생명을 걸고 1천 킬로미터를 달려갔다. 헬레스 곶에서 끔찍하고 몸서리쳐지는 폭탄 세례에 충격을 받은 제숍은 오히려 전선에 있는 생명들을 더 생각하게 되었다. 그는 수블라 만에서 참호 속에 있는 군인들에게 초콜릿과 담배를 나누어주기 위해 저격수들의 빗발치는 총알들과 기관총의 화염 사이로 달렸다. 그는 그들에게 어떻게 해서든 YMCA 막사를 지어줄 것을 약속했다. 그는 다시 안전한 카이로로 돌아왔고 군인들은 싸우다 죽기 위해 그곳에 남았다.

제숍은 "다르다넬스"라고 혼잣말로 중얼거렸다. 그는 그 서류함을 옆으로 따로 꺼내 그날 검토해 보기로 결심했다.

그는 '인력관리'라는 라벨이 붙은 얇은 서류 하나를 찾아냈다. 그는 마침내 "여기 있군"이라고 말하며 '오스왈드 챔버스'라는 제목의 문서를 끄집어냈다. 그는 조수 스탠리 발링에게 사진이 붙어 있는 그 문서를 건네주면서 말했다.

"오늘 아침 챔버스가 알렉산드리아에서 이곳으로 도착할걸세. 기차역에 가서 그를 만나줄 수 있겠나?"

발링은 사진을 눈여겨보면서 YMCA 서류 내용에 적힌 특징을 살펴보았다. "나이는 41세, 키는 1미터 80센티미터, 갈색 머리에 푸른 눈, 런던 성경대학의 교장. 결혼했으며 2년 6개월 된 딸이 있음. 가족이 동반할 수 있도록 허락됨."

발링은 "아내와 딸도 같이 오나요?"라고 물었다.

"아니, 혼자 와. 가족들을 위한 여비가 아직 준비가 안 되었다고 하더군." 제숍이 대답했다.

발링은 사진을 세심히 보았다. 그의 얼굴, 특히 눈이 매우 특이했다. 그는 '사진관의 카메라 앞에서마저 예리한 눈매가 나타나다니!'라고 생각했다.

"그를 이곳으로 데려오게." 제숍이 말했다. "우리는 그에게 카이로를 구경시킨 후에 하루 만에 당장 일에 착수하도록 할 예정이라네. 자이툰에서 근무하라고 부탁할 생각이야."

발링은 YMCA 본부를 떠나 엄청난 인파 속으로 들어갔다. 거리에는 인도와 도로가 따로 없었기 때문에 더욱 붐볐다. 비좁은 도로에는 당나귀가 끄는 수레와 말이 끄는 마차, 낙타, 영국 구급차 등이 서로 자리를 다투고 있었다. 어린 이집트 소년이 얇고 둥근 빵이 가득 담긴 바구니를 머리에 이고 같은 도로를 어렵지 않게 누비고 지나가고 있었다. 발링은 계속 걸음을 멈추었다 떼었다 하며 조심스럽게 앞으로 나아갔다. 그러다가 어떤 아랍 노인과 살짝 부딪히면서 "에고 저런. 죄송합니다"라고 중얼거리자 상대방은 아랍 말로 상냥하게 대꾸했다.

기차역까지 10분을 걸어가면서 발링은 연합군인들, 정치인들, 화려한 옷을 입고 있는 영국 아가씨들, 얼굴을 가린 이집트 여인들, 그리고 염소를 몰면서 거리를 활보하는 맨발의 어린이들 등, 정말도 믿을 수 없을 정도로 다양한 사람들을 지나쳤다. 그 당시에 중부 카이로에 서 있으면 그곳이 어디이든 온 세계의 언어를 들을 수 있었을 것이다. 발링은 기차역 승강장 앞에서 짐 상자 하나를 발견하고 그 위에 올라 앉았다. 그는 기차 '이집트 스테이트 레일웨이'호의 햇볕에 그을린 지저분한 객차에서 쏟아져 나오는 다양한 인파를 한 사람씩 유심히 쳐다보았다. 마침내 그는 사람들을 밀치며 앞다투어 내리는 흥분된 여행자들 틈에서 미소를 띠고 있는 키 큰 사람을 찾아냈다.

"챔버스 씨." 발링은 모자를 흔들며 불렀다. 챔버스는 환한 웃음으로 그의 환영을 알아채고 인파를 뚫고 그에게로 다가왔다. 발링이 시끄러운 소음 가운데 크게 말했다. "카이로에 오신 것을 환영합니다."

그날 오후, 윌리엄 제숩은 쉐퍼드 호텔의 테라스에 앉아서 챔버스와 함께 차를 마시며 간단한 상황 설명을 해주고 있었다. 카이로 주변에 있는 부대들과 병원과 요양 센터에는 모든 대영 제국에서 징집된 6만 명의 군인들이 있었다. 1915년 4월에 다르다넬스 침공이 있은 지 일주일 만에 1만 6천 명의 군인들이 상처를 입고 이집트로 우송되었다. 사상자들은 매주 홍수처럼 불어났다. 호텔과 학교, 심지어 공원까지 병원으로 탈바꿈했는데도 여전히 환자들을 위한 장소가 부족했다.

카이로는 군부대로 둘러싸여 있기 때문에 언제든지 수천 명의 군인들이 그 도시를 떠나거나 도시를 지나 이동했다. 제숩은 카멜 파샤

도로 건너편의 아름다운 에즈베키어 가든스 공원을 가리켰다. "에즈베키어를 넘어가면 고대 특매장인 무스키 시장이 있지요. 그곳은 상점들과 거리 상인들이 꽉 차 있고 이 세상의 물건 중에 없는 것이 없답니다. 하레트 엘 봐서라고 불리는 거리에는 카이로에서 가장 유명한 홍등가가 있구요. 오스트레일리아 사람들과 뉴질랜드 사람들은 그곳을 '우쩌'라고 부르는데, 벌써 그곳에서 적어도 두 번 이상의 난동을 겪었답니다."

챔버스는 이미 그 난동에 대한 이야기를 알고 있었다.

제숍은 계속 말을 이었다. "수백 개의 선술집이 약을 탄 술을 팔았어요. 거의 2천 명이나 되는 직업여성들이 그곳의 소매치기 및 도적떼와 짜고 한 짓이었어요. 군인들은 그들에게 쉬운 먹잇감이고 성병은 난무한답니다. 그래서 YMCA는 홍등가 지역의 변두리에 있는 에즈베키어 가든스 공원 안에 군인 사교장을 열고 그곳에서 밤새 놀도록 했지요."

군 당국은 군인들이 자신들의 의무를 다할 수 있도록 그들을 관리하기에 애를 먹고 있었다. 그 당시 만일 어떤 군인이 전쟁 중에 성병에 걸리게 되면 일반적으로 군인으로서의 자격을 박탈당하고 수치 가운데 고향으로 돌아가야 했다. 그런데 이런 일이 종종 발생했다. 이에 군 장교들은 YMCA가 고향을 떠나 가족의 영향과 제어에서 벗어나 멀리 타국에 와 있는 군인들에게 건전한 활동과 대책을 마련해 주기를 기대했다. 그러나 YMCA는 단순한 사회봉사 외에 더 깊은 동기를 가지고 있었다. 그 동기는 모든 젊은이들이 몸과 마음과 영혼 안에 예수 그리스도에 대한 개인적 믿음을 갖게 하는 것이었다.

YMCA the Young Men's Christian Association는 19세기 중엽에 시작되었으며 두 목표를 굳건하게 붙들고 있었다. "성경에 따라 예수 그리스도를 자신들의 하나님과 구세주로 믿는 젊은이들을 하나로 연합하고, 그들의 교리와 삶에서 주의 제자가 되기를 원하는 마음을 심어주며, 젊은 층에서 하나님의 나라를 확장하기 위해 그들의 노력을 연합시킨다."1855년 YMCA 파리 결단.

군대는 YMCA에 커다란 협조와 격려를 아끼지 않았지만, 그들의 활동을 재정적으로 지원하거나 기본 공급품을 제공하지는 않았다. 제숍은 카이로의 친구가 준 100달러를 가지고 군대를 찾아가 지원하기 시작했고 이후로 사람들의 후원을 받아 군대의 필요를 채워주었다. 하지만 언제나 필요를 다 채우기에는 후원이 부족했다.

이집트 총선교부, 교회 선교회, 미국 장로교 선교회에서 온 선교사들과 간사들은 군인들을 돕는 일에 혼신을 다했다. 사무엘 즈웸머 목사와 캐논 템플 게어드너 목사는 병원을 방문했고, 언제든지 장병들에게 말씀을 해달라는 부탁을 받으면 거절한 적이 없었다.

챔버스는 모든 상황 설명에 관심이 갔다. 카이로는 길거리의 식당에서 흘러나오는 맛있는 음식 냄새와 수없이 많은 이슬람 사원으로부터 기도 시간을 알리는 희한한 소리로 가득했다. 영적으로 볼 때 바쁜 군부대에서 수천 명의 군인들에게 복음을 전해야 한다는 도전은 매우 힘들어 보였다.

챔버스는 비디와 캐슬린이 올 날을 고대했다. 그러나 언제라도 규칙과 법률이 바뀔 수 있는 전시 상황이기 때문에 예상치 못한 일이 발생할 수 있었다. 그가 영국을 떠나기 전에는 이집트로 일반인이 여행할 수 있도록 허락되어 있었다. 그러나 지금은 날마다 뒤바뀌는 방침이 나오고 있다.

> 10월 26일 : 오늘 아침에 직원회의가 있었다. 나는 그들의 대화를 들으며 이런 상황에서 하나님께서 어떻게 비디와 캐슬린을 이곳으로 데려와 나와 함께 일할 수 있도록 하실지 궁금했다. 그러나 앞으로 보자. 하나님께서는 언제나 놀라운 일을 행하신다.

다음날, 제솝과 챔버스는 카이로에서 기차를 타고 북동쪽으로 10킬로미터 올라가 헬리오폴리스에 갔다. 그들은 그곳에서 부드러운 모래 위로 1.6킬로미터를 걸어 자이툰에 닿았다. 그곳에는 이집트 선교부의 작은 선교 막사 주변으로 오스트레일리아와 뉴질랜드 병력의 작전 전진 기지가 있었다. 제솝은 챔버스에게 "이곳 사람들과 함께 일해주시면 감사하겠습니다"라고 말했다.

그날 밤에 챔버스는 비디뿐 아니라 자신을 격려하기 위해 편지를 썼다.

주의 모든 길이 자명하고 분명하게 보일 때 얼마나 멋질까. 내 마음은 당신이 이곳으로 올 수 있는 가능성이 점점 희박해질수록 더욱 축 처지게 돼. 하지만 하나님께서 반드시 놀랍게 일하실 것을 확신해.

챔버스는 그의 일기에 "이 지역은 완벽한 사막이고 군부대의 가장 중심부에 있다. 군인들을 구원할 수 있는 가장 영광스러운 기회라고 본다. 내가 겪어온 생활과는 완전히 다른 환경이지만, 하나님께서 상황을 어떻게 조성하시며 일하실지 많은 관심으로 지켜보고 있다"라고 썼다.

함께 '임시 막사'로 알려진 큰 구조물을 포함한 YMCA 시설들을 둘러보는 데 그리 많은 시간이 걸리지 않았다. 이집트에 있는 모든 캠프와 똑같이 이 '임시 막사'도 12미터와 21미터의 넓이로 지어져 있으며 외부 벽은 천연 골풀로 만든 거적으로 되어 있었다. 내부에는 모래바닥 위에 400명이 앉을 수 있도록 긴 의자들이 놓여 있었다. 막사 끝부분에는 한층 높인 강단이 있었고, 다른 끝에는 YMCA '사관'과 조수를 위해, 두 개의 잘 보이지 않는 작은 방이 있었다.

YMCA는 군인들에게 무료로 공책과 연필을 제공했으며 가끔 적십자와 군 기관으로부터 오는 다른 물자들을 나누어 주기도 했다. 군

매점 안에는 담배와 엽서, 우표, 음료 및 과자 등이 저렴한 가격으로 팔리고 있었다. 각 막사의 사회 활동 및 영적인 활동은 YMCA 사관이 결정했다.

자이툰에서 챔버스의 선임자는 규칙과 규정, 명령 등을 막사 벽에 붙이는 식으로 소극적인 방법을 사용했다. "막사 안에서는 맹세를 하지 말라", "내 펜을 빌려간 사람은 지금 돌려달라." 조그맣게 걸려 있는 공고 사항을 보면 그 막사의 영적 영향력이 얼마나 낮았는지를 말해주고 있었다. "짧은 기도 모임이 매일 저녁 8시 45분에 비서실에서 있습니다." 그러나 누구든지 그 모임이 열리지 않는다는 것을 알고 있었다.

챔버스는 그곳을 천천히 걸으며 벽에 걸린 모든 유인물들을 제거했다. 그리고 탁자에 앉아 편지를 쓰고 있는 군인들에게 개인적으로 인사했다. 첫 번째 저녁 모임인 오후 8시 30분에 그는 강단에 올라가서 이제 15분 후에 기도 모임이 있을 것이라고 공중에 울리는 소리로 발표했다. 기도를 하고 싶지 않은 사람은 미리 떠날 수 있도록 충분한 시간을 두고 발표했다. 그러자 요양 상태에 있으면서 챔버스를 돕는 일을 하기로 한 앳킨슨과 메켄지, 두 군인들만 남고 다 떠났다. 챔버스는 막사의 뒷방이 아니라 중앙 부분에 자리를 잡고 앉아 이 두 사람과 함께 기도했다. 다음날 밤에는 한두 사람들이 기도를 하기 위해 남았다. 그리고 며칠이 지나자 기도하는 사람 수가 늘기 시작했다.

며칠 후, 챔버스는 주간 저녁 예배를 연다고 광고했다. 하지만 몇몇 사람들이 그곳 군인들이 챔버스를 따라주지 않을 것이라고 말했다. 그러나 그가 자이툰에 도착한지 1주일 되는 때인 11월 4일 목요일, 4백 명의 군인들이 '기도의 유익은 무엇인가'라는 그의 설교를 듣기 위해 몰려들었다. 그는 45분 동안 평소와는 다른 것에 관심을 쏟고 있는 청중을 향해 기도가 우리의 삶에 가져오는 변화와 그 변화로 인해 우리가 상황을 바꾸는 사실에 대해 말했다. 그날 밤에 참석한 사람들은 대부분 오스트레일리아 군인들로서 이제 얼마 안 있으면 무참한 살상이 벌어지는 다르다넬스 해협으로 떠밀려 들어가야 하는 입장이었다.

그날 밤에 집으로 편지를 쓰는 군인들을 바라보면서 챔버스는 특별한 감명을 받았고 그로 인해 중보기도를 하게 되었다. 그는 일기에 "한동안 그들을 향해 견딜 수 없는 불쌍한 마음이 절대로 사라지지 않을 것이다. 이 사람들은 월요일에 갈리폴리로 가게 되는데 그들 중 반은 분명히 돌아오지 못한다는 것을 그들 자신도 잘 알고 있다. 나는 이러한 떠나는 장면에 익숙하지 않다. 앞으로도 익숙하게 되지 않기를 소망한다"라고 썼다.

챔버스에게는 주일 성수를 엄격히 지켜야 한다는 확신이 있었다. 그래서 주일이면 매점의 문을 닫고 아무것도 팔지 못하게 했다. 다른 사관들은 군인들이 절대로 참지 못할 것이라고 말했지만, 챔버스는 결국 그들의 말이 사람들의 부정적인 반응을 지나치게 과장한 것임을 발견했다.

11월 8일 : 새벽기도는 말도 다할 수 없을 정도로 좋다. 나는 막사로 건너가거나 사람들을 만나면서, 하나님께서 성령으로 이 막사의 분위기를 지켜달라고 쉬지 않고 기도한다. 그 기도는 그들의 언어와 행위에 제약이 되는 것으로 응답된다. 나는 군인들을 위한 중보기도가 얼마나 끝없는 평안을 가져오는지 다 표현할 수 없다. 오늘도 하나님의 놀라운 일을 기대하며 하루를 살자.

9일 : 주님, 오늘 수천 명의 군인들 가운데서 그들을 붙드소서. 그들 중 많은 사람들이 경건하지 않습니다. 하지만 주께서는 '불경건한 자들'을 위해 죽으셨습니다. 그들이 당신께 돌아오게 하소서.

10일 : 지난밤에 두 친구가 내게 찾아와서 하나님에 대해 대화를 나누며 좋은 시간을 가졌다. 그들은 누가복음 11장 13절을 통해 예수 그리스도께 아름답게 다가왔다. 나는 그들의 이름을 전쟁 등록부에 적었다. 나는 이 등록부에 빛으로 들어온 사람들의 이름을 적어둔다. 오늘 밤에는 커다란 음악회와 권투 시합이 있었다. 1,200명 정도가 모였지만 다들 놀랍도록 차분했고, 그 과정 중에 욕설 한 번 없었다. 이는 주께서 함께하신 덕분이다. 권투 시합 때 하나님께서 군인들에게 함께하시기를 얼마나 기도했던가! 빌립보서 4장 6절. 정말로 이러한 삶의 거친 현장들이 우리 주님의 실체가 나타나는 마땅한 장소가 되어야 할 것이다. 이러한 평범하고 거친 인간들의 행사 가운데 하나님의 임재가 나타날 수 있으며, 그들의 실제 활동 무대에서 오히려 더 분명하게 하나님의 임재가 나타난다는 사실을 알 때 참으로 영광스럽다.

한편 런던 저쪽에서는 비디와 캐슬린과 메리 라일리가 친구의 도움을 얻어 이집트까지 올 수 있는 편도 비용을 마련하고, 좌석을 예약하기 전에 챔버스로부터의 전갈을 기다리고 있었다. 당시 연락 수단들은 늦기 일쑤였고 믿을 수 없었다. 편지가 전달되는 데 10일에서 3주가 걸렸다. 만일 배가 침몰하면 수천만의 편지가 분실되기도 했다. 사랑하는 사람으로부터 오는 편지가 분실된다는 것은 그 소식을 기다리는 사람에게는 어뢰를 맞은 배나 죽음을 당한 사람만큼 더 비참한 사건이 될 수 있었다.

비디는 군사 규정들이 계속 바뀔 수밖에 없음을 이해했다. 문제는 영국을 떠나는 것이 아니라 이집트에 도착하여 이집트 안으로 들어갈 수 있도록 허락을 받는 것이었다. 어떤 사람들은 입국 허가 없이 갔다가 포트사이드에 유치된 후 다음 배로 영국으로 강제로 돌아오게 되는 경우도 있었다.

11월 17일, 챔버스는 중대한 결정을 하기에 이르렀다. 그는 일기에 "오늘 비디와 라일리 자매에게 당장 이곳으로 건너오라고 편지를 썼다. 감사하게도 오늘 아침에 이 문제에 대해 하나님께서 주신 멋진 두 구절이 있다. 마가복음 9장 8절과 시편 37편 4절이다"라고 썼다.

그는 비디에게 가능한 빨리 오라고 편지를 쓰면서 "오늘 아침 기도 시간에 하나님 앞에서 위대하고 복된 시간을 가졌어. 하나님을 향해 나아가는 모험에서 나는 믿음을 가지고 나아갔으며 지금 똑같이 믿음으로 나아가야 한다는 사실이 분명해. 내게는 먼 안목의 계획이 없고, 오직 주를 신뢰하는 믿음만 있어. 우리를 압도할 것 같은 소용돌이치는 물살의 꼭대기 위에 하나님의 아들이 걷고 계셔!"라고 썼다.

그는 이틀 후 이집트 총선교부의 스완 형제로부터 부대 안에 방갈로를 지어도 좋다는 허락을 받았다. 방갈로를 지으면 챔버스의 가족이 그 안에서 살 수 있게 되며 막사 외부의 군인들이 방문했을 때 가정집의 응접실처럼 사용할 수 있다. 방갈로를 지을 수 있는 비용이 당장 손에 없어도, 아내와 딸이 그곳에서 살 수 있는 비용이 없어도 그는 그 프로젝트를 밀고 나갔다.

날마다 챔버스는 부대를 돌며 사람들과 대화를 나누고 필요한 재료를 주문하고 회의를 주관하면서 방갈로 건축에 대한 상세한 진행 과정을 총괄했다. 11월의 태양은 여름만큼 강렬하지는 않았지만 런던의 비 내리는 가을 날씨와는 전혀 다르게 여전히 강했다. 그는 넓은 어깨 끈이 달려 있는 군복 바지를 입고 팔이 긴 군복 셔츠를 입고

오스트레일리아 및 뉴질랜드 사단으로부터 감사의 표현으로 받은 모자를 쓴 챔버스.

넥타이를 맸으며 군용 헬멧이나 천으로 만든 모자를 썼다. 그의 손에서는 말총으로 만든 파리채가 거의 떠난 적이 없다. 자이툰에서 한 달 정도 지나자 그의 얼굴은 거의 밤색으로 변했다.

12월 1일 : 차갑지만 아름다운 아침이다. 성경 묵상과 기도 시간이 좋았다. 방갈로의 기초를 방금 보았다. 매우 괜찮다. 각 방의 기초를 살펴보며 봉헌 기도를 드렸다. 집 전체가 주의 목적을 위해 주께 드려지기를 간구했다.

3일 : 하늘의 조용한 둥근 지붕 아래에서 멋진 별들을 보며 그 광활한 사막의 경계선을 따라 걸으면서 나는 다시 한 번 천사들의 임재를 특별하게 느낄 수 있었다. 이 느낌은 내가 처음으로 해외에 나갔을 때 반복적으로 인식했던 것과 같았다. 하나님께서 인도하시는 확신과는 분명히 다른 느낌이었다. 천사가 함께한다는 멋진 느낌이었다. 아무튼 이렇게 해서 그 느낌을 갖게 되었고 나는 그 느낌으로 하나님께 감사한다.

9일 : 오늘 아침에 깊은 기쁨을 발견했다. 아침 6시 15분에 일어나 처음으로 앳킨슨과 맥켄지에게 차 한 잔을 대접하기 위해 갔는데, 앳킨슨의 머리맡에서 내가 쓴 「기도 훈련」을 발견했다. 나는 아무 말도 하지 않았는데, 나중에 앳킨슨이 내게 "맥켄지가 내가 무릎을 꿇고 기도하는 모습을 보면 깜짝 놀랄 것이 분명하지요. 나는 24년 만에 처음으로 그렇게 기도를 해보는 것이거든요"라고 말했다. 그 대화로 교제가 시작되었다. 그는 "당신 덕분이지요. 아무튼 당신의 삶 덕분이에요. 하나님께서 제가 기도하면 기도를 들으시겠지요?"라고 물었다. 나는 그에게 누가복음 11장 13절을 보여주면서 대단히 기뻤다. 그는 순전히 기도만으로 얻은 영혼이었다. 그는 학벌이 좋았고 냉소적인 사람이었지만, 아무튼 감사하게도 주님께 돌아왔다.

비디, 캐슬린, 그리고 메리 라일리는 12월 10일에 영국으로부터 'SS 헤리포드셔' 여객선을 탔다. 1주일 전에 탈 수 있었던 배였지만 계속되는 지연으로 많이 지체되었다. 비디의 지갑에는 챔버스로부터 온 편지 13통이 차례로 번호가 적힌 채 접혀 있었다. 각 편지마다 챔버스가 항해하는 가운데 매일 쓴 격려의 내용과 함께 사랑의 표현이 담겨 있었다. 만일 계획대로만 진행된다면 그들은 이집트에서 크리스마스를 함께 보낼 수 있을지도 모른다.

12월 중순에 불행으로 가득했던 다르다넬스 진입은 모든 군인들이 이집트로 후퇴하면서 종결되었다. 살아남은 군인들 대부분이 그들이 목격한 대량 학살로 인해 병이 든 채 돌아왔고 이러한 일을 허락하신 하나님에 대해 환멸을 느끼고 있었다. 이 전쟁에 시달린 수많은 오스트레일리아 군인들과 뉴질랜드 군인들이 자이툰 캠프로 돌아왔다.

12월 22일 : 그날이 오고 있다. 크리스마스와 비디 일행이 도착하는 날 말이다. 하나님께 영광을 돌린다. 그들은 정확히 제때 오는 것 같다. 내가 알기로는 더 이상 어떤 여성도 이집트에 발붙이지 못하도록 되어 있다.

24일 : 비디가 언제 도착할지 정확한 날짜를 알 수 없다. 방갈로는 정말 멋지다. 제숍 씨가 너무나 친절하게도 이집트 총선교부가 그들의 크리스마스 집회 동안 방갈로를 사용하기로 했기 때문에 카이로에 있는 그의 아파트를 처음 이틀간 사용하도록 했다. 오늘 일몰은 내가 이곳에 와서 본 일몰 중 가장 강렬하고 웅장했다.

25일 : 크리스마스 아침이다. 할렐루야! 아침은 정말 아름다웠다. 오늘 밤은 가장 멋진 달밤이었는데 새벽 2시에 군악대가 크리스마스 찬양과 캐럴을 연주했다. 전쟁과 죽음과 사막의 분위기 가운데 감명적이고 엄숙한 영감 있는 음악을 듣는 그 아름다움은 말로 다 표현할 수 없다. 오늘 연주는 내 생애 가운데 멋지게 기억되는 체험 중 하나가 되었다.

얼마나 멋진 밤인지! 해 질 때 비가 내리기 시작하는 장면은 글로 표현하기가 쉽지 않다. 와우! 모든 것이 촉촉이 젖었고, 막사에 쌓였던 모래들은 끈적거리는 당밀이 녹아내리는 것처럼 침대며, 식탁이며, 크리스마스 장식이든 모든 곳에 흘러내렸다. 오늘 아침 막사 내의 모든 것이 흠뻑 젖어 있다. 그러나 태양은 높고 모든 것이 우아하다.

12월 26일, 챔버스는 기차를 타고 포트사이드로 가서 하룻밤을 보낸다. 다음날 아침이면 드디어 비디 일행이 타고 오는 배를 맞이하게 된다.

27일 : 하루 종일 흥분과 놀라움으로 가득한 날이다. 우리는 오전 7시에 헤리퍼드셔 배에서 만났다. 그들 모두 정말 건강하며 밝아 보였다. 솔직하게 일기에 쓰는데, 참으로 내 잔이 넘치는 날이었음을 주께서 아신다.

12월 29일, 챔버스는 큰 기쁨 가운데 과거에 성경 훈련 학교 학생이었던 지미 핸슨과 필립 핸콕이 그와 함께 YMCA에서 봉사하기 위해 영국을 떠나 자이툰으로 왔다고 기록하고 있다. 그의 일기는 다음과 같이 계속된다.

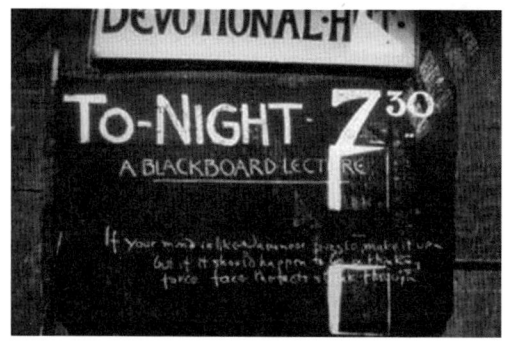

군인들은 매일 챔버스가 큰 칠판에 써놓은 그날의 말씀을 보면서 지나가게 된다.

이곳의 일과 새로운 삶에 비디와 라일리 자매처럼 그렇게 빨리 적응하는 사람들은 없을 것 같다. 캐슬린은 태양처럼 자연스럽게 이곳에 적응했다. 캐슬린이 부대 내의 방공호 안에 모래를 가지고 스완 부인의 자녀들(손주들)과 함께 노는 것을 보면, 정말 눈에 넣어도 아프지 않을 것 같다.

저녁에 어떤 사람이 와서는 자신이 이제 그리스도인이 되었다고 하면서, 내게 100피아스터(중동 제국의 화폐-역주)를 주며 누가복음 11장 13절 구절을 막사 내의 푯말로 세워달라고 했다.

챔버스는 곧 강단의 넓이만큼 되는 현수막 위에 그 구절의 핵심 구절을 적게 했다. "하물며 너희 하늘 아버지께서 구하는 자에게 성령을 주시지 않겠느냐?"

31일 : 오늘 이렇게 그 어떤 다른 해보다 가장 마귀가 들끓고 파괴적이었던 한해가 진다. 개인적으로는 가장 멋지고 강력했던 체험을 경험한 한해였으니, 주께 찬양을 드린다. 커다란 국군 기지의 중심부에 내가 서 있는 것은 내 마음의 모든 바람을 따른 결과이며, 이제 비디와 캐슬린과 라일리 자매가 이곳에 나와 함께 있다. 할렐루야!

18

전쟁 사역(1916)

챔버스는 자이툰에 있는 YMCA 막사 안에 커다란 이집트 지도를 걸어놓고 종종 그 앞에 서서 자세하게 숙지했다. 지도를 들여다보면 군병들을 위한 사역을 위해 기도하게 되고 그 땅에 대해 역사적, 지형학적으로 더 넓은 관점을 얻는 데 도움이 된다.

카이로 도시는 북위 30도 선상에 걸쳐 있으며 적도 위로 3천 킬로미터 위에 놓여 있다. 북쪽으로는 풍요한 나일의 델타가 부채처럼 펼쳐져서 지중해를 향해 170킬로미터가량 널리 퍼져나간다. 나일의 델타와 카이로 남부 쪽으로 이어지는 나일 강의 얇은 범람원과 멀리 떨어진 곳에는 작열하는 마른 사막이 무한하게 펼쳐져 있다.

카이로의 동쪽 방향으로 80킬로미터 떨어진 곳에는 수에즈 운하의 남쪽 입구가 놓여 있는데, 이곳이야말로 영국이 전쟁에서 이길 수 있는 가장 주요한 전략지이다. 160킬로미터 되는 운하는 홍해와 지중해를 연결하고 있으며 이 운하 때문에 인도에서 영국으로 항로의 길을 1만 킬로미터 정도 축소시켜 준다. 운하를 관장할 수 있는 영국은 1869년에 이 운하를 열어 오스트레일리아, 뉴질랜드, 인도에서 온 군인들이 민첩하게 이동할 수 있도록 도와주었다.

1916년에 카이로의 인구는 70만 명 정도였는데, 이는 2.56평방킬로미터에 2만 1천 명이 사는 끔찍한 인구 밀도를 의미한다. 도시의 반경 20킬로미터 안에는 거의 10만 명 이상의 연합군대가 진을 치고 있었다. 카이로에 있는 YMCA 막사는 서쪽으로는 서부 사막, 남쪽으로는 나일 강을 따라 닿는 곳까지, 그리고 동쪽으로는 시나이 반도의 변두리까지 군사 주둔지에 있는 군인들을 도왔다.

챔버스는 이집트의 환경이 마음에 들었으며 특히 개인적인 연구를 하는 데 도움이 되었다. 친구에게 보내는 편지에는 "나는 이곳에서 매우 특이하지만 내 혼을 빼는 두 권의 책을 읽고 있어. 한 권은 신명기이고 다른 책은 아라비안나이트야. 신명기의 법령은 이 지점에서 80킬로미터가 채 되지 않은 곳에서 제정되었지. 아라비안나이트는 14세기에 카이로에서 쓰여진 책이야. 나는 환경이 대단히 중요하다고 믿는 사람인데, 동양의 환경이 이 책들을 이해하는 데 큰 도움을 주고 있어"라고 쓰여 있다.

챔버스는 YMCA 사관으로서 기본적으로 군병들의 물리적인 필요를 채우는 일을 주기적으로 한다. 하지만 그의 업무는 그들의 기분 전환 및 영적인 면을 다루어야 하는 더 큰 범위를 포함하고 있었다. 그가 동료 YMCA 사관들에게 성경 공부를 하기 위해 자이툰에서는 음악회나 영화 상영을 금지할 것이라고 말하자, 그들은 군병들이 당장 그의 막사에서 다 나갈 것이라고 예상했다.

그러나 회의론자들이 고려하지 못했던 것은 챔버스의 보기 드문 개인적 매력과 말의 재능과 군인들을 향한 진정한 관심이었다. 챔버스는 YMCA 막사에서 휴식을 취하거나 편지를 쓰는 군인들을 방해하지 않기 위해 근처 밖에 텐트를 세웠다. 그리고 그곳에서 저녁마다 성경 심리학의 야간 수업을 시작했다. 얼마 후 300석의 자리가 있던 그 텐트는 꽉 차서 인원이 옆의 더 큰 막사에서 편지를 쓰고 있는 군인들의 수보다 많아졌다.

저녁 성경학교 시간마다 사람들이 너무 많아서 군인들은 막사의 문으로 나와 별들을 보며 챔버스의 가르침을 들었다.

군인들이 신앙을 갖는 것에 반대하지 않는 YMCA 본부에, 매일 밤 군인들이 계속 성경을 연구하기 위해 YMCA 막사로 몰려온다는 소식이 들려오기 시작했다. 선교사들과 YMCA 사관들은 이 소문을 확인하기 위해 자이툰에 방문하여 하루 저녁을 지내면서 그 소식이 사실이라는 것을 발견하고는 깜짝 놀랐다.

챔버스는 일주일에 여러 번 카이로 주변의 병원과 요양원을 방문해서 성경 말씀을 전하고 사람들과 대화를 나누었다. 이집트에서

병들거나 부상당한 군인들이 당하는 곤혹은 유럽의 부상자들의 경우와 전혀 달랐다. 서방 전선의 참호들은 런던에서 250킬로미터 정도 떨어져 있기 때문에 프랑스에서 아침 전쟁 중에 부상을 입은 군인은 가끔 같은 날 저녁 즈음에 영국의 병원에 입원할 수 있었다. 그러나 지중해의 전쟁 현장에서 병이 들거나 부상당한 군인은 회복되어 자기 위치로 돌아가기까지 그냥 그곳에 머물면서 치료와 요양을 해야 했다.

1월 27일, 챔버스는 과거에 오페라 가수였던 테오 앳킨슨과 함께 카이로 블랙 병원에 갔다. 그곳에서 앳킨슨은 군인들을 위해 노래를 한 후 자신이 자이툰에서 회심하게 된 사건을 말했다. 그러면서 지난 몇 주간에 그의 삶이 얼마나 근본적으로 변화하게 되었는지를 고백했다. "저는 그 순간을 바라보며 삽니다. 그 순간은 제 삶에서 최고의 순간으로서 평생 불멸의 밝은 기억으로 남게 될 것입니다."

챔버스는 앳킨슨처럼 그리스도를 믿게 되는 많은 군인들을 기대하며 그들이 영적으로 자라나기를 원했다. 챔버스는 일기에 "이들에게 가장 필요한 것은 반복되는 복음 집회에서의 부르짖음이 아니라 영적 교육이구나. 교육을 기다리는 대단히 많은 구원 받은 영혼들이 있다. 그들은 열정을 가지고 교육을 받는다"라고 기록했다.

2월에, 그는 카이로 중앙에 있는 에즈베키어 가든스 공원에서 일주일에 한 번씩 저녁 성경 공부를 가르쳐 달라는 부탁을 받았다. 그는 "그곳에 가니 얼마나 멋진 광경인지…. 군인들은 롤러 스케이트장에 앉아 있고 하늘로 열린 광장은 우아한 이집트 밤하늘을 바라보고 있다. 너챔버스는 화려한 조명등이 켜진 영화 강단에서 말씀을 전하는구나. 앳킨슨이 노래했고 베시 즈웸머가 연주했다. 내가 누가복음 19장 19절로 말씀을 전한 후에 앳킨슨은 '내 주를 가까이 하게 함은'을 찬송했고 그 후 간증을 했다. 에즈베키어 가든스 공원에서 진행된 사역은 기회 중의 기회였다"라고 기록하였다.

이집트가 거대한 군사 도가니가 됨으로써 대영제국의 각 처에 있는 군인들이 이집트로 몰려왔다. 챔버스는 몇 년 전부터 그곳에 와 있는 군사들을 계속 접할 수 있었다. 어느 날 밤, 다르다넬스에서 5개월을 지낸 어떤 군인이 아스크리그로부터 에즈베키어까지 와서 성경공부에 참여했다. 챔버스는 "그를 다시 만날 수 있어서 너무 기뻤다. 그는 자신이 좋아하는 미끼를 저 뒤에서 던졌다고 말한다"라고 일기에 썼다.

YMCA가 이집트의 모든 군부대를 대상으로 총 복음 선교 집회를 계획했을 때(1916년 3월 23일부터 4월 2일까지), 그들은 그리스도의 복음을 가장 분명하게 군인들에게 전할 수 있는 사람으로서 챔버스를 꼽았다.

3월 22일, 챔버스는 기차를 타고 카이로를 떠나 북동쪽으로 160킬로미터를 여행하여 수에즈 운하의 중심부에 있는 이스마일리아에 도착했다.

3월 23일 : 나는 지금 모아스카 진영에서 가장 몰입할 수 있었던 흥미로운 하루를 보내고 아쉴리 킹 씨 집에 있다. 킹 부부는 정말 금처럼 귀하다. 저녁 집회는 대단했다. 앳킨슨은 찬양한 후 간증했다. 테드 스트랙과 가이 몰튼도 그 자리에 있었다. 사실, 그곳에 온 무리를 다 말할 수는 없다. 나는 찬양을 하거나 머리를 숙이도록 하는 대신에 진심으로 주님을 영접하는 사람들은 동료들 앞에 설 수 있도록 앞으로 나오라고 했다. 몇몇 사람들이 위대한 결정을 내리고 앞으로 나왔다.

26일: 나는 오늘 저녁 예배를 절대 잊지 못할 것이다. 나는 "너희도 가려느냐?"라는 제목으로 설교했다. 많은 사람들이 결단을 했는데, 나는 그렇게 많은 사람들이 한꺼번에 나오는 것을 처음 보았다. 그 후 군중은 그들 주변에 둘러섰다. 그들이 서로 악수를 나누고 환송하는 모습은 충분히 이해가 갔고 모두 대장부답고 멋졌다. 군인들 중 몇몇은 진영 경계선까지 나와 함께 걸었다. 그 후 나는 다리를 건너 광활한 하늘의 수많은 별들 아래에서 동쪽을 향해 걸어갔다. 이상할 정도로 시끄러운 개구리들이 개굴개굴 우는 소리가 들렸다. 그 소리만 아니었으면 매우 적막한 밤이었을 것이다. 그러자 외롭게 보초를 서는 군인의 "그곳에 누구입니까?"라는 질문을 받고 그와 몇 마디 다정한 인사를 나누었다. 돌아오는 길에 내 영혼에는 깊은 감사와 기쁨이 넘쳐흘렀다. 다시 한 번 오늘 모아스카 선교 집회로 인해 하나님께 감사한다.

다음날 챔버스는 남쪽으로 여행을 떠나 수에즈 운하의 남쪽 끝을 지키는 큰 진영에 도착했다. 챔버스의 일기에는 "오늘 밤 우리는 매우 멋진 집회를 가졌다. 영국의 식민지에 속한 군인들과 여러 달 동안 지낸 후 다시 영국 군인을 보는 것은 큰 위로였다"라고 기록하고 있다.

챔버스는 아낌없이 혼신을 다해 군인들을 위해 사역했다. 동시에 자신에게 내적 환기가 절대적으로 필요하다는 것을 느끼고 탐험이나 배움의 기회가 있을 때 절대로 놓치지 않았다. 그는 두 명의 지방 YMCA 사관과 동반하여 황량하고 험상궂은 머미 산을 탐험했다.

29일 : 우리는 오늘 아침 6시에 당나귀를 타고 출발해서 방금 이곳에 도착했다. 이 산의 중심부로 오기 위해 3시간가량 당나귀를 타고 오면서 맹렬한 더위를 견뎠다. 우리는 강바닥까지 가보았는데, 강은 정말 끔찍할 정도로 조용하고 거칠고 괴상한 모습을 하고 있었다. 바위들이 지저분하게 이곳저곳에 깔려 있는 것으로 보아 강물이 흐르고 있다면 정말 대단한 광경이었을 것이다. 우리는 큰 흰색 낙타를 타고 있는 전초 기지의 아랍 군인에 의해 저지되었지만, 그는 많은 호의를 베풀며 우리를 지나갈 수 있도록 허락했다. 돌아오는 길에 우리는 사막에서 터져나오는 샘을 발견했다. 우리는 7시간 동안 안장에 앉아 있었다. 해는 종일 쨍쨍 내리쬐었다. 우리는 그 먼 길 끝에 결국 밤에 영국군의 진영에 도착해서 집회를 가졌다. 이번 여행 중 이 여행이 가장 멋지고 길고 좋았다.

YMCA 총 복음 선교 집회의 마지막 집회는 서부 사막인 워든에서 있었기 때문에, 챔버스는 그곳으로 갔다.

4월 1일, 워든 : 오늘 밤은 장엄한 집회였다. 감사하게도 전부 몰려와서 텐트가 터질 정도였다. 결국 텐트 밖으로 줄을 지어 둥그렇게 차례차례 앉았다. 집회 후, 잠자리에 들기 전 나는 그 멋진 사막의 밤을 즐기기 위해 가벼운 산책을 나갔다. 그때 한창 진행 중인 음악회를 보게 되었다. 웨일스 군인들의 합창이었는데 정말 대단했다. 조용한 사막의 밤에 노래를 듣는 것은 정말 멋졌다.

2일 : 나는 아침에 내게 온 우편물과 타임지, 스펙테이터, 주간 영국 잡지 등을 읽으며 한가하고 여유로운 시간을 보내고 있다. 오후에는 최근의 새신자들을 만나 대화를 나누고 오늘 밤에는 마지막 집회를 갖게 된다. 이곳의 사관들과 함께 멋진 역사를 이루는 하나님은 참으로 멋지시다.

챔버스는 여행을 통해 안목이 넓어진 듯한 느낌을 가지면서 집회

를 마쳤다. 또한 그의 사역이 군인들 사이에 많이 알려져 있음을 알고 위로를 얻었다.

3일 : 나는 오늘 카이로로 돌아간다. 이곳에 있는 동안 나는 하나님의 임재로 인해 놀랍고 신선한 시간을 가졌다. 더욱 확신을 얻게 된 것은 군인들에게 필요한 것이 무엇인지, 무엇 때문에 그들이 나를 찾아오는지를 알게 된 것이다. 그것은 구습의 복음적 스타일의 예배가 아니라 기독교에서 중요하게 여기는 내용들을 가르치는 교육이었다.

하지만 그의 행복한 감정은 짧았다. 카이로에 도착하자, 그는 YMCA 사관이라는 신분 때문에 영국군 당국의 조사를 받게 되었다. 최근 세 명의 영국 사관들이 반전 언급을 함으로써 화가 치민 군 당국이 사관들을 전부 체포했던 것이다. 이 사건으로 모든 YMCA 사관들을 다시 영국으로 돌려보낸 후 군대에 입대시키겠다는 위협마저 있었다.

챔버스는 불확실한 미래 가운데 일기에 다음과 같이 기록했다.

오늘 읽은 사무엘상 8장이 마음에 와닿았다. 상황에 의한 딜레마에 빠졌을 때 우리는 하나님께서 그분의 뜻을 이루실 때까지 기다리기보다 상식적으로 대처하려는 유혹에 빠지기 쉽다. 하나님의 뜻은 우연하게 보이는 상황을 통해 우리에게 이루어진다.

그는 그 상황에 대해 비디에게 "더욱 주님과 가까이 하며 기다립시다"라고 말했다.

YMCA 사관들의 전면 재배치 가능성 때문에 챔버스의 여러 친구들은 매우 조마조마해했다. 하지만 그 일은 결국 일어나지 않았다. 반면 챔버스는 어떤 일이 발생한다고 해도 전혀 염려하지 않는 듯 보였다. 사실 그는 어떤 상황에서도 "염려하기를 거절한다"는 좌우명을 철저하게 지켜왔다. 그는 아무런 염려 없이 하루를 기쁘게 맞이했고 하나님의 주권적인 섭리 아래 보냈다.

군의 엄격한 분위기 속에서도 염려 하나 없이 자발적으로 추진해 나가는 챔버스의 성향은 비디와 캐슬린과의 관계 속에서도 잘 나타났다. 약간의 여유 자금이 생기면 그는 당장 그 둘을 데리고 카이로로 가서 쉐퍼드 호텔에서 차 한 잔을 하거나 그로피 식당에서 저녁을 먹었다. 그는 비디에게는 새 모자를 사주고, 쉐퍼드 호텔 안에 있는 미장원에서 캐슬린이 머리를 감고 파마를 하는 모습을 지켜보았다. 이 일들이 그에게는 무척 즐거웠다.

그는 막사를 짓거나 군인들을 먹이기 위한 비용에 대해서는 마음껏 기부를 부탁했지만, 자신의 경제적 필요를 언급한적은 거의 없었다. 1916년 초의 일기에는 챔버스와 비디가 돈에 대해 어떤 자세를 가지고 있었는지를 특별히 알려주는 내용이 있다.

카이로로 모처럼의 가족 나들이를 떠나는 챔버스 가족.

성경 훈련 학교 방갈로를 짓도록 돈을 보내준 스페크 홀 사람들과 많은 사람들에 대해 지금 나는 무엇을 말해야 할까? 총 비용은 78파운드이다. 하나님께서 모든 기부자들을 축복하시길 바란다. 하나님은 그들의 너그러움을 갚아주실 것이다.

후원금을 받는 것은 참으로 멋진 일이었다. 나는 월급으로 한 푼도 받지 않는다. 그러나 내가 구하는 모든 것이 다 이루어졌다. 이 문제에 대해 나는 언제나 주님께서 마태복음 7장 6절에서 하신 주의사항을 느낀다. 지금까지 줄곧 그래왔지만, 지난 오랜 기간을 돌아볼 때 하나님의 자녀들마저 내가 돈 문제를 말하면 거의 나를 믿지 않는 모습을 보고 놀랐다. 그들은 내가 아무것도 없다고 말해도 어딘가 안정된 공급의 끈이 있는 것으로 생각한다. 그러나 정말 나는 아무것도 없다. 만일 성도 중에 이 글을 읽는 사람이 있다면, 다른 성도들이 당신에게 의심을 던져도 낙심하거나 마음을 상하지 말고 용기를 가지라고 당부하고 싶다.

(이 문제는 사적인 문제이지만, 도움이 될 것 같다. 결혼할 때 비디와 나는 하나님 앞에서, 다른 사람들 앞에서는 절대로 돈 문제에 대해 말하지 않기로 결심했다. 특히 '형편이 되지 않아요'라는 표현을 하지 않기로 했다. 하나님께서는 당연히 그 결심을 축복하셨다. 대단히 많은 사람들이 하나님과 기도를 통해 대화를 나눌 때 계속적으로 버릇없이 돈이 없다고만 불평함으로써 하나님과의 대화를 망쳐놓을 때가 많다. 나는 고려해야 할 것들이 많은 상황에서 돈 이야기만 하는 것은 매우 부끄러운 일이라고 느낀다. 조금 모순되는 것 같기는 하지만, 나도 이 문제에 관해서는 고린도후서 12장 11절의 느낌을 갖는다.)

다음날 그의 일기는 계속 이어지고 있다.

나는 여러 문제를 상의하러 제숍 씨를 만나러 갔다가 그에게서 앱 선생이 매년 100파운드씩 내게 보내주겠다는 소식이 영국으로부터 왔다는 소식을 듣고 깜짝 놀랐다. 너무나 깜짝 놀란 이유는, 기껏해야 어제 내 일기에 돈 문제에 대한 나의 견해를 적었는데, 이렇게 뜻밖의 사건이 발생했기 때문이다. 우리는 하나님께 감사하고 앞으로 나아간다. 아무튼 이 돈은 더 많은 일들을 하는 데 큰 도움이 될 것이다.

이집트에서의 삶은 '뜻밖의 사건들'로 가득했다. 1916년 4월 13일에는 모래 태풍이 자이툰으로 몰려와 군인들의 집회 장소인 텐트를 송두리째 무너뜨렸다. 일주일 후에는 대규모의 군사 이동으로 인해 수천 수만 명의 군인들이 있었던 주변 진영이 텅 비었다. 며칠 전만 해도 군인들로 가득 찼던 YMCA 막사가 지금은 사막 가운데 조용하게 홀로 서 있었다. 캐슬린은 빈 부대를 점검하면서 "군인들이 다 어디 갔어?"라고 물었다.

5월 중순에 제숍은 챔버스에게 임시적으로 수에즈로 가서 그곳에 있는 2천 명의 영국 군인들이 있는 진영에서 봉사하라고 부탁했다. 비디와 캐슬린은 자이툰에 있는 선교사 친구들의 집에 남아 있었다.

5월 17일, 수에즈 : 하나님의 섭리는 얼마나 멋진지. 지금 나는 자이툰에서 멀리 떨어진 곳에 있다. 지금 내게는 이 큰 막사를 기도로 차고 넘치도록 만들 기회가 생겼다. 그리고 하나님께서 어떻게 역사하실지 바라볼 수 있다. 나는 기도하는 가운데 이상하게도 이곳에 있게 된 것이 감사하다. 또한 내가 이곳에 온 것에 대해 이기심이 없는 비디가 기뻐할 것도 안다. 그녀도 이곳에서의 기회를 본다면 즐거워할 것이다.

18일 : 오늘은 매몰찬 모래 태풍으로 인한 피해 대책을 마련하느라 하루 종일 바빴다. 이곳은 자이툰과는 훨씬 다른 곳으로 정말 거친 사막에서 진짜 야영 생활을 한다. 이렇게 혹독하게 준비된 군 진영에서 하나님을 섬길 수 있는 기회를 갖게 되어 감사하다. 하나님께서 이곳에서 영적으로 위대한 일을 이루시기를 기도하고 있다.

군인들은 전에 있었던 성직자들과는 달리 언제든지 개인적인 대화를 나누고 싶으면 챔버스를 만날 수 있었다. 만일 한 군인이 "종교적인 사람들을 보면 지쳤습니다"라고 발끈 짜증을 내면, 챔버스도 종종 "나도 그렇습니다"라고 말했다. 그렇게 해서 마음이 맞게 되면, 그들은 그리스도에 대해 대화를 나누고 주님을 알게 되면 모든 삶이 어떻게 변하는지를 나누었다.

19일 : 지금 오전 10시이다. 바빴지만 즐거운 날이었다. 나는 외로움에 지쳐 있고 영적으로 굶주린 많은 젊은이들을 발견했다. 맨체스터에서 온 어떤 젊은이는 이전의 삶에 대해 그가 얼마나 질렸는지를 내게 말해주었다. 그에게 어떤 조언을 해야 할까? 아무튼 내가 그와 함께할 수 있는 기회가 왔다. 기회는 항상 있다.

23일 : 오늘 아침의 일출은 가장 멋지고 위대하고 감명 깊은 것이었다. 정말로 이러한 일출 장면은 참으로 특이하다. 반대편 산 위로 오르는 빛의 광채는 '옛적부터 계신 분'의 것이다. 진영에서는 갑자기 소음이 나기 시작하고, 군인들은 새벽 4시면 일어나 활동을 시작한다. 말들의 움직이는 소리, 나팔 소리, 비행기 시동 소리 등 모든 소음들이 신기하게도 살아 있는 생명을 느낄 수 있는 즐거움을 만든다. 군인들은 YMCA 막사에 대해 무한하게 감사하고 있다.

나는 기도를 뚜렷하게 돕는 방법이 그날 하루를 위해 주의 지혜를 구하는 것임을 발견하고 있다. 그렇게 하면 나는 자신의 인간적 요령들이 아니라 주의 예리한 지혜를 따라 실제 실천적인 문제들을 다루게 된다. 이렇게 하루를 살아간다는 뜻은 절대로 내가 행하는 모든 것이 옳다는 것을 의미하는 것이 아니라, 주께서 빛 가운데 거하심같이 나도 빛 가운데 거하게 될 것을 의미한다. 지혜롭지 않은 일들을 행할 필요가 없게 된다.

5월 24일, 챔버스는 이날이 캐슬린의 세 번째 생일이며 다음날은 비디와 결혼한 지 6주년이 되는 날임을 기록하고 있다.

그는 6월 초에 카이로로 돌아오라는 소환을 받은 후, 수에즈 운하 위에 있는 이스마일리아에서 새로 사역을 시작하라는 부탁을 받았다. 해협 지역에서는 최근에 전쟁이 있었기 때문에 비디와 캐슬린과 메리 라일리가 챔버스와 함께하려면 군의 허가가 필요했다. 따라서 챔버스가 먼저 출발하고 그들은 자이툰에 있는 스완 형제의 집에 머무르며 허가가 나오기를 기다렸다.

유럽에서의 전쟁은 조만간 끝날 것 같은 조짐이 전혀 보이지 않았다. 하지만 모든 사람들의 마음속에는 전쟁이 끝난 후 고향에 돌아간다는 생각으로 가득 차 있었다. 챔버스도 언제나 그와 비디가 런던에 돌아가 성경훈련대학을 다시 열게 될 것이라고 믿었다. 군인들은 종종 전쟁이 끝나기만 하면 챔버스 밑에서 공부하고 싶다는 뜻을 비추기도 했다.

그러나 그는 이스마일리아로 떠나기 직전에 성경 훈련 학교에 대한 꿈을 접고 대신 새로운 미래의 가능성을 열어주는 편지를 받았다. 그 편지는 해리스 부인으로부터 온 것이었는데, 보통은 친구들과 기도 동맹 소식으로 가득 찼지만, 이번 내용은 처음부터 분위기가 달랐다. 그녀는 챔버스의 과거의 노고를 치하하면서 기도 동맹의 현재 위치와 장래의 계획을 밝히고 있었다. 기도 동맹은 성경 훈련 학교가 세 들어 있던 클랩햄 커먼 노스사이드 45가를 포기하고, 전쟁이 끝난 후에도 거주 학생들을 위한 성경훈련대학을 열 계획이 없다는 것이었다. 현재 그들이 챔버스에게 원하는 것은, 이집트에서 성경 통신 과정을 계속 진행하면서 과제물을 보내줄 것과 「영적인 삶」이라는 새 이름으로 바뀐 「불의 혀」 잡지에 개인 소식을 보내달라는 정도였다.

챔버스는 주의 깊게 그 편지를 읽고 해리스 부인의 의도가 무엇인지 정확하게 이해하기 위해 그 편지를 비디에게 보여주었다. 그렇다. 그 의미는 매우 분명했다.

친구에게 보내는 편지에서 챔버스는 "해리스 부인이 내게, 기도 동맹과 나의 관계가 끊어지기를 바라는 편지를 보냈더군. … 그녀나 기도 동맹과 연결된 일부 사람들이 내가 그녀와 동맹으로부터 어떤 지원을 주장할까봐 두려워하는 것이 분명해. 나는 정말로 그러한 결정이 난 것이 기뻐. 물론 해리스 부인이 그 내용을 내게 써야 했던 점이 아쉽기는 해. 그녀를 위해 나는 지금 멋지게 해고된 셈이지"라고 썼다.

같은 우편배달에는 스터드로부터 온 편지도 있었다. 그 편지에는 챔버스가 전쟁이 끝난 뒤 영국으로 돌아가기 전, 아프리카에 있는 선교 사역지를 방문해달라고 부탁하는 내용이 쓰여 있었다. 챔버스는 "이 부탁은 기도를 드려보아야 하겠다"라고 일기에 남겼다.

해리스 부인과 스터드로부터 온 편지를 읽은 챔버스는 장래에 대한 생각을 하게 되었다. 하나님께서 전쟁이 끝난 후에 아무 후원 기관도 없이 오직 내 힘으로 성경대학을 시작하라는 뜻인가? 실리를 따지는 친구들은 당장 그것은 불가능하다고 말할 것이다. 챔버스는 '물론 불가능하겠지. 그러나 하나님만은 그 일을 할 수 있으실 거야'라고 생각했다.

그는 친구에게 보내는 편지에서 다음과 같이 말했다.

나는 주께서 내게 아무런 속박을 받지 말고 내 힘으로 성경 훈련 학교를 시작하라고 말씀하시는 것으로 믿고 주 앞에서 정말 기대가 된다. 주께서 내게 학생들을 보내실 거야. 내 마음과 머리와 기분은 주의 이름으로 벌어질 새롭고 위대한 모험 때문에 기대와 기쁨으로 부풀어 있어. 성경훈련대학은 전보다 훨씬 더 큰 규모가 될 거야. 성경훈련대학BTC은 항상 더 나은 미래Better To Come를 가지고 있거든.

그가 전쟁 후에 무엇을 하게 될지는 아직 추측에 머물 뿐이다. 불투명한 미래를 대하는 친구들에게 그가 주는 충고는 언제나 "하나님을 신뢰하고 그 다음 일을 하라"는 것이었다. 그에게 당장 닥친 일은 자이툰에서의 안정된 사역을 뒤에 두고 이스마일리아에서 바닥부터 새로 시작하는 것이었다.

챔버스가 떠나기 전날 밤, 그와 비디는 방갈로를 폐쇄하고 자이툰의 텅 빈 진영 주변을 마지막으로 걸으면서 언제 보게 될지 모르는 가운데 서로 작별인사를 했다. 그들은 이별의 고통을 지나 감사하는 마음으로 새롭게 주어진 봉사의 기회를 받아들이기로 동의했다. 다음날 이른 아침에 챔버스는 인파로 가득 찬 기차를 타고 이스마일리아를 향해 느리고 무더운 여정을 떠났다.

이집트에서 7개월을 지내는 동안 챔버스는 YMCA 일이란 이동성과 민첩성과 적응력이 요구된다는 사실을 발견했다. 군대가 이동하면 YMCA도 이동했다. 전쟁은 끔찍한 일이었지만 군인들이 그리스도께 오게 되는 엄청난 기회를 가져오기도 했다. 심지어 챔버스는 아무도 생각하지 못하는 어떤 엄청난 변화가 곧 다가올 것을 느꼈다.

6월 8일 : 열왕기하 7장을 읽었다. 나는 다시 한 번 새롭게 하나님께서 전쟁을 올해 안에 끝내실 것이라는 확신을 가지며 기도를 드렸다. 2절이 바로 그것이다. "여호와께서 하늘에 창을 내신들 어찌 이런 일이 있으리요." 이 내용은 조롱이나 불신의 표현이라기보다 그러한 기적을 기대하는 허망함에 대해 이방인들이 갖는 느낌이다. 그러나 창은 하늘에 열렸고, 믿을 수 없는 일은 일어났다.

19

찢겨진 빵과 부어진 포도주가 되다(1916)

챔버스은 이스마일리아에 대해 '특이한 아름다움으로 나를 매혹시키는 작은 도시'라고 말했다. 그 도시는 수에즈 운하 중앙 근처에 놓인 전략적 위치였기 때문에 수만 명의 병력과 영국군 장교의 관심을 사는 곳이었다. 1915년과 1916년 초에 시나이 반도로부터 터키의 공격이 시작되었지만, 역사적인 운하에서 영국 방어벽을 뚫는 데 실패했다. 그러나 영국이 그 운하를 지키는 것은 여전히 최고 우선순위였다.

이스마일리아의 찌는 듯한 여름 더위 속에서 챔버스가 해야 하는 첫 번째 일은 YMCA 막사를 짓는 일이었다. 그는 이 사업의 현장 주임으로서, 건축 재료를 골라 구입하고 이집트 노동자를 고용한 후 그들을 감독했다. 목수가 부족했기 때문에 그는 근처의 영국 파견군을 책임지는 장교에게 며칠만 두 사람을 보내줄 수 있는지를 부탁했다. 아무것도 없는 상태에서 긴 의자와 탁자, 그리고 카운터가 만들어졌다. 2주 안에 모든 것이 마무리되었다.

6월 말, 사정을 봐주지 않는 태양은 날마다 모래사막을 지옥으로 만들었다. 원추 모양의 텐트 안으로 들어가면 정오의 온도가 55도나 되었다. 밖에는 그늘이 전혀 없었다. 하루 한 사람에게 할당되는 4리터의 물로는 사람들의 지독한 갈증을 가라앉히는 데 턱없이 부족했다.

수천 마리의 말과 여러 동물들의 배설물에서 알을 까고 나온 파리들이 온 세상에 난리를 치며 모든 사람들을 귀찮게 했기 때문에 사람들은 거의 미칠 지경이 되었다. 그곳 진영에서는 파리채가 없으면 비무장한 것으로 간주되었다. 밤에는 만족할 줄 모르는 모기떼가 피를 빨아먹거나 말라리아를 퍼뜨리기 위해 나타났다. 군대에 모기장이 부족할 때는 군인들이 가족들에게 편지를 써서 생명과 정신을 구원하는 소포를 보내달라고 간청했다.

어떤 군인은 사막에서의 삶이 얼마나 힘들며 그 정신적, 신체적 고초가 어떠한지 묘사했다. "경험해보지 않으면 이집트의 기후가 어떠한 것인지 절대 모를 것이다. 이집트의 기후와 역사적인 분위기에 전혀 어울릴 수 없는 체질들이 있는데, 이들에게는 그 상황이 끔찍하기만 하다. 이곳 기후나 분위기에 자유롭다고 하는 사람들조차 계속되는 열병 때문에 기진맥진하게 되는데, 그럴 경우 정신적인 전쟁을 치르기는 쉽지 않다."

챔버스는 집으로 보내는 편지에 사막에서의 삶의 황량함에 대해 쓴 적이 거의 없다. 그 역시 다른 군인들처럼 그곳의 기후와 어려운 삶의 조건들을 체험했지만, 다른 사람들을 녹초로 만드는 것들이 오히려 그에게는 새 생명을 불어넣는 것처럼 느껴졌다. 여름에 쓴 일기 중에는 다음 내용이 있다.

> 태양! 태양에 대해 생각해 보았다. 이집트에서 여름을 지내보지 않은 사람은 이곳 태양이 어떤 것인지 알 수 없다. 그 태양은 이곳 땅을 사람이 살 수 있도록 만드는 유일한 힘이다. 강렬하고 끔찍하지만 아주 멋지다. 내 경험에 의하면, 사막에서의 삶은 강렬한 활동과 에너지 때문에 생산력이 높다. 이곳에서의 삶은 게으르거나 안일할 수 없다.
>
> 운하를 따라 수고하는 YMCA 사관들 중에는 너무 많이 지친 사람들이 있다. 나는 하나님께서 주의 목적을 위해 우리를 더할 나위 없이 분명하게 보호하심을 깨닫는다. 평안하려고 애쓰는 것이 아니라 정말로 평안하다. 이러한 평안 때문에 깊은 감사를 드리게 된다.
>
> 6월 21일, 이스마일리아 : 오늘 새벽에도 영원한 하나님으로부터 직접 임하는 맑은 기운으로 인해 또 다른 감동적인 하루를 맞이했다. 나는 존 허튼의 '세상에 대한 두려움'이라는 제목의 설교에 깊은 감동을 받았다. 이곳에 한 부분을 적는다. "하나님과의 교제를 유지하는 것이 우리 각자가 해야 하는 외로운 소명이다. 우리 각자에게 주

어진 책임이지만, 분명히 행복한 책임이다. 이것이 우리의 믿음이 수고해야 할 전부이며, 만일 우리가 주 예수 그리스도와 행복하게 살려 한다면 이 부분에 온 마음을 써서 붙들어야 한다."

매일 그는 군 당국이 비디와 다른 사람들이 그곳에 오도록 허가해주기를 바랐다. 그들이 늦게 올 이유가 없었다. 그러나 아무리 기다려도 소식이 없었다. 이스마일리아에 온지 거의 한 달 동안 그는 가족 없이 수고했다. 마침내 7월 1일, 그는 발링으로부터 전보를 받았다.

"축하! 9시 20분 가족과 기차에서 만나시오."

사람들이 북적거리는 철도 승강장 위로 캐슬린이 조심스럽게 걸어나왔다. 아이는 아빠를 보자 그 품으로 달려갔다. 얼마나 아빠를 보고 싶어했는지! 아이는 아빠에게 달라붙었고, 챔버스는 비디를 껴안고 메리 라일리와 인사했다. 참으로 행복한 네 사람은 인파를 밀치며 기다리고 있는 차로 갔다.

챔버스는 그날 밤 저녁 식사를 하며 그 다음날인 주일에 해보려고 하는 새로운 아이디어들에 대해 여자들에게 말했다. 매점은 보통 때와 같이 닫을 것이지만, 오후 2시부터 5시 사이에 무료 다과 시간을 마련하여 군인들을 초청할 생각이었다. 그는 한 친구가 그 행사를 위해 5파운드를 주었다고 덧붙였다.

다음날 오후, 군인들이 몰려와 차와 커피와 차가운 음료와 과자와 케이크를 잔뜩 먹고 마셨다. 비디와 메리 라일리는 여러 군인들 및 이집트인 조수 몇 사람과 함께 매점 뒤편에서 쉬지 않고 일했다. 첫 번째 다과 시간에 400명 정도의 군인들이 찾아온 것 같다.

챔버스가 무료 다과를 제공한다는 소식이 카이로에 들어갔다. 그러자 YMCA 보급 담당자가 강력한 반발을 하며 당장 이스마일리아로 오는 첫 번째 기차를 잡아탔다. 그리고 챔버스를 만나자마자 말했다.

"당신이 무료 다과를 제공하면, 다른 진영들의 모든 군인들이 전부 무료를 기대하게 됩니다. YMCA 정책에 의하면 다과는 팔도록 되어 있지, 무료로 나누어 주도록 되지 있지 않습니다."

챔버스는 그의 말을 차분히 듣더니 주일을 지키면서도 여전히 군인들을 섬기고 싶은 바람을 설명했다. 만일 군인들이 비용을 돕기를 원할 경우를 대비해 막사에는 작은 기금함이 마련되어 있다. 그러나 그들에게 돈을 내라고는 강요하지 않을 생각이라고 말했다. 챔버스와 대화를 나눈 후 군인들의 반응을 살펴본 YMCA 보급 담당자는 무료 다과를 허락할 뿐 아니라 만일 네 명 이상이 기금함에 돈을 넣는다면 자신도 5파운드를 기증하겠다고 말했다. 챔버스는 "이 말을 들은 두 사람이 신속하게 기증할 것이며 다른 사람들도 따라할 것입니다"라고 대답했다.

그의 일기는 여름 내내 날짜별로 정리되어 있었고, 각각의 날이 사람들과 일상적인 일들로 가득 차 있었다.

7월 19일 : 이집트의 뜨거운 열기 가운데 한여름에 막사에 앉으니 이상한 느낌이 들면서 성경 훈련 학교 시절이 생각난다. 이곳은 대립과 관심, 암시적인 것들로 가득하다. 나는 마지막 시편의 끝 구절 가운데 살고 있다. '호흡이 있는 자마다 여호와를 찬양할지어다.'

24일 : 대단히 아름다운 아침이다. 캐슬린과 라일리 자매는 장을 보러 나갔다. 아침 6시 30분에 런던에서 멋진 쇼핑을 한단다!

27일: 성경 수업이 잘 진행되고 있다. 군인들 중에는 전쟁이 끝난 후에 어떻게 성경훈련대학의 학생이 될 수 있는지를 문의하는 사람들이 있다. 글쎄, 그때 가봐야 알겠지.

8월 8일 : 성경 윤리 과목을 오늘부터 시리즈로 시작했다. 오늘 밤에 좋은 결과가 있었다. 나는 사람들이 이 주제에 대해 매우 민감한 것을 항상 발견한다. 이 과목은 대단히 많은 문제들을 가장 근본적인 관점에서 다룰 것이며 그들 스스로 그러한 관점에서 생각할 수 있는 결과를 낼 것이다.

지금 제일 멋진 군인은 나의 새로운 당직 군인이다. 그는 아기 하마 같은 순진한 얼굴을 가졌고, 가끔 반짝이는 유머 감각을 보여준다. 그는 명령할 때 귀에 거슬리는 '글래스고'스코틀랜드 남서부의 항구 도시의 억양-역주 소리를 낸다. 그가 막사 카운터에 처음으로 나타났을 때, 캐슬린은 맑은 목소리로 사람들이 가득한 막사 앞에서 "아빠, 왜 이 군인은 나에게 미소를 주지 않아?"라고 물었다. 오늘 아침 나는 걷다가 그를 만나서 인사를 하게 되었는데, 그는 슬픈 인상 가운데 웃음이 없었다.

"스펀지 케이크에 개미가 있을 거야. 개미가 나올 때까지 기다려." 라일리 자매가 지난밤에 아이스박스 안에 음식들을 넣었지만, 그래도 개미들이 맛있는 것을 발견한 모양이다!

20일 : 질문 수업은 특별히 중요한 수업인데, 오늘은 유니테리언개신교에서 나온 이단으로서 삼위일체와 그리스도의 신성을 부인하는 가운데 단일 신격을 주장한다.-역주 신자 한 명이 많은 중요한 질문들을 했다. 우리는 서로 큰 도움이 되는 시간을 가졌다. 후에 대화를 나누는 중에 어떤 군인이 "사람들이 어떻게 그런 생각을 할 수 있는지 알 수가 없어요"라고 말했다. 안타깝지만 대단히 많은 사람들의 경우가 그 군인의 말에 해당한다. 그들은 다른 사람들이 실제로 무엇을 생각하는지에 대해 전혀 고려하지 않는다.

21일 : 오늘은 오스트레일리아 스테이셔너리 병원의 군인들이 알렉산드리아와 영국으로 떠난다. 이 군인들은 내 수업에 고정적으로 참석한 사람들이었으며 서로 많이 마음이 끌리는 가운데 있었다. 어떤 군인이 밤에 찾아와서 "수업에 오는 사람들의 출석부를 만든 것이 도움이 되었어요"라고 말했다.

23일 : 아침에 성경을 읽다가 마음을 흔드는 구절을 접했다. 고린도후서 1장 14절이다. "우리 주 예수의 날에는 너희가 우리의 자랑이 되고 우리가 너희의 자랑이 되는 그것이라." 나는 내 비전이 바로 이것이라고 생각했다. 우리 주 예수 그리스도와 인격적 관계를 맺은 사람들이 나를 그분 앞에서 귀하게 말해주는 것이다.

31일 : 가정 기도 모임에서 시편이 크고 새로운 의미로 와닿았다. 형식을 차리는 것보다 진실한 마음으로 나의 강의를 듣는 군인들이 내 마음에는 가장 귀하다.

9월 2일 : 이곳에서의 사역 가운데 가장 크게 나타나는 특징들에 대해 최근에 많이 기록하지 않았다. 내가 군인들과 그들의 영적 상태에 대해 계속 나눈 대화들을 기록하지 않았다. 이 문제에 대해 대화를 나누는 것이 군인들과 가장 쉽게 소통하는 길임을 발견한다.

챔버스가 운하 지역에서 정신없이 바쁘게 3개월을 지내는 동안 제숩으로부터 전갈이 왔다. 자이툰의 진영이 군사 교육 학교로 다시 열린다는 소식이었다. 따라서 챔버스는 다음 2주 안으로 돌아가야 했다.

9월 18일 챔버스의 일기는 이스마일리아를 떠나기 전의 심정을 쓰고 있다. "지난 몇 개월간 이스마일리아에서 정말로 훌륭한 시간들을 보냈다. 우리는 함께 힘을 모아 멋진 일들을 수월하게 이루었다. 군인들의 간증은 우리의 삶에 포도주와 같았다. 이제 그들 모두에게, 이집트 총선교부에게 작별인사를 하자니 정말 슬프다. 이곳의 선교사들이 보여준 참된 성도의 선의에 다시 한 번 깊은 감사를 드리고 싶다."

자이툰으로 이사하면서 알렉산드리아에서 귀한 휴가를 가질 수 있었다. 챔버스와 비디는 10일 동안 답답한 사막의 열기에서 벗어나 알렉산더 대왕이 지은 고대 도시의 상쾌한 바다 바람을 느낄 수 있었다. 캐슬린이 모래사장에서 시끄럽게 뛰노는 동안 엄마와 아빠는 깊고 푸른 지중해로부터 밀려오는 파도를 바라보았다.

그러나 모든 것 중 가장 큰 기쁨은 영국으로부터 세 명의 성경 훈련대학 학생들이 오게 된 것이었다. 에바 스펑크, 글래디스 잉그램, 그리고 거트루드 볼링거가 알렉산드리아에 있는 캐서린 애쉬와 YMCA 일을 할 수 있도록 특별 허가를 받아서 온 것이다. 캐슬린은 이제 자기 곁에 성경 훈련 학교에서 온 친구들이 생긴 것을 알고는 제일 기뻐했다. 물론 필립 핸콕이 더 기뻐했을 것이다.

팔레스타인 전방의 최전선에 있는 핸콕은 그들이 온다는 소식을 듣고 흥분을 가라앉힐 수 없었다. 일 년 전 그는 거트루드 볼링거를 주의 손에 맡기고 자신은 YMCA 봉사자로 자원했다. 이제 전능하신 하나님께서 그가 사랑했던 여인을 이집트로 데려오신 것이다.

챔버스는 알렉산드리아 시내에서 모든 숙녀들에게 이집트의 희한한 음식들을 대접하면서 그들이 이집트 도시를 금세 좋아하게 될 것이라고 안심시켰다. 그는 겉으로는 밝은 표정을 보이면서 그들이 어려운 일들을 잘 감당할 수 있도록, 그리고 애쉬의 쉬지 않는 빠른 속도를 잘 따라갈 수 있도록 기도했다. 그는 아마 그들을 격려하고 용기를 줄 수 있는 것이라면 뭐든 다했을 것이다.

챔버스에 대한 이 숙녀들의 충성은 그가 진심으로 하나님과 그들을 사랑했기 때문에 생겨났다. 그들의 관계 또한 챔버스와 성경훈련대학의 이전 학생들 간의 끈끈한 사랑을 보여주고 있었다. 에바 스핑크의 개인 일기를 보면 그녀가 종종 챔버스를 "나의 사랑하는 대장"이라고 부른 것을 발견할 수 있다. 마치 전쟁터에서 용감한 지도자를 따르는 많은 부하들이 갖는 느낌과 같았다. 챔버스는 언제나 앞서 걸었지만, 그렇다고 너무 멀리 가는 일이 없이 항상 그리스도를 섬기는 모험에서 그들과 함께했다.

챔버스가 남자든 여자든 동등하게 함께 일할 수 있었던 것은 그가 어머니에게 가졌던 존경심에서 나온 것 같다. 그는 알렉산드리아에서 어머니 한나의 76세 생신을 맞이하여 편지를 썼다.

나의 친애하는 어머니께

하나님께서 어머니의 생신을 맞아 어머니를 축복하시길 기도합니다. 어머니와 관계된 모든 것들이 제 생각과 기억 속에 축복 중의 축복으로 남아 있습니다. 여인들에 대한 제 관념은(멋진 관념입니다) 전부 어머니로부터 왔습니다.

이제 점점 나이가 들면서 제가 어머니께 얼마나 많은 빚을 졌는지 존경과 두려움 가운데 깨닫게 됩니다. 비디와 캐슬린과의 삶은 초기에 어머니께서 제게 보여주신 친절하고 따스한 모성 때문에 축복되게 빚어졌습니다.

이제 생신을 맞으시는 어머니께 여생의 만년은 가장 아름다운 승화의 순간들이 될 것입니다.

언제나 사랑하는 아들, 오스왈드 드림

며칠 후 챔버스 가족은 기차를 타고 나일 델타의 눈에 익은 푸른 초원을 통과하여 카이로로 돌아왔다. 이집트에서는 아직 20세기의 문명이 낯설기만 했다. 이집트 가족들은 그들의 밭을 파라오 무덤 벽에 그려진 삼각 괭이와 똑같은 괭이로 경작했다. 사람들이 증기선과 비행기와 기관총을 발명하기 전에 수천 년 동안 해왔던 것처럼, 물소가 밭에 물을 대기 위해 고대의 바퀴들을 돌리고 있었다.

전쟁이 처음 시작되었을 때, 챔버스는 '하나님의 삽입구'라는 제목의 글을 쓴 적이 있다. 그 내용은 인간의 계획을 뒤범벅으로 만드는 단순한 우연 속에 하나님의 뜻이 있다는 것이었다. 만일 이 전쟁이 그의 체험과 세상의 체험에서 삽입구라면, 챔버스의 목적은 그것을 잘 연구해서 저자인 하나님의 마음을 발견하여 그 뜻에 온전히 맞게 살려는 것이었다.

챔버스 가족은 1916년 10월에 자이툰으로 돌아왔다. 하지만 그곳은 4개월 전에 그들이 그곳을 떠나던 때의 상황과 많이 달라져 있었다. 그들의 방갈로와 YMCA 막사들은 바뀐 것이 없었지만, 이집트 총선교부 주변 지역은 영구적으로 부대 구획이 정해진 전통적인 군사 진영 대신에 제국 교육 학교의 본부가 되어 있었다. 수천 명의 새로운 예비병들이 그곳에 도착해 6주에서 8주 동안 군사 훈련 과목을 배우고 그 과정을 마치면 그들의 부대로 돌아갔다.

챔버스는 상황을 파악하고 그 상황의 필요를 맞추기 위해 신속히 적응했다. 그는 저녁 성경 수업을 위해 매트리스 벽으로 된 큰 막사를 짓고 '전쟁에 의해 야기된 종교 문제들'이라고 쓴 표지를 과감하게 세운 후에 그 주제에 대해 시리즈 강연 및 상담을 하기로 했다. 이는 새로운 모험이었지만, 하나님께서 과거에 하셨던 것처럼 이곳 군인들에게 길을 열어주실 것이라는 확신을 느꼈다.

낮에는 군병들이 기관총을 발사하며 포병 탄도를 겨냥했다. 밤 또는 주일에는 군인들은 자유롭게 YMCA 막사를 방문했다. 군인들은 제국 교육 학교에 잠깐 머물렀기 때문에 과거와는 달리 챔버스의 임시적인 청중이었지만, 그 대신 그가 영향을 주는 군인의 수는 백 단위에서 천 단위로 확장되었다.

10월 18일 : 오늘 아침에 나는 막사를 돌아보았다. 1년 전, 나의 앞날이 어떻게 전개될지 아무것도 알 수 없는 가운데 이 커다란 진영에 처음 왔을 때가 생각이 났다. 그 땅을 다시 걸어보는 것은 기억에 남을 경험이다. 돌아보니 얼마나 은혜롭고 아름다운 기억들인지…. 주께서 베푸신 구원을 오늘날 감사하고 있는 군인들을 생각할 때 얼마나 찬양이 나오는지. 당시의 구원 받는 사람들 중 내 마음속에는 쿠민, 앳킨슨, 맥켄지가 특별히 귀한 기억으로 남아 있다. 하나님께서 그들을 축복하시길….

26일 : 나는 새로 지은 성경훈련대학 막사가 군인들에게 깊은 영적 각성을 일으키는 중심이 되길 기도한다.

27일 : 애쉬 자매가 내게 매주 수요일은 알렉산드리아로 가서 강의하는 것이 어떻겠느냐고 제안했다. 이 제안은 나의 관심을 끌었는데, 그 이유는 에즈베키어에 가는 날짜가 수요일이 아니라 주일로 바뀌었기 때문이다. 따라서 나는 자이툰에 5일 있고, 하루는 알렉산드리아, 그리고 다른 하루는 에즈베키어에 있어야 한다. 이렇게 해서 내가 말씀을 전할 수 있는 대상의 수는 엄청나게 늘었다.

챔버스는 매주 자이툰에서 알렉산드리아로 왕복 여행을 한다는 것이 얼마나 육체적으로나 영적으로 시달리는 것인지 알고 있었다. 카이로에 도착하면 어쩔 수 없이 주요 철도역으로 인한 대혼란을 겪게 된다. 그 후 알렉산드리아의 바로 외곽인 시디 가베르에 가려면 적어도 세 시간의 여행을 해야 했다. 그러나 챔버스는 그러한 수고를 애쉬와 성경 훈련 학교에서 온 세 젊은 여성들을 위한 격려라고 여겼을 뿐 아니라 군인들을 구원할 수 있는 최고의 기회로 삼았다.

챔버스는 시간과 에너지가 매우 모자란 상황임에도 불구하고 억척스러울 정도로 하나님과의 아침 시간을 유지했다. 방갈로 밖에 말뚝을 박고 세운 두 겹의 원추형 텐트는 그에게 매일 성경 읽기와 기도를 위한 열린 공간이 되어주었다. 그는 오전 6시가 되면 텐트 안에서 일출을 기다렸다. 그는 일출을 보며 "영원한 예배의 매일의 시이며 하나님 앞에서 몰입되는 미적 아름다움의 예식"이라고 묘사했다.

그의 가을 성경 읽기는 욥기를 중심으로 하고 있었다.

28일 : 욥기 23장은 세계 어디에서나 터져나오는 깊은 고통의 표준임에 틀림없다. "그분을 어디서 발견할 수 있는지 알 수 있다면!"욥기 전반에 걸쳐 말로 형용할 수 없는 복잡한 슬픔 가운데 터지는 가슴으로 하나님께 헌신하는 모습이 담겨 있다. 나는 욥기가 전쟁으로 슬픔을 당한 사람들과 유족들, 마음이 상한 자들을 위한 위로의 책이라는 사실을 거듭 확신한다. 이 책에는 다른 어떤 곳보다 인간의 고통의 소리가 잘 표현되어 있고 하나님을 경외하는 숨결이 들린다. 사람의 마음은 믿음보다 더 높은 위치에 있는 소망 가운데 강해진다고전 13:13.

하나님과 함께하는 오전 시간은 챔버스가 하루 중 아무에게도 방해 받지 않는 유일한 시간이다. 그는 아침부터 밤늦게까지 사람들과 일에 치여 멍해질 만큼 바빴다. 그의 일기는 비디가 다시 타자로 쳐서 고향 가족들에게 보내졌다. 그 편지 내용에는 매우 바쁜 일정이 있다는 정도만 간단하고 희미하게 알릴 뿐, 절대로 아파도 아프다는 말은 전하지 않았다.

31일 : 아침 시간이 성경훈련대학 막사를 마지막으로 손질하고 여러 다른 일을 하느라 바쁘게 지나갔다.

그는 '다른 문제들' 즉, 식품 창고와 진흙 벽돌 부엌을 짓는 이집트 노동자들을 관리하는 일 등에 대해서는 기록할 시간도, 의향도 없었다. 여러 군인들이 자신들의 휴가를 사용해서 바위를 나란히 세워 여러 막사를 이어주는 길을 만들었다. 챔버스도 그들과 함께 물동이를 들고 다니며 손에는 솔을 들고 바위들을 희게 칠하는 모습이 자주 눈에 띄었다.

챔버스 부부는 하루 일과를 사람들에게 초점을 맞추었다. 글래디스 잉그램이 그녀의 오빠가 프랑스에서 사망했다는 전갈을 받자 당장 알렉산드리아에서 떠나 자이툰으로 왔다. 챔버스와 비디는 그녀를 방갈로로 받아들여 함께 지내면서 이야기도 들어주고 함께 기도드렸다. 그뿐 아니라 그녀에게 그로피 식당의 음식을 먹이기 위해 그녀를 카이로로 데려갔으며, 근처 기자Giza의 피라미드와 스핑크스에서 달빛 소풍을 할 수 있도록 준비시켜 주었다.

챔버스 부부는 그들이 아는 군인이 전쟁터에서 사망했다는 사실을 알게 될 때마다 슬픔의 고통을 느꼈다. 11월 6일, 챔버스는 다음과 같이 기록하고 있다. "우리는 뉴질랜드 친구로부터 테드 스트래크가 죽었다는 사실을 알리는 편지를 받았다. 이제 그는 '주님과 함께 있다.' 이 표현이야말로 조금도 경건한 체하지 않았던 그가 원했던 말일 것이다. 본래 잘 생기고 자상했던 그는 두려움이 없었던 사랑스러운 작은 성자였다. 나는 그를 기억할 때마다 하나님께 감사한다. 지금 우리 가족의 작은 방갈로 정원 안에서 내가 사용하는 대부분의 것이 그가 직접 손으로 만든 것들이다. 그래서 하나하나 그것들을 모으고 있다."

스트래크는 다른 많은 군인들처럼 기회가 날 때마다 자이툰을 방문했다. 프랑스로 호송되기 바로 직전에 그는 마지막 휴가를 뜨거운 태양 아래서 화단과 방갈로 주변의 통로를 마무리하는 데 사용했다. 챔버스는 기도 수첩을 펼쳐 많은 사람들의 이름 중 그 젊은 친구의 이름 옆에 '그리스도와 함께하다'라고 적었다.

주일의 무료 다과 시간은 이스마일리아에서 이미 잘 알려져 있었기 때문에 자이툰에서도 무료 다과 시간을 열었다. 따라서 비디와 메리 라일리, 그리고 몇몇 돕는 사람들의 일감은 상당히 많아졌다. 어느새 한 주에 500명에서 700명의 군인들이 막사로 몰려와서 계란 프

1916년 자이툰. 매주일 '무료 다과'를 준비하는 비디(중앙의 여인). 비디가 준비한 식탁보와 꽃들이 보인다. 400명 이상의 군인들이 샌드위치, 케이크 및 음료를 먹고 마시기 위해 왔다.

라이와 샌드위치, 고향의 맛이 나는 케이크를 다 먹어치웠다.

비디는 언제나 모든 식탁을 깨끗하게 정리하고 항상 그 위에 식탁보를 깔았으며 새로 잘라온 꽃들을 꽃병에 꽂아두었다. 이것이 그녀의 '집' 안에 있는 거대한 사막의 식당으로 온 군인들을, 그녀가 특별히 신경써서 환영하는 방법이었다.

기도 동맹 회원 및 영국의 다른 친구들로부터 기부금을 받아 자금이 마련됨으로써, 군인들은 무료 다과를 제공받을 수 있었다. 많은 군인들이 무료 다과 시간이 사관의 설교로 끝맺지 않는 데 놀라워했다. 너무나 많은 경우에, 군인들은 무료 케이크와 다과, 음료를 먹고 마신 후에 그것이 '복음 덫'에 걸리는 미끼임을 알 때가 많았다. 그러나 챔버스는 그런 방법이 효과가 있다고 보지 않았다. 그는 "그들은 먹으러 왔지, 설교를 들으러 온 것이 아니다. 그들이 만일 그곳에 남아 설교를 듣기 원한다면 밤에 집회가 있다"라고 말했다.

챔버스는 무료 다과 시간이 끝난 후에 카이로의 에즈베키어 가든스 공원에 간다. 그는 그곳에서 매주 모임을 가졌다. 그가 돌아올 때는 저녁 식사를 함께하자는 초대를 기꺼이 받아들인 열두 명 정도의 군인들과 함께 올 때도 있었다. 주일 저녁 식사는 거의 9시 전에 시작한 적이 없다. 저녁을 들기 위해 함께 왔던 사람들은 보통 가정 기도 시간에도 함께했다. 챔버스가 작은 페달 풍금을 연주하면 그들은 함께 노래했다. 특히 비디가 제일 좋아하는 저녁 찬송을 함께 불렀다. 그 찬송은 그 누구라도 YMCA 찬송가를 볼 필요가 없는 494장새찬송가는 222장-역주, "우리 다시 만날 때까지 하나님이 함께 계셔"였다.

챔버스와 비디는 손님 접대 사역을 강하게 믿었다. 자이툰의 방갈로는 그들이 살기만 하는 장소가 아니었다. 챔버스는 "살 집이 있으면 그 다음 성경이 권하는 것은 손님 대접이다. '손 대접하기를 힘쓰라'롬 12:13. 우리가 계산하며 깍쟁이로 살면, 하나님께서는 우리를 당장 말라 비틀어지게 하신다. 우리가 풍성한 손을 가질 때, 당장 모든 것을 후하게 주신다"라고 말했다.

방갈로는 그들의 집이었고, 모든 사람들에게 열려 있었다. 챔버스가 좋아서 자주 했던 말은 "하나님께서 온 세상을 위해 집을 여신다"라는 표현이었다. 군인들과 선교사들, 다른 YMCA 사관들이 갑자기 식사를 하려고 들이닥쳐도, 언제나 따스한 환영이 그들을 맞이하고 있었다. 비디와 메리 라일리는 얼마나 음식을 준비해야 하는지 분명하게 알 수 없었지만, 항상 충분하게 준비했다.

카이로에서 영국 교회 군목으로 일하는 더글러스 다운스 목사는 챔버스와 가까운 친구로서 자주 그를 찾아왔다. 다운스는 방갈로에서의 저녁 식사 파티를 보고 "그러한 기쁨은 마치 오순절 날 유대인들이 사도들의 전하는 바를 믿게 되었던 것처럼 어느 정도 종교성이 있는 사람들에게는 사뭇 충격을 주며 주님을 믿도록 만드는 일이 발생했다"고 묘사했다.

방갈로는 어린 캐슬린이 아내와 자녀들과 떨어져 있는 군인들에게 순진한 사랑으로 다가갔기 때문인지, 그들에게 가정적인 분위기를 느끼게 했다. 태양에 바랜 머리카락 사이로 커다란 나비 리본을 꽂은 캐슬린은 군인들의 이름을 부르며 무엇이든 그들과 나누면서 부대와 막사를 돌아다녔다. 그러면 군인들은 그녀에게 완전히 반해 토끼, 고양이, 강아지 등, 뭐든 애완동물이 될 만한 것들을 그녀에게 주었다. 그녀와 특별히 친한 오스트레일리아 군인 피터 케이는 그녀가 탈 수 있는 작은 당나귀를 주었다. 캐슬린은 부모에게서 받은 사랑을 하나님의 모든 피조물에게 나누어 주었다.

가끔 어떤 군인들은 어린 자녀들이 너무나 보고 싶은 마음에, 한밤중 캐슬린의 창문가에 앉아 그녀의 취침 기도를 들었다. 그녀가 좋아하는 군인 친구들 중에는 가끔 가족 기도 시간이 끝난 후에 살금살금 발끝으로 걸어들어와 그녀가 잠드는 것을 기다리고 있다가 굿나잇 입맞춤을 해주는 군인들도 있었다. 그들은 취침나팔이 불기 전에 재빨리 다시 진영으로 돌아가곤 했다.

챔버스와 비디가 잠깐 동안 단둘만의 시간을 가진 때는 거의 대부분의 군인들이 진영으로 다 돌아간 후였다. 둘은 사막으로 걸어나가 참으로 멋진 하늘 아래에서 짧은 산책을 했다. 종종 챔버스는 아이 침대에서 잠자는 캐슬린을 살짝 들어 안아 밖으로 데리고 나가곤 했다. 만일 그녀가 잠이 들면, 챔버스와 비디는 조용히 대화를 나누면서 마음의 짐을 서로 나누고 하나님께 기도를 드렸다.

그들은 각각 하나님과 동행하면서, 그리고 그들의 필요를 충분히 채우시는 하나님의 은혜를 발견하면서 서로를 격려했다. 그들은 한 사람이라면 할 수 없을 일들을 서로 도우면서 사역함으로써 다 이루어낼 수 있었다. 매일 음식보다 정서적이고 영적인 문제로 인해 챔버스를 찾아오는 사람들이 끝없이 많았다. 그러나 방갈로 밖에서 비디가 차려주는 손수 만든 케이크와 차는 그들의 냉소적인 마음을 여는 데 중요한 역할을 했다. 챔버스가 가르치는 동안에 복음을 들을 수 있도록 그동안 막혀 있던 그들의 귀를 여는 역할도 했다.

비디는 런던의 성경훈련대학에서 했던 것과 똑같이 자이툰에서도 챔버스의 수업에 다 참석했다. 캐슬린을 침대에 누이고 에바 스핑크나 메리 라일리에게 아이를 보라고 한 후 비디는 종종 챔버스가 설교를 하기 직전에 막사의 뒷문을 통해 살짝 안으로 들어갔다. 그 후 나무로 만든 긴 의자에 앉아 연필을 들고 남편이 말하는 모든 단어를 속기 노트를 넘겨가며 신속하게 기록했다. 남편이 메시지를 전하는 동안 속기에 집중하느라 다음날 음식 준비며, 답장을 써야 하는 편지

등에 대한 생각은 신체의 피곤함과 함께 다 사라졌다. 그녀는 자신의 생각을 챔버스의 메시지의 방향과 의미에 집중하면서 속기를 썼다. 남편이 마침 기도를 할 때 그녀는 살짝 나와 다음 일을 하느라 움직였다.

'온 세상을 위해 집을 여는 일' 때문에 얼마나 비디가 수고하는지를 잘 알고 있는 챔버스는 기회가 날 때마다 감사를 마음껏 표현했다. 그가 멀리 하루를 떠나 있을 때마다, 비디는 그녀의 베개 아래 꽂혀 있는 메모나 편지를 발견하곤 했다.

아무것도 걱정하지 말았으면 해. 이곳에서 불안정하게 지내면서 당신이 어떤 느낌을 가지는지 나도 잘 알고 있고 그 점을 생각하고 있어. 자신이 부질없고 무능하다고 느껴지는 것은 꼭 나쁜 것이 아니야. 그 이유는 주의 축복의 자리로 더 가게 되기 때문이지. 머리와 몸과 마음이 가난하기 때문에 우리가 하나님의 무한한 자원으로 더 나아가게 된다면 그 자체가 축복이지. 그러나 하나님께 나아가지 않는다면, 이러한 느낌은 결국 허무함과 비참과 함께 모든 것이 다 망쳐졌다는 자포자기로 끝나게 되겠지.

나와 주님을 향한 당신의 그 큰 사랑으로 인해 다른 여성들이 누리는 모든 문명의 혜택을 완전히 버리고 실제로 하루하루 먹고 사는 이 모든 삶을 승화시켰지. 이런 사실을 고려할 때 나는 고개를 숙여 하나님께서 당신을 축복하시길 간절히 소원하게 돼! 11월 15일, 자이툰에서.

1916년의 마지막 날이 다가오자, 챔버스는 지난 일 년을 돌아보며 하나님의 마음과 계획을 분별하는 데 자신이 얼마나 오류에 빠질 수 있는지를 기록했다.

12월 9일 : 하나님과 대화를 나누는 중에 생기는 직감에 대해 내 마음속에 흥미로운 수수께끼가 생겼다. 예를 들어, 나는 전쟁이 올해 안에 끝날 것이라는 기쁨에 찬 확신이 있었다. 그러나 그렇게 될 가능성이 이제 전혀 없다. 이는 우리가 주님 외에 그 어떤 다른 것을 신뢰해서는 안 된다는 것을 보여준다. 물론 같은 방법으로 임한 직감이 멋지게, 깜짝 놀랄 정도로 이루어진 때도 있다. 이로 보건대, 우리는 자신의 눈치 빠른 상식을 의지하기보다 모든 사건들 가운데 지혜롭게 다스리시는 성령을 인정해야 한다는 점이 더욱 분명해진다.

1916년 크리스마스 이브는 주일 저녁이었는데, 그날 챔버스는 정규 계획대로 에즈베키어 가든스 공원에 갔다. 카이로 중앙에 있는 그 아름다운 공원은 고향을 그리는 군인들로 만원을 이루었다. 그 모임에 대해 「스핑크스」 주간지는 "오스왈드 챔버스의 '역사는 천사들의 노래를 인정하지 않았는가'라는 주제의 설교는 매우 설득력 있게 기독교를 옹호했다. 군인이든 시민이든 그곳에 있던 청중은 그의 설교를 황홀함 가운데 듣더니 칭찬이 이만저만이 아니었다"라고 기사를 썼다.

일반적으로 카이로의 유명한 정치인이나 사회적인 명사들에게 비중을 두던 「스핑크스」지가 쉐퍼드 호텔에서 열린 연중 크리스마스 축제 가운데 에즈베키어 예배에 그 많은 지면을 할애했다는 사실은 매우 예외적인 일이었다.

일주일 후 챔버스는 다시 에즈베키어 가든스에서 송년 예배를 드리면서 그 해를 마쳤다. 그날의 설교 제목은 '1916년을 마치며'였는데, 커다란 칠판 위에는 "다시 바꿀 수 없는 과거는 이제 잠들다. 반드시 다가오는 미래를 위해 다같이 일어나 앞으로 나아가자. 마태복음 26장 45-46절"이라는 안내판이 붙어 있었다.

밤 12시가 되자 그 칠판은 뒤로 돌려졌다. 거기에는 다음과 같이 쓰여 있었다.

1917년, 여러분 모두에게 위대한 새해가 시작되었습니다.

"하나님께서 모든 눈물을 그 눈에서 닦아주시니"계 21:4.

20

주님 품으로(1917)

　새해는 너무나 세찬 폭풍으로 시작되었다. 1917년 1월 2일, 챔버스는 '공부 막사'study hut 바깥에 '잠수함이 돌아다니는 동안 휴강'이라고 쓴 간판을 세워놓았다. 이는 원래 있던 "주의하라! 매일 저녁마다 이곳에서 신앙적인 교훈이 있다"라는 안내문을 임시로 대치한 것이었다. 그는 일기에 "아무도 이곳에서 폭우를 준비한 사람들은 없었다. 폭우가 내리니 우리는 마치 땅바닥처럼 참고 흡수하는 길 밖에 없었다"라고 기록했다. 앞으로 며칠 안에 있을 여러 가능성을 두고 그가 많은 생각을 하고 기도를 한 모습을, 일기를 통해 볼 수 있다.

　1월 7일 : 나는 알렉산드리아에서 여섯 번 더 강의를 해야 한다. 그 후 가능하면 상황이 허락되는 대로 영국 또는 팔레스타인으로 가기 전에 이집트의 모든 중심 도시들을 방문하고 싶다.

당시 영국 군대는 크리스마스 바로 직전에 엘 아리쉬 지역을 점령한 후 북부 시나이에서 꼼짝 못하고 있었다. 모든 사람들이 기대하는 것은 영국 군대가 1917년 중에 대규모 공격을 개시하여 터키로부터 팔레스타인을 점령하는 것이었다.

22일 : 군인들과 대화를 나누어보고 나 자신이 상황을 판단해볼 때, 운하 지역에 있는 모든 진영들을 다 다니게 될 것 같다. 잘하면 팔레스타인까지도 가게 될 것 같다.

29일 : 나는 계속 4월에 영국으로 돌아가는 일이 어떻게 될지에 대해 심사숙고하고 있다. 그 일에 대해 나는 "이것이 하나님의 명령이구나"라는 최종 확신이 들 때까지 기다릴 생각이다.

30일 : 위원회는 내게 봄에 떠날 것이라고 생각하지 말고 계속 이곳에서 일하기를 부탁했다. 기도를 해봐야겠지만, 이곳에 머무는 것이 맞는 것 같다.

챔버스와 비디는 YMCA 위원회의 의견이 옳다고 결론 내렸다. 따라서 한동안 그들은 YMCA가 명하는 곳에 정확하게 있게 될 것이다. 많은 사람들은 미국이 전쟁에 개입한다면 유럽의 형세를 일변시키고 전쟁을 끝내는 데 도움이 될 것이라고 확신했다. 이집트에서는 군인들의 영적 필요가 분명히 많이 채워지고 있었고, 자이툰에서의 챔버스의 사역에 대한 반응은 매일 커져갔다.

챔버스는 1월 중순에 뉴질랜드 군인들을 위해 아오테아 요양원에서 주일 아침 예배를 인도하기 시작했다. 자이툰에서 부드러운 모래 위로 1.5킬로미터 걸어가면 아오테아에 도착한다. 그는 예배를 마친 후에 다시 태양 아래에서 1.5킬로미터를 걸어 자이툰에 와서 늘 있는 평범한 성찬 예배를 위해 말씀을 전한다. 오후에는 카이로에 있는 미국 선교회에서, 저녁에는 에즈베키어에서 저녁 예배를 인도하는 것이 그의 일상적인 주일 일정이다. 주일에는 적어도 세 번 설교하고 가끔 네 번 설교했다. 이렇게 계속적으로, 영적인 나눔의 역할을 하는 그는, 가끔 다른 사람들에게 받을 기회가 생길 때 그 기회를 귀하게 여겼다.

2월 3일 : 나는 오늘 오후에 카이로에 가서 렌델 해리스 박사와 주교와 모티머를 만나 가장 의미 있는 시간을 가졌다. 정말로 지적·영적인 기쁨을 얻을 수 있는 기회였다. 함께 대화하면서 렌델 박사가 포시스, 데니, 로벗슨 니콜, 데이빗 스미스, 딘 잉게에 대해 내려준 평가는 정말 오랫동안 기억에 남을 만했다. 나를 '흥분시킨 것'은 내가 그들에게 가졌던 개인적 견해에 대해 그가 학문적으로 입증해준 점이었다. 그와의 대화는 내 뼛속까지 스며드는 영양분 같았다.

그가 또 힘을 크게 얻은 때는 알렉산드리아에 있던 에바 스핑크와 글래디스 잉그램이 자이툰에서 풀타임으로 일하기 위해 온 것이었다. 비디와 메리 라일리는 런던의 성경훈련대학 시절부터 친구가 된 그들을 기쁜 마음으로 맞이했다. 자이툰에서 수개월 동안 챔버스의 오른팔이 되어 뭐든 고장 난 것은 다 고칠 수 있는 팔방미인 지미 핸슨은 쉬지 않고 계속 정신없이 바쁘게 뛰어다녔다.

이전의 성경 훈련 학교 학생들 중에는 자이툰에서 챔버스와 함께 수고하는 동료들 외에도 여러 중요한 전략적 위치에서 큰 사역의 기회를 차지한 학생들도 있었다. 카이로에서 50킬로미터 떨어진 곳에 매우 번잡한 벤하 철도 교차점이 있는데, 바로 그 기차역 앞에서 캐서린 애쉬와 거트루드 볼링거가 YMCA 막사를 운영하고 있었다. 그들은 매일 이동 중에 있는 수백 명의 군인들에게 기차가 잠깐 그곳에 설 때마다 그들을 섬겼다. 가자 근처의 최전선에서는 YMCA 사관으로서 필립 핸콕이 이제 곧 있을 팔레스타인 전투에서 선두에 서게 될 군인들을 섬기고 있었다.

> 3월 10일 : 오늘 아침에 나는 이곳에서 지금까지 발생한 일들을 돌아보며 놀라움을 금치 못했다. 즉, '성경훈련대학 원정군'이 정말로 이곳에 다 모여 있는 것이었다. "주께서 이 일을 이루시니 우리 눈에 참으로 놀랍기만 하다." 하나님께서 뜻하시는 일들을 재촉하시기 위해 다음에는 어떤 일들을 허락하실지 사뭇 기대가 된다.

3월 26일 월요일에 쓴 챔버스의 일기는 끝없이 많은 사람을 만나야 하는 바쁜 하루를 보여주고 있다.

토요일 저녁 수업은 특별히 만족스러웠다. 세 명의 오스트레일리아 군인들과 스코틀랜드 본토박이들이 찾아와 여러 질문을 했다. 이 소박한 '오랜 전통적 교인들'은 캘빈의 강요Institute, 파스칼, 콜리지, 휴 밀러, 토마스 거스리, 토마스 보스톤과 성경을 친숙할 정도로 잘 알고 있었다. 하여튼 가장 즐거운 질문의 시간이었다.

아침에 캐슬린과 나는 벤하로 가서 애쉬 자매와 볼링거 자매를 만났다. 그곳 막사는 무한한 가능성을 가진 기점이었다. 그들은 우리 중 가장 힘차게 일하고 있으며 이렇게 어려운 때 오히려 더 굳은 용기를 가지는 것 같았다.

주일은 하루 종일 영광스러운 하루이다. 아오테아 요양원에서의 예배는 잘 진행되었고 오늘 설교 제목은 마가복음 6장 20절의 '사각지대'였다. 오늘 이곳에서의 성찬 예식도 훌륭한 시간이었다. 이를 위해 고린도후서 11장 3절을 본문으로 '영적인 자기 암시'에 대해 설교했다. 오후는 무료 다과 시간으로 바빴고 저녁에는 에즈베키어에 가서 예배를 인도했다. 예배는 특별하게 힘이 넘쳤고 좋았다. 그 후 우리는 대단히 많은 군인들을 저녁 식사에 초대했다.

챔버스는 일정에서 잠깐이라도 쉴 틈이 생기면 그냥 지나치지 않고 특별 행사를 마련했다.

성 금요일, 4월 5일, 오후 7시, 피라미드에서 : 이번이 벌써 피라미드를 네 번째 방문한 셈이 된다. 카이로에서 동력 비행기를 타고 이곳으로 날아오면서, 순간순간 익숙한 것들이 형형색색의 황홀한 일몰 속에서 지나갔다. 지금은 생소한 것들과 고대와 이집트 문명의 것들이 보인다. 가장 멋진 달의 모습이 보이고 달은 계속 위로 올라가더니 한 점 흠 없는 푸른 밤으로 향하고 있다. 카이로를 떠날 때 우리는 달이 모카탐 언덕 위로 오르는 것을 목격하고 넋을 잃었다. 그 달은 이집트의 황혼으로 인한 '비원근 효과'원근법-perspective이라는 단어를 뒤집어 말하는 것-역주를 내고 있었는데, 모든 것이 현대 조경 사진처럼 보이기보다 완벽한 라파엘전파Pre-Raphaelite, 1848년 영국에서 시작한 예술 운동으로, 인간은 모두 병들었다고 보고 인간의 고향인 '자연'을 그린 유화-역주 유형의 그림처럼 보이게 했다.

우리는 지금 큰 피라미드의 발 앞에 앉아 있다. 달은 자욱하게 낀 안개 위로 아름다움의 극치에 있고 주변은 온통 조용하다. 말로 다 표현할 수 없는 고상하고 신비한 침묵이 모든 것에 흐르고 있다. 우리는 이제 스핑크스 곁에 있다. 피에르 로티가 지적한 것처럼, 스핑크스는 태양 아래서는 대부분이 커다란 깨어진 호박돌로 보이지만, 달빛 아래에서는 실제 모습을 뚜렷하게 드러냈다. 다시 밤에 흔들거리는 동력 비행기를 타고 돌아온 것도 아주 멋진 기억이 되었다.

비디가 아내로서, 엄마로서, 방갈로 여주인으로서 행하는 모든 역할들은 하나하나가 전부 풀타임 사역이었다. 더욱이 그녀는 주일에 군인들을 위해 다과를 준비하여 섬기는 일을 도와야 했고, 고향의 친구들 및 이집트에서 만난 사람들과 편지를 주고받아야 하는 일들도 계속 많아지고 있었다. 매일 그녀는 시간을 내어 적어도 여섯 통의 편지를 써야 했고, 편지에는 여러 사적인 소식들과 함께 성경에서 뽑은 격려의 말씀들을 집어넣었다.

그녀는 한 달에 한 번씩 챔버스의 강의와 설교 속기를 풀어 글로 적고 타자를 친 후에 그 글들을 출판하도록 영국의 기도 동맹 잡지에 우편으로 부쳤다. 챔버스가 자이툰에서 설교할 때마다 그녀는 속기로 메시지를 기록했고 가끔 주일 아침에도 남편과 함께 아오테아 요양원에 가서 거기서도 속기로 받아 적었다. 성경 통신 학교 과정의 학생들을 위해서 비디는 챔버스가 손으로 쓴 노트에서 강의 요약을 타자로 쳐서 준비해 주었다. 그 누구도 어떻게 그녀가 이 모든 일과 함께 챔버스의 일기를 때마다 여러 편 복사해서 가족과 친구들에게 보냈는지 이해할 수 없었다.

챔버스의 설교를 책으로 내야겠다는 생각은 챔버스가 미국을 방문하던 때인 10년 전에 생긴 것이다. 신시네티의 부흥사 출판사는 1907년에 그의 설교 두 편을 작은 소책자로 출판했다. 기도 동맹은 리더 해리스의 글들 외에는 거의 출판한 것이 없고, 챔버스의 것으로는 「자아의 죽음 : 그리스도인인가 아니면 이방인인가」라는 제목의 설교를 소책자로 인쇄한 적이 있었다.

런던의 성경훈련대학에서 1911년 내내 비디는 챔버스의 성경 심리학에 대한 강의를 그가 말하는 그대로 받아 적었다. 미국 신시네티의 하나님의 성경학교에서 이 강의에 관심을 보였기 때문에 그녀는 그 강의 노트를 신시네티에 보냈고 부흥사 출판사는 흔쾌히 1912년에 「성경 심리학」을 책으로 출판했다. 3년 후 1915년, 부흥사 출판사는 챔버스의 「산상수훈 연구」를 출판했다.

1915년 성경 훈련 학교가 문을 닫기 몇 개월 전에 챔버스의 친구인 레이 그리핀과 몇 명의 학생들이 챔버스에게 와서 그의 강의들을 출판하도록 재촉했다. 그래서 「영혼의 치유의 훈련」과 「위기의 훈련」의 소책자가 그해 출판되었고, 「기도의 훈련」이 다음에 출판될 예정이었다. 이 책들의 판매 순익은 모두 성경 훈련 학교 학생들의 장학금으로 사용되었다. 챔버스가 이집트로 떠나자 레이 그리핀은 이집트에서의 성경 훈련 학교 사역을 위해 판매 순익을 보내기로 약속하고 소책자 사업을 떠맡았다.

챔버스는 책에서 잘 나타나는 예리한 사상으로 인해 큰 존경을 받았다. 그는 종종 리더 해리스가 남긴 말들 중 일부를 인용하곤 했다. "모든 설교 중 가장 오래 남는 설교는 펜으로 쓴 설교일 것이다." 챔버스는 막사에 기도 동맹 책자 및 소책자들을 두고 누구든지 무료로 가져가게 했다. 군인들이 지속적인 책 출판을 위해 자발적으로 기부하는 것은 가능했지만 돈을 내고 책을 사도록 요구하지는 않았다.

그의 목표는 사람들이 책자를 통해 하나님의 말씀을 더 잘 이해하도록 하는 것이었다.

챔버스는 1916년 가을에 욥기를 읽고 묵상하더니 1917년 3월부터 한 달간 욥기에 대해 시리즈로 저녁 강론을 했다. 그가 4월에 욥기 강론을 마치자, 비디는 자기가 속기로 기록한 것을 타자로 치기 시작했다. 그의 강론이 군인들과 선교사들과 YMCA 사관들에게 분명히 필요한 메시지였기 때문에, 비디는 욥기 강론을 책으로 만들 가치를 발견했던 것이다.

여름이 다가오자 챔버스는 군인들을 위한 '정보 막사'information hut 와 '방공호'라고 이름 지은 지하실을 건축했다. 그와 비디는 강렬한 정오의 태양과 열로부터 피해 지하실에서 일할 수 있었다. 지상 위에 있는 방공호의 지붕은 축소판 요새처럼 생겼으며 그곳은 이른 아침의 시원한 시간이나 늦은 저녁 시간에 사람들이 모이기에 좋은 장소가 되었다.

땅에 고정되지 않고 서 있는 나무 지붕이 이제 방갈로를 덮고 있었기 때문에, 방공호 집은 직사광선을 피할 수 있게 되었다. 지붕의 한쪽에는 넓고 비스듬한 홈통이 달려 있어서 비가 오면 비를 받아 그 아래에 있는 큰 물통으로 연결하도록 되어 있었다. 그는 전에 비가 올 때 준비하지 못했던 때의 안타까움을 항상 기억했던 것이다.

챔버스는 '개량되지도 않고 관리되지도 않은 막사는 게으름 때문'이라고 보고 그것은 하나님께 기쁨이 되지 않는다고 믿었다. 그는

"군인들이 솔로몬의 충고를 따르지 않아서 오늘 일이 커졌다"라고 말하면서 "'네 손이 할 수 있는 것이면 지금 네 힘으로 해결하라.' 사람들은 '아무 때나 금방 끝낼 수 있는 일인데, 꼭 이렇게 해야 합니까?'라고 따지는 경향이 있지만, 만일 5분 안에 할 수 있는 일이라면, 빨리 마무리하는 것이 좋다"고 교훈했다.

그러나 아무리 건물이 잘 준비되어 있어도, 이집트의 모래 폭풍에 대해서는 별다른 대책을 세울 수 없었다.

> 5월 18일 : 오늘은 끔찍하다. 어제 저녁에 태양이 질 때부터 바람이 불기 시작하더니 새벽 1시 30분 즈음에는 그 바람이 보통 거센 것이 아니었다. 마치 진짜 폭풍이 몰려온 것같이 요란했다. 하루 종일 지옥 바닥의 뜨거운 열기가 내리쪼였고 모래로 가득한 무서운 바람이 불었다. 모든 것이 모래로 가득 덮여 있기 때문에 우리는 모래를 먹고 모래를 마시며 모래 생각을 하고 모래 때문에 기도한다. 함께 사역하는 여자분들은 정말 끝없는 감탄을 하도록 한다. 오늘과 같은 날씨에도 밝게 보내려면 영적으로나 정신적으로, 그리고 신체적으로 어떤 생동력이 반드시 필요하다고 본다. 오전 내내 시원한 음료를 위해 막사를 찾는 군인들이 줄을 섰다. 그들은 바람과 모래로부터 피할 수 있는 피난처가 있다는 사실에 감사했다.

챔버스는 더글러스 다운스 목사가 그에게 아바시아에 있는 피부

과 병원에서 시리즈 강론을 해달라는 부탁을 받고 영광으로 여겼다. YMCA의 인력이 많이 부족하고 다른 병원들로 배치되어 있는 상황에서 이 병원의 피부병 환자들과 온갖 종류의 성병 환자들은 수개월 동안 방치되어 있었다. 대부분의 사람들은 이곳 성병에 걸린 군인들을 '자해한 도덕적 문둥병 환자'라고 보았다. 챔버스는 그들을 구원으로 인도할 수 있고 치유하시는 예수 그리스도께로 인도할 수 있는 기회 때문에 기뻐하면서, 기대를 가지고 그곳에 갔다. 챔버스가 아바시아에서 마음껏 자유롭게 사역할 수 있도록 비디는 자이툰의 목요 저녁 수업을 가르쳤다.

챔버스는 여름이면 보통 새벽 5시 30분에 일어나서 모든 사람이 기도로 모이는 7시 15분까지 주님과의 시간을 가졌다. 다음에 아침 식사를 한 후 정오까지 쉬지 않고 아침 근무를 했다. 점심 식사 후부터 하루 중 가장 뜨거운 때인 3시까지는 진영의 군인들과 이집트 일꾼들을 합쳐서 전부 휴식을 취했다. 방갈로나 방공호에서 오후 다과 시간을 가진 후 군인들은 막사로 몰려왔다가 밤 10시에 하루를 마쳤다. 오후 7시 30분부터 8시 30분까지는 저녁 수업이 있었는데, 그 시간에는 매점이 닫히는 대신 군인들과 일꾼들이 챔버스의 수업에 참석할 수 있었다.

북부 시나이에 있는 최전방으로부터 가을에 팔레스타인을 공격할지도 모른다는 전갈이 왔다. YMCA의 정책은 '군인들을 쫓아가는 것'이었기 때문에 본부는 카이로에 있는 챔버스와 여러 다른 사관들을 어떻게 할 것인지에 대해 비공식적으로 회의했다. 최종 결정은 군 당국이 하겠지만, YMCA도 그 나름대로 결정에 따를 준비를 했다.

7월 24일, 챔버스는 보통 때와는 다르게 매우 길고 개인적인 일기를 적었다.

> 오늘은 나의 생일로 43세가 된다. 아무튼 오늘은 참으로 영광스러운 하루였다. 매우 뜨거운 날이었지만, 신체적으로는 매우 건강했다. 또한 오늘은 내 삶을 돌아보며 정리할 수 있는 시간이었다. 나는 정리된 내용들을 나의 가장 가까운 두 친구에게 편지로 보냈는데, 여기에도 남겨둘 생각이다.
>
> 첫째는, 믿음의 대한 정리이다. 무엇보다, 이성이 아니라 구속이 인간의 삶의 바탕이다. 그 바탕 위에서 신앙은 자발적인 자유의지 가운데 예수 그리스도와 하나 되는 관계를 맺음으로써, 생각과 양심과 감정의 실체가 된다.
>
> 둘째, 영혼을 구하려는 열정 자체가 목표가 되어서는 안 되고, 영혼을 향한 열정은 그리스도를 향한 열정에 합쳐져야 한다. 그렇게 할 때 그 열정은 거룩함 가운데, 그리고 모든 인간관계 속에서 나타나게 될 것이다.
>
> 셋째, 성령은 성도와 관련한 사건 속에서 상식적인 잔꾀로 일하시는 분이 아니라 현명한 통치자로 역사하시는 분으로 인식되어야 한다.
>
> 넷째, 조직은 유기체의 발판은 될 수 있어도 유기체의 자리에서 군

림해서는 안 된다.

다섯째, 사회주의 선전(교육)을 위한 책략이 조만간 전 세계적으로 합법화될 것 같다. 그 사상이 붐을 일으켜 유행처럼 될 때까지는 우리 주님께서 재림하지 않으실 것이다. 즉, 하나님께서 인간의 책략들을 심판하실 때까지는 그 책략들이 무엇이든 계속 진행된다.

또 다른 정리는 나 자신에 대한 것이다. 그것도 남겨두겠다.

사물의 '외적인 것들'에 대한 나의 감각이 점점 커지고 있다. 아마 내 초기의 삶에 있었던 무서운 공포와 죄책감 때문에 나는 미술의 소명을 버리고 모든 예술적 성향들을 단절한 것 같다. 그뿐 아니라 나는 형태나 색깔이나 음률로 표현되는 외적 아름다움을 극단적으로 멀리하면서 오히려 그 반대편에 있는 거칠고 다듬어지지 않고 부드럽지 않은 것들에 반응을 보였다. 그러나 지금은 러스킨이 언급했던 체험을 겪는 것 같다. 그는 영국의 산울타리의 아름다움을 감상하던 때를 기억하면서 다시 옛날의 감정이 살아나면 좋겠다고 슬퍼했다. 그러다가 갑자기 그의 삶의 말년에 그 모든 감정이 살아났을 때 얼마나 큰 기쁨과 넘치는 즐거움이 있었는지 과거보다 두 배로 더 느낄 수 있었다고 하던데. 아마 내가 지금 겪고 있는 이 경험을 두고 한 말인 것 같다.

덧없이 흐르는 무한한 외적인 삶의 모습들을 형태와 색깔로 표현하는 그 아름다움은 다시 나를 놀랍도록 즐겁게 만든다. 과거의 즐거움이 영광스러운 모습으로 다시 돌아온 것이다. 이 즐거움은 이제 더 이상 개인적인 즐거움이 아니라 나의 인격성 속에서 묻어나는 즐거움이다. 소유하고 싶은 정욕이나 멋지게 드러나고 싶은 심리가 사라지고 오직 어린아이처럼 모든 것을 신기해 하며 완벽하게 즐기는 마음이 되었다. 처음 미술을 접할 때의 마음 자세는 무겁고 강했고, 심지어 뜨겁고 고통스럽기까지 했지만, 지금은 꾸밈 없이 평화로운 절제가 있다. 지금은 미술의 이 즐거움이 하늘에서 내려오는 수백 배 더 큰 기쁨과 연합되고 있다.

8월 중순 즈음에 챔버스와 비디는 욥기에 대한 챔버스의 강론을 카이로에 있는 나일 선교 출판사에 보내기 전에 마지막 교정을 하고 있었다. 챔버스는 책 제목을 브라우닝의 시에서 가장 좋아하는 시구인 '더 잘 싸우기 위해 고통당하다'로 택했다.

챔버스는 빠듯한 설교 일정 때문에 어쩔 수 없이 이전에 했던 설교를 또 해야 하는 때가 많았다. 그는 같은 청중에게 같은 설교를 반복하지 않도록 하기 위해 설교 날짜, 장소, 제목을 그의 일기에 모두 기록해 두었다. 8월 26일 주일에 그는 아오테아 요양원에서 예레미야 8장 11절을 본문으로 '맹장염에 대한 시적인 관점'이라는 선풍적인 설교 제목으로 새로운 설교를 했다. 본문 구절은 다음과 같다. "그들이 딸 내 백성의 상처를 가볍게 여기면서 말하기를 평강하다, 평강하다 하나 평강이 없도다." 챔버스는 그 아침에 청중에게 이러한 영적인 설명을 했다. "진정한 치유를 위해 수술이 필요할 때 현재의 고통을 잠시 달래주기 위해 임시적인 엉터리 치료를 하는 것이야말로 항상 가장 위험한 것입니다." 아무도 이 말이 특이하다는 것을 그 당시에는 느끼지 못했지만, 몇 달 안에 이 말은 거의 스스로에 대해 예언을 했던 것처럼 되어버렸다.

챔버스의 일기를 보면 그가 건강하고 의욕이 있는 것으로 나타나지만, 그때 찍은 사진들은 그의 얼굴이 피곤으로 상하고 주름진 모습을 보여준다. 그의 파인 볼은 2년 전의 모습과 전혀 다른 얼굴이었다. 친구들은 종종 그가 뜨거운 대낮에도 쉬지 않고 일하고 부대를 떠나 병원의 환자들을 방문하는 것을 보면서 종종 걱정을 내비쳤다.

지난 4개월간, 그는 단지 다미에타에서 짧은 휴가 기간으로 5일을 쉬었을 뿐이다. 자이툰에 있는 챔버스와 다른 사람들이 그 기간에 쉬게 된 것도, 미국 선교회에서 이집트 총선교부의 시설들과 방갈로를 그들의 컨퍼런스를 위해 사용했기 때문이었다. 지미 핸슨이 결혼하기 위해 영국으로 3개월 가 있는 동안 챔버스가 하루에 감당해야 할 책임은 더욱 커졌다. 그럼에도 그는 자신의 힘든 상황을 밝히지 않고 일기와 편지에 다른 사람들의 섬김으로 인해 오히려 감사한 마음을 표현하고 있다.

1917년 9월, 그의 얼굴은 피곤으로 상하고 주름져 있었다.

8월 25일, 오후 4시 30분, 소비품 막사에서 : 이곳처럼 저렇게 헌신된 여성들이 있는 곳은 많지 않을 것이다. 그들은 기세가 죽지 않는다. 이곳 벤하에는 거의 죽을 뻔했던 병에서 회복된 지 얼마 안 된 거트루드 볼링거와 언제나 열심을 다해 일하는 캐서린 애쉬가 있다. 이쪽 여성들은 자이툰에 있다.

비디와 라일리와 에바 스핑크는 다른 많은 일들이 있는 중에도 근처 진영에 주둔하는 25명의 장교들을 위해 매일 음식을 제공하기로 동의했다.

이처럼 귀한 헌신의 사건들을 드러내는 이유는 그들을 영웅처럼 각광 받게 하려는 의도가 아니다. 그럴 위험성은 없다. 단지 이곳의 기후가 얼마나 일하기에 힘든 상황인지를 알게 하고 다른 선교사들은 일 년에 두 달 정도의 휴가를 가지는데 이 여성들은 여름 내내 한주간의 휴가를 가졌을 뿐임을 기억하게 하기 위함이다. 따라서 사람들은 분명히 충성스러운 이 여인들의 섬김을 신약 성경에 기록된 "그들이 자기들의 소유로 주님을 섬겼더라"눅 8:3고 했던 섬김과 같은 종류라고 볼 것이다.

비디의 어머니이자 장모님 홉스 부인에게, 그는 다음과 같이 편지를 썼다.

이곳에서의 비디의 희생적 헌신은 믿을 수 없을 정도로 대단합니다. 하나님께서는 평범한 삶의 평범한 요소 가운데 그분을 나타내십니다. 그녀가 많은 어머니들, 아내들, 자매들, 아버지들, 형제들에게서 받는 편지들이 바로 그녀가 아내로, 어머니로, 여성으로서 드러나지 않지만 매우 중요한 사역을 감당하고 있다는 가장 큰 증거입니다.

다른 여성들이 어떠한지 제가 어떻게 알겠습니까? 하지만 저는 다른 남자들이 제 아내와 같은 여인과 함께하는 유일한 특권을 누리고 있다고는 결코 생각하지 않습니다.

그는 계속해서 영국 내의 식량난과 식량 배급의 어려운 상황 가운데서도 편지와 책들을 꼬박꼬박 보내준 홉스 부인과 비디의 언니 데이스에게 감사를 표현했다.

가끔 저는 제가 상상도 할 수 없는 고통을 이미 겪어왔거나 고통 가운데 있는 사람들에게 제 말이 도움이 될 수 있을지 걱정합니다. 그들은 어쩌면 "어떻게 그가 이러한 고통을 다 알 수 있겠어?"라고 말할지 모릅니다. 저는 아무것도 모릅니다. 그러나 제가 아는 것은, 주께서는 사람이 겪는 그 어떠한 힘든 상황도 해결하실 수 있다는 사실입니다.

저는 우리 가족이 내년에 영국으로 돌아갈 수 있다고 확신합니다. 돌아가서 두 분을 보고 함께하게 될 때 얼마나 기쁠까 기대해 봅니다. 제가 방금 "이곳에서 설교하고 싶은 열정이 크다"고 말한 것과 모순이 되는 말인 것 같지만, 정말로 빨리 그곳으로 돌아가고 싶습니다.

저는 하나님의 섭리에 의해 기적적으로 보호를 받아왔습니다. 주께서는 아마 이곳 멋진 사막의 삶 가운데서 제게 가르치셨던 것들을 나중에 도시에서 말하라고 하시는 것 같습니다.

챔버스의 일기에는 현재의 상황에 대한 만족도 나타나지만 곧 다가올 미래의 일들에 대한 기대도 동일하게 나타난다.

9월 3일 : 저녁 수업은 여전히 가득 찼다. 몇 사람과 멋진 사적인 대화를 나누었다. 비디와 나는 늦은 밤에 다시 기울어지는 달의 영광 아래서 사막을 산책했다. 이곳에서 하나님께서 우리에게 베푸신 놀랍고 위대한 시간이 다시 찾아왔다. 주께서 우리를 보호하신다는 느낌이 너무 놀랍고 완전했다.

9월 4일, 그는 형 프랭클린에게 편지를 썼다.

핸슨은 지금 잠수함이 허락하는 대로 영국으로 가든지 아니면 천국으로 가고 있습니다. 핸콕은 가자에 있어요. 애쉬 자매와 볼링거 자매는 벤하 역에 있습니다. 그 외 나머지 성경훈련대학의 일꾼들은 자이툰에 있습니다. 그들의 수고는 칭찬으로 부족합니다. 저는 표면상 대표일 뿐, 그들이 일을 다하고 있습니다. 그들이 모든 수고를 다 하는데 제가 명목상으로 칭찬을 받고 있지요.

얼마 후면 아마 이곳 타지에서 YMCA의 조정 기관이라고 볼 수 있는 Y.M. 운영회의에서 정하는 대로 저는 전선 가까운 곳으로 올라갈 확률이 높습니다. 그곳의 장비들은 군화, 수통, 침낭 텐트, 방독면, 물감 등인데 다들 매우 기발하며 최신의 물건들입니다. 저는 흥미진진하게 그 장비들을 즐길 것 같습니다. 아마 제가 올라가야 하는 곳은 십중팔구 도시 엘 아리쉬를 지난 후의 사막 참호가 될 것 같습니다. 하지만 아직 확실히 결정된 것은 아닙니다.

이곳에서 종교는 매우 중요하고 대단하며 그 비중이 계속 커지고 있습니다. 매일 저녁 7시 30분에 칠판에 쓰면서 강론을 하는데 사람들이 계속 많아져서 막사 안과 밖이 가득 찹니다. 주일에는 세 번의 예배가 있습니다. 아오테아 요양원에서 오전 9시 30분, 자이툰에서 11시, 그리고 저녁 예배로는 7시 30분에 매점에 다 모여서 예배를 드립니다.

당시 일기에서는 챔버스의 일상이 자연스럽게 소개된다.

9월 14일 : 오늘도 또 사랑스러운 아침이다. 태양은 영광스러운 빛 가운데 참으로 놀랍게 떠올랐다. 이곳에서의 일출은 매번 하나님의 새로운 생각처럼 보이며, 그러한 것을 생각하시는 창조주의 즐거움은 어떤 것일까 하고 상상하게 된다.
나는 동물들에 대해 일기에 남겨야겠다는 생각을 했다. 그들은 부대에 꼭 필요한 부속물들이며 특히 캐슬린에게는 더욱 그렇다.
첫째, 당나귀가 있다. 그 당나귀는 '당나귀의 막사'라는 글이 새겨진 매우 유명한 마구간을 가지고 있다. 그 옆에는 토끼장이 있는데, 아쉽게도 토끼는 없다. 우리는 고양이 '존 사일런스'가 두 마리 토끼를 다 죽였다고 의심하고 있다. 거의 맞을 것이다.
그 다음에는 '팻시'라는 이름을 가진 최고 인기를 누리는 개가 있다. 그 개는 우리 모두에게 완전한 즐거움을 주는데, 검은 황갈색의 조그마한 콜리이다. 그는 착하고 온순하고 밝은 성격을 가지고 있다. 대단히 똑똑하고 장난기가 많으며 캐슬린을 엄청 좋아한다. 원기가 왕성하며 얼마든지 놀기를 좋아한다. 그는 더할 나위 없이 충성스러우며 사람들과 어울리기를 좋아하기 때문에 누구든지 그 팻시를 좋아한다. 수업을 마치고 나면 매일 밤마다 나와 비디는 개를 데리고 산책을 나가는데, 그는 마음껏 달린다. 우리는 다운스 목사를 대신해서 그 개를 돌보고 있다.

그 다음에는 고양이들이 있다. 장난스럽게 까불며 점프하는 네 마리의 장난꾸러기 고양이들을 보고 있으면 시간 가는 줄 모르고 재미있다. 다른 하나는 긴 털이 복슬복슬한 페르시아 고양이인데, 거의 하루 종일 글래디스 곁에 있으면서 계산대에서 산다. 그 다음은 존 사일런스인데 그놈은 대단히 영리하고 조용한 고양이로 부대 구석구석을 몰래 다 돌아다니기 때문에 마치 유령 같다. 그놈은 짙은 검은색 몸에 표범같이 생겼고 덩치가 크며 힘도 세다. 우리는 그놈이 매우 거칠 뿐 아니라 길들여지지도 않았기 때문에 내쫓아보려고 애를 많이 썼다. 하지만 그놈은 언제나 어디론가 사라졌다고 조용히, 그리고 착한 척하며 끈질기게 다시 돌아온다. 분명히 그놈도 내가 본 고양이들과는 전혀 다르다. 이런 동물들이 부대에서 함께 지내는 애완동물들이다.

그 외에 길 잃은 여러 다른 종류의 동물들로 거북이, 카멜레온, 도마뱀 등이 있다. 캐슬린의 비둘기와 새들은 스완 아저씨의 새장 속에서 매우 귀족적인 부류의 동물들과 함께 안전하게 지내고 있다.

캐슬린을 위해 특별히 작게 만든 막사가 있는데, 그 막사는 장난감 집으로 사용되었다. 딸아이의 장난감, 인형, 좋아하는 물건들은 막사 안에 보관하도록 되어 있었지만, 인정 많은 캐슬린은 자기 물건들을 그곳 군인들과 나누기를 좋아했기 때문에 보통 부대 이곳저곳에 즐비하게 늘어진 때가 많았다. 여행을 하게 되면 길든 짧든 아이는 온갖 종류의 이상한 물건들을 다 챙겨 떠났다. 아이에게는 그 물건들이 다 소중했던 것이다. 캐슬린이 자기 '물건 가방'을 여는 것은 자이툰에서 주기적으로 볼 수 있는 장면인데, 그 가방을 본 군인들은 지대한 관심을 갖게 되고, 그러면 아이는 각 물건의 장점이 무엇인지를 설명했다.

이집트에서 삶이 진행되는 동안, 영국 군대는 가자에서 전투태세를 취했고 군대 뒤로는 철도와 수도관이 멀리 공급원까지 연결되어 있었다. 알렌비 장군은 YMCA측에게 일단 진격이 시작되면 전쟁터의 각 사상자 치료소에 사관들과 일꾼들을 배속시키도록 요청했다. YMCA로부터 배속된 사람들이 할 일은 신체적인 도움을 주고, 부상자들을 격려하며, 죽어가는 사람과 함께 기도하는 것이었다.

9월 20일 : 나는 어제, 이제 곧 전선으로 갈 준비를 단단히 하라는 환영 소식을 받았다.

9월 21일, 비디는 집에 다음과 같은 편지를 썼다.

사랑하는 어머니와 데이스에게
이번 주에는 두 개의 이상한 편지를 받았지만, 집에서 온 편지는 아직 없었습니다. 저는 일기를 보내드리면서 그 일기가 유일한 기록 자료이기 때문에 가능한 최근 일들까지 다 기록해서 보내보려고 노력합니다. 하지만 이미 한 달 치나 밀려 있기 때문에 서둘러야 할 것 같습니다. 우리는 통신 학교 소책자를 다 준비해서 거트루드챔버스의 누이에게 보냈습니다. 기쁜 소식은 욥기 강해가 끝났기 때문에 이제 곧 그 내용을 출판해서 책으로 읽을 수 있는 날을 기대할 수 있다는 것입니다.

일단 전쟁을 시작하면 Y.M.은 치료소의 일을 착수해야 하기 때문에 남편도 곧 그곳으로 가야 할 것 같습니다. 비가 와서 전쟁이 불가능하지 않는 한, 이제 더 이상 지연될 수 없습니다. 이곳의 모든 사관들은 언제라도 나갈 준비가 되어 있습니다. 제 생각으로는 남편도 다음 기차를 타야 할 것 같습니다!

그는 성격이 밝은 미국 의사 디버와 함께 가게 되는데, 둘이서 멋진 짝이 될 것 같습니다. 물론 남편도 필수적으로 여러 다른 종류의 도움을 줄 수 있어야 할 뿐 아니라 의료 지식도 가지고 있어야 합니다. 따라서 만일 어머니와 언니가 신문에서 가자 '점령'과 관계된 기사를 읽게 된다면, 그때 아셔야 할 것은 남편도 전선에서 부상자들 틈에 끼어 있으며 그런 곳에 자신도 끼어 있게 된 것을 기쁘게 여길지도 모른다는 사실입니다. 물론 부상자들은 그들이 여러 병원으로 보내지기 전까지 치료소에 잠깐 머무는 것이기에 제 생각으로는 한번 가면 너무 오래 있지는 않을 것입니다. 우리는 생각 없이 아무렇게나 정신없이 끌려다니기보다 가능하다면 이곳을 지키고 있을 생각입니다. 그러나 언제나 우리는 최선을 다할 것입니다.

남편이 시간을 내어 에즈베키어에서 예배드릴 수 있도록 매우 좋으신 목사님 한 분이 이곳에서 수요일 저녁 예배를 인도해주기 시작했습니다. 그분은 이번 수요일에 아주 좋은 시간을 가지셨는데, 나이 든 사람들이 많이 모였습니다. 그분은 스코틀랜드 출신인데, 예배 후에는 질문 있는 사람이 있는지 물었습니다! 이때 저는 저절로 웃게 됩니다.

이런, 사실 시간이 많지는 않은데 이렇게 쓰다 보니 긴 편지가 되었습니다. 금요일은 보통 매우 바쁜 날입니다. 18명의 병원 직원들이 다과를 먹으러 옵니다. 감사하게도 이제 조금씩 시원해지고 있습니다. 공기는 지금 매우 상쾌합니다. 아직 정오에는 태양이 강하고 뜨겁기는 하지만, 사람들은 서서히 햇볕을 즐기기 시작하고 있습니다.

사랑하는 거티 드림

알렌비 장군의 진격과 관련해 떠도는 소문은 무성했지만, 아직 챔버스에게 떠나라는 전갈은 오지 않았다. 9월 24일, 챔버스는 자이툰의 저녁 수업에서 전도서 시리즈 강론을 시작했다. 그의 일기는 자이툰에서 그가 하는 모든 일에 베푸시는 하나님의 축복과 그를 기다리는 많은 사람들에 대해 자세히 기록하고 있었다.

10월 1일 : 가끔 우리는 갑자기 우리가 부탁하거나 요청하지 않은 놀라운 간증들을 보게 된다. 어떤 군인 하나가 어제 나를 만나기 위해 왔다. 그의 이야기는 간단했지만 대단했다. 우연 속에서 나타나는 하나님의 역사를 볼 수 있었던 증거였다.

몇 달 전, 그는 병원에서 군사 교육학교로 호송되어 부대 장벽 뒤편에서 벽에 기대어 누워 있었다. 그는 완전히 술꾼이었고 죽도록 술을 퍼마시는 사람이었다. 우리가 가족 예배를 시작하자 찬양이 그의 마음을 흔들었고 성령께서 그를 사로잡으셨다. 그는 당장 예배 막사에서 진행 중인 성경 수업에 와서 관심을 가지고 듣고, 기도를 하더니, 하나님께 성령을 달라고 기도했다. 그 후 술 먹고 싶은 마음이 싹 사라졌고 담배도 끊었다. 그는 술보다 담배를 끊는 것이 더 힘들다는 것을 알았지만, 아브라함이 이삭을 포기한 사실을 생각하며 자신을 부끄럽게 여기고 담뱃갑을 담장 너머로 던진 후 지금까지 한 번도 담배를 피우지 않았고 피우고 싶은 마음도 들지 않았다고 한다. 누구 한 사람도 그에게 뭐라고 한 적이 없는데, 오직 성령께서 이 모든 일을 하신 것이었다.

그는 병원에서 어떻게 구원을 받았는지를 말하기 위해 편지를 썼다. 그러면서 얼마 전 어머니를 잃은 동료가 있는데 그에게 내가 찾아가서 새 마음을 넣어줄 수 있는지 물었다.

이번 가을에 챔버스가 개인적으로 집중한 성경은 소선지서였다. 특히 호세아서였다.

3일 : 호세아 14장, 특히 1-5절은 탕자의 비유를 위한 대단한 설명이다. 일단 타락한 자가 돌아오면 한 영혼의 회복으로 인해 한없는 기쁨을 누리시는 하나님은 그분의 크신 관용으로 원한이나 과거의 힘든 기억을 다 제거해 주시고 단지 과거를 교훈으로 삼고 미래를 준비하도록 위대하고 원대한 새로운 시작을 하게 하신다. 9절은 정말 멋진 내용이다. "여호와의 도는 정직하니 의인은 그 길로 다니리라."

5일 : 수업이 좋았고 평소처럼 많은 사람들이 와서 큰 관심을 보였다. 이제 밤은 달과 별의 최고의 영광을 드러낸다. 많은 군인들이 최전선으로 올라가면서 작별인사를 하러 왔다. 나도 조금 있으면 최전선으로 가게 될 것이라고 들었다.

7일 : 저녁 예배 후에 보석처럼 빛나는 경험을 했다. 군인 하나가 양심의 가책을 크게 느끼는 가운데 나를 만나기 위해 찾아왔다. 한참 대화를 나눈 후 우리는 부대 내에서 태양에 그을린 그대로의 모습으로 깊고 화려한 달빛 아래에서 함께 무릎을 꿇었다. 그는 그 자리에서 누가복음 11장 13절에 의지하여 예수님을 영접했고 요한일서 5장 14-15절로 확신을 가졌다. 물론 그는 의심할 여지없이 요한복음 14장 27절의 내용이 자신에게 임했음을 고백했다. "내게 너희에게 평안을 주노니." 한 영혼이 의식으로 느끼면서 우리 주의 나라로 들어가는 것을 보는 것은 말로 다할 수 없는 놀라움 그 자체이다. 또 다시 이러한 경험을 함으로써 얼마나 기쁜지 모르겠다.

17일 : 포시스 박사의 『전쟁에 대한 기독교 윤리』를 읽었다. 이 책은 수년 동안 내가 읽어본 책 중 가장 멋진 책임을 확신한다. 하나님의 섭리 가운데 성경 훈련 학교가 어디에서 문을 열든, 이 책은 반드시 기독교 윤리 과목에서 교과서가 될 것이다.

챔버스는 에즈베키어의 수요 저녁 예배를 마치고 집으로 돌아왔는데, 몸이 좋지 않더니 복부에 심한 통증을 느끼면서 밤새 잠을 들지 못했다. 그는 단순한 배탈로 생각했지만, 다음날도 그는 하루 종일 침대에 있어야 했다. 그의 일기에는 단지 "글을 쓸 여유가 없다"라고만 적혀 있었다.

그는 다음 3일 동안 가끔 주기적으로 심한 피곤이 밀려오는 것 외에는 식욕도 없고 잠도 잘 수 없었다. 그의 얼굴은 통증으로 일그러졌고 그의 입에서는 참을 수 없는 신음 소리가 났다. 그의 옆구리는 계속적인 경련으로 인해 둔한 고통에서부터 참을 수 없을 만큼 욱신욱신 쑤시는 고통을 당했다.

10월 21일 주일, 그는 3일치의 일기를 한꺼번에 썼다.

이제 내가 곧 최전선으로 올라가야 한다는 점을 고려할 때, 다른 성도들이 나의 수업에 관여해 수업을 맡을 때가 된 것 같다. 그래서 비디가 토요일 밤 수업과 오늘 아침 예배를 맡았는데, 아침 예배는 주의 임재가 특별하게 임하며 매우 밝았다. 오늘 저녁 예배는 스완 형제가 맡는다.

10월 23일 화요일이 되자 챔버스의 건강 상태가 조금 좋아졌지만, 스완 형제를 잘 설득해서 다음 주의 모든 저녁 수업들을 담당하게 했다. 챔버스는 낮 시간에 가능하면 푹 쉬고, 그렇지 않으면 책을 읽든지, 이곳저곳 걸어다니며 조금씩 움직였다. 그는 진단을 받기 위해 병원에 가라는 모든 제안을 거부했다. 그 이유는 알렌비 장군이 얼마 전에 가자와 베르셰바를 향해 조금 오래 걸릴지도 모를 총공격을 감행했기 때문에 전쟁이 치열한 중이어서, 챔버스는 팔레스타인에서 부상을 입고 실려오는 군인들이 사용해야 할 병원 자리를 차지하고 싶지 않았던 것이다.

28일 : 내가 앳킨스과 맥켄지 그리고 쿠민과 함께 이 지역 자이툰의 오랜 막사로 두 번째 온 이래로 오늘이면 벌써 2년째이다. 이른 새벽 동트기 전의 동녘이, 밤이 사라지면서 그 모습을 다 드러냈다. 끝없는 은빛, 밤갈색의 그림자들, 희미하게 다가오는 흰색의 벽들, 청푸른 하늘 등을 볼 수 있었다. 거리가 어느 정도 되는지 알 수 없었지만, 아무튼 이것이 오늘 새벽에 내가 목격한 것이다.

비디는 예배 막사에서 아침 예배를 드렸다. 그녀는 우리 스코틀랜드 사람들이 말하는 '돋움' 또는 '영감'을 가지고 있다. 그녀의 아침 주제는 로마서 12장 1절이었다.

우리는 많은 사람들을 저녁 식사에 초대했다. 그들 중에는 거트루드 볼링거도 있었다. 군마가 생겨서 우리는 언제든지 서로 만날 수 있게 되었다.

다음날 10월 29일 월요일, 견딜 수 없는 통증에 시달리던 챔버스는 결국 기자 적십자 병원으로 실려갔다. 상주 의사가 당장 긴급 맹장염 수술을 하고 "결과가 좋았다"고 말했다. 비디는 병원에 있으면서 챔버스를 24시간 돌볼 생각이었다. 저녁 수업이 있는 시간에 병원으로부터의 소식이 자이툰에 닿았는데, 그곳에서는 여러 사람들이 모여 모래 위에 무릎을 꿇고 그들의 영적 '담당 장교'인 챔버스의 치유를 위해 하나님의 손길을 간구하고 있었다.

일주일 정도 지나자 챔버스는 기력을 회복하는 듯이 보였다. 11월 3일 토요일, 에바 스핑크의 기도 일기에는 감사의 찬양이 기록되어 있다. "나의 사랑하는 두 분, 챔버스와 비디를 안전하게 인도하시는 주님의 보살피심에 감사드린다."

다음날, 그는 폐에 피가 뭉치면서 심각한 병이 재발되었다. 그는 잠깐 회복되는 듯싶더니 다음날 더 심각한 증세가 나타났다. 그의 의식이 오락가락하는 동안, 비디는 하나님께서 그녀에게 주신 말씀을 붙들었다. "이 병은 죽을 병이 아니라"요 11:4.

담당 간호사는 사태의 심각성에 대해 비디가 정확하게 알 수 있도록 정직하게 말하려고 애썼다. 간호사는 차분하게 말했다. "그가 회복될 가망은 없습니다. 최악을 대비하셨다가 감당하는 것이 최선입니다."

그러나 챔버스는 기적처럼 그 상황을 통과하더니 다시 원기를 회복하기 시작했다. 비디는 캐슬린이 아빠를 방문하면 그에게 용기를 줄 수 있을 것이라고 확신하고, 친구들에게 부탁해 머리에 큰 리본을 꽂은 네 살 된 밝은 눈의 어린 소녀를 병원으로 데려오게 했다. 비디가 딸을 챔버스의 침대 곁으로 데려가자, 그는 미소를 지으며 반가워했다.

그는 "안녕, 스칼리웨그"귀여운 장난꾸러기라는 뜻-역주라고 말하고는 더 이상 말을 하지 못했다. 캐슬린은 아빠의 목소리와 자기를 부르는 예쁜 별명을 알았지만, 침대에 누워 있는 사람이 누구인지 거의 알아보지 못했다. 너무 아프고 약해져서 과거 아빠의 모습과 달랐던 것이다. 아이는 아빠에게 자이툰에 있는 동물들의 이야기를 해주었고, 간호사가 이제 방문을 마쳐야 한다고 재촉하자 아빠에게 입맞춤을 해주었다.

한 주간 더 챔버스는 끝까지 싸워서 다시 점점 힘을 얻는 것 같더니, 11월 13일 화요일에 갑자기 폐 안에서 피가 터졌다. 다음날 그는 약간 나아지다가 밤에 다시 피가 터지면서 11월 15일 아침 7시에 소천했다.

비디는 정신이 멍한 채 병원을 나와 그로피 식당에서 길 모퉁이를 지나면 바로 나오는 즈웸머 목사의 집으로 갔다. 그로피에서 챔버스와 저녁을 먹던 생각이 떠오르면서 그를 잃은 고통과 상실감이 엄습했다. 문을 두드리자 즈웸머 부인 에이미가 나오면서 비디를 안고 조용히 이야기를 들으며 눈물을 흘렸다. 그들이 챔버스를 영광스러운 하나님 앞으로 드리면서 함께 주의 응답을 기다리며 기도하던 때 즈웸머 목사가 극동에서 방금 돌아와 그들과 함께했다.

조용한 침묵 가운데 시편 142편 7절의 말씀이 비디에게 강력하게 임했다. "내 영혼을 옥에서 이끌어내사 주의 이름을 감사하게 하소서 주께서 나에게 갚아주시리니 의인들이 나를 두르리이다."

비디는 자이툰으로 돌아가기 전에 가능한 빨리 윌리엄 제솝이 전보를 칠 수 있도록 사람들의 이름들을 적어주었다. 그녀의 어머니와 데이스가 당장 이 사실을 알아야 했고, 챔버스의 아버지와 어머니, 리더 해리스 부인, 퍼스에 있는 프랭클린, 해로우에 사는 아서가 알아야 했다. 그러면 그들이 다른 사람들에게 소식을 전할 것이다. 전보에는 뭐라고 써야 할까? "오스왈드 챔버스, 주의 품으로 가다."

챔버스가 죽던 날, 알렌비 장군의 병력은 성경에서 욥바라고 불리는 항구인 야파에서 5킬로미터 떨어진 곳까지 전진했다. 11월 16일 날짜의「런던 매일 속보」에는 팔레스타인에서 급파된 보도 기자의 글이 실려 있었다. 그 기사는 챔버스가 기자 적십자 병원에서 마지막까지 맞섰던 싸움을 요약하는 듯했다. 런던 신문은 다음과 같이 보도

했다.

"지난 2년 동안 이집트의 사막 전쟁 가운데 가장 어려운 일들을 도맡아 해왔던 이 스코틀랜드 사람들은 그들의 비할 데 없는 최고 업적에 매일 새로운 기록을 더하고 있다. 지난 과거에 그들이 이룬 그 어떤 업적도 오늘 이루어진 대단한 진척과는 견줄 수 없을 것이다."

21

그의 사역이 이어지다(1917-1919)

비디는 간소한 장례식을 원했지만 군인들은 그들의 방식으로 챔버스를 기릴 것을 부탁했다. 그들의 생각에는 그가 전쟁터에서 죽은 군인들과 마찬가지로 군을 위해 그의 삶을 전부 다 바쳤다는 것이다. 비디는 챔버스가 어떠한 겉치레도 원하지 않는다는 것을 잘 알고 있었지만, 그가 또한 연방 사병들과 영국 군인들을 깊이 사랑했음도 알고 있었다. 군인들은 자신의 몸처럼 사랑했던 사람의 삶을 기릴 기회를 원했다. 그녀는 하나님께서 그들 모두에게 애도 대신에 승리의 기쁨을 주시기를 기도했다.

이집트에서 행해지는 거의 대부분의 군 장례는 군인이 사망한 그날에 치러졌다. 병원에서는 염을 할 시간이나 시설이 없었고 가까운 가족이나 지인마저 보통 수천 킬로미터나 떨어져 있었기 때문이다. 장례식은 거의 대부분 같은 부대의 군인들이 참석한 가운데 하관의 식만 했다.

그러나 챔버스의 장례는 장교를 위한 군 장례로 준비하도록 하루 더 연장되었다. 장례 행렬은 나일 강의 서쪽 언덕에 있는 기자 적십자 병원에서 출발하여 구 카이로의 좁은 골목길을 따라가서 나일 강을 건너 영국, 오스트레일리아, 뉴질랜드의 병사들을 위해 마련된 군 묘지로 갔다. 병원의 군의관들은 포차에서 묘까지 관을 옮겨도 되는지 물었다. 수백 명의 군인들이 관을 호위하겠다고 자원했다.

장례식에 모인 인파는 카이로를 가로지를 만큼 길었다. 군복을 입은 여섯 나라의 군인들이 군 코트를 입고 중산모를 손에 든 군인들 곁에 섰다. 카이로의 의사들과 간호원들, 병원의 직원들과 요양원 관리들이 늘 그들을 방문하여 용기를 주었던 챔버스에게 작별인사를 하기 위해 왔다. 긴 드레스를 입은 영국 숙녀들도 이집트 사업가들과 노동자들 곁에 자리를 잡고 섰다. YMCA의 중장비 관리인 마호메드가 자이툰 현지 일꾼들의 현장 주임인 시드라크 에펜디 곁에 서서 머리를 숙이고 서 있었다.

많은 사람들이 마음속으로 "왜"라는 질문을 하고 있었다. 현대 의학 시설들이 근처에 있었음에도 불구하고 그가 죽었다는 것이 의아했다. 사람들은 질문했다.

"그가 최전방에 있었으면 이해가 가지만, 외곽지대인 이곳 카이로에 있지 않았던가? 왜 그는 빨리 치료를 받지 않았을까? 왜 아무도 더 일찍 그의 맹장염을 알아채고 당장 도움을 받으라고 권면하지 못한 것일까? 왜 그는 조금도 쉬지 않고 모든 신체적 영양분이 고갈될 때까지 무리하게 일했던 것일까? 왜 하나님께서는 가족과 사람들이 그토록 필요로 하는 그 사람을 강권적으로라도 구하지 않으신 것일까?"

비디는 이러한 모든 질문들을 알고 있었고 도움이 될 만한 케케묵은 모든 대답을 들어왔다. 그녀는 챔버스가 무엇이라고 말할지 알고 있었다. 그녀는 그가 하던 말들과 강조하는 목소리의 억양을 기억하며 종종 미소를 지었다. 그녀는 멍한 가운데서 하나님의 말씀이 그녀의 뼈아픈 상실감을 만져줄 수 있기만을 기도할 수 있었다.

장례식이 마치자 비디, 캐슬린, 그리고 에바 스핑크는 당장 그 자리를 떠나 750킬로미터 떨어진 룩소르로 가는 밤 기차를 올라탔다. 캐슬린은 밤이 되자 금방 잠이 들었고 기차는 나일 강을 따라 남쪽으로 달렸다. 어둠 속에서 비디는 에바 어깨에 머리를 기대고 감당할 수 없는 슬픔 가운데 눈물을 흘렸다. 자이툰에 남은 사람들은 11월 18일 주일에 있을 추모 예배를 위해 막사를 정리했다. 추모 예배에는 거의 천 명 가까운 인파가 모였는데, 그들 각자에게는 이 특이한 사람에 대한 기억들이 있었다.

아오테아 요양원의 여사감은 눈을 감고 매일 주일 아침마다 요양원으로 걸어들어오던 챔버스를 기억했다. 한번은 엄청난 폭풍우가 치던 날, 여사감은 챔버스가 오늘은 절대 올 수 없을 것이라고 확신했다. 그런데 평상시처럼 챔버스가 도착했다. 그 당시 하나님에 대한 그녀의 믿음은 부상당한 군인들을 보며 산산이 깨어지고 있었는데,

챔버스의 메시지를 매주 듣게 되면서 다시 그리스도의 사랑과 긍휼을 발견하고 회복되었다.

이집트 총선교부의 조지 스완은 2년 전 불쑥 자기에게 찾아와 부대 안에 선교를 위한 방갈로를 지어야 한다고 간절히 제안하던 챔버스를 기억했다. 챔버스는 언제나 혁신적인 생각을 했고 더욱 많은 군인들과 함께 지내면서 항상 삶을 확장시켜 나갔다. 그는 어린이들을 매우 좋아했고, 특히 그와 아내 사이에 태어난 작은 '하나님의 꽃', 캐슬린을 사랑했다. 스완은 캐슬린과 같은 나이인 그의 아들 데이빗이 함께 목욕탕에서 물을 튕기며 노는 모습과 사막에서 놀던 장면을 떠올렸다. 데이빗은 종종 "나는 의사가 될 거고 캐슬린은 간호사가 될 거야. 어른이 되면 우리는 결혼해서 부부가 될 거야"라고 말하곤 했다. 스완은 자녀도 없고 하나님을 믿는 믿음이 없는 사람들은 어떻게 죽음을 견뎌내는지 궁금했다.

글래디스 잉그램은 비디가 그녀에게 조가를 부탁하자, 어떻게 울지 않고 조가를 다 부를 수 있을지 염려되었다. 그러나 '승리자 예수' 찬송의 첫 곡조부터 끝까지 그녀의 목소리는 강했다. 그녀는 런던 성경훈련대학에 대해 아무것도 모르는 사람들을 위해 전쟁 전의 그 학교 이야기와 함께 어떻게 해서 그들이 다 이집트로 오게 되었는지를 말했다. 그녀는 자신이 감당할 수 없는 유혹을 받을 때마다 챔버스가 보낸 진실한 편지들이 그녀로 하여금 얼마나 그리스도께 온전히 설 수 있도록 격려했는지, 그런 이야기들을 다 말할 시간이 없었다. 그녀는 챔버스가 가장 많이 썼던 '완전하게 주님께 다 드려!'라는 표현과 편지 끝에 그가 장난스럽게 사인한 '당신의 영원한 아버지, 힉스로부터'라는 표현을 절대로 잊을 수 없었다.

추모 예배에는 챔버스로 인해 그리스도를 알게 된 장병들의 간증들도 포함되어 있었다. 시드라크 에핀데는 자신을 비롯한 모든 이집트 노동자들에게 친절을 베풀고 훌륭한 가르침을 준 챔버스에게 감사했다.

그들은 일어서서 그를 다시 만날 소망을 가지고 찬송을 불렀다. "나팔 불 때 나의 이름 부를 때에 잔치 참여하겠네." 그들은 프라이빗 켄들이 깊은 감정으로 찬양하자 슬픔과 기쁨 가운데 울음을 멈추지 못했다.

부활의 아침에
영혼과 몸이 다시 만나네.
더 이상 슬픔과 눈물과 고통이 없네.

추모 예배가 마치자, 조객들은 어느새 찬란한 별빛 하늘 아래에서 흩어져 이집트의 어둔 밤 속으로 사라졌고 그들의 발자국은 모래에 묻혔다. 그들이 떠나는 모습을 본 스탠리 발링은 "그들 모두가 어떤 일이 발생하더라도 그 어떤 의심 없이 챔버스가 사랑하고 순종했던 주님께 그들의 삶을 다 드리겠다는 재헌신의 마음으로 떠났다"라고 묘사했다.

다음날 「이집트 공보」의 개인 및 사회 동정 면에는 터키 황제, 영국 농무부 차관, 군대 최고위직 대장들, 그리고 챔버스의 죽음이 실려 있었다.

같은 날 오후 저 멀리 떨어진 룩소르에서는, 비디가 '이비스' 배의 갑판에 홀로 앉아 밀려오는 땅거미 속에서 점점 희미해지는 그 유명한 룩소르 성전 고대 기둥들을 바라보고 있었다. 갑판 아래에서는 에바 스핑크가, 비디가 혼자 시간을 가질 수 있도록 캐슬린에게 잠들기 전 이야기를 들려주고 있었다. 즈웸머 목사는 그들 세 사람이 미국 선교사인 필립스 박사 부부와 한 주간을 보낼 수 있도록 모든 여건을 준비해 주었다. 그 부부에게는 나일 강에서 마을들을 방문하기 위해 펠러커삼각 돛을 단 작은 배-역주가 있었던 것이다. 필립스 부부는 매우 다정한 사람들로서 비디가 혼자 있어야 할 필요를 알고 여행을 마련해 주었다.

높은 돛대를 가진 펠러커 하나가 홀로 조용히 미끄러지고 있었다. 비디는 지난 8월에 챔버스와 마지막 휴가로 다미에타에서 함께 보냈던 때를 떠올렸다. 챔버스는 나일 강이 지중해와 합쳐지는 지점인 라스 엘 바르로 여행하기 위해 돈을 내고 펠러커를 빌렸다. 그녀는 챔버스가 강의 위아래를 항해하면서 던졌던 찬사와 웃음을 들을 수 있었다. 정말 그이가 떠났단 말인가? 캐슬린은 이제 상황을 잘 아는 것 같았다. 아이는 아빠가 이곳에 없고 저 위에 계시다고 생각했다. 그러나 아빠가 아이에게 이곳에서 실제로 계셨던 것처럼, 저 위에 계신 아빠도 아이에게는 여전히 실제였다. 아이는 자주 엄마에게 "아빠가 엄마 바로 곁에 있다는 것을 잊지 마"라고 말했다. 어린아이의 하나님께 대한 확신으로, 아빠가 예수님과 함께 계시기 때문에 정말로 괜찮다고 믿고 있었다.

비디는 뱃머리로 걸어가서 넓은 나일 강 저 너머를 바라보았다. 희미한 저녁놀이 왕가의 계곡 뒤로 오르는 산들의 윤곽을 그려주었다. 그곳에 묻힌 파라오들은 죽음의 강의 건너편에 있는 불멸에 이르기 위해 애썼다. 지금 챔버스는 전에 알았던 것보다 영생에 대해 얼마나 더 많이 알고 있겠는가!

고요한 황혼 가운데서 챔버스가 마지막으로 그녀에게 한 말이 강하게 떠올랐다. "또한 그보다 큰일도 하리니 이는 내가 아버지께로 감이라"요 14:12.

그녀는 후에 이 사건에 대해 다음과 같이 기록했다.

"나는 하나님께서 실제로 내 곁에 오셔서 내게 그 말씀을 하시는 것으로 느꼈다. 당장 닥칠 일들에 대한 염려들이 사라지고 다시 '먼 곳의 고향'을 바라보게 되면서 하나님을 위해 아직 할 일이 남아 있다는 것을 확신하게 되었다."

그 후 한 주 내내 비디에게는 여러 성경 구절들이 새로운 위로와 의미로 다가왔다. 챔버스가 팔레스타인의 최전방으로 간다는 것을 처음 접했을 때, 그리고 다른 사람들이 챔버스 대신에 사역을 진행시켜야 한다는 것을 알았을 때, 그때 비디에게 임한 하나님의 위로의 말씀은 여호수아 1장 5-6절이었다. "내가 모세와 함께 있었던 것같이 너와 함께 있을 것임이니라 내가 너를 떠나지 아니하며 버리지 아니하리니 강하고 담대하라."

그녀는 다음과 같이 그때를 회상했다.

"나는 그 약속을 다른 약속들과 함께 적어놓았다. 나중에 그 말씀을 다시 읽으면서 깨닫게 된 것은 하나님의 약속은 우리가 기대한 것 이상으로 풍성한 약속이었다는 것이다. 챔버스가 병들었던 그 기간과 위기 가운데서 나를 붙들어준 말씀은 '이 병은 죽을 병이 아니라 하나님의 영광을 위함이요'요 11:4였다. 나는 그 약속이 문자적으로 이루어질 줄 알고 있었지만, 하나님은 이번에도 더 큰 의미의 약속을 주셨다."

매일 아침 읽는 「매일의 빛」과 시편 묵상은 특별히 비디와 캐슬린과 스핑크를 위해 준비된 주의 음성 같았다. 그들은 한 주간 동안 전혀 다른 환경인 룩소르를 구경하면서, 챔버스를 잃은 슬픔을 이기고 있었다. 비디가 룩소르를 방문하는 동안 즈웸머 목사의 18살짜리 딸 베시도 그들과 함께하기 위해 룩소르에 있었다. 그녀는 챔버스의 죽음을 알고는 큰 충격을 받았고 많이 낙심했다. 그녀는 2년간 카이로의 에즈베키어에서 챔버스가 설교하는 예배 때마다 피아노 반주를 했던 적이 있다. 그때 그녀는 그의 영성이 전혀 복음을 받아들이지 않을 것 같은 군인들에게 퍼져 나가는 것을 보았다. 둘은 함께 사역을 하면서 우정을 나누었을 뿐 아니라 서로 음악을 좋아했다. 집에서 어머니가 제공하던 유명한 금요 친교 시간에 챔버스가 던지는 농담을 들을 때면, 그녀는 배꼽을 잡고 웃곤 했다. 그녀는 자비하시고 은혜가 많으신 하나님께서 왜 이집트의 군인들에게 생명처럼 소중한, 그러한 찬란한 사람을 데려가셨는지 이해할 수 없었다.

어느 날 밤, 베시와 비디는 '이비스'의 갑판 의자에 앉아 챔버스에 대해 이야기하고 있었다. 베시는 탁자를 얼핏 보게 되었는데, 챔버스가 '너무나 자연스럽게, 더욱 찬란한 모습으로' 거기 앉아 있는 것을 보고 깜짝 놀랐다. 베시는 그가 "벌거(그녀의 별명이다), 너무 근심하지 말아라. 다 괜찮단다. 하나님이 하시는 일을 이해할 수 없더라도 주의 사랑을 믿거라. 믿음을 잃지 말고 주를 위해 밝게 빛나도록 해"라고 말하는 것을 들었다.

베시는 비디를 돌아보며 흥분한 채 물었다. "지금 그가 이곳에 있던 것을 보셨어요?" 그녀는 그가 본 것을 묘사했다. 비디는 자기는 보지 못했지만, 자신의 어린 친구가 정말로 그를 본 것을 의심하지 않는다고 답변했다. 며칠 동안 베시는 그 체험을 곰곰이 생각하면서, 하나님의 사랑과 선하심에 대한 믿음을 회복하기 시작했다.

룩소르에서 한 주간을 보낸 후에, 베시의 친구인 윌킨슨 부부가 비디와 캐슬린을 와스타에 있는 그들의 집으로 초대했다. 와스타는 카이로에서 나일 강을 따라 100킬로미터 떨어진 곳이다. 그들은 한 주간 더 그곳에 머물면서 챔버스의 설교를 읽고 크게 영향을 받은 사람들을 만나면서 그곳의 아름다운 경치 및 풍성한 접대를 즐겼다.

11월 말 지미 핸슨은 영국에서 포트사이드에 도착한 후 챔버스가 소천한 것을 알고 심한 충격을 받을 만큼 놀랐다. 그는 자이툰에서 하루를 보낸 후 비디를 만나기 위해 와스타에 와서 그녀의 장래에 대해 대화를 나누었다. 하나님께서 그들 모두를 어디로 인도하시려는 것일까?

제숍은 비디와 그녀의 친구들에게 자이툰에 함께 머물며 계속 사역을 해달라고 부탁했다. 그녀는 그것만이 유일한 길이라고 느꼈지만 챔버스처럼 그렇게 '찬란하게' 그 사역을 감당할 자신이 없었다. 그녀는 "챔버스만큼 하지 못한다면 별 의미가 없을 거예요"라고 말했다.

11월 30일 저녁에 비디와 캐슬린은 다시 자이툰에 도착했다. 그들은 부대 입구에 한동안 서서 익숙한 주변을 쳐다보았다. 막사들과 그룹으로 모여 있는 군인들이 보였고, 저 멀리 방갈로에는 사람들이 모여 저녁 친교를 나누며 가정 기도 시간을 가지고 있었다. 모든 것이 변하지 않고 똑같아 보였지만, 사실 챔버스가 그곳에 없었기 때문에 비디에게는 모든 것이 완전하게 바뀐 상태였다.

그날 아침에 묵상했던 「매일의 빛」의 말씀이 그녀의 마음속에 떠올랐다. "나의 평안을 너희에게 주노라 … 내가 너희와 함께하리라."

그들이 부대 안으로 들어가자 사람들이 반가운 비명 소리를 지르며 서로 부둥켜 안았다. 캐슬린은 군인 친구들이 있는 집으로 돌아와서 매우 기뻐했다. 비디도 그곳이 일단 그녀가 있어야 할 곳이라는 것을 알고 있었다. 어느 날 하나님께서 모든 상황을 정리하여 새로운 길을 열어주실 것이다.

저녁 수업은 군인들이 모인 가운데 다시 시작되었다. 하지만 수업은 더 이상 '학생과 교사'의 형태가 아니라 모두가 함께 하나님의 진리를 배우는 방식으로 했다. 일주일에 두 번은 챔버스의 책 「성경 심리학」을 공부하기로 하고, 또 다른 저녁은 요한복음을, 토요일 저녁은 기도 모임을, 그리고 나머지 예배들은 왓슨 목사와 여러 다른 군목들이 돌아가며 인도하기로 했다.

모든 사람들이 챔버스가 없어서 허전했다. 그렇게 그들 모두 그를 그리워했지만 그들 나름대로 새로운 상황을 받아들이고 계속 앞으로 나아갔다. 비디는 '성경훈련대학 원정군'과 번갈아가며 격주로 주일 아침 예배를 인도했다. 군인들은 계속 무료 다과를 먹으러 막사로 몰려왔고 변함없이 저녁 수업에 참석했다.

챔버스가 죽은 후 몇 주 동안 비디는 군인들과 선교사들, 그리고 고향의 친구들로부터 수많은 편지를 받았다. 각 사람마다 챔버스를 잃은 슬픔과 함께 그가 그들의 삶에 끼친 영향에 대해 깊은 감사의 목소리를 높이고 있었다. 점점 더 많은 편지들을 받게 되자, 그 모든 사람들에게 개인적으로 다 답장 편지를 쓰는 것은 불가능하게 되었다.

어느 날 챔버스가 보던 성경을 넘기다가 비디는 그 안에서 지난 10월에 성경훈련대학의 이전 학생들에게 보낸 그의 편지를 발견했다. 그녀는 당장 그 편지를 인쇄하여 전 세계에 퍼져 있는 성경훈련대학 식구들에게 새해 엽서로 보냈다. 그 내용은 다음과 같다.

성경훈련대학의 모든 이전의 학생들에게 우리는 격려의 메시지와 함께 'BTC'성경훈련대학의 약자-역주의 표어는 여전히 "더 좋은 것이 온다"Better To Come임을 상기시키고 싶습니다.
이 말을 우리는 삶의 참된 근원이신 주님과의 관계에 더욱 집중하는 뜻으로 삼고 함께 깨어 기도합시다. 최고는 아직 오지 않았음을 기억합시다.
지난 세월에 우리가 성령 안에서 하나 되었던 때를 회상해 봅시다. 그러한 하나됨은 오직 주님 안에서 가능했고, 우리 모두 같은 주님의 목적을 취했기에 가능했습니다. 그렇지 않았다면 감상에 지나지 않는 잠깐 동안의 일들이었을 것입니다. 우리의 연합은 일을 위한 연합도 아니고 조직을 위한 연합도 아닙니다. 오직 주 예수 그리스도께서 친히 이루어 놓으신 연합입니다. 절대로 조직으로 인한 연합과 성령의 역사로 인한 주 안에서의 연합을 혼동하지 마십시오. 기관은 꼭 필요한 것이지만, 그 자체가 목적이 되어서는 안 됩니다. 기관을 위해 사는 것은 영적인 비참으로 떨어지는 지름길입니다. 우리의 연합의 목적은 기관을 남용하는 것이 아니라 주의 뜻을 위해 기관을 단지 사용하는 것입니다.

우리가 가진 주된 생각은 지금 주께서 부르신 일과 소명과 위치에서 계속 머물며 수고해야 한다는 것입니다. 물론 하나님께서 주의 섭리 가운데 우리의 상황들을 주관하시도록 해야 합니다.

전쟁이 끝나는 즉시 우리가 다시 모이게 될지 그렇게 되지 못할지 알 수 없습니다. 또 다른 성경 훈련 학교를 운영하게 될지 그렇게 되지 못할지도 알 수 없습니다. 그러나 한 가지 분명한 것은 "최고는 아직 오지 않았다"는 것입니다.

이 편지는 런던 성경 훈련 학교 출신 친구들이 서로 소통해야 할 필요를 언급하고 있었다. 그러나 지난 2년 동안 만났던 군인들과는 관계 없는 내용이었다. 12월 초 어느 날, 지미 핸슨이 비디에게 기도 동맹 잡지에 실린 글들을 모아놓은 서류철을 보여주었는데, 그 안에는 챔버스의 설교들이 담겨 있었다. 핸슨은 "이중 하나를 소책자로 만들어 이집트와 프랑스에 있는 군인들에게 보내주면 어떨까요?"라고 제안했다.

그 제안은 비디의 딜레마를 당장 해결해주는 듯싶어서 비디는 열정적으로 동의했다. 두 사람은 여러 글들을 살펴보다가 '도움의 장소'를 골라냈다. 그 내용은 시편 121편에 대한 메시지로서 챔버스와 비디가 캐츠킬 마운틴스에서 신혼여행을 보내는 중에 챔버스가 그녀에게 받아 쓰라고 했던 내용이었다. 그 소책자는 당장 많은 사람들에게 나누어졌고 더 많은 사람들이 그 책을 요구했다.

1918년 1월 5일, 비디는 어머니와 언니에게 편지를 썼다.

> 하나님의 인치심이 챔버스가 이곳에 있을 때와 마찬가지로 모든 사역에 나타나고 있어요. 그의 책들을 군인들에게 보낸 후에 많은 군인들이 그 책을 기뻐하며 읽는 모습을 볼 때 너무나 즐겁습니다. 지금 세 편의 설교가 책으로 출판 중에 있지요.

「더 잘 싸우기 위해 고통당하다」라는 책이 다시 인쇄되어 이집트 전역의 군인들에게 무료로 보내졌다. 군인들은 그 책들이 무료라는 사실을 알고 더 많은 인쇄를 위해 자발적으로 기금을 보냈다. 즈웸머 목사는 새해 선물로 이 책 100권을 구입하여 선교사들에게 보냈다. 비디는 챔버스의 가르치는 사역이 이제 책을 통해 확장되는 것을 느끼며 감사했다.

2월에 비디에게 갑자기 황달이 찾아와서 그녀는 와스타에 있는 윌킨슨의 집에 가서 휴식을 취하기로 했다. 그러나 그곳까지 가는 여행 자체만으로도 몸 상태가 더 악화되기에 충분했다. 비디와 캐슬린과 메리 라일리는 카이로에서 YMCA 차를 탔는데, 그 차가 멈추는 바람에 카이로 기차역에서 출발하는 고속 열차를 놓치고 말았다. 그들은 역에서 한 시간을 기다린 후에 100킬로미터를 여행하는 데 무려 3시간이나 걸리는 완행열차를 잡아탔다. 그들은 나일 강을 지나면서 폭풍우로 흔들거리는 기차를 견뎌내고 마침내 와스타에 도착했다.

2월 11일, 그곳에 도착한지 며칠 후 그녀는 집에 편지를 썼다. 건강이 좋아진 기쁨과 집 주인의 후한 대접과 조용한 집 분위기에 대해 썼다.

> 윌킨슨 부인은 챔버스의 책을 읽고 삶이 달라졌다고 하면서 끝없이 감사하고 있어요. 지금 그녀의 상태는 과거에 수년 동안 고대해왔던 대로 된 것 같다고 합니다. 이 사실을 알게 되면서 저는 출판할 수 있는 모든 책을 계속 다 출판해야 한다는 확신을 갖게 됩니다. 이는 마치 바다에 빵을 던졌는데, 나중에 알고 보니 많은 사람들이 그 빵을 먹고 살아났다는 것을 발견한 것과 같아요. 저는 점점 더 많은 할 일이 생긴 것에 대해 감사하고 있습니다. 사도 요한이 느꼈던 것처럼, 저도 제가 가지고 있는 모든 챔버스의 자료들을 책으로 펴낸다면 세상이 다 감당할 수 없을 것이라는 느낌이 들어요.

비디는 한 달가량 먹고 자고 정원을 걷고 책을 읽고 많은 양의 우편에 답변하는 것 외에는 다른 일을 하지 않고 편안하게 쉬며 보냈다. 압박과 책임에서 자유로워진 기간 동안 그녀는 새롭게 챔버스의 죽음에 대해 정리할 기회를 가졌다.

2월 14일에 어머니에게 쓴 비디의 편지를 보자.

> 어머니께 말씀드리고 싶은 것은 그이가 너무나 가깝게 느껴진다는 것입니다. 그이가 살았던 삶의 놀라움을 그대로 느끼고 있어요. 그 기쁨과 생명력이 점점 더 커지고 있지요.
>
> '그리스도와 함께 거하는 것이 훨씬 좋다'는 영국 주교 물의 글처럼, 주님과 함께하는 것이 이 땅에서의 최고의 삶보다 나을 것입니다. 그런 면에서 챔버스는 최고의 삶을 살았다고 할 수 있지요. 그이의 삶은 사람들에게 그에게 '훨씬 좋았던 것'이 무엇이었는지를 알려주고 있습니다. 또한 하나님의 때가 우리 각자에게 찾아올 때 우리의 삶의 어떠해야 하는지, 경각심을 던져주고 있답니다. 즉, '그 가운데 낀' 오늘 하루를 가장 의미 있게 살도록 해야겠지요. 챔버스는 언제나 '매일매일을 당신의 하루가 최고가 되게 하고 하나님을 위해 시간을 사용하도록 하라'고 말하곤 했어요.

2월 21일에 비디는 어머니에게 또 다른 편지를 보낸다.

저는 일몰 시간에 지붕에 올라갔는데 거기서 강과 나무와 언덕의 멋진 광경을 보았습니다. 아침에 대한 시편은 참으로 대단한 시편 121편이었어요. 조용하고 평화로운 시간을 보내고 있는데, 하나님께서 제 눈을 열어 주님을 보게 하셨습니다. 그때 저는 「매일의 빛」의 말씀을 기억했습니다. "너는 그리스도와 함께 죽었고 너의 생명은 하나님 안에서 그리스도와 함께 감추어져 있다." 이 말씀은 저로 하여금 우리가 주님 곁으로 이미 가 있는 사람들과 하나라는 사실을 깨닫게 해주었습니다. 그들과 우리는 서로 분리되지 않고, 그들은 우리와 함께 사는 것 같았고, 우리 또한 그들의 삶을 나누는 것 같았습니다.

윌리엄 제숍은 1917년 12월에 첫 번째 설교 소책자를 배포한 후 계속 매달 한 권씩 출판하여 배포하였다. 그러다가 1918년 7월에 YMCA측에 그의 일을 맡아 챔버스의 책을 매달 출판 및 배포할 것을 부탁했다. 다음 10개월 동안 YMCA는 자이툰에서 있었던 챔버스의 강론에 대해 각각 만 부씩 인쇄하여 이집트와 팔레스타인, 그리고 프랑스의 모든 진영에 보냈다.

이집트 총선교부의 조지 스완은 챔버스에게 '우연의 사도'라는 칭호를 붙여주었다. 그 이유는 챔버스가 '삶의 모든 우연한 상황' 속에서 하나님의 뜻을 찾기를 강조했기 때문이었다. 비디와 챔버스는 언제나 '함께' 문서 사역을 하기로 했는데, 그가 죽음으로 말미암아 '함께하기로 한' 그 꿈은 사라졌다. 비디는 한동안 그의 죽음으로 인해 너무나 고통스러웠고 충격을 받았기 때문에 미래에 대해 절망했다. 그러나 지금은 아무것도 없는 맨바닥에서 그의 강론을 인쇄하는 일이 일어나더니 점점 커져서 그녀를 향한 하나님의 목적이 무엇인지 분명히 보이게 되었다.

비디가 6월 말에 알렉산더 근처에 있는 더글러스 다운스의 막사를 방문하는 동안, 그는 군인들에게 챔버스와 설교 소책자에 대해 말했다. 그녀가 집에 쓴 편지에는 다음 내용이 있었다.

> 군인들이 다운스 씨가 내어놓은 모든 설교 소책자를 다 가져갔습니다. 앞으로 이곳이 책을 배포하는 또 다른 중심지가 될 것입니다. 이곳에서도 그의 설교 소책자들을 배포할 기회가 활짝 열렸습니다. 그들은 Y.M.에 많은 양을 주문했습니다. 날마다 배포 지역이 점점 넓어지고 있고 이 모든 일들이 챔버스의 삶의 특징이었던 자발성에 의해 진행되는 것을 볼 수 있습니다. 저는 그가 말했던 것이 더욱 사실로 드러나는 것을 보게 됩니다. "꼭 해야 하는 한 가지는 예수 그리스도를 믿는 것이다." 제게 그이는 항상 이렇게 특별합니다."

1918년의 후덥지근한 여름 동안, 비디는 그녀의 시간을 쪼개어 자이툰의 매점에서는 군인들을 섬기고 방공호 안에서는 설교를 타자로 치며 편지 쓰는 일을 했다. 그녀는 8월 31일에 언니에게 다음과 같은 편지를 썼다.

남편의 또 다른 설교 '시험의 유익이 무엇인가'를 준비하고 있는 중이야. 분명히 이것도 가장 최고가 되겠지! 사실 설교 소책자를 낼 때마다 이런 생각이 들면서 기뻐. 오늘 나오는 책 제목은 '인간의 희생이 구속적인가?'인데, 특별히 내용이 좋아. 매달 한 권씩 출판할 수 있어서 얼마나 좋은지 몰라.

속기로 기록해둔 것은 끝없이 많아. 우리가 영국으로 돌아가면 성경훈련대학의 창고를 보고 대단히 기뻐하게 되겠지. 「산상수훈 연구」는 다시 인쇄 중에 있어. 언제 마감되는지 달력에 적혀 있는데, 다음 주 중이면 그 책을 거트루드챔버스의 누이에게 보내줄 수 있을 것 같아. 그러면 영국에서도 그 책을 받아볼 수 있겠지. 나는 이 일이 많은 사람들에게 큰 의미가 될 것이라고 느끼고 있어. 언니도 이렇게 그이의 책을 내는 나의 생각을 좋아하리라고 생각해.

다음 책은 「고통의 그림자」가 될 텐데, 지금 다시 타자로 치고 있는 중이야. 옛날에 법률 회사에 다녔던 것이 이렇게 큰 도움이 될 줄 누가 알았겠어? 계속 타자로 치면서 틀린 것들을 다시 고쳐 치는 가운데 뭔가를 완전하게 만드는 습관을 갖게 되었지. 그때 얻었던 경험 때문에 얼마나 기쁜지 몰라.

오늘은 매점 일이 느슨해. 천 명가량의 군인들이 오늘 아침에 멀리 떠났거든. 아직까지 그 자리에 다른 군인들이 오지는 않았어. 그러나 영국에서 '행정 부대'라고 불리는 1500여 명의 군인이 그곳으로 올 거라는 소식이 있어. 그렇게 되면 그 부대는 의료 왕실 정부군에서 일반 군인들이 제일 싫어하는 보병대로 바뀐다고 해.

떠나라는 명령이 있기 전까지 우리는 이곳에 있어야 하는 게 분명해. 이곳에 있으면서 챔버스의 사역을 이어가는 일이 많이 힘들지만 얼마나 기쁜지 언니도 이해할 수 있을 거야. 그의 삶과 가르침의 결실들을 계속적으로 볼 때 더욱 그가 이 사역에 함께하고 있다고 느낄 때가 많아. 그가 '영원한 소망의 새벽'에서 말한 것처럼, 우리는 영원한 실체의 빛 가운데서 현실을 살 수 있지. 이곳에서 사는 것이 꼭 그렇게 사는 것 같아. 어떤 사람이 하나님의 임재를 체험하는 것처럼, 나는 챔버스가 이곳에 있다는 것을 점점 많이 깨닫고 있어. 특히 그가 했던 말이 계속 강하게 생각나면서 그가 그 말을 했을 때 사로잡던 그 힘이 지금도 느껴지기도 해. 주께서 우리에게 하라고 주신 일과 하나님을 찬양하는 것 외에 다른 할 일은 없어.

내가 언니 기도와 다른 사람들의 기도에 얼마나 많은 빚을 지고 있는지 잘 알고 있어. 히브리서 말씀 중 '필요한 때 돕는 은혜를 발견하는 것'은 내가 자신을 위해 기도할 때뿐 아니라 다른 사람들이 나를 위해 기도할 때도 그 역사가 나타나는 것 같아. 나는 내가 누리는 이 모든 은혜가 다른 사람들의 기도로 임하고 있다고 확신해.

살면서 하나님께 대한 그의 믿음을 본 것, 그리고 '믿음으로 그가 여전히 우리에게 말하는 것'을 아는 것이 오늘날 내가 살아가는 삶의 비결이야. 나는 어느 날 하나님께서 이루어 놓으신 것을 보고 감당할 수 없이 신이 날 것이라고 느끼지만, 주님을 더 완전하게 믿지 못한 것들에 대해 죄송함을 느끼겠지. 계속 기도하고 신뢰함으로 나아가면, 분명히 우리는 하나님께서 언제나 주의 놀라운 일들을 이루시는 것을 발견하게 될 거야.

캐슬린은 책을 보느라 베란다 아래 앉아 있어. 이제 그 아이는 글쓰기도 하고 뜨개질도 할 수 있어! 베베르러시아 소년들이 떠나는 바람에 놀 친구가 없어. 하지만 데이빗이 3주 정도 후에 돌아온다고 해. 그 아이 아버지인 스완 씨는 벌써 혼자 먼저 돌아왔고, 그 집에 페인트칠을 하는 동안 우리와 식사를 같이하고 있어. 식사 때마다 언제나 갑작스러운 손님들이 자주 있지. 그리고 며칠 밤을 머무는 경우도 많아. 그들이 고향처럼 우리 집을 편하게 생각하는 것에 대해 매우 감사해.

최근 날들은 매우 뜨겁고, 또한 나일 강 기온이 오르면서 연중 습기가 제일 많은 때야. 태양도 가장 강렬해. 여름이 금방 멋지게 지나가도 다음 달은 가장 뜨거운 때가 될 거야.

언니는 우리가 우연히 구름 낀 아침이라도 맞게 되면 태양을 얼마나 기다리는지 모르지? 태양이 다시 타오르지 않으면 우리는 매우 어색함을 느껴! 그래서 우리가 영국에서 어떻게 적응하게 될지 걱정이야. 하지만 항상 그러했던 것처럼 걱정이란 우리 사전에 없어!

∞∞∞

1918년 11월 11일, 유럽에서는 전쟁의 끝을 알리는 휴전 협정이 이루어졌다. 그러나 군대가 아무 때나 한밤중이라도 전쟁으로 배치될 수 있는 상황이었기 때문에 군인들이 고국으로 돌아가는 데는 한 달이 걸렸다. 점령군은 휴전선이 정확하게 그어져 정치인들이 볼 때 더 이상 경계선이 침범되지 않음을 확인하고 만족할 때까지 그곳에 체류했다. 마침내 이집트 내에서 해산 명령이 내려졌다. 그러나 YMCA에서는 여전히 해야 할 일이 산더미같이 남아 있었다.

1919년 1월, 비디는 에바 스핑크와 글래디스 잉그램과 함께 카이로 기차역에 서서 그들에게 작별인사를 했다. 두 자매는 둘 다 결혼을 앞둔 약혼 상태였고 마음이 들떠 영국의 고향으로 돌아갈 날만 손꼽아 기다리고 있었다. 그들이 거의 떠나려는 순간에 지미 핸슨의 아내가 영국에서 왔다. 그녀는 지미 핸슨과 16개월 전에 결혼한 후 영국에 남아 있다가 마침내 그와 합쳐질 수 있도록 상황이 허락된 것이었다. 충성스러운 메리 라일리초기 성경훈련대학의 파견단는 자이툰에 남아 있다가 최근에 예루살렘에 있는 기숙사에서 근무하던 캐서린 애쉬와 만났다. 필립과 거트루드 볼링거는 이제 결혼해서 이스마일리아에 있다. 1919년 초에 이집트 국민들 사이에서 일어난 정치적 불안과 소요 때문에 그렇지 않아도 느린 해산 과정이 더욱 늦추어졌다. 고향에 가고 싶은 군인들은 "서둘러라. 그리고 기다리라"는 명령 외에 아무 할 일 없이 진영에 죽치고 있었다.

자이툰에서는 주간 수업과 예배가 평소처럼 진행되었고, 참가하는 사람들은 계속 바뀌었다. 새로운 군인들도 있었지만 이집트에서 초년부터 있었던 오랜 친구들도 제국 교육 학교에 다시 배정됨으로써 자이툰에 한동안 머물기도 했다.

비디와 캐슬린은 4월 말에 10일 동안 예루살렘 여행을 했다. 많은 '진짜 장소들'과 종교적 유물들이 전시되어 있음에도 불구하고 비디는 예수께서 걸으셨던 장소를 방문했다. 그녀는 훗날, 그곳을 방문하면서 세상을 향해 하늘의 문을 열기 위해 주께서 치르신 희생을 조금 더 깨달을 수 있었다고 말했다. 캐슬린은 자신의 발을 실로암 연못에 담그며 좋아하더니 "다 낫다"고 외쳤다. 그러나 마지막 날 여행으로 헤브론에 가자고 할 때는 노골적으로 싫어하며 거부했다. 그날 아이는 계속 "더 이상 무덤은 싫어!"라고 외쳤다.

그들이 자이툰으로 돌아올 즈음에는 더 많은 친구들이 고향을 떠나고 없었다. 6월이 되자, 비디와 캐슬린은 메리 라일리와 핸슨 부부와 함께 고국으로 돌아가라는 항해 일정을 받았다. 이제 마지막으로 열심히 떠날 준비를 해야 했다. 자이툰에서 그렇게 쉬지 않고 수고했던 그들의 군인 '가족' 중 마지막 군인이 그들이 떠나기 바로 직전에

1918년 구 카이로, 영국 국립 묘지 가운데 챔버스의 묘. 사랑하며 섬기던 전우들과 함께 잠들다.

군대 해산을 위해 먼저 떠났다.

사람들은 고향으로 가기 때문에 기쁘기도 했지만, 떠나야 하기 때문에 슬프기도 했다. 비디의 동료들은 다른 사람들이 아는 것보다 더 많은 것을 뒤에 두고 떠날 것이다. 챔버스의 묘가 여전히 그곳에 남아 있다. 묘 위에 세워진 나무 십자가에는 그의 이름과 사망 날짜, 그리고 'YMCA 총경'이라는 말이 새겨져 있다. 그 십자가 밑에는 챔버스를 통해 그리스도를 발견한 오스트레일리아 군인 피터 케이가 기증한 돌로 새겨진 성경 한 권이 놓여 있다. 성경책 페이지는 누가복음 11장 13절이 펼쳐져 있다. "너희가 악할지라도 좋은 것을 자식에게 줄 줄 알거든 하물며 너희 하늘 아버지께서 구하는 자에게 성령을 주시지 않겠느냐 하시니라."

비디는 편지로 다음과 같이 남겼다.

자이툰에서의 우리의 마지막 날에 우리는 구 카이로로 가서 영으로는 한 번도 멀어진 적이 없는 그이의 묘지에 갔습니다. 그곳에서의 아름답고 고독한 기간들에 대해 하나님께 감사드렸습니다. 이집트에 머무는 여러 해 동안 더욱 하나님을 알게 되어 감사드렸습니다. 하나님께서 우리에게 '생명의 말씀'을 듣고 보게 해주신 모든 섭리로 인해 찬양을 드렸습니다. 우리는 주님께서 예수 그리스도를 믿음으로 사는 위대한 삶을 우리 앞에 살아낸 남편과 함께 나누게 되었던 교제 때문에 하나님께 감사드렸습니다.

6부

"각 개인이 하나님을 직접 만나게 됨으로써
모든 눈물과 난처함, 압박과 슬픔, 고통과 아픔,
잘못과 불의를 충분하게 어쩔 수 없이 다 설명할 날이 올 것이다."
– 「하나님의 손길의 그늘」

22

나의 최고봉(1919-1926)

캐슬린은 기차가 사우샘프턴을 떠난 순간부터 창문에 얼굴을 대고 있었다. 6살이 된 아이는 계속 "정말로 푸르러"라는 말을 되풀이했다. "할머니와 고모 데이스가 우리를 만나기 위해 역에 나와 계실까? 엄마는 그분들이 나를 알아보실 것 같애? 우리는 어디서 살 거야?"

비디와 그 객실의 다른 사람들이 캐슬린의 끝없는 질문에 돌아가며 대답했다. 3년 반 동안 멀리 가 있다가 다시 영국에 돌아오는 것이 매우 어색했다. 시골 풍경은 여름의 최고 절정에 이르렀는지, 나무와 꽃들과 함께 대단히 아름다웠다.

전쟁의 여파는 이곳 시골까지는 미치지 않았다. 그러나 이 땅에서 일하는 사람들도 프랑스의 파괴된 삼림과 참호로 이어진 전투 지역처럼 깊은 상처를 입고 있었다. 영국의 각 집과 가족들은 세계대전으로 인해 누군가를 잃었다. 영국 제국으로부터 거의 백만 명의 생명을 앗아간 전쟁 이후에도 음식과 연료 배급은 계속되고 있었다. 전쟁으로 황폐하게 된 유럽의 나라에서 군인들과 시민들의 총 사망자 수는 이보다 15배로 상상을 초월했다. 대규모 구제의 노력에도 불구하고 기근과 노숙과 질병은 매일 대륙의 생명들을 앗아갔다.

비디와 캐슬린이 기차에서 내리자 가족들과 친구들이 그들을 반갑게 맞이하는 가운데, 함께 차 한 잔을 마시러 가서 한참 대화의 시간을 가졌다. 기도 동맹의 잡지인 「영적인 삶」 8월호는 독자들을 위해 '다시 고향으로'라는 제목 아래 이 내용을 보도했다.

챔버스 부인과 캐슬린이 애쉬 자매와 지미 핸슨 부부와 함께 7월 3일 목요일에 이집트로부터 고향에 도착한 사실을 안다면, 모두가 기뻐할 것이다. 워털루 역에 가보기를 원했던 많은 사람들이 있었지만 통지가 짧았기 때문에 제때 그 소식을 듣지 못해 가지 못했고, 오직 그 소식을 들은 몇 사람만이 그 역에 가서 참으로 따스한 환영을 했다. 그들은 동양적인 분위기가 몸에 젖어 있었지만 모두 잘 지냈고 평안한 것 같다. 캐슬린은 품 안에 안긴 아기였는데 지금은 소녀티가 난다. 태양에 그을린 채 웃는 아이의 모습은 아빠를 꼭 빼어 닮았다.

이 소식이 퍼지자 자이툰에 주둔했던 상당히 많은 군인들이 그들이 도착한 날의 다음 주일 오후에 폴리테크닉에서 그들을 만나기 위해 나타났다. 챔버스 부인이 몇 분 동안 연설을 했는데, 그녀는 고향에 온 기쁨과 어색함을 말하면서 우리 모두에게 필요한 것은 하나님이 함께하심을 기억하는 것과 하나님을 모든 것보다 앞서 가장 중요하게 여기는 것이라고 강조했다. 그녀는 한두 주간 쉬기 위해 고향에 갔다.

"미래 계획은 정해진 것이 없습니다. 그러나 우리는 모두 하나님의 계획이 무엇인지를 먼저 찾아야 한다는 것을 알지요. 우리는 '조심스럽게 아무것도 염려하지 않도록' 모든 것을 안전하게 하나님께 맡겨야 하니까요."

비디는 환영 모임을 가진 직후 캐슬린과 함께 어머니와 언니가 함께 사는 작은 런던의 아파트로 이사했다. 캐슬린은 영국 소녀처럼 옷을 입었지만, 그녀의 마음은 길들여지지 않은 아랍 유목인과 같았다. 자이툰 부대에서 마음껏 돌아다니던 그녀는 몇 개의 방이 있는 작은 공간에 갇힌 기분으로 지내야 했고, 할머니의 물건 중 깨지는 것들은 만져서는 안 되었다. 크게 말하거나 노래하는 것은 전혀 허용되지 않았다. 더구나 몸이 안 좋은 할머니에게는 엄마가 매일 치는 타자 소리도 견딜 수 없는 소음이었다. 모두 몇 개월은 견디고 있었지만, 어떤 변화가 있어야 한다는 것을 서로 잘 알고 있었다.

캐슬린이 가는 곳마다 새로운 규칙과 지시가 따랐다. 한번은 그녀가 학교 가는 길에 야채 가게를 지나게 되었는데, 그녀는 자이툰의 매점에서 하던 식으로 자연스럽게 바나나와 오렌지를 손을 뻗쳐 집었다. 비디는 딸의 무심코 저지르는 도둑질을 발견하고는 야채 가게 주인에게 매번 계산서를 달아놓으라고 부탁했다. 그리고 매주 한꺼번에 지불했다. 그러면서 그녀는 딸이 완전히 다른 새 문화에 적응할 수 있도록 도왔다.

북런던 교외에 있는 에릭과 글래디스 오프버르버그 부부의 아파트는 비디 어머니인 홉스 부인의 아파트보다 더 크지는 않았다. 그러나 그들은 젊었고 세 살 된 딸이 하나 있었다. 그들은 스페크 홀과 성경훈련대학의 저녁 수업에서 챔버스를 만났기 때문에 비디와도 깊은 우정이 있었다.

그들은 "우리와 함께 삽시다. 우리에게는 이미 물건들이 다 깨져 있기 때문에 더 이상 깨질 물건이 없어요"라고 말했다. 그 후 일 년 가까이 이 두 가정은 서로 가지고 있는 것을 나누며 함께 살았다. 에릭은 웨스트민스터 은행에서 일했고, 비디는 가족과 친구들이 주는 음식과 돈을 받아 생계를 유지했다.

비디의 삶은 이전의 성경 훈련 학교 학생들과 기도 동맹 친구들, 이집트에서 만났던 군인들의 방문으로 가득 찼다. 비디를 찾아온 사람들마다, 그녀가 챔버스의 메시지를 계속 출판하기를 소망하며 새로운 제목의 책들을 기다린다고 말했다. 상당히 많은 친구들로부터 오는 편지에는 '출판 사역'을 위한 작은 선물들이 담겨 있었다.

그녀는 계속 챔버스의 말씀을 출판하는 일에 관심을 집중했고, 런던 성경학교 기간에 속기로 기록해 두었던 풍성한 자료를 창고에서 꺼내어 작업했다. 책의 판매를 통해 얻어지는 작은 수익이라도 계속적인 인쇄 사역에 투입했다. 비디는 자신과 캐슬린을 위해 아무런 이익을 취하지 않았다.

챔버스의 누이 거트루드는 챔버스가 이집트에 있는 기간 동안 성경 통신 과정을 위한 재정 사무원으로 일했고, 챔버스의 초기의 설교들을 영국에서 재인쇄하는 일을 맡았다. 거트루드는 챔버스의 다른 누이들과 달리 결혼할 생각이 전혀 없었다. 이제 그녀는 남동 런던에 있는 가정집에서 챔버스의 책에 대한 구입 신청을 받아 처리해주고 우편에 답변하는 일을 도왔다. 1921년에 어머니 한나가 사망한 이후, 거트루드는 아버지 클래런스를 계속 돌보았고, 클래런스는 아내가 죽은 지 4년 후인 1925년에 사망했다.

비디가 오프버르버그의 집에서 거의 1년을 함께 살고 있는데, 한 친구가 비디에게 옥스퍼드의 북쪽의 얀톤에 있는 작은 단층집을 세를 얻으라는 편지를 보냈다. 그 집은 일주일에 겨우 5실링이었기 때문에 가서 볼 필요가 있었다. 캐슬린은 여덟 살이 되었고, 비디 모녀는 그들의 집이 필요했다. 그 단층집은 오래되었지만 쓸 만했다. 1922년의 그들의 신년 카드에는 얀톤 아이비 롯지의 주소가 적혀 있었다.

그 집에는 전기와 수도가 들어와 있지 않았고 음식을 만들려면 석탄을 사용해야 했다. 또한 화장실은 밖에 있었다. 비디가 하루에 해야 하는 많은 일들이 밥을 하고, 집안을 치우고, 빨래하는 일이었는데 정말 끝이 없었다. 그러나 그녀는 여전히 시간을 내어 타자를 쳤고 그녀의 속기 기록들을 손으로 옮겨 적었다. 1922년 「구속의 심리학」이 이미 출판된 5권의 책과 함께 나란히 자리를 잡았다. 각 책을 새로 인쇄할 때마다 그녀는 교정을 하며 내용을 다듬어서 챔버스의 메시지를 가장 분명하게 전달하려고 노력했다.

그들이 사는 단층 주택은 유망한 옥스퍼드 사업가와 아내와 여동생이 사는 매우 큰 저택에 딸려 있었다. 그 아내는 심한 관절염을 앓고 있었기 때문에 휠체어에 의존하며 지냈다. 그녀는 자주 술을 마셨는데 술에 취하면 심한 신경질과 화를 냈다. 그녀는 누구에게든지 소리치고 욕을 했다. 또한 그녀 생각에 그녀를 꼼짝 못하게 하고 고통을 주는 것이라면 아무것에나 비난을 퍼부었다. 때때로 늦은 밤에 캐슬린이 잠든 때, 그 저택의 하인이 조용히 집 문을 두드리곤 했다. "챔버스 부인, 주인 아주머니가 당신을 찾습니다."

그러면 비디는 차분하게 옷을 차려 입고 그를 따라 그 집에 갔다. 주인 아주머니가 그녀에게 고통을 털어놓는 동안 그녀는 조용히 앉아 한마디도 하지 않고 듣기만 했다. 한 시간 동안의 욕설과 저주가 어느 정도 가라앉으면, 비디는 여인에게 다가가 이마에 가볍게 입을 맞추고 "하나님께서 당신을 축복하길 바랍니다. 평안히 주무세요"라고 말해주곤 했다.

기도 동맹 시절부터 챔버스의 가까운 친구였던 소장 스키드모어

1923년 캐슬린과 비디

는 캐슬린이 옥스퍼드의 좋은 학교에 다닐 수 있도록 학비를 대주었다. 집주인 아저씨는 매일 아침 소형차를 몰고 옥스퍼드로 일하러 가기 때문에 캐슬린을 그의 옆에 태울 수 있었다.

1924년, 비디와 캐슬린은 옥스퍼드 우드스톡 로드 200가의 방 8개짜리 큰 집으로 이사를 가서 그 다음의 모험의 삶을 시작했다. 원래 집주인은 그 집을 기부 형식으로 팔았다. 육중하고 투박한 가구들을 그 집에 그냥 두기로 동의했다. 변기를 고안하는 사람이었지만 사업에 실패했기 때문에 그가 엉성하게 설계하여 제작한 수세식 변기도 그대로 두고 떠났다. 그 변기 모습은 마치 놋으로 둘레를 씌운 의자같이 생겼다. 캐슬린은 그 변기가 모양은 매우 재미있어 보였지만 사용하기에는 불편하다는 것을 알아챘다.

비디는 하숙을 칠 수 있는 자격증을 얻은 후에 대학생 하숙생들을 받기 위해 이 큰 집을 산 것이었다. 그녀는 네 명의 하숙생을 들인 후에 그들에게 주중에는 아침과 저녁, 주말에는 세 끼를 전부 제공했다.

매일 아침 6시면 그녀는 어김없이 일어나 성경을 읽고 차 한 잔을 마셨다. 또한 종종 노트에 속기로 기도 제목들을 채워넣었다. 학생들을 위해 아침을 준비하기 전에 그녀는 찻잔을 캐슬린의 침대 옆 탁자에 두고 그녀를 입맞추어 깨웠다. 그 후 음식 준비를 하고 아침상을 차려주었다. 모두 학교에 가면 설거지를 한 후, 책과 상자가 나란히 널려 있는 작은 지하실 방으로 내려갔다.

그녀는 완벽하게 보존된 타자기에서 먼지 가리개를 치운 후 성경훈련대학에서의 속기로 기록한 설교들을 풀어 적기 시작했다. 그녀가 두 문장을 마치기도 전에 누가 문을 두드리는 소리가 났다. 그녀는 조금도 주저함이 없이 당장 먼지 가리개로 타자기를 덮고 위층으로 뛰어올라갔다.

두 시간 후, 같은 골목길에 살던 걱정으로 가득했던 한 친구가 차를 마시고 집에서 구운 케이크를 먹으며 자신의 문제를 기도해달라며 마음껏 풀어놓은 후, 만족스러운 가운데 집으로 돌아갔다. "구하는 자마다 주라." 비디는 혼잣말을 하며 그녀의 장바구니를 집어들었다. "주께서 구하는 자들을 돌보실 것이다."

그녀는 날마다 야채 가게, 정육점, 빵집, 통조림 식품점을 들렀다.

그 후 빨래와 청소를 마치면 저녁 준비를 했다. 그 후 시간이 되면 다시 '책들'로 돌아갈지도 모른다.

애쉬 자매가 곧 다시 오게 될 것 같다. 그녀는 한번 오면 오래 머문다. 이 뜻은 할 일이 정신없이 많아진다는 뜻이다. 비디는 헌신적이고 이제는 머리가 하얗게 된 이 숙녀를 사랑했다. 그러나 그녀는 위압적인 자세로 모든 일에 사사건건 간섭하곤 했다. 비디 가족을 위한 그녀의 걱정은 어떤 때는 두꺼운 담요 같아서 등에 덮기에 좋을 때도 있었지만 머리 위까지 그 담요를 덮으려 할 때는 숨이 막혔다.

1924년에 챔버스의 자이툰에서의 마지막 강론인 「하나님의 손길의 그늘」이 옥스퍼드의 앨든 앤드 컴퍼니Alden and Company에 의해 출판되었다. 비디는 그들의 멋진 작업에 감사하면서 자신이 챔버스의 모든 강론으로부터 매일의 묵상 내용들을 모아 새 책을 만들고 있다고 알려주었다. 그들은 "준비가 되면 보고 싶습니다"라고 말했다.

문제는 출판이 될 수 있도록 그 책을 준비하는 것이었다. 그녀는 365일에 해당하는 부분을 만들어, 각각에 제목을 붙였다. 각 부분이 그 자체로 완전하며 500자가 넘어서는 안 되도록 했다. 또한 365개의 각 부분을 만들기 위해 일단 그녀는 속기로 되어 있는 수백 개의 강론들을 다 풀어서 타자로 친 다음 한 부씩 만들어야 했다.

챔버스가 이 일에 대해 무엇이라고 말할까? "너의 할 일을 하라. 그러나 일의 노예가 되지는 말라. 전자는 당신을 표현하지만 후

자는 당신을 망친다." 따라서 그녀는 날마다 하나님이 주시는 시간과 에너지로 그 일을 시작했다. 사람이 찾아오면 그녀는 사람을 우선시했다.

이러한 와중에 캐슬린은 주관이 뚜렷한 12살의 소녀가 되었다. 비디는 캐슬린을 방치해두고 싶지 않았다. 하숙생들이 제때에 하숙비를 내주기만 하면, 비디가 살림을 꾸리기에는 충분했다. 그러나 새 옷을 사 입기에는 결코 충분할 수 없었다. 비디는 얼마든지 새 옷이 없어도 살아갈 수 있었지만, 캐슬린이 학교의 다른 여학생들처럼 옷을 입지 못해 속상해 하는 모습을 보면 엄마의 마음도 많이 상했다.

좋은 의도겠지만 눈치 없는 사람들이 문제를 더 심각하게 만들 때가 있었다. 옷을 잘 차려 입은 숙녀 한 사람이 비디에게 찾아와 옷상자를 두고 떠났다. "네가 입을 수 있는 옷일 거야." 비디는 캐슬린에게 말하면서 그녀의 머리를 쓰다듬어 주었다. 숙녀가 떠난 후에, 캐슬린은 그 옷상자를 열어보고 기겁했다. 완전히 해어지고 구멍이 나고 넝마처럼 된 옷들이었다.

"우리를 거지로 생각하는 거야?" 캐슬린은 고함을 치며 보기 싫은 옷과 해어진 블라우스를 방바닥에 집어던졌다. "이걸 어떻게 입으라는 거야?"

비디는 실망에 찬 캐슬린이 모든 옷을 다 던져버리고 잠잠해질 때까지 기다린 후에야 딸을 위로했다. "그들이 이해하지 못한 거야."

이 말이 그녀가 할 수 있는 전부였다. 그녀는 자기도 새 옷이 필요하다는 것을 어린 딸이 눈치 채지 못하기를 바랐다. 언젠가 캐슬린은 이해할 것이다. 어쩌면 더 빨리 이해할지도 모른다. 비디에게도 다른 여성들처럼 똑같이 필요한 것들이 있었다. 그러나 그녀의 바람은 대부분의 여성들과는 전혀 다른 것에 있었다.

비디는 하숙을 치면서 간간히 짬을 내어 거의 3년간 피나는 고생을 한 후에 매일 묵상을 위한 책을 펴낼 수 있었다. 이 책에 가장 적절한 제목으로, 챔버스가 가장 자주 사용하던 표현인 '주님은 나의 최고봉'My Utmost for His Highest을 택했다.

비디 자신이 이 책의 편집자이며 편찬자였다. 친구들로부터 받은 성금으로 그녀는 옥스퍼드의 앨딘 출판사를 통해 초판을 출판했다. 그녀는 책을 보급하는 일을 책임지고 영국의 큰 보급 회사들을 관련시켰다. 그 회사들로는 심프키, 마샬, 해밀톤, 켄트와 컴퍼니 등이 있다.

비디가 1927년 10월에 다음 서문을 쓸 때, 그녀의 나이는 44세였다.

> 매일 묵상을 위한 이 글은 여러 자료에서 뽑은 것이지만 주로 1911년부터 1915년까지 클래펌의 성경훈련대학에서 주어진 강의와 1915년 10월부터 1917년 11월까지 이집트 자이툰 YMCA 막사에서 밤마다 나눈 짧은 설교에서 선택한 것들입니다. 1917년 11월에 나의 남편 오스

왈드 챔버스는 하나님께로 갔습니다. 이후 꾸준히 남편의 강의나 설교가 책으로 출간되어 왔으며 이 글에서 발췌한 여러 메시지들도 적당한 때가 되면 출간될 것입니다.

이 묵상집의 많은 부분은 성경훈련대학에서 아침 예배 때마다 나눈 말씀에서 주로 선택되었습니다. 이 예배 시간은 한 시간이었는데, 하나님과 함께하는 많은 학생들이 이 시간에 크게 변화되었습니다.

"사람들을 또다시 영적인 비밀을 깨달은 소수의 사람들, 즉 그들의 삶이 하나님 안에서 그리스도와 함께 감추어진 생명으로 사는 사람들에게 돌아가고 있다. 이들은 그리스도의 십자가에 매달린 자들이다"(로버트 머레이 맥체인).

이 책을 준비한 이유는 많은 사람들이 저자의 가르침으로 돌아올 것을 확신했기 때문입니다. 이 책을 출간하면서 이 책의 매일매일의 메시지가 계속적으로 많은 영혼을 소생시키며 성령의 영감을 가져오기를 기도드립니다.

그녀는 서문을 쓴 후에 그녀 이름의 약자 'B.C.' 비디 챔버스로 서명했다. 그 책의 어디에도 그녀의 이름이나 그녀가 속기 기록을 한 후 그 강의들을 타자로 친 작업에 대해 언급하지 않았다. 그녀는 서로 다른 세 개의 메시지로부터 세 개의 문장을 섞어 날마다 하루씩 읽을 내용을 만들어냈다. 그녀의 수고가 아니었다면 챔버스의 메시지는 어떤 출판 형태로도 존재할 수 없었을 것이다. 이렇게 많은 수고를 했음에도 그녀는 책 겉표지에 챔버스의 이름을 내세웠다. 그녀는 자신을 남편의 메시지가 다른 사람들에게 전달될 수 있는 '통로'로만 보았다. 이런 모습은 그녀의 삶의 자세였다.

23

세상으로 향하는 말씀들(1927-1966)

「주님은 나의 최고봉」은 초기의 챔버스의 책을 읽은 독자들이 열렬히 환영하면서 어느새 넓은 독자층을 이루어갔다. '오스왈드 챔버스'에 대해 전혀 들어보지 못한 사람들도 이 책을 읽으면서 마치 그날 아침에 쓰인 것과 같은 강력한 말씀에 사로잡혔다. 비디는 그 책을 무료로 세계에 퍼져 있는 친구들과 선교사들에게 보냈다.

1929년 비디는 옥스퍼드에서 데이스가 어머니를 돌보는 것을 돕기 위해 런던으로 이사했다. 어머니는 심각하게 건강이 나빠진 상태에 있었다. 그들은 뮤즈웰 힐의 아름다운 북런던의 처치 크레센트 40가에 있는 큰 집에서 모두 함께 살았다. 캐슬린이 마음껏 활약하려면 다른 환경이 필요하다는 것을 알고 있는 비디는, 그녀가 스코틀랜드에서 계속 교육 받을 수 있도록 조치를 취하고 오랜 친구 가정인 가이 모튼 부부와 함께 살게 했다. 모튼은 이집트에서 군인으로 있을 때 챔버스와 비디를 만났었는데, 그에게 그들이 베푼 사역에 깊은 감사의 마음을 가지고 있었다. 그들의 딸을 자기 가정에서 맞이하는 것은 개인적으로 큰 기쁨이기도 했지만 '감사'의 마음을 나타낼 수 있는 그 나름대로의 방법이기도 했다.

모튼 부부는 스털링의 북동쪽에 있는 클래크매넌셔 카운티의 오킬 힐스에 있는 아름다운 집에 살고 있었다. 캐슬린은 매일 오후마다 과제를 하기 전에 그 집 개 래브라도 두 마리를 끌고 산책했다. 그녀는 매일 작은 오두막집으로 산책을 가서 나이 지긋한 양치기와 차 한 잔을 마셨다. 그녀가 도착할 때는 그가 백파이프스코틀랜드 전통 악기-역주로 양떼들에게 세레나데를 연주하곤 했다. 곧 그녀는 왜 아빠가 스코틀랜드를 그렇게 많이 좋아했는지 이해했다. 그녀는 6년 동안 훌륭한 교육을 제공하는 달라 아카데미 학교를 다니며 대단히 만족스러워했다. 그 학교에는 300명의 남학생과 100명의 여학생이 있었다.

비디는 캐슬린이 많이 그리웠지만 딸이 그녀의 앞치마에 매달리지 않고 독립적으로 잘 자라주기를 원했다. 그녀는 모튼의 가족들이 캐슬린의 중요한 성장 시기에 유익이 되기를 원했고 아빠가 없는 딸의 공백을 채워주기를 바랐다.

「주님은 나의 최고봉」에 대한 놀라운 반응 때문에 챔버스의 가르침에 대한 관심이 많아졌다. 비디는 계속 '책 만드는 사역'을 자신의 소명으로 삼고 온 마음을 다해 헌신했다. 매달 받는 판매 수령액은 새로운 책을 출판하고 또한 이미 출판된 책을 계속 인쇄하는 데 충분했다. 인쇄소에서 청구서가 날아오면 거의 정확하게 서점이나 서적

판매 회사에서 판매 이익금을 보내주었다. 비디는 책과 관련한 모든 재정을 꼼꼼하게 관리했지만 여전히 자신의 수고에 대해서는 아무것도 계산하지 않았다.

그녀의 가장 큰 기쁨은 사람들과의 관계였다. 그녀는 성경 훈련 학교와 이집트에서 만들어진 '가족들'로부터 오는 편지와 방문을 받을 때면 매우 좋았다. 그들의 편지는 매일 세계의 다른 곳에서 발생하는 소식들을 전해왔다. '글라디올러스'(글래디스)와 남편 비비언 도니손은 중국 선교사로 있다. '스핑크스'(스펑크)는 자이툰에서 만난 군인 스티븐 펄포드와 결혼했고, 펄포드는 영국 교회의 교구 목사로 있다. 지미 핸슨은 런던 극동의 가장 위험한 빈민촌에서 감리교 선교사로 수고하고 있다. 핸콕 부부는 페르시아에 있다. 다른 사랑하는 많은 친구들도 이곳저곳 온 세상에 흩어져 있다.

1930년 초에 책 사역이 점점 커지고 복잡해지면서, 친구들이 함께 모여 비디의 책임을 덜어주기로 하고 위원회를 만들었다. 비디의 결혼식에서 신랑 들러리였던 퍼시 록하트가 일단 비공식적으로 위원장이 되었고, 회원으로는 챔버스의 누이 거트루드, 비디의 언니 데이스, 챔버스의 절친한 친구였던 레이 그리핀, 이집트의 군인이었던 클락이 있었다.

각 회의가 있을 때마다 점점 챔버스의 책들에 대한 더 많은 관심과 함께 새로운 언어로 그의 책이 번역되었다는 소식들이 나왔다. 대차대조표가 큰 이윤을 남기자 위원회는 비디가 자원 봉사로 일하지 않도록 하기 위해 그녀의 집세와 세금, 그리고 일정 금액의 월급과 연차 휴가비를 지불하기로 결정했다. 비디는 그 대신 책 사업이 본래의 사역의 취지를 벗어나려 할 때 위원회가 다른 길로 빠지지 않도록 붙들어 주었다. 비디가 다른 나라에서 번역 인세를 받게 될 때는 언제나 그 돈을 선교사들에게 돌렸다. 보통은 선교사의 이름까지 건네주었다. 위원회가 책을 나누어주는 의견에서 차이를 보일 때, 그녀는 그들의 사역이 책을 팔기 위함이 아니라 사람들을 영적으로 돕기 위한 것임을 상기시켰다.

1932년, 데이빗 람베르트 목사의 도움으로 비디는 '성경 훈련 과정 월간 저널'을 창간했다. 이 잡지의 주요 목표는 현재 해외 선교사로 나가서 수고하는 성경훈련대학의 이전 학생들의 관계를 묶어주기 위한 것이었다. 그 '저널'에는 챔버스가 런던의 성경대학에서 전했던 메시지 중 출판되지 않았던 내용이 담겨 있었고 이전의 학생들로부터 온 개인적인 보고들이 실렸다. 어느새 발생 부수가 700부가 되었다.

챔버스의 책들과 마찬가지로 '저널'에서도 비디에게는 분명한 목적이 있었기 때문에 모든 위원회 결정에서 강한 주장으로 그녀의 뜻을 관철시켰다. '저널'지가 운영하는 데 차질이 생기고 가입자들이 떨어져 나가고 있을 때 위원회는 출판을 멈추기를 원했다. 그러나 비디는 차분하면서 분명하게, 그들에게 먼 타지에 있는 선교사들이 매달 그 잡지를 기다리고 있음을 상기시키면서 그 이유만으로도 계속 존재해야 한다고 설득했다. 그녀는 어떤 것도 절대로 강제로 하지 않았지만, 자신의 의견을 분명히 하는 데는 조금도 주저함이 없었다.

그때 즈음에 가까운 친구들이 마침내 비디를 설득하여 챔버스를 위한 책을 편찬하자고 했다. 지난 15년 동안, 그녀는 그의 책들이 출간되는 것으로 만족해왔다. 그러나 많은 새로운 독자들이 챔버스가 누군지에 대해 질문을 해왔다. 그녀는 그들의 제안을 하나님의 인도하심으로 생각했다. 드디어 1933년, 일기와 편지, 가족과 친구들의 기억들을 다 모아서 챔버스가 누군지를 말해주는 「오스왈드 챔버스 : 그의 삶과 사역」이 출판되었다. 「주님은 나의 최고봉」과 비교하면 판매 실적은 저조했다. 이로 인해 비디는 자신이 바른 일을 한 것인지에 대해 의심했다. 그러나 꾸준한 요구로 인해 1938년에 확장된 내용으로 재판을 찍을 수 있었다.

어머니 홉스 부인의 죽음으로 인해 비디는 처치 크레센트 40가에 있던 집을 팔고 근처의 새로운 집으로 이사했다. 우드베리 크레센트 29가의 집이 비디와 캐슬린, 그리고 언니 데이스의 새 집이 되었다. 얼마 지나지 않아 깜짝 놀랄 사건이 발생했는데, 데이스가 60세 남자를 만나 첫 번째 결혼을 하고 던스터블 지역으로 이사를 간 것이다.

캐슬린은 킹스 대학 병원에서 간호사 훈련을 마치고 다시 런던으로 갔고, 그 대신 비디의 집은 그녀의 친구들로 가득 찼다. 비디는 주간 성경 공부를 주관하고 누구든지 상담이나 대화를 위해 찾아올 수 있도록 집을 열어두었다. 그 와중에서도 그녀는 여전히 쌓아둔 속기 노트로부터 또 다른 책의 출판을 위해 오랜 시간을 들여 타이프를 쳤다.

이때 즈음은 하루에 거의 50통 가까운 편지가 비디에게 왔는데, 그 편지 내용은 챔버스 책들과 그 책의 저자에 대한 문의들이었다. 비디에게 오는 우편물이 많다 보니 뮤즈웰 힐 우체국은 비디를 위해 따로 함을 만들어 관리할 정도였다. 만일 어떤 편지 봉투에 '런던의 오스왈드 챔버스 부인에게'라고만 쓰여 있으면 그 편지는 곧바로 그녀에게 배달되었다.

1939년에 전쟁이 다시 세계를 삼킬 때 챔버스의 책에 대한 요구는 하늘을 찔렀다. 이집트 막사에서 외쳐졌던 챔버스의 설교가 다시 '고통의 그림자'로 밀려가는 군인들의 귀에 떨어졌다. 한동안 세계대전은 챔버스의 책 사역에 무한한 확장을 가져오는 것 같았다. 그런 가운데 생각하지도 못했던 사건이 터졌다.

1940년 9월, 런던 공습이라고 알려진 사건이 터졌다. 독일의 나치 공군이 밤에 런던을 향해 무참한 공격을 해온 것이다. 12월 29일에 성 바울 예배당 근처에 있는 심프킨 마샬 도서 창고가 소이탄대인 살상 및 기물 파괴를 위해 제작된 작은 포탄-역주에 맞아 불이 나더니 이틀 동안 쉬지 않고 타버렸다. 그 불로 인해 챔버스의 책 4만 권과 함께 전체 재고가 소실되었다.

6개월 전에 비디와 책 위원회는 오랜 회의 결과 책에서 가르치는 교훈에 따라 챔버스의 책에 대해 보험을 들지 않기로 결정했었다. 따라서 만일 심프킨에 불이 나면 아무런 배상을 요구할 수 없었던 것이다. 1941년 1월에 비디와 책 위원회의 잔액은 250파운드 밖에 없었다. 따라서 공습 때 잃은 어마어마한 양의 책을 다시 인쇄하기에는 어림도 없었다. 이 사건으로 '책 사역'은 끝이 난 것처럼 보였다.

하지만 비디는 언제나 그러한 것처럼 조금도 동요가 없었다. 책이 다 불탔다는 소식을 들은 그녀는 찻잔을 내려놓고 캐슬린을 돌아보며 차분하게 말했다. "글쎄, 하나님께서 그 책을 사용해서 주의 영광을 나타내셨는데, 이제 끝이구나. 이제 하나님께서 어떻게 하시나 기다려 보자꾸나." 런던에 포탄 세례가 계속 이어지는 상황에서도 그녀는 조용히 전능하신 하나님을 찾으며 그분을 의지하는 가운데 힘을 얻었다. '하나님께서 다스리시니 주의 뜻을 분명히 보이시리라.'

챔버스가 항상 신경을 쓰던 것 중 하나는 하나님의 다스림이었기 때문에 사업이 잘된다고 해서 사업에 마음을 빼앗긴 적이 없었다. 이러한 신뢰의 자세는 챔버스 부부로 하여금 전쟁으로 인해 성경훈련 대학이 문을 닫을 때에도 하나님의 인도하심을 분명히 볼 수 있도록 했다. 챔버스는 종종 "하나님께서 뭔가를 시작하시면 그 일은 반드시 마무리되어야 한다"고 말했다.

포격 때문에 입은 상처는 어느새 반가운 소식으로 누그러지기 시작했다. 독일에 있는 친구가 구입했던 모든 책들이 안전하게 스위스에 보관되어 있다는 소식이 들려왔다. 영국의 남서지역에 있는 어떤 인쇄업자는 그에게 챔버스의 여러 책들에 대한 금속판이 있기 때문에 언제라도 인쇄를 할 수 있다는 소식을 전해왔다. 사람들은 계속 챔버스의 책을 요구했고, 이에 비디는 '이는 분명히 하나님께서 그의 사역을 마치신 것이 아니구나'라고 생각했다.

가정의 구제 사역은 전쟁 중에도, 이후에도 계속되었다. 심지어 점진적으로 청각을 상실해가면서 대화가 거의 불가능해졌어도 그녀는 구제 사역을 계속했다. 뮤즈웰 힐의 그녀의 집은 언제나 방문자들로 가득했다. 비디는 평소처럼 구제 사역을 하다가도 어느새 타자기 앞에 가서 타자를 치곤 했다.

비가 억수같이 내리던 어느 날 오후에 캐슬린이 갑자기 어머니를 뵈러 왔다. 그때 세 명의 이웃 아이들이 뒷마당에 앉아 있었다. 그들은 우비 모자에서 떨어지는 물을 찻잔으로 받으면서 낄낄거리며 웃고 있었다. 캐슬린은 문 앞에서 이 광경을 보고 "너희들 여기서 뭐하는 거야?"라고 소리쳤다.

아이들 중 하나가 대답했다. "비디 부인이 오늘 오후에는 우리가 밖에서도 다과 파티를 해도 된다고 하셨어요. 그래서 우리가 이렇게 노는 거예요!"

저녁상을 치우고 고양이가 남은 생선을 먹은 후에라도 갑자기 불쑥 찾아오는 방문객이 있을 때, 비디는 식료품 저장고를 다시 살펴보면서 찬양했다. "내 영혼아, 하늘의 왕을 찬양하라." 방문객의 식사가 다 마친 후 뒷정리를 하고 나면 그녀는 이렇게 말했다. "자, 다 됐습니다. 다시 멋지고 힘차게 주님을 찬양합시다."

하나님을 위해 뭔가 위대한 일을 이루려고 하니, 비디에게 24시간은 너무나 부족했다. 그럼에도 하루 이틀 지날 때마다 책을 출판하는 일과 사람들에게 친절을 베푸는 사역은 계속 쌓이고 있었다. '성경훈련대학 저널'은 20년간 계속되었다. 그녀가 1966년 소천하기 전까지 55권의 책이 남편 오스왈드 챔버스의 이름으로 출판되었고, 그 외에도 수십 권의 소책자들, 챔버스의 명언을 담은 달력들, 쪽지 설교들이 출판 보급되었다. 매일 아침마다 세계 이곳저곳의 많은 사람들이「주님은 나의 최고봉」이라는 작은 책을 펼치며 그날 하루를 위해 하나님을 바라보는 데 도움을 얻고 있다.

하지만 챔버스가 그랬듯이, 그녀의 중심도 출판이 아니라 사람들이었다. 책 사역은 비디가 자신을 그리스도께 사랑을 드리는 표현으로써 '누구든지 구하는 자들에게 주기 위한' 사역이었다.

2차 세계대전이 끝난 지 얼마 되지 않은 어느 날 저녁, 신학교 학생들이 떼를 지어 예고도 없이 불쑥 우드베리 크레센트 29가로 찾아왔다. 물론 비디는 그들을 만나자 저녁을 먹고 가라고 붙들었다. 그들은 자신들이 챔버스의 아내분이 사시는 집에 들어와 앉아 있다는 사실에 경탄했다. 곧 그들은 '위대한 사람'과 그의 책들과 관련된 신학적 주제만 이야기하고 있었다. 식사를 하는 내내 비디는 대화의 분위기가 딱딱하고 형식적이라는 것을 느꼈다. 사실 그녀의 집에서의 식탁 분위기는 절대 그렇지 않았다.

매우 심각한 손님들 앞에서 비디는 35세가 된 캐슬린을 보고 말했다. "네가 저기 벽난로 위의 장식 선반까지 체리 씨를 뱉을 수 있는지 보자꾸나." 손님들은 깜짝 놀랐다. 어머니가 무엇을 의도하는지를 정확하게 아는 캐슬린은 입을 오므려서 과녁을 향해 작은 씨를 훅 하고 소리를 내며 뱉었다. 핑!

"아유, 거의 맞췄는데, 위까지 조금 부족하구나. 아깝다."

비디는 매우 중요한 일인 듯이 말했다. "이 젊은 친구들 중 너보다 더 잘하는 사람이 있을까?"

생각할 겨를도 없이 장차 목사가 될 한 청년이 천정까지 닿을 만큼 체리 씨를 뱉었다. 그러자 경쟁이라도 하듯 다른 청년들도 전부 따라하고 있었다. 그 집 안에는 웃음보가 터지고 비디는 만족스러운 듯 미소를 띠었다.

그녀는 '그이도 이런 분위기를 좋아했을 거야'라고 생각했다. "자, 모든 것이 멋지고 다 잘되었으니 주님을 찬양합시다." 핑!

참/고/문/헌/

책들

Barabas, Steven. *So Great Salvation:The History and Message of the Keswick Convention*.London:Marshall,Morgan & Scott, 1952.

Barbour, G. F. *The Life of Alexander Whyte, D.D.* London:Hodder and Stoughton Ltd.,1923.

Barrett, James W. *The War Work of the Y.M.C.A. in Egypt*.London:H.K.Lewis & Co.Ltd.,1919.

Barrett, James W. *A Vision of the Possible*. London:H.K.Lewis & Co.Ltd.,1919.

Barrett, James W. and P. E. Deane. *The Australian Army Medical Corps in Egypt*. London:H.K.Lewis,1918.

Bean, C.E.W. *Official History of Australiain the War of 1914-1918, Vol.1*. Sydney:Angus and Robertson,1929.

Bebbington, D. W. *Evangelicalism in Modern Britain*. London:Unwin Hyman,1989.

Bebbington, D. W., editor. *The Baptistsin Scotland*. Glasgow:The Baptist Union of Scotland,1988.

Binfield, Clyde. *George Williams and the Y.M.C.A.* London:William Heinemann Ltd.,1973.

British Red Cross Society. *Reports by the Joint War Committee*. Covering1914-1919.London:His Majesty's Stationery Office, 1921.

Cadenhead, William G. *The Memoirs of an Ordinary Man*. Privately published,1969.Courtesy of The Imperial War Museum, London.

Chambers, Gertrude H. (Biddy). *Oswald Chambers:His Life and Work*. London:Simpkin Marshall Ltd.,1933, 1938, 1959.

Cowman, Lettie B. *Charles E. Cowman:Missionary Warrior*. LosAngeles:The Oriental Missionary Society, 1928.

Day, Lloyd Raymond. *A History of God's Bible Schoolin Cincinnati, 1900 - 1949*. Unpublished thesis,University of Cincinnati,1949.

Erny, Edward and Esther. *No Guarantee But God:*The Story of the Founders of the Oriental Missionary Society.Greenwood, Ind.:The Oriental Missionary Society, 1969.

Evans, Eifion. *The Welsh Revival of 1904*. Bridgend:Evangelical Press of Wales, Bryntirion, 1969.

Findlay, W. H. *Heritage of Perth*. Perth:Photolog Press, 1984.

Ford, Jack. *In the Steps of John Wesley*. Kansas City: Nazarene Publishing House, 1968.

Frayling, Christopher. *The Royal College of Art*. London: Barrie and Jenkins Ltd., 1987.

Fullerton, W.Y.F.B. *Meyer:A Biography*. London: Marshall, Morgan & Scott, 1930.

Gammie, Alexander. *Preachers I Have Heard*. London: Pickering & InglisLtd., 1945.

Gammie, Alexander. *William Quarrier and the story of The Orphan Homes of Scotland*. London: Pickering & InglisLtd.,nd.

Gordon, James M. *Evangelical Spirituality*. London: SPCK, 1991.

Grubb, Norman P.C.T.Studd. *Cricketer and Pioneer*. Ft.Washington,Pa: Christian Literature Crusade,1982.(First published in Britain, 1933.)

Harris, Frederick, managing editor. *Service with Fighting Men:* An Account of the Work of the American Y.M.C.A.sin the World War.

Vols.I and II.New York: Association Press, 1922.

Hartley, Marie and Joan Ingilby. *Yorkshire Village. Otley,* U.K.:Smith Settle Ltd.,1989.First published by J.M.Dent and Sons Ltd, 1953.

Hooker, Mary R. *Adventures of an Agnostic: Life and Letters of Reader Harris.* London:Marshall, Morgan & Scott, 1959.

King, Harriet Eleanor Hamilton. *The Disciples.* London: Kegan, Paul, Trench, Trubner & Co.,Ltd., 1907.

Lambert, David W. Oswald Chambers: *An Unbribed Soul.* Ft.Washington,Pa:Christian Literature Crusade,1968.

MacGregor, Duncan. *Lady Christ.* London: Arthur H.Stockwell,1901.

Mott, John R. *For the Millions of Men Now Under Arms.* Vols.I and II. New York: Young Men's Christian Association International Committee, reports,1915-1919.

Padwick, Constance E. *Temple Gairdner of Cairo.* London: SPCK, 1929.

Patty, John C. *Lucius Bunyan Compton: The Mountaineer Evangelist.* Asheville,N.C.: Eliada Orphanage, 1914.

Pollock, J. C. *The Keswick Story.* London: Hodder and Stoughton, Ltd., 1964.

Porritt, Arthur. *John Henry Jowett.* London:Hodder and Stoughton, Ltd., 1924.

Rose, Delbert R. *A Theology of Christian Experience.* Minneapolis, Minn.:Bethany Fellowship, Inc., 1965.

Smart, Edward. *The History of Perth Academy.* Perth: Milne, Tannahill, & Methven, 1932.

Stalker, Charles H. *Twice Around The World With The Holy Ghost.* Cincinnati, Ohio:Privately published, 1906.

Standley, Meredith G. *My Life as I Have Lived It For Christ and Others.* Cincinnati,Ohio: Privately published, 1949.

Synan, Vinson. *The Holiness-Pentecostal Movement in the United States.* Grand Rapids, Mich.: William B. Eerdmans, 1971.

Thomas, Paul Westphal and Paul William Thomas. *The Days of Our Pilgrimage* (The History of the Pilgrim Holiness Church). Marion, Ind.: The Wesley Press, 1976.

Wilson, J. Christy. *Flaming Prophet: The Story of Samuel Zwemer.* New York: Friendship Press, 1970.

Wood, Robert D. *In These Mortal Hands: The Story of the Oriental Missionary Society, the First 50 Years.* Greenwood, Ind.: OMS International, 1983.

Yapp, Arthur K. *In The Service of Youth.* London: Nisbet & Co. Ltd., 1927.

Yoneda, Isamu. *Biography of Juji Nakada.* Tokyo: Fukuin-Senkyo Kai, 1959. Excerpts(pp. 102-124) translated by June Sumida and Peter Sowa. Additional translation and summary by Arthur Shelton.

오스왈드 챔버스의 책들

Approved Unto God

Baffled to Fight Better

Biblical Ethics

Biblical Psychology

Bringing Sons into Glory

Christian Disciplines

Conformed to His Image

Disciples Indeed

God's Workmanship

He Shall Glorify Me

The Highest Good

If Thou Wilt Be Perfect

If You Will Ask

A Little Book of Prayer

The Love of God

The Moral Foundations of Life

My Utmost for His Highest

Not Knowing Where

Our Brilliant Heritage

The Philosophy of Sin

The Place of Help

The Psychology of Redemption

The Servant and His Lord

Shade of His Hand

The Shadow of an Agony

So Send I You

Studies in the Sermon on the Mount

Workmen of God

간행물들

Aberdeen Herald, Aberdeen, Scotland.

Aberdeen Journal and General Advertiser for the North of Scotland.

Blessed Be Egypt, magazine of the Nile Mission Press, Cairo.

The Bond of Union, journal of the Baptist Total Abstinence Association.

B.T.C. Monthly Journal.

The Cincinnati Enquirer, Cincinnati, Ohio.

The Cincinnati Post, Cincinnati, Ohio.

Denton Journal, Denton, Maryland.

The Dunoon Herald and Cowal Advertiser, Dunoon, Scotland.

The Dunoon Observer and Argyllshire Standard, Dunoon, Scotland.

Egypt General Mission News, London/Cairo.

The Egyptian Gazette, Cairo.

The Egyptian Mail, Cairo.

Electric Messages: A Monthly Holiness Missionary Journal, Oriental Missionary Society, Tokyo. 1903–1910.

Eltham and District Times, Eltham, England.

God's Revivalist and Bible Advocate, published by God's Bible School, Cincinnati, Ohio.

The Holiness Mission Journal, London.

The Keswick Week, 1897–1915.

London Daily Telegraph.

The Perthshire Advertiser, Perth, Scotland.

The Red Cross Journal.

The Red Triangle, Y.M.C.A. magazine, London.

The Red Triangle Bulletin, weekly supplement to *The Red Triangle*.

The Sphinx, weekly magazine, Cairo.

South London Times.

Tongues of Fire, from 1916 Spiritual Life, London.

팸플릿과 연구 자료들

"The American Holiness Movement: A Bibliographic Introduction" by Donald W. Dayton. Wilmore, Ky.: B. L. Fisher Library, Asbury Theological Seminary, 1971.

"The Baptists in Perth: 1650–1971" compiled by Jack Hunter, secretary, Perth Baptist Church.

"The Chocolate Soldier" by C. T. Studd. Ft. Washington, Pa: Christian Literature Crusade.(First published in Britain in 1916.)

"F. B. Meyer in Britain and America" by Ian Randall. Paper presented at "Evangelicalism in Trans-Atlantic Perspective," Institute for the Study of American Evangelicalism, Wheaton College, Wheaton, Ill. April 1992.

"The League of Prayer: 1891-1991" by Maurice Winterburn. Rotherham, England: The League of Prayer.

"Prospectus for Session 1907-1908," Sharp's Institution, Perth.

기고 글들

"Call to Holiness," by Geoffrey Hanks, *Christian Herald*, (Britain), July 20, 1991.

"The City of Cairo According to the Census of 1917," by Samuel M. Zwemer, *Moslem World*, July 1920.

"Juji Nakada: The Moody of Japan," by Arthur Shelton. *Japan Harvest*, Winter 1961.

"The Ministry of the Unnoticed," by Sherwood E. Wirt, *Decision*, July 1974.

"Oswald Chambers," by Delbert R. Rose, *The Herald*, October 17,1973.

"Poured Out Wine," by Laura Petri, Ph.D., *Salvation Army War Cry*, Sweden.

"Their Utmost for His Highest," by Sherwood E. Wirt, *Christianity Today*, June 21,1974.

인터뷰

Dr. David Bebbington, University of Stirling, Scotland, March 1992.
Rev. Glenn Black, The Wesleyan Church, Lexington, Kentuchy,

December 1991.

Mrs. Margaret Ofverberg Bowes, Durrington-on-Sea, England, March 1992.

Miss Kathleen Chambers, London, September 1991-October 1992.

Mr. and Mrs. Robert Chambers, Glasgow, Scotland, March 1992.

Mrs. Enid Clark, Bromley, England, May 1992.

Mrs. Mary Conklin,—Binghamton, New York, January 1992.

Dr. Melvin Dieter, Lyndhurst, Virginia, January 1992.

Rev. Paul Dieter, Denton, Maryland, February 1992.

Miss Dorothy Docking, Santa Barbara, California, April 1992.

Dr. Wesley Duewel, OMS, Greenwood, Indiana, December 1991.

Mrs. Elizabeth Stalker Earle, Sebring, Ohio, February 1992.

Ed Erny, OMS, Greenwood, Indiana, December 1991.

Mr. James Foster, Hawes, Yorkshire, England, June 1992.

Dr. George Harris, Denton, Maryland, February 1992.

Miss Katie Kent, Dunoon, Scotland, September 1991.

William Kostlevy, Special Collections Librarian, Asbury Theological Seminary, December 1991.

Miss Mary Lambert, South Chard, England, March 1992.

Mr. W. J. Lowles, Swanley, England, May 1992.

Dr. Donald Meek, University of Edinburgh, Scotland, March 1992.

Miss Etta Mitchell and Miss Etta Clough, Centreville, Maryland, February 1992.

Mr. J. R. Mitchell, Wilmare, Kentuchy, December 1991.

Mrs. Daisy Nakada and Mrs. June Sumida, Culver City, California, November 1991.

Mrs. Eileen Page, Wimbledon, England, June 1992.

Miss Betty Potts, Portinscale, Keswick, October 1992.

Miss Lois Pulford, Ross-on-Wye, England, March and June 1992.
Miss Christine Reynolds, St. Leonard's-on-Sea, England, March 1992.
Mrs. Amaris Richardson, Tunbridge Wells, England, March 1992.
Mr. Maurice Rowlandson, London, September 1991.
Miss Martha Roy, Cairo, Egypt, June 1992.
Miss Grace Simpson, Oxford, England, March 1992.
Mr. Walter Standley, Ft. Pierce, Florida, February 1992.
Mr. S. M. Turner, Tunbridge Wells, England, March 1992.
Mrs. Amy Ruth (Zwemer) Violette, July 1992.

지역 교회의 회의록, 역사, 기록들
Belvedere Baptist Church, Belvedere, England.
Chicago Baptist Association Annual Reports.
Crown Terrace Baptist Church, Aberdeen, Scotland.
Dunoon Baptist Church, Dunoon, Scotland.
Eltham Park Baptist Church, Eltham, England.
Perth Baptist Chapel, Perth, Scotland.
Rye Lane Baptist Church, Peckham, England.

개인 편지들과 남긴 글들
Oswald Chambers, Biddy Chambers, Kathleen Chambers.
Gladys Ingram Donnithorne.
William Jessop.
Eva Spink Pulford.
Elizabeth West, Class notes, God's Bible School, 1907.

공식 문서와 기록들
Birth/Death Certificates: Public Records Office, London.

Ships Passenger Lists: Public Records Office, Kew.
Census Records: Public Records Office, Chancery Lane, London.
Census Records: Register House, Edinburgh, Scotland.

역/자/후/기

예수 그리스도를 향한 사랑과 순종을 드린 삶

•
•
•

오스왈드 챔버스는 내 생애 가운데 가장 존경하는 분이다. 그를 존경하게 된 계기는 1992년에 필라의 반센노블에 들렀다가 그의 책을 처음 발견했을 때부터이다. 깊은 영적 통찰력을 드러내는 그의 책을 읽어가면서, 주님을 향한 그의 사랑이 얼마나 큰지를 볼 수 있었다. 특히 그 사랑이 지식의 차원에 머물지 않고 삶으로 이어지는 모습을 발견할 수 있었다. 그래서 그런지 그의 책 안에는 쉬지 않고 주 예수 그리스도를 향한 사랑과 순종, 그리고 온 마음을 다 드리라는 권면으로 가득하다.

토기장이 출판사를 통해 지난 2년간 챔버스의 책이 출판되었고 앞으로도 계속 출판될 예정인데, 특히 이번에 그의 전기를 번역할 기회가 닿았다. 이 기회도 지금까지 그러했던 것처럼 하나님의 강권적인 섭리로 시작하게 되었다. 당시 이 책의 저자인 데이비드 맥캐스랜드를 만나 대화를 나눈 적이 있고 그 후 원서를 읽어본 적이 있기 때문에 번역을 위해 다시 책을 펴면서 많이 친근하게 느껴졌다. 2년 전 데이비드 맥캐스랜드의 표정에는 이 책을 반드시 한국어로 번역하여 신속히 출판했으면 하는 바람이 묻어 있었다. 이제 이 책의 번역을 다 마치면서 왜 그의 마음에 그러한 간절함이 있었는지 충분히 이해가 되었다.

이 책을 번역하는 데 2개월 정도가 걸렸다. 다른 책보다 시간이 두 배가량 더 걸린 셈이다. 그 이유는 고유 명사 하나하나를 한국어 기준에 맞추어 찾아보아야 했고 지명 이름이 나오면 인터넷 지도를 사용해 직접 확인해야 했기 때문이다. 영국의 관점에서 1차 세계대전의 배경을 이해해야 번역이 가능한 부분들이 있었기 때문에 백과사전도 찾아보았다. 이러한 과정 덕분에 책을 번역하면서 나도 모르게 지식이 부쩍 늘었다.

번역을 마친 후 챔버스와 그의 가족의 인생이 파노라마처럼 내 앞에 펼쳐졌다. 한마디로 그들은 이 세상에서 나그네 인생을 살았다. 세상 기준으로 볼 때 소위 '비참하고 가난한 삶'이었다. 챔버스와 남은 가족들은 이 땅에서 아무런 영화를 누리지 못했다. 그들이 생명을 가지고 있을 때 한 일은 수고와 고생 밖에 없었다. 인간적인 안쓰러움으로 눈물이 나왔다. 아무런 영광을 이 땅에서 누리지 못한 인생들! 그러나 오직 주 예수 그리스도 한 분만을 사랑하며 서로 위로하고 어떤 환난이라도 견뎠던 모습들! 그들의 영광은 세상이 알아주는 것이 아니라 보이지 않는 숨겨진 것이었다. 십자가 뒤에 숨어 있던 그리스도의 영광이 그들의 삶에서도 동일하게 반영되고 있었다.

나는 무엇을 불평하며 무엇을 위해 살아왔는지, 왜 그토록 주께 전심을 드리지 못하고 방황하는 삶을 살았는지, 주의 길을 따른다고 하면서 왜 그렇게 안일한 삶과 이 땅의 풍요를 추구해왔는지…. 챔버스의 삶을 생각하며 내 무릎은 주 앞에 자꾸 구부러졌다. 나의 가슴은 그의 신학과 영적 깊이에 감탄했고, 나의 무릎은 그가 살아온 초라한 삶 앞에서 무너진 것이다.

오늘날 잠깐 있다 없어질 세상의 영광 때문에 기독교의 이름으로 소위 장사를 하는 많은 그리스도인들이 있다. 나 자신은 하나님 앞에서 당당한가? 적어도 세상 것을 추구하는 길이 참된 십자가의 길이 아님을 되새긴다. 복음을 통한 삶이란 세상을 위한 삶이 아님을 고백한다.

번역의 작은 수고를 통해 주께서 나처럼 주님 앞에 무릎 꿇는 사람들을 많이 만들어 내시기를 원한다. 위대한 영적 거인 오스왈드 챔버스를 이 세상에 보내시고, 그의 글을 주님이 가신 좁은 길을 가려는 자들에게 읽게 하시는 섭리를 보면서, 주께 한없는 찬양을 올리게 된다.

"주님, 온 마음으로 주를 사랑합니다. 주님은 나의 최고봉이십니다. 할렐루야."

_스데반 황

오스왈드 챔버스의 순종

1판 1쇄 2011년 2월 15일
2판 5쇄 2025년 1월 25일

지은이 데이비드 맥캐스랜드
옮긴이 스데반 황
발행인 조애신
편집 이소연
디자인 임은미
마케팅 전필영
경영지원 전두표

발행처 도서출판 토기장이
주소 서울시 마포구 동교로 71-1 2F
출판등록 1998년 5월 29일 제1998-000070호
전화 02-3143-0400
팩스 0505-300-0646
이메일 tletter77@naver.com
인스타그램 togijangi_books_

ISBN 978-89-7782-357-0

- 이 책은 저작권 법에 따라 보호를 받는 저작물이므로 무단 전재와 무단 복제를 금합니다.
- 이 책의 전부 또는 일부를 이용하려면 반드시 저자와 도서출판 토기장이의 동의를 받아야 합니다.

도서출판 토기장이는 생명 있는 책만 만듭니다.
"우리는 진흙이요 주는 토기장이시니 우리는 다 주의 손으로 지으신 것이니이다" (이사야 64:8)